战争事典
WAR STORY /086

U0658293

「沙漠装甲」

北非坦克战

1940 年至 1941 年从贝达富姆到十字军行动

[英] 罗伯特·A. 福尔奇克———著

邢天宁———译

民主与建设出版社
·北京·

图书在版编目（CIP）数据

沙漠装甲：北非坦克战：1940 年至 1941 年从贝达富
姆到十字军行动 /（英）罗伯特·A. 福尔奇克著；邢天
宁译. -- 北京：民主与建设出版社，2025. 1. -- ISBN
978-7-5139-4811-1

I. E195.2

中国国家版本馆 CIP 数据核字第 2024B8X721 号

Desert Armour: Tank Warfare in North Africa: Beda Fomm to Operation Crusader, 1940–41by Robert Forczyk
©Robert Forczyk, 2023
©Chongqing Vertical Culture Communication Co. Ltd., 2024
This translation of Desert Armour: Tank Warfare in North Africa: Beda Fomm to Operation Crusader, 1940–41 is
published by Chongqing Vertical Culture Communication Co. Ltd. by arrangement with Bloomsbury Publishing Plc.
All right reserved.

著作权登记合同 图字：01-2024-5280 号

沙漠装甲：北非坦克战
1940 年至 1941 年从贝达富姆到十字军行动
SHAMO ZHUANGJIA BEIFEI TANKE ZHAN
1940 NIAN ZHI 1941 NIAN CONG BEIDAFUMU DAO SHIZIJUN XINGDONG

著　　者	［英］罗伯特·A. 福尔奇克	
译　　者	邢天宁	
责任编辑	唐　睿	
封面设计	周　杰	
出版发行	民主与建设出版社有限责任公司	
电　　话	（010）59417749　59419778	
社　　址	北京市朝阳区宏泰东街远洋万和南区伍号公馆 4 层	
邮　　编	100102	
印　　刷	重庆市国丰印务有限责任公司	
版　　次	2025 年 1 月第 1 版	
印　　次	2025 年 1 月第 1 次印刷	
开　　本	787 毫米 ×1092 毫米　1/16	
印　　张	24	
字　　数	390 千字	
书　　号	ISBN 978-7-5139-4811-1	
定　　价	129.80 元	

注：如有印、装质量问题，请与出版社联系。

本书谨献给：

亨利·鲁（Henry Rew）少校 —— 英国第 7 皇家坦克团（Royal Tank Regiment）A 中队指挥官，1940 年 12 月 9 日阵亡。

德尔默·帕克（Delmer E. Park）中士——美国第 2 装甲师成员，1941 年 11 月 25 日阵亡。

目 录

CONTENTS

致　谢

感谢皮尔·巴蒂斯特利（Pier Paolo Battistelli）和菲利波·卡佩拉诺（Filippo Cappellano）在提供北非意军装甲部队文件和照片方面的帮助。

战术符号

SG	支援群	HQ	指挥机构		

装甲部队　　装甲侦察部队　　摩托化反坦克部队

步兵部队　　摩托车侦察部队　　维修部队

摩托化步兵部队　　　　　　运输部队

炮兵部队　　　　　　通信部队

工兵部队　　　　　　防空部队

战术符号

前　言

　　沙漠地形经常给坦克部队的运动带来问题。由于沙漠中缺乏足够的地物以供识别，车辆会扬起呛人的细沙，地表还会涌起热浪，因此战术导航和定位会十分困难。在夜间，由于周围的一切看起来都是相同的，因此上述问题会变得更加严重。士兵们就算离开部队不远，也很难找到回去的路。在近些年的中东冲突中，虽然GPS导航和热成像设备已广泛列装，坦克兵已不像过去那样容易迷路，甚至能依靠上述先进手段了解自身确切位置，但即使如此，他们仍会偶尔在沙漠中走错方向。而在1940年—1943年的北非战役中，坦克兵只能依靠磁性指南针和基本导航知识。不仅如此，由于坦克材料为钢制品，很容易使车上的磁性指南针失灵。一旦这种情况发生，指挥官只能下车查明方位。另外，坦克兵手中的地图也错误百出，就算上面标出了某些地物，其注解也往往模糊不清。这导致部队和指挥官经常在沙漠中迷路——尤其是在精疲力竭或战斗压力过大时。其中后果最为严重的一次发生在1941年4月6日—7日的夜间：三位英国将军——奥康纳（O'Connor）、尼姆（Neame）和康贝（Combe）——因迷路而被德军巡逻队俘获。[1]

　　沙漠曾让装甲战术家们浮想联翩。这些人一度认为，沙漠的开阔地形非常适合机械化大部队进行快速机动。在二战中，双方的指挥官们都做过此类尝试，但他们很快发现其"铁钳"总会在关键时刻用尽燃料。战前的"坦克狂热分子"们还认为，仅靠坦克一种武器就能决定战局的发展，步兵、炮兵或工兵的支援不过是点缀。但 1940 年—1943 年的沙漠战证明，这种想法也完全是异想天开。虽然沙漠为坦克冲锋和大范围机动包抄提供了条件，但事实上，开阔地形很容易导致坦克在很远的地方就暴露自己，并让敌人拥有更多的反应时间，使其能从容布置防御火力。这种情况曾导致英国坦克兵于 1941 年 6 月在哈尔法亚山口（Halfaya Pass）遭遇惨败，并让美军坦克兵于 1943 年 2 月在西迪布济德（Sidi Bou Zid）付出了更沉重代价。北非装甲战的历史经验表明，要让装甲部队在当地发挥最大作用，就必须依托周密情报和后勤规划，让各个兵种相互配合，使装甲部队保持最佳状态，从而一举发动决定性打击。

注释

1. 参见伊恩·普雷菲尔《地中海和中东，第 2 卷：德军来援》（乌克菲尔德，海军与军事出版社，2004 年出版），第 29 页。

引　言

　　和前两本记录二战东线装甲战的书①一样，本人并没有在本书中以严格的时间顺序记录 1940 年—1943 年发生在北非的所有军事行动，而是试图透过双方作战人员的视角，从战术和战役角度重点分析该战区的装甲战。虽然在评估各方的诸兵种合成战术时，就注定要提及其他兵种的贡献，但如果其中心不是装甲兵，我就会略去相关内容。另外，在本书中，"装甲战"也包含了"非坦克类装甲战斗车辆"（如装甲车、坦克歼击车和突击炮）的战斗。

　　本书大部分分析都建立在 20 世纪中期至晚期的军事思想上，并全篇使用了"战争的基本原则"（principles of war）②、"战争的战役和战术层面"（operational and tactical levels of combat）③、"要害"（centre of gravity）④ 和"极限"（culmination

---

　　① 译者注：即《东线坦克战1941—1945》全两册，该书中文版已于2020年由江苏凤凰文艺出版社出版。
　　② 译者注："战争的基本原则"于1923年由美国陆军在《美国陆军野战勤务条令》（*Field Service Regulations United States Army*）中提出，后来被北约和其他西方国家军队普遍采用。该原则有九个关键点，即"认定目标"（objective）、"注重进攻"（offensive）、"形成规模"（mass）、"节省兵力"（economy of force）、"开展机动"（maneuver）、"统一指挥"（unity of command）、"保持警戒"（security）、"出其不意"（surprise）和"化繁为简"（simplicity）。根据美军观点，它们应成为所有军事行动的总体指导方针。恪守这些原则有助于确保行动的严谨性，并能让作战人员分清主次。
　　③ 译者注：根据西方军事理论，战争包括三个层面，即战略、战役和战术层面，但三者并不存在清晰的分界。其中"战争的战役层面"主要涉及战役和重大行动的规划与执行，"战争的战术层面"主要涉及战斗或交战的规划和执行。战争的战术层面可促成战役层面的胜利，而战役层面的胜利又能为战略层面的胜利做出贡献。
　　④ 译者注："要害"这一概念最早是由19世纪的普鲁士军事理论家冯·克劳塞维茨提出的。根据美国陆军的定义，它是为一支军队提供精神（实体）力量、行动自由和行动意愿的源头。

point）^①等概念。对于学术人士或普通读者，这些术语可能有些古怪或陌生，但它们却可以确保分析方法的正规性，并避免被主观立场左右。

"战争的基本原则"一词在各国军队中并无统一概念，但一般包含了"认定目标"（objective）、"形成规模"（mass）、"开展机动"（maneuver）、"节省兵力"（economy of force）、"统一指挥"（unity of command）、"出其不意"（surprise）和"灵活应变"（flexibility）等核心思想。简单地说，要想取得胜利，军队就必须在制订计划时尽量考虑到这些核心。

"战争的战役层面"对应着师级和师级以上部队的行动，"战争的战术层面"对应着师级以下部队的行动。这两个层面都在本书的讨论范畴之内。此外，战争还有战略层面，但其并不在本书详细讨论范围之内。

"极限"是评估进攻行动进展的一个重要部分，也是装甲战中最受关注的问题——如果进攻方达到"极限"，他们将不再有足够的兵力或资源去击溃防御方。而成功的防御行动能迫使进攻方提前达到"极限"。

确定敌方"要害"是现代战略的重要组成部分，这一概念来自克劳塞维茨的理论。"要害"是作战部队实现目标的要素，可能是后勤、通信或一种独特的军事能力。针对敌方实际"要害"的行动可以让我方以较小代价取得成功。不以敌方"要害"为目标的作战则被称为"消耗战"。

有些读者可能会问，为什么我在介绍实际战役之前，要如此强调战前理论和坦克的发展？我认为，既然本书试图针对北非坦克战做出历史评价，那就注定不能抛开其历史背景。1940年—1943年在北非作战的装甲部队并不是从沙子里冒出来的，而是各国在战前有意识地针对训练、潜在任务和技术做出决策的产物。揭示战前决策如何导致战场成败，往往是军事史作品中会令人感到痛苦，但又十分必要的组成部分。

我曾于20世纪80年代在美国陆军担任装甲兵军官，那段经历让我了解了装甲作战的原理，只是我的见解算不上独到。装甲后勤处和军事情报处的工作经验

---

① 译者注："极限"这一概念，同样是由普鲁士军事理论家冯·克劳塞维茨提出的。这一概念多见于进攻领域，一般指攻击方因为补给问题或需要休整而无法继续前进的时刻。在军事行动中，攻击方应致力于在达到"极限"前完成目标，而防御方则需要在攻击方实现目标前将其推至"极限"。

拓宽了我的视角，但我并没有亲身在利比亚沙漠参加过行动。同样，我虽然在阿伯丁试验场研究过德国、意大利和英国的坦克，但我从未弄断过四号坦克的履带，或者发射过"玛蒂尔达2"坦克的主炮炮弹。作为一名历史学家，我逐渐认识到个人观点的局限性——即使是某一事件的亲历者，其记忆也会在几年后模糊不清。此外，我在与二战老兵多年交谈后发现，大多数参与者都了解自己的部队和周边环境，但却对整体局势缺乏认识。大多数坦克兵的战争回忆录都是战术层面的，很少涉及对评估装甲作战效果至关重要的理论或技术问题。

50 多年来，我一直在阅读有关"非洲军团"（Afrika Korps）和埃尔温·隆美尔（Erwin Rommel）的文章。但坦率地说，至今还没有人彻底分析过各国在 1940 年—1943 年于北非进行的装甲作战，这一点让我十分惊讶。曾在北非服役的坦克兵——如迈克尔·卡弗（Michael Carver）和"皮普"罗伯茨（"Pip" Roberts）——留下过一些有关北非装甲战的记录，它们非常有用，但"主要来自英军的角度"。同样令人惊讶的是，虽然隆美尔和蒙哥马利——他们都不是坦克兵——的名字在阿拉曼（El Alamein）战役结束 80 年后仍为世人所知，但实际参与加扎拉（Gazala）战役、阿拉曼战役和凯塞林山口（Kasserine Pass）战役等重大战役的中队、营、旅和师级指挥官的名字却几乎被人遗忘，也没有人从整体角度综合所有主要参战方的观点和经历，认真研究 1940 年—1943 年沙漠战争中的装甲行动。本书或许能填补这一空白。

战略背景

本书将重点介绍 1940 年—1941 年在利比亚和埃及进行的装甲战，以及 1942 年—1943 年的装甲战，包括突尼斯战役。虽然英国和意大利在 1940 年—1941 年的东非战役中都使用了小型装甲部队，维希法国的装甲部队也曾于 1941 年在叙利亚战役中登场，但它们不在本书的讨论范围之内。

在地名用语上，利比亚在 1940 年—1942 年这段时间里经常被称为"的黎波里塔尼亚"（Tripolitania）和"昔兰尼加"（Cyrenaica），即意大利殖民地的两个行政分区。但为避免混淆，我仍将尽量使用"利比亚"一词。

地形和天气因素

在北非战区，对交战双方影响最大的因素是前线与后方相距遥远。例如在当地，意军的主要港口是黎波里（Tripoli），但该地距离托布鲁克（Tobruk）有 1500 千米远，而该地到阿拉曼的距离则还要加上 570 千米（相比之下，从柏林到莫斯科也只有 1800 千米的距离）。由于当时的大部分坦克在行驶 1500 千米后都需要接受发动机大修，再加上在实际战斗中，坦克还要在前线和后方之间来回穿梭。因此，任何装甲部队的有效行动时间都无法超过两个月，否则其战备完好率会持续下降，直至其彻底瘫痪。为解决部队运动问题，意大利人在 1938 年建成了一条名为"巴尔博大道"（Via Balbia）的沿海公路，这条东西走向的公路宽 12 米，路面用沥青铺设，从法属突尼斯边境一直延伸到英国控制下的埃及边境，全长 1800 多千米。在战争中，该公路在运输中发挥了重要作用——如果没有它，轴心国将不具备在利比亚开展大规模机械化战争的后勤能力。另外，在 1940 年—1943 年，北非战场上的所有作战人员都不是当地人①，绝大部分装备和补给品（比如履带销、润滑脂和子弹）也都来自遥远的后方。这些都表明了"距离"是一个重要因素，其对北非装甲战的战役层面的结果造成了显著影响。

　　乍看上去，大多数沙漠地形都开阔平坦且并不复杂。但这会让人先入为主，产生很多"想当然"的想法。首先，虽然北非大部分地区都被撒哈拉沙漠覆盖，但地中海沿岸也有一些沃土，其形态与撒哈拉沙漠截然不同。在利比亚海岸还有许多盐沼（sabkha，音译为"萨布哈"），它们是一种天然障碍，往往位于低洼地带，并隐藏在一层较浅的湿沙之下，非常危险，能困住驶入的车辆，并使其陷入泥潭。此外，在北非内陆还有盐磐（salt pan）地形。这种地形是很久以前水体蒸发后形成的，其上覆盖着大片盐和其他矿物质。盐磐地形的标志通常是一层白色薄壳，其下面可能隐藏着黏稠泥浆。盐磐地形不仅会影响驾驶安全，还会给在白天穿越该地形的部队带来战术隐患（因为盐磐地形上没有天然掩蔽物）。会给坦克部队造成行进障碍的还有"沙海"（erg）——这里被大片沙丘覆盖，而且沙丘会随风移动。铺设在沙土中的雷场可能在某一天被掩埋，但几天后又完全暴露出来。"沙海"里的沙子深厚松软，会严重妨碍车辆行驶，增加燃料消耗。"沙海"中虽然有一些古老的沙漠驼道（trighs），如托布鲁克以南的"奴隶驼道"（Trigh el Abd），但其交通价值通常极

---

① 译者注：此处不确切，实际上意大利和英军都招募了大量利比亚当地人员——有 30000 名利比亚人在意军中服役，英军也组建了 5 个营的"利比亚阿拉伯部队"（Libyan Arab Force），并将其用于守卫军事设施和战俘。

为有限。在沙漠深处，一些沙丘可能高达 100 多米，但在沿海的主要军事行动区，它们则普遍低矮得多。意军因曾长期在利比亚活动，所以较为熟悉在沙地或其周边地区行驶的方法，而德国人则只能靠自己摸索。

值得一提的是，学会区分硬沙和软沙也很重要，这两种沙子对装甲作战的危害各不相同。硬沙颗粒大、磨蚀性强，如果它们与坦克履带和传动装置持续接触，就会加大后两者的磨损程度。坦克履带有许多活动部件，它们在磨损后容易断开，而干燥的硬沙会加速这一过程。挂胶的坦克负重轮也同样容易被硬沙损坏。软沙往往质地较细——如果出现了常见的沙尘暴，或者有车辆快速行驶，它们就会被扬起。软沙对车辆空气滤清器的影响尤其严重。空气滤清器的主要作用是避免发动机吸入过多的沙尘——大量沙尘进入发动机后，会让发动机和传动系统中的机油变成稠厚的油泥。因此在阻止坦克前进方面，"软沙的效果甚至比反坦克地雷还要显著"。最初，英国的 A-9 和 A-10 巡洋坦克的履带上涂有减少摩擦的润滑油，但在沙漠中，这些润滑油很快就会粘上沙子并弄脏履带。最终，这迫使英军不再对坦克履带进行润滑。在欧洲，为减少机枪卡壳，各国都会润滑机枪枪栓，但在沙漠中，即使是一层薄薄的油也会吸附沙尘，导致枪栓被油泥覆盖。要想继续使用武器，士兵就必须先对其进行清洁。

4 月份，北非会出现几个星期的沙尘暴。它被当地人称为"坎辛风"（khamsin）或"沙漠风"（ghibli），其"通常从南方袭来"，持续时间可长达两天，最大覆盖宽度超过 100 千米，最高风速接近 140 千米 / 小时，令部队无法进行任何军事活动，只能龟缩起来等待沙尘暴平息。沙尘暴还会产生大量静电，引发无线电接收问题，甚至还可能产生点燃燃料或弹药的火花。沙尘暴过去之后，部队还需要挖出装备，并加以清洁。如果沙尘暴平息时天气晴朗，部队的索敌范围将骤然增加。另外，空中侦察也会让装甲部队难以进行大规模隐秘运动，因此夜间行动就变得更为重要了。

在利比亚和埃及西部，风和水的自然侵蚀对地形影响很大。利比亚的大部分沿海地区都布满了悬崖，这些由石灰岩构成的悬崖，可能会高达 100 米。这些悬崖会把军事行动局限在"机动走廊"中，导致一方的行动很容易被对手预判；另外，它还让陡崖之中的少数山口（如哈尔法亚山口）成为兵家必争之地。另一些山崖虽然较为低矮，但其顶部有大块的乱石，同样会妨碍车辆行驶。另一大交通障碍是干涸地形，尤其是因侵蚀而崩裂的山脊线或露出岩层的地带——其中最有名的例子是埃及的盖塔拉洼地（Qattara Depression），当地直到今天都无法通行，并在 1942 年对装甲作战产生了重大影响。自然侵蚀还形成了许多干谷（wadi）和峡谷（deirs），它们可以为小型部队提供绝佳的掩护和隐蔽。另外，干谷还可能存在些许水源，特别是在季节性降雨之后。但一些大的干谷——如德尔纳干谷（Wadi Derna）和哈利干谷（Wadi al-Khalij）——则会严重妨碍各类车辆行动。

利比亚并不全是沙漠。一些地区有大量植被，特别是在班加西（Benghazi）和德尔纳之间的绿山（Jebel Akhdar）丘陵地区，意大利人曾试图将它们开发为农业区。但和其他战场明显不同的是，在北非，平民定居点对装甲部队的行动影响很小。1940 年，利比亚的总人口不到 100 万（其中包括 10 万名意大利殖民者）。在主要军事行动区域内，除了的黎波里（86000 人）和班加西（33000 人）等少数几座人口密集的港口城市，对战斗有明显影响的平民定居点或住宅区数量很少。

在北非，除了沙尘暴，天气和温度同样对装甲行动影响很大。北非的白天非常热，而且日光耀眼。北非最炎热的时期是 6 月至 9 月（平均最高气温约为 80 华氏度），最凉爽的时期是 12 月至次年 3 月（平均最高气温约为 60 华氏度）。来自欧洲温带地区的士兵很难立刻适应这种恶劣环境。在北非战场，人员不仅会出现热衰竭症状，而且中暑概率极高，若遭遇严重情况甚至会死亡。另外，由于当时的坦克炮管没有热护套（thermal sleeves），坦克的射击精度经常会因为炮管过热而大幅降低。此外，水的供给也是一个长期性问题。每个士兵每天至少需要 5 升水，如果再加上做饭和洗漱用水，水的消耗量还会更大。[1]德军预计每个营每天需要 3000 升水——这还不包括车辆用水和洗漱用水。[2]德军每两天为一辆坦克分配 40 升水。每辆英军巡洋坦克的水冷发动机需要 32 升水，一个装甲营的所有坦克加起来需要超过 1500 升水。为满足上述需求，每个英国装甲营的"B 梯队"（B echelon）都配备了四辆运水车，总共可运载 3000 升水。另外，"软皮"车辆和水冷机枪也需要水，否则就会过热。与苏联战场不同，北非战场的降雨量有限，只有 12 月至次年 2 月才有短暂雨季，一般很难找到水源。

北非战场的卫生环境也非常糟糕，让来自欧洲和美国的士兵苦不堪言。成群的苍蝇、沙蚤和其他寄生虫困扰着交战双方，各种病原体也在大肆传播。隆美尔本人在战役的关键时刻患上了黄疸病和阿米巴痢疾，他的很多部下也因利什曼病（leishmaniasis）、乙型肝炎和白喉等疾病而无法战斗。[3] 英军将这些疾病泛称为 "水土不服"（gippy tummy），但由于殖民战争经验丰富，他们对战地卫生要求较为严格，从而较好地保护了部队。[4] 德国 "非洲军团" 虽然很有名气，但其在卫生领域并非 "内行"，德国士兵因此受了不少折磨。

总之，对于士兵和车辆而言，北非战场的环境都很糟糕。与欧洲不同，在沙漠战场上，军队无法 "就地取食"。而且北非幅员辽阔、环境恶劣，让交战双方都只能利用几个固定基地作为后勤跳板，向沙漠空旷地带发起短暂进攻。一望无际的沙漠经常让交战双方实施大胆的战术行动，但这些行动失误的代价也可能极为高昂。另一方面，随着各部队的经验愈发丰富，他们也逐渐学会了适应环境，并开始以更谨慎的方式行事。

注释

1. 参见阿尔伯特·诺菲（Albert A. Nofi），"非洲军团"（*The Afrika korps*），出自《战略与战术》（*Strategy & Tactics*）杂志第 23 期（1970 年 10 月号），第 8 页。

2. 参见阿尔弗雷德·托普，《沙漠战争：二战德军经验》（堪萨斯州莱文沃思堡：战斗研究所，1991 年出版），第 76 页。

3. 参见丹尼尔·巴特勒（Daniel Allen Butler），《元帅：埃尔温·隆美尔的生与死》（*Field Marshal: The Life and Death of Erwin Rommel*）（费城：炮台出版社，2015 年出版），第 289 页—第 290 页、第 357 页和第 372 页。

4. 参见 H.S. 基尔（H. S. Gear），"1942 年阿拉曼大捷的卫生方面"（*Hygiene Aspects of The El Alamein Victory, 1942*），出自《英国医学杂志》（*The British Medical Journal*）1944 年第 1 卷第 4341 期，第 383 页—第 387 页。

战前理论和技术影响

第一章

英军装甲部队：不再领跑

战斗不是靠陈词滥调打赢的，也不是靠利德尔 - 哈特的理论。

——约翰·富勒（J.F.C. Fuller），1937 年

1940 年—1943 年，北非的装甲战深受各种理论和技术发展的影响——它们都是一战结束后二战开始前的"战间期"的产物。其中，坦克的技术发展主要旨在提升三个核心指标，即机动、防护和火力，因此要制造好用的坦克就必须平衡上述要素。但在 1919 年—1939 年，由于坦克大体上仍属于尖端武器，而且合适的发动机种类有限，因此新型装甲战车的列装一直十分缓慢。在 1935 年之前，大多数常规坦克和超轻型坦克（tankettes）只有低扭矩汽油发动机可用，后者功率只有80—90 马力，这导致坦克行动非常迟缓。其中一个例子是著名的"玛蒂尔达 2"坦克，该坦克配备的两台发动机原本是为城市公交车设计的，每台功率只有 87 马力。而且各坦克设计局在完善变速箱和悬挂系统时屡遭挫折，这让火力更强、防护更好的坦克迟迟无法问世。另外，新坦克从提出需求到投产一般需要大约三年时间，而如果其设计过于保守，它们可能刚服役就会过时。

至于装甲战理论的发展则完全基于一战西线战场的经验。当时，为打破堑壕战僵局，英法两军都在斥巨资研制坦克。这些努力在 1917 年—1918 年得到了回报。在休·埃尔斯（Hugh J. Elles）准将的有力领导下，英军坦克部队（Tank Corps）迅速成长为一支战场劲旅。1917 年 11 月 20 日，即康布雷之战（Battle of Cambrai）的第一天，埃尔斯亲自率领九个坦克营（共 378 辆坦克）发起进攻，在德军"兴登堡防线"上制造了巨大的突破口。[1]1918 年 8 月 8 日，即亚眠之战的第一天，英军投入 12 个坦克营（共 432 辆坦克），向前推进了 13 千米。在 1918 年 9 月的圣米耶勒之战（Battle of St Mihiel）中，新组建的美国陆军坦克部队（US Army Tank Corps）也在乔治·巴顿（George S. Patton）中校麾下取得了成功——在这次战斗中，他们一共投入了两个营的兵力，共 144 辆法国制造的雷诺 FT（Renault FT）轻型坦克。[2] 相比之下，德国陆军最初对坦克兴趣不大，只在一次行动中投入了不到十余辆笨拙的 A7V 重型坦克。尽管当时坦克的机械可靠性不佳，但协约国在 1917 年和 1918 年获得的作战经验表明，这种车辆在步兵支援方面相当有效——它们能压制敌军机枪阵地和掩体，在普通步

兵向前推进时给予他们极大的帮助。另外，大多数步兵军官也都真心意识到：在战术层面，坦克是一种"战斗力倍增器"。

在第一次世界大战中，英国陆军主要将坦克部队视为"军级火力支援资产"，而不是一种能独立作战的部队。尽管埃尔斯有三个坦克旅，但它们在战斗中是被分散部署的——通常是一个坦克连负责支援一个步兵营。1917年—1918年的战场经验让埃尔斯认识到：装甲部队在大规模使用时成效最为显著；坦克是一种有限资源，会因损失和机械故障而被迅速消耗。总之，1918年时的坦克只能发起有力但短暂的进攻，而且这种进攻需要精心筹划才能顺利实施。但埃尔斯的参谋长约翰·富勒上校认为，坦克不仅是步兵的辅助工具，而且其任务也不能局限于洞穿某处敌军前线，并向前推进几千米。富勒是坦克的早期"狂热信徒"之一，他认为坦克是一种革命性武器，就像轰炸机或芥子气一样，能从根本上改变战争。在得知新型中型坦克——Mark D 坦克的开发情况（预计该坦克的时速为32千米，行动半径约为300千米）后，富勒开始为未来的机械化进攻作战构建理论模型。[3] 他认为，中型坦克可以在炮兵、步兵和战术空中支援协助下，在敌军前线达成初步突破，然后轻型坦克将深入敌军后方，破坏对方交通线。[4] 这样一来，敌人的纵深防御就会瓦解。虽然历史学家经常将富勒的构想称为"1919年计划"（Plan 1919），但这个词实际上是在很久之后才出现的。富勒也不是唯一一个提出坦克可以充当强大诸兵种合成打击部队"矛头"的军官，还有其他人也提出过类似设想。[5]

另外，富勒的计划还有两个问题，而且这两个问题直到今天都鲜有人知。首先，Mark D 坦克迟迟未能得到完善，其开发时间比富勒预想的更长；其次，富勒的构想完全建立在对未来装甲部队能力的想象之上，有些脱离实际。不过，英国陆军部（War Office）在1918年7月编写的文件——《关于1919年攻势的装甲突击部队需求的备忘录》（*Memorandum on the Requirements for an Armoured Striking Force for an Offensive in 1919*）之中确实借鉴了富勒的一些想法。如果第一次世界大战再"拖上"六个月，英军坦克部队很可能将达到某种"蜕变临界点"，进而催生出性能更强的坦克和更适当的战斗理论，使其能在机动战中有效运用诸兵种合成战术。一战于1918年11月停战后，富勒的宏伟蓝图虽然被悄然搁置，但还是催生了一种思路，即坦克有能力独立作战，进而在战役层面取得决定性成果。

一战结束后,英军坦克部队的规模从 25 个营缩减到 4 个常备营 [即第 2、第 3、第 4 和第 5 皇家坦克团(Royal Tank Regiment)]。[6] 埃尔斯继续指挥坦克部队数年,但他的坦克营分散于各地且战备完好的车辆极少,因此大规模集体训练直到 1925 年才开始进行。不仅如此,步兵和骑兵部队也试图打破坦克部队对装甲车辆的垄断——这让很多皇家坦克部队(Royal Tank Corps)的高级军官都充满了门户偏见。在法国,其陆军在架构中保留了 27 个坦克营 (共计 3500 多辆雷诺 FT 轻型坦克),这让法军装甲部队的实力成了 20 世纪 20 年代的世界第一。这些坦克全部由步兵部队管辖。[7] 法军坦克部队的主管让·巴蒂斯特·艾蒂安(Jean Baptiste Estienne)将军反对让坦克沦为步兵的陪衬,并呼吁建立一支拥有 4000 辆现代化坦克的机动部队。但由于战后军费拮据,法国政府直接无视了艾蒂安的提议,而是只为替换雷诺 FT 轻型坦克和开发一种新式重型步兵坦克投入了少量资源,这导致法国装甲部队有将近 10 年的时间都在原地踏步。

一战结束之初,大多数军官都认识到技术已经改变了战争,但不清楚哪些装备和战术更适合未来战争。除了坦克,化学武器和轰炸机也有其拥护者。不过,鉴于卡车可以立刻提升普通士兵、炮兵和后勤部队的机动性,大多数人都支持提升部队的摩托化水平。另外,提升部队的摩托化水平也不需要重大技术飞跃或理论变革。但让部队实现机械化却不一样,它不仅需要投入大量资金研制新型履带式车辆,还必须全面调整作战理论,需要彻底改变军队在战场上的作战方式。在战间期,不少国家的军队都有兴趣进一步发展坦克,但"每个国家的上述进程都面临着两种瓶颈",即技术问题 [通常与发动机(传动系统)和悬挂系统有关] 和资金短缺问题(缺乏政治支持)。

在一战后的英国,部队的摩托化和机械化都得到了军队的大力支持。早在 1921 年,英国陆军部就公开提倡进行野战炮兵的摩托化;英国陆军的高层领导也在讨论组建一个"实验旅"(experimental brigade),以便测试新的机械化战术和技术。1922 年之前的英国总参谋长亨利·威尔逊(Henry Wilson)元帅也坚定地支持坦克部队,还设想过组建一支"能进行诸兵种合成机动作战的陆军部队"。[8] 此外,英国陆军在战后条令的修订 [如 1924 年版的《野战部队条例》(Field Service Regulations)] 方面也很重视诸兵种合成战术——毕竟,这些都是他们在 1914 年—1918 年付出巨大代价才学会的。[9] 但英国的国防工业在战后却退化了不少,只有两家机构有能力开发新型装甲车辆，它们分别是位于伍尔维奇（Woolwich）的皇家兵工厂（Royal Ordnance Factory）和私营的维克斯 - 阿姆斯特朗公司 [Vickers-Armstrong，其主要坦克开发设施位于切尔特西（Chertsey）]。因此，英国陆军在寻求新型车辆时的选择非常有限。此外，陆军的经费也不断遭到削减：1922 年时为 6200 万英镑，1923 年时为 5200 万英镑，到 1925 年时就仅有 4450 万英镑了。[10] 其中更是只有不到 30 万英镑是装甲车辆的研发经费。另外，于 1919 年通过的"十年设想"（Ten Year Rule）还预测：未来至少十年不会发生大规模战争——这导致英国政界普遍不急于增加陆军或坦克的经费。

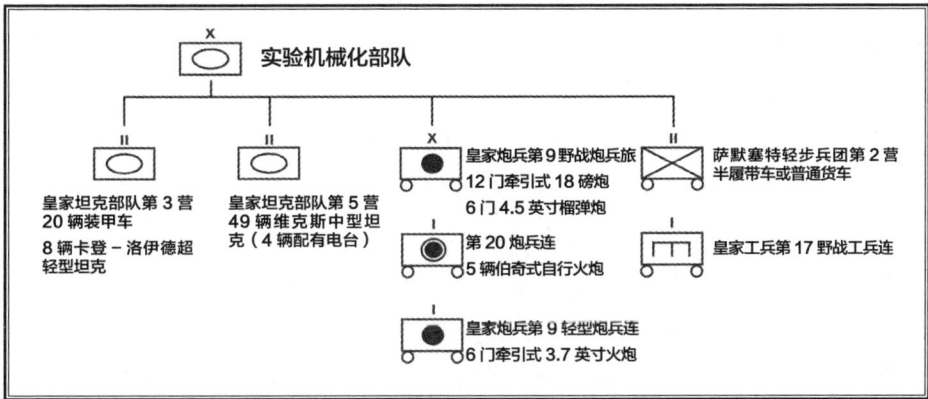

实验机械化部队

皇家坦克部队第 3 营
20 辆装甲车
8 辆卡登 - 洛伊德超轻型坦克

皇家坦克部队第 5 营
49 辆维克斯中型坦克（4 辆配有电台）

皇家炮兵第 9 野战炮兵旅
12 门牵引式 18 磅炮
6 门 4.5 英寸榴弹炮

第 20 炮兵连
5 辆伯奇式自行火炮

皇家炮兵第 9 轻型炮兵连
6 门牵引式 3.7 英寸火炮

萨默塞特轻步兵团第 2 营
半履带车或普通货车

皇家工兵第 17 野战工兵连

英国"实验机械化部队"（*Experimental Mechanized Force*）组织结构，1927 年 5 月 1 日

　　尽管有这些限制，英国陆军部还是订购了少量新型车辆，如坦克、火炮牵引车、装甲车和半履带装甲运兵车等。坦克的技术要求由军械第 5 部总监（The Master-General of the Ordnance 5th Department）负责制定。1923 年，首批 58 辆 Mk Ⅰ 中型坦克完成交付，在随后的 1924 年至 1928 年间，又有 112 辆改进型的 Mk Ⅱ 中型坦克完成交付。[11] 虽然自重 13 吨的 Mk Ⅱ 中型坦克因装甲太薄，无法被用于实战，但仍是一款出色的训练坦克。到 1927 年，英国皇家坦克部队拥有的 Mk Ⅰ 坦克和 Mk Ⅱ 中型坦克已超过 100 辆。此外，陆军部还决定购买八辆 1.5 吨重的卡登 - 洛伊德超轻型坦克 [Carden-Loyd tankette，由约翰·卡登（John Carden）个人出资开

发]、八辆 3 吨重的莫里斯 - 马特尔超轻型坦克（Morris-Martel tankette）和一些伯福德 - 凯格雷斯半履带车（Burford-Kegress halftrack），从而组建三个机械化步兵营。皇家骑炮兵（Royal Horse Artillery）也接收了足够多的维克斯"龙"式中型火炮牵引车（Vickers Medium Dragon artillery tractor），从而让一个炮兵团的 18 磅野战炮实现了机械化。[12] 随着足够的新型坦克和火炮牵引车到位，英国总参谋长、陆军上将乔治·米尔恩（George Milne）爵士和陆军部开始向皇家坦克部队的军官们寻求建议，试图利用上述坦克和火炮牵引车打造出一整支机械化部队。

　　一战结束后，约翰·富勒一直在大力强调坦克、轰炸机和化学武器的作用，并拥有很大影响力。在此期间，他撰写了最重要的著作——《战争变革》（*The Reformation of War*，1923 年出版）[13]，他也因此愈发深信坦克可以独自赢得战斗，并很快不再强调诸兵种合成作战。在他看来，"步兵已经过时了，只适合守卫要塞"。此外，富勒并没有就机械化部队的组织和训练提出具体建议，而是开始幻想组建"坦克舰队"和建造"陆上战列舰"，并用它们进行"地面上的海战"。[14] 很快，他就厌烦了战后军队的循规蹈矩，并开始与各个志趣相投者为伍——这促成了他与巴西尔·利德尔 - 哈特（Basil H. Liddell Hart）的交往。哈特是一名退伍的下级步兵军官，当时在《每日电讯报》（*Daily Telegraph*）担任军事记者。哈特还是一位期刊作家和热心的军事历史学家，且颇为擅长讨好政客。[15] 从 1920 年开始，富勒和哈特定期通信，讨论机械化问题。哈特"吸收了富勒对机械化战争和轰炸机的热情"，采纳了富勒的一些观点，并对其他观点进行了修改，后来更是将这些观点据为己有。[16]

　　尽管富勒热衷于宣传坦克，但事实证明，他非常不愿切身参与英国陆军机械化部队的发展。乔治·林赛（George Lindsay）上校虽然不如富勒有远见卓识，但他曾在 1922 年领导一支装甲车部队在伊拉克作战，积累了丰富的实战经验。加入皇家坦克部队后，林赛建议组建一支旅级机械化部队，并为其配备各种支援分队（值得一提的是，林赛并不希望在该部队中加入步兵）。另外，他还根据自己在伊拉克作战的经历，建议该旅与战术航空兵密切合作。林赛得到了米尔恩将军的支持，根据后者的命令，"实验机械化部队"被正式组建。[17] 该部队的规模相当于一个旅，拥有一个 Mk Ⅰ 中型坦克营 [即皇家坦克部队第 5 营（5 RTC）]、两个装甲车中队、一个超轻型坦克侦察中队、一个机械化步兵营、一个摩托化工兵连和一个摩托化炮兵旅。[18]虽然该部队指挥官的不二人选是约翰·富勒,但他断然拒绝了任命,最终,这一职务由步兵上校罗伯特·柯林斯(Robert J. Collins,兼任第7步兵旅旅长)担任。利德尔-哈特从一开始就试图干涉该部队的事务,还撰文批评了选择步兵担任其指挥官的做法。[19]富勒是一个多才多艺的理论家,但也是一个非常古怪的人,对神秘学的热爱不亚于坦克——也正是由于他对"实验机械化部队"和英国陆军机械化进程的疏远,导致这项工作一直缺乏明确的远期目标。[20]

1927年5月1日,罗伯特·柯林斯在蒂德沃思(Tidworth)完成了"实验机械化部队"的组建,并于8月开始在索尔兹伯里平原(Salisbury Plain)进行集体机动训练。该部队的训练由第3步兵师师长约翰·伯内特-斯图亚特(John Burnett-Stuart)少将指挥,而阿奇博尔德·韦维尔(Archibald Wavell)当时恰好以上校军衔为伯内特-斯图亚特担任参谋长。在集体机动训练中,英军中型坦克为练习"行进间射击"花费了大量时间[这主要是受到了查尔斯·布罗德(Charles Broad)上校的影响——布罗德出身炮兵,后来被调入皇家坦克部队],但事实证明,此举远远超出了1927年时的平均技术水平。另一方面,坦克乘员普遍对作为训练坦克的Mk Ⅱ中型坦克感到满意,并指出它可以行进80千米,"而且不会发生任何大问题"。[21]在集体训练方面,相较于一战坦克部队,"实验机械化部队"有两个重要的不同之处。首先,坦克并未被分散提供给步兵,而是被集结在了一起。由于机械化运输车辆数量有限,"实验机械化部队"中的一个步兵营只发挥了非常次要的作用。其次,"实验机械化部队"的坦克并不像1917年—1918年那样被要求突破坚固防线,而是被要求大胆实施包抄,进而让对手陷入不利境地——这也和富勒的理论一致。[22]然而,"实验机械化部队"的机动训练脱离了战术现实,根本没有考虑到密集的地雷或障碍物。该部队所有的训练科目都在少有起伏的原野上进行,这样的地形让坦克几乎能畅行无阻。另外,部队指挥官柯林斯也缺乏指挥机械化部队的经验,并表现得过于谨慎——这让利德尔-哈特在为《每日电讯报》报道集体机动训练时对此大加批评。在1927年9月27日的最终野战演习(culminating field problem)中,"实验机械化部队"与来自第3步兵师和一个骑兵旅的常规部队对阵。在此期间,双方都得到了英国皇家空军(Royal Air Force)的战术轰炸机和战斗机支援(但许多英国皇家空军领导人依旧对近距离支援任务缺乏兴趣)。[23]在演习中,"实验机械化部队"因缺乏电台而出了很多问题,但总体表现仍然令人满意。

1928 年 1 月，米尔恩在陆军部内成立了"坦克和履带运输技术委员会"（Tank and Tracked Transport Technical Committee），他这样做的目的有两点：促进新型装甲车辆的开发；加强与私营企业的协调。炮兵上校西德尼·佩克（Sydney C. Peck）被任命为该委员会主任。[24] 佩克拥有民间大学的技术学位，因此在英国军官中是个"异类"。他在法恩伯勒建立了"机械化战争实验所"（Mechanical Warfare Experimental Establishment），以测试新型装甲作战车辆。在佩克获得任命时，英国陆军部不仅要努力为皇家坦克部队研发坦克，还需要为一系列其他履带式车辆指定改装方案，以满足炮兵、骑兵和步兵机械化的需要。英国财政大臣温斯顿·丘吉尔也向他们施压，要求陆军部优先考虑骑兵部队的机械化——因为据估计，使用马匹的骑兵部队的维持成本是装甲部队的三倍。[25] 1928 年 3 月，陆军部指示两个骑兵团（第 11 轻骑兵团和第 12 枪骑兵团）换装装甲车，但英国陆军手头总共只有约 45 辆劳斯莱斯装甲车（Rolls-Royce armoured car），甚至不够满足一个团所需。在这种情况下，陆军部匆忙采购了 30 辆兰彻斯特 6×4 装甲车（Lanchester 6×4 armoured car），但没有让"机械化战争实验所"进行技术鉴定。两个骑兵团很快发现，7 吨重的兰彻斯特装甲车太重了，在沙漠环境的测试中，这一问题尤其显著。这让佩克不得不寻找替代品。由于缺乏适用车辆，这两个骑兵团的机械化最终花了三年时间才完成。

卡登 - 洛伊德 Mk Ⅵ 超轻型坦克重 1.5 吨。由于可以让一支军队快速实现机械化，其研发在英国内外引起了广泛关注。这种车辆小巧、廉价、可靠，并且易于制造，虽然其武器只有一挺机枪，但它的价格只相当于中型坦克的十五分之一。不过这种顶盖敞开式超轻型坦克的实战价值很低，在"实验机械化部队"中只能起到侦察和牵引火炮的作用。但"实验机械化部队"工兵连连长吉法德·勒奎斯 - 马特尔（Giffard le Quesne Martel）少校却坚定支持相关理念，还亲自参加过莫里斯 - 马特尔超轻型坦克（Morris-Martel tankette）的研发工作。[26] 虽然皇家坦克部队的军官们普遍不喜欢超轻型坦克，但作为坦克和履带运输技术委员会的顾问，马特尔却将超轻型坦克描述为帮助其他兵种实现机械化的潜在方案，并对其大加吹捧。1928 年，维克斯 - 阿姆斯特朗公司收购了卡登 - 洛伊德公司，开始着手研发新一批轻型坦克——总参谋部最终将其命名为 A-4 系列。卡登 - 洛伊德超轻型坦克还是步兵履带式武器运输车的原型，后来还衍生出"通用运输车"（Universal

Carrier）。最终，英国陆军购买了 300 多辆超轻型坦克。外国军队也对超轻型坦克产生了兴趣，其中有 20 辆被苏联买走。

虽然陆军部的需求已经让维克斯 - 阿姆斯特朗公司忙得不可开交了，但他们并不满足，还曾开发了另一种出口型装甲车辆，从而开辟出一条新财源。这种新式轻型坦克即维克斯 E 型 6 吨坦克有两种型号，一种装备两座机枪塔，另一种配有一座 47 毫米炮塔。按当时的标准，维克斯 E 型 6 吨坦克机动性好、火力强、装甲厚，很快就吸引了海外订单：苏联购买了 15 辆（后来发展为 T-26 轻型坦克），意大利和美国也各购买了一辆。最终，约有 150 辆维克斯 E 型 6 吨坦克被销往国外。英国陆军部也购买了一辆用于评估，但英国陆军认为它价格昂贵（每辆 4200 英镑）且制造工艺差，因此拒绝让它服役。[27]

1928 年夏，"实验机械化部队"再次开展演习。其中一个机械化步兵连的连长是威廉·戈特 [William H.E.Gott，绰号是"扫射者"（Strafer）] 上尉，英国陆军于 1940 年—1942 年在北非作战期间，他在机械化行动中扮演了重要角色。[28]这次夏季演习结束后，"实验机械化部队"被解散。陆军部同时表示，经过评估和理论思考，他们准备建立一支常备装甲旅。布罗德上校和林赛上校牵头编写了一份条令：《机械化和装甲部队手册》[the Handbook on Mechanized and Armoured Formations，又被称为"紫色入门"（Purple Primer）]。该手册吸收了从"实验机械化部队"中得到的经验教训，于 1929 年 3 月发行。作为一份条令文件，虽然其内容不是特别详细，但仍具有开创性。在训练和装备新装甲旅方面，参与"实验机械化部队"的一些军官，如珀西·霍巴特（Percy Hobart）中校和马特尔少校也发表了意见。[29] 在这里值得一提的是利德尔 - 哈特，他既不是坦克兵，也未从事过与坦克有关的行当，虽然他曾试图加入皇家坦克部队，但并未被后者接纳。他虽然曾协助编写过 1921 年版《野战训练条例》，并试图把自己包装成理论专家，但他实际上"并没有接受过严肃的军事理论训练"，他在《野战训练条例》的编写过程中也只是担任编辑而已。[30] 但可笑的是，哈特甚至声称，他提出了 1918 年步兵战斗规程的基本概念。哈特喜爱谈论机械化，在第二次世界大战后他更是试图将自己塑造成机械化的早期传道者，并宣称自己直接影响了英国和德国机械化理论的发展。哈特是一位活跃的记者，"他喜欢在军事上和别人打笔仗"，从而贬低其他人——包括富勒、布罗德、霍巴特和林赛——同时无耻地抬高自己。[31]

不幸的是，他的著作却在战后大行其道，还在政界培养了一批拥趸，从而极大"污染"了一战后装甲战理论的发展史著作。

尽管哈特对英国陆军多有批评，但事实是，英国陆军在20世纪20年代一直在致力于机械化，而且投资大大超过了其他国家的陆军。从1920年到1929年，英国在坦克相关的事项上总共花费了超过150万英镑（约合750万美元），这还不包括用于其他机械化项目的资金。此外，尽管英国陆军的经费在1929年被削减至3200多万英镑，但机械化进程仍在缓慢推进。相比之下，意大利和美国在同一时期只为坦克花费了约100万美元（21万英镑）。同样令人惊讶的是，法国在20世纪20年代只为购置坦克花费了16万美元（3.4万英镑）——因为相对于生产，他们更关注的是研究。虽然"实验机械化部队"的演习效果和"紫色入门"的影响"远称不上理想"，但它们仍使英国在机械化战争的技术和理论领域处于领先位置，并将逐渐影响其他国家的发展。

1930年夏，英国皇家坦克部队组建了另一支暂编装甲旅。该旅拥有三个中型坦克营，侦察部队则配备了卡登 - 洛伊德超轻型坦克。与"实验机械化部队"不同，该装甲旅是一支纯坦克部队，其建制内没有支援武器，也不会得到皇家空军的支援，这种情况让该编制形式成了某种意义上的退步。最大不同是该暂编装甲旅增加了无线电通信，该旅配备了四台专用指挥坦克，但各连和排仍然靠旗语来进行指挥。在1930年夏的索尔兹伯里平原演习中，该装甲旅被拆分开来——由一个营来扮演假想敌，以便模拟坦克对抗。但因为几乎不涉及炮兵火力支援、反坦克地雷和反坦克炮，所以这次演习显然无法为联合作战提供多少经验教训。演习结束后，该旅就被解散了。1931年夏，查尔斯·布罗德上校指挥另一个临时旅进行了类似演习。在很大程度上，这些演习更像是为来访政要举办的展览——用现代士兵的话说就是"噱头表演"——而不是为制定战术与条令而采取的严肃措施。[32] 这些演习是在非真实战术条件下进行的，还有大批观众在近旁观摩——战术和条令显然不能靠这种方式发展和完善。为给观众留下深刻印象，演习中还加入了如"坦克撞墙"这样荒谬的"特技表演"，进一步降低了夏季演习的价值。不出所料，利德尔 - 哈特在新闻报道中对暂编装甲旅的解散持批评态度，声称创建一个真正机械化师的机会被浪费了。

虽然英国装甲部队在当时确实处于低速发展状态，而且方向也不明确，但利德尔-哈特忽略了这一决定的背景。显然，低速发展的一个主要原因是英国陆军经费持续减少，并在 1932 年降至最低点——这对机械化计划造成了"寒蝉效应"。1930 年—1931 年的经济大萧条重创了英国，迫使政府大幅削减开支，包括削减军饷——这引发了 1931 年 9 月皇家海军因弗戈登（Invergordon）基地的兵变。[33] 由于英国政府面临财政崩溃和社会动荡，因此就算机械化意义重大，但也注定得不到足够多的拨款。另外，利德尔-哈特还缺乏技术基础知识，他不清楚一个工业基础有限的国家会在研发优秀坦克时面临哪些问题。从 1926 年开始，维克斯公司就一直在尝试制造一种改进型中型坦克，并以此取代 Mk Ⅱ，但最终制造出的 Mk Ⅲ（又名 16 吨坦克）却令人失望。最终，维克斯公司只制造了三辆 Mk Ⅲ（其中一辆还被烧毁了），在 1930 年—1931 年的演习中使用。但维克斯公司的工程师们依然坚持不懈，于 1929 年和 1930 年研制出了两辆 A-7 中型坦克的原型车，但这些原型车同样充满了技术问题。

退一步讲，就算英国拥有大量资金，也开发出了更优秀的坦克，在 20 世纪 30 年代初，英国也很难组建起装甲师。因为装甲师的用途是进攻，但英国政界却盛行和平主义，民众也不想再看到另一场"大陆战争"。1932 年日内瓦世界裁军会议期间，英国和美国都提议废除或限制进攻性武器，如坦克、重炮和化学武器等。令人惊讶的是，利德尔-哈特此时来了个"大转弯"，声称有必要废除坦克，以防止未来爆发战争。这招致了富勒和温斯顿·丘吉尔的批评。后来，英国代表团又提出将新坦克的吨位限制在 20—25 吨，但这些建议都没有被采纳。[34] 德国和意大利当时似乎愿意接受对进攻性武器的限制，不过事实证明这种态度并不真诚。日内瓦裁军会议最终不了了之，但它确实影响了英国政府向中型坦克投入资源的态度。

由于存在种种"障碍"，新坦克的研发工作在 1932 年—1933 年停滞不前。1933 年，皇家坦克部队也没有进行任何集体训练。但随着阿道夫·希特勒于 1933 年 1 月出任德国总理，并随后下令退出国际联盟和日内瓦裁军会议，英国陆军部也难免开始担心起来。1933 年 2 月，阿奇博尔德·蒙哥马利-马辛伯德（Archibald Montgomery-Massingberd）爵士接替米尔恩担任英国总参谋长，他觉得德国可能会成为"麻烦"，便着手恢复陆军停滞不前的机械化计划。1933 年 11 月，英国国防委员会（Committee of Imperial Defence）成立了国防需求小组委员会（Defence

Requirements Sub-Committee，DRC），后者的任务是提出能解决英国三个军种重大问题的建议。虽然国防需求小组委员会只是一个咨询机构，但事实证明，它在确定英国陆军未来的兵力结构和装备需求方面影响重大。[35]尤其重要的是，该委员会建议陆军组建一支远征野战力量（下辖五个师和一个装甲旅）。

1934年4月，蒙哥马利-马辛伯德下令组建一个常备坦克旅，即第1坦克旅，该旅是纯坦克部队，旅长是珀西·霍巴特准将。第1坦克旅下辖四个坦克营，包括原有的三个坦克营（皇家坦克部队第2营、第3营和第5营）和新组建的第1（轻型）营。早先在夏季演习中，霍巴特积累了坦克使用经验，但他和富勒一样不善交际，是一个傲慢的坦克狂热分子，在与其他部门打交道时也缺乏耐心。由于与一名下级军官之妻有奸情，他在战前常备军军官团的"小圈子"中备受鄙视。[36]伯纳德·蒙哥马利（Bernard Montgomery）是少数与他相处融洽的军官之一，也是他的妹夫。事实证明，霍巴特很不适合领导诸兵种合成部队的组建。1934年10月，蒙哥马利-马辛伯德打算成立一个机动师，并准备将霍巴特坦克旅与一个摩托化步兵旅和一个摩托化炮兵旅合并。[37]次月，一支临时"机动部队"（Mobile Force）成立，该部队规模相当于一个师，由林赛担任主管。但遗憾的是，霍巴特与林赛难以相处，第3步兵师参谋部也对这支机动部队大加批判，导致林赛大为光火。此后不久，这支部队宣告解散。

经过近十年训练磨损，霍巴特手下的大多数 Mk Ⅰ 和 Mk Ⅱ 中型坦克都已破旧不堪且没有备件，如果找不到替代产品，坦克旅将只有超轻型坦克和少数轻型坦克可用。20世纪30年代初，一批新式轻型坦克开始服役。1931年4月，维克斯公司交付了首辆 Mk Ⅱ 轻型坦克，该坦克由卡登-洛伊德超轻型坦克发展而来，武器只有机枪。随后，维克斯公司又在1934年交付了稍有改进的 Mk Ⅲ 和 Mk Ⅳ 型。皇家坦克部队获准用兵站人员组建一个新营，即第1（轻型）营，并为其配备一个装甲车中队和一个轻型坦克中队。维克斯公司继续投入资源，试图升级这种相当简陋的双人车辆。该坦克早期版本的价格相当低廉（2000—3000英镑），即使是资金紧张的陆军也能在一年内购买50辆。维克斯公司还开始为海外驻军量身定制一些轻型坦克：例如 Mk Ⅲ 轻型坦克的改装型，这种坦克更适合埃及或印度等热带地区。在此期间，虽然皇家坦克部队接收了不少新式轻型坦克，数量足以装备数个中队，但更多坦克还是流向了新的机械化骑兵团。

就在霍巴特训练自己的旅时，陆军部也在努力寻找途径，试图开发一种廉价的新式中型坦克。休·埃尔斯中将曾在一战中担任过坦克部队司令，并在 1934 年成为陆军部机械化部队司令兼军械总长（Master General of the Ordnance）。在担任这些职务期间，埃尔斯极力推动采购一种现代化步兵支援坦克（尽管霍巴特旅并没有接受过步兵支援训练）。1934 年 6 月，英国陆军部编写了总参谋部 A-9 号技术规格书，要求相关公司制造一种装备 2 磅炮的新型步兵坦克。与此同时，维克斯 - 阿姆斯特朗公司仍在努力完善 A7 系列坦克，但五年后，其原型车仍备受悬挂系统薄弱和机械可靠性差的困扰。不过该公司并没有气馁，而是试图从过去的失败中吸取教训，推出一种符合 A-9 号技术规格书的新式坦克。当时，其首席坦克设计师是约翰·卡登，他行事武断，坚持为原型车额外安装了两座机枪塔，从而增加了成本和复杂性。为减轻重量，确保机动性，他只为这种坦克配备了 14 毫米厚的装甲。最初陆军部并没有密切关注卡登的动作，直到 A-9 项目进行了一段时间后，他们才有所察觉，之后他们只是提出了一条新要求（被命名为 A-10 项目）——取消副炮塔，并将装甲厚度增加到 30 毫米。使情况变得更复杂的是，1935 年 11 月，国防委员会建议额外组建四个独立坦克营，这些营与机动师无关，其任务是近距离支援步兵。埃尔斯认为，这些新坦克营需要装备步兵坦克——它们首先要廉价，其次要防护性能良好，至于武器只要一挺机枪即可。陆军部为此起草了另一份规格书，编号为 A-11。维克斯公司随即启动了工作。根据国防需求小组的建议，陆军部设法从 1934 年—1935 年的陆军预算中增加了 192000 英镑的坦克研发经费。尽管这笔资金本来就很少，但埃尔斯还是犯了一个错误——将它们分摊给了三个不同的坦克项目。

正当维克斯 - 阿姆斯特朗公司同时为三个坦克研发计划忙碌时，灾难降临了——1935 年 12 月，约翰·卡登在一次空难中丧生。根据公司要求，A-9、A-10 和 A-11 项目被卡登的副手莱斯利·利特尔（Leslie E. Little）接管。利特尔擅于权变，但不善创新。1936 年 7 月，维克斯 - 阿姆斯特朗公司展示了 A-9E1 坦克原型车，这是 "一头笨拙、脆弱的野兽"（重 12.7 吨）。好消息是，A-9E1 有一座液压驱动炮塔，可以安装新型 2 磅（40 毫米）火炮，其速度也比老式 Mk Ⅱ 中型坦克快。不过，A-9E1 前车体上有两座碍脚的机枪塔，而且悬挂系统负重轮有两种尺寸。此外，A-9E1 的装甲较薄，履带狭窄且容易脱落。它的价格也不便宜，单价为 12700 英镑，但能立刻小批量投产。面对上述情况，陆军部一方面决定冒险允许 A-9 坦克以 "Mk Ⅰ 巡洋坦克" 的身份列装部队，一方面又希望其改进型——

A-10 坦克尽快面世，并因此决定把 A-9 坦克的小批量生产订单下达时间推迟一年。但当时维克斯公司的设计团队正在为改进 A-10 坦克忙得焦头烂额，其项目进度远远落后于计划，直到 1939 年 12 月，A-10 才做好以"Mk Ⅱ 巡洋坦克"的身份投产的准备。由于别无选择，陆军部最终于 1937 年年底订购了 125 辆 Mk Ⅰ 巡洋坦克，理由是这些中型坦克质量虽差，但聊胜于无。此外，维克斯公司还在 1936 年 9 月完成了 A-11 步兵坦克的原型车，该车重达 11 吨，装甲厚达 60 毫米，但除此之外一无是处。它的速度慢得令人绝望，而且其武器威力严重不足，这导致陆军部后来又拟定了一份装备 2 磅炮的步兵坦克指标（该项目后来被称为 A-12）。由于卡登已经去世，加上维克斯公司被手头的项目压得不堪重负，陆军部决定把 A-12 步兵坦克的设计交给位于伍尔维奇的皇家兵工厂。另外，尽管维克斯公司的 A-11 原型车大有问题，但陆军部还是决定让它以"Mk Ⅰ 步兵坦克"的身份列装部队，并于 1937 年签发了生产合同。

就在维克斯公司努力研发中型坦克期间，陆军部开始注意到快速巡洋坦克的优点。当时，埃尔斯的副手马特尔中校刚从苏联考察归来，对红军的 BT-2 快速坦克印象深刻。BT-2 源自沃尔特·克里斯蒂（Walter J. Christie）的 M1928 坦克设计，虽然其配备的克里斯蒂悬挂系统已问世十多年，但一直没有引起英国陆军关注。可就在这时，它突然成了帮助维克斯公司打破设计瓶颈的一条出路。马特尔不仅成功说服陆军部从克里斯蒂公司购买了一辆样车，还让后者决定将表现优异的克里斯蒂悬挂系统安装到新型巡洋坦克上。虽然马特尔的建议理论上是好的，但需要花费维克斯公司至少一年时间——这对英国陆军来说实在太长了。尽管如此，陆军部还是在 1936 年年底为这种新型巡洋坦克制定了性能要求。该项目名为 A-13，新型巡洋坦克需采用克里斯蒂悬挂系统，装备一门 2 磅火炮。这时陆军部也意识到，让更多企业参与装甲战车研发很有必要。于是，他们决定冒险，让一家新成立的企业——伯明翰（Birmingham）的纳菲尔德机械化和航空有限公司（Nuffield Mechanization and Aero Ltd）——参与 A-13 项目。1937 年 10 月，A-13 原型车在纳菲尔德公司竣工，该战车安装了克里斯蒂悬挂系统的改进版。但陆军部只决定少量订购这种坦克，并要求纳菲尔德公司开发改进型号——这就是后来的 Mk Ⅲ 和 Mk Ⅳ 巡洋坦克。[38] 到 1936 年—1937 年冬季，英国陆军部正在同时推进至少五个坦克项目，但没有一种中型坦克实际投产。事实上，英国当时只在生产 5 吨重的维克斯 Mk V和 Mk VI轻型坦克，其武器只有机枪，主要用于机械化骑兵团。

值得注意的是，在研发新式中型坦克时，尽管英国陆军部愿意从美国借鉴现成技术，但并未与之积极开展坦克设计交流。在法国这边，由于资金限制，其坦克研发工作同样延宕许久，直到 20 世纪 30 年代中期，霍奇基斯（Hotchkiss）、雷诺（Renault）和索玛（Somua）等企业的坦克设计师们才拿出了几种有前途的坦克设计方案，并开始进行小规模生产。而且法国设计师开始使用焊接结构，而不是维克斯公司长期采用的铆接设计。特别是索玛 S-35 骑兵坦克，其武器、防护和速度都不比维克斯公司的产品逊色。此外，法国人也开始把装甲部队编入大型诸兵种合成部队——其中最早的一支大型部队是于 1935 年 7 月组建的第 1 轻机械化师（1ere Division Legere Mecanisee），随后，法国又在 1937 年 7 月组建了第 2 轻机械化师（2e DLM）。法国人对英国坦克的发展也很感兴趣。1933 年，法国陆军参谋长马克西姆·魏刚（Maxime Weygand）将军应蒙哥马利 - 马辛伯德元帅之邀访问英国，并在蒂德沃思观摩了英国坦克演习。[39] 同样，休·埃尔斯和马特尔也于 1937 年 1 月前往巴黎，与法国同行就坦克问题做了有限讨论，只是没有取得任何成果。[40] 另外，当时英国的拉姆塞·麦克唐纳（Ramsay MacDonald）和斯坦利·鲍德温（Stanley Baldwin）政府都不赞成与法国进行军事合作，这令两国战备工作受到了不少影响。[41]

此外，英军还决定为 A-9、A-10、A-12 和 A-13 坦克配备新型 2 磅火炮，这一点给皇家坦克部队带来了三大问题。首先，这种武器直到 1936 年中期才开始低速生产，相应地限制了中型坦克的产量。此外，该火炮还要装备步兵师的反坦克部队，这使武器供应不足的状况雪上加霜。其次，它导致所有新型坦克的炮塔座圈极小，无法换装 6 磅火炮等重型武器。最后，2 磅炮缺少高爆弹，只能用穿甲弹攻击敌方坦克。在"实验机械化部队"的演习中，英军总结出的少数技术经验之一就是坦克部队需要另外配备履带式火力支援系统，因此，机械化战争委员会建议为一些新式中型坦克配备榴弹炮，以发射高爆弹和烟幕弹。近距离支援型（Close Support）A-9 和 A-10 坦克由此诞生，两者的总产量为 36 辆，它们配有旧式 3.7 英寸榴弹炮，而 A-12 坦克的近距离支援型则计划配备 3 英寸榴弹炮。然而，这些近距离支援型坦克的数量太少，榴弹炮的射程又太短，无法在机动作战中为友军坦克提供有效火力支援。而且直到战争爆发后，英军才注意到这一重大缺陷。

表 1　英国坦克项目一览，1934 年—1940 年 [42]

	A-9 Mk I 巡洋坦克	A-10 Mk II 巡洋坦克	A-11 Mk I 步兵坦克	A-12 "玛蒂尔达" 坦克 Mk II 步兵坦克	A-13 Mk III 巡洋坦克	A-13 Mk IV 巡洋坦克	"瓦伦丁" Mk III 步兵坦克
需求提出时间	1934 年 6 月	1935 年	1935 年 年末	1936 年 9 月	1936 年 11 月	1939 年 年初	1939 年 4 月
开发商	维克斯公司	维克斯公司	维克斯公司	伍尔维奇皇家兵工厂	纳菲尔德机械化和航空有限公司		维克斯公司
首部原型车完成时间	1936 年 7 月	1937 年 7 月	1936 年 9 月	1938 年 4 月	1937 年 10 月		1940 年 4 月
订购情况	1937 年 8 月：121 辆	1938 年 7 月：170 辆	1937 年：60 辆 1938 年：60 辆 1939 年：19 辆	1938 年 6 月：180 辆	1938 年 1 月：65 辆	1939 年 1 月：270 辆	1939 年 7 月：300 辆
造价	12710 英镑	12950 英镑	6000 英镑	18000 英镑	12000 英镑	13800 英镑	14900 英镑
生产启动时间	1939 年 1 月	1939 年 12 月	1939 年 年初	1939 年 9 月	1939 年 4 月	1939 年 8 月	1940 年 6 月
制造商	埃尔斯维克工厂 哈兰德与沃尔夫有限公司	伯明翰铁路客货运车辆公司（BRCW） 都城 - 卡梅尔客货运车辆公司（MCCW） 维克斯公司	维克斯公司	伏尔甘铸造厂（Vulcan Foundry） 鲁斯顿和霍恩斯比公司（Ruston & Hornsby Ltd） 约翰·福勒公司（John Fowler & Co.） 哈兰德与沃尔夫有限公司 伦敦、米德兰和苏格兰铁路公司（LMSR） 北英机车公司（NBL）	纳菲尔德机械化和航空有限公司		都城 - 卡梅尔客货运车辆公司 伯明翰铁路客货运车辆公司

当佩克和埃尔斯等人努力推动新型坦克投产时，霍巴特则在给骑兵部队机械化进程添乱。1935年2月，得知陆军部试图为更多骑兵团更换装备后，霍巴特写了一份备忘录，强烈反对骑兵部队机械化，并表示所有装甲作战车辆应统一由皇家坦克部队管辖。此外，霍巴特和其他装甲兵军官还发表轻蔑言论，表示不愿意将骑兵军官编入皇家坦克部队。[43]不仅如此，霍巴特还直接主张取消骑兵团，从而把经费节省下来，用于组建更多皇家坦克营。显然，这种态度影响极坏，不仅没有促进英国陆军装甲部队发展，还起了反作用。英国陆军部不顾上述反对意见，仍在1935年和1936年下令将更多骑兵部队改编为机械化部队。不过，由于装甲车辆的数量有限，这项工作的进展始终缓慢。

1935年10月，"阿比西尼亚危机"（Abyssinian Crisis）①爆发了。这为英国陆军创造了一个特殊机会，使其可以检验机械化部队的沙漠行动能力。随着意大利军队入侵阿比西尼亚，英国政坛高层开始担心：墨索里尼可能会孤注一掷地对埃及采取某些军事行动，以此来回应国际经济制裁。一开始，驻埃英军在马特鲁港（Mersah Matruh）集结了一个加强旅，后来又决定派遣一支机动部队前往西迪巴拉尼（Sidi Barrani）附近，以便掩护整个边境地区。当时，驻埃英军仅有的机械化力量是皇家坦克部队第6营（1933年组建于埃及，拥有约20辆Mk Ⅲ轻型坦克、4辆Mk Ⅱ中型坦克和4辆卡登-洛伊德超轻型坦克）、第7轻骑兵团（拥有若干轻型坦克）、第11轻骑兵团（拥有约30辆装甲车）和第8轻骑兵团（搭乘卡车）。[44]1935年12月，英国陆军部决定从英国本土为驻埃英军增派人员和装备。其中，霍巴特旅派出了皇家坦克部队第1（轻型）营——该营拥有33辆Mk Ⅲ和Mk Ⅳ轻型坦克，以及少量最新的Mk Ⅴ轻型坦克。1936年年初，霍巴特作为顾问随营前往埃及，同时他指派了维维安·波普（Vyvyan Pope）上校指挥机动部队。在此期间，虽然意大利人从未越过边境，但英军机动部队进行了宝贵的沙漠训练，一些坦克在几个月内的行进距离达到了800千米。但这些坦克的机械故障率非常高——尤其是直接从英国运来的坦克，因为它们缺乏空气滤清器等热带改装配件。[45]危机缓解后，第1（轻型）营于1936年11月返回英国，机动部队也随之被解散，但英国陆军部决定，一旦装

---

① 译者注：阿比西尼亚即今天的埃塞俄比亚，当时意大利军队入侵和占领了这一非洲国家，并导致国际关系骤然紧张。

甲作战车辆充足，就在埃及建立一个常备机械化旅。

当霍巴特于 1936 年夏天回到英国时，维克斯公司刚刚开始生产 Mk Ⅵ a 轻型坦克。这款可容纳三名乘员的坦克较以往的型号有了重大改进——其武器包括一挺 12.7 毫米重机枪和一挺 7.7 毫米共轴机枪。Mk Ⅵ 系列坦克的机动性能优秀，其越野速度可达每小时 20 千米，公路行驶速度为每小时 40 千米，但其最大装甲厚度仅为 14 毫米。尽管如此，英军机械化总监亚历山大·戴维森少将（Alexander E. Davidson）仍表示，他对新坦克的"抗弹性"感到满意（从中也可看出相关标准究竟有多低）。Mk Ⅵ a 和后续的 Mk Ⅵ b 坦克是专为在印度和中东等地开展殖民战争而设计的，并不是为了对付可能拥有中型坦克或反坦克炮的对手。维克斯公司每年最多能生产约 200 辆 Mk Ⅵ 坦克，因此英国陆军部相信，剩余的骑兵团可以在 1938 年之前完成换装。

1936 年 5 月，陆军元帅西里尔·德维尔（Cyril Deverell）担任新一任英国总参谋长，他继续执行既定政策，即加快机械化进程。此时，英国陆军仍有 13000 匹战马。这些牲畜开销庞大，如果加以裁撤，就能让其所在部队换装处于原型车阶段的新坦克。德维尔打算淘汰战马，并着手改造剩余的骑兵团。1936 年 11 月，为响应国防需求小组委员会的建议，陆军部机械化委员会提出了一项新的坦克计划。该计划要求建立规模为五个师的现代化野战部队，同时为现有的四个皇家坦克营配备 192 辆巡洋坦克，为筹备中的四个独立坦克营配备 160 辆步兵坦克，并为 10 个骑兵团配备 580 辆轻型坦克。据国防需求小组委员会估计，为这五个现代化野战师提供装备大约需要 2500 万英镑，其中大约 900 万英镑将被用于坦克项目。[46] 然而，作为斯坦利·鲍德温内阁的财政大臣，内维尔·张伯伦否决了这一计划。张伯伦担心，为陆军提供更多优秀坦克会让英国为欧洲大陆承担更多义务，而这正是他急于避免的。张伯伦建议军方将新增预算投入防空和海防领域。受此影响，财政部只为机械化项目批准了少量资金，以用于小批量生产轻型坦克，这令德维尔推动骑兵全面机械化的计划开局不顺。另外，由于轻型坦克短缺，在 1937 年和 1938 年的大部分时间里，大多数骑兵团不得不使用替代品，如莫里斯 CS8 卡车（载重量为 15 英担①）。

---

① 译者注：英担是一种英制计量单位，1 英担约合 50.80 千克。

1937 年 5 月，张伯伦接替鲍德温出任首相，这对英国装甲部队而言无疑是个噩耗。张伯伦奉行绥靖政策，试图不惜代价避免战争。他任命莱斯利·霍尔 - 贝利沙（Leslie Hore-Belisha）为陆军部部长——此人曾聘请利德尔 - 哈特担任私人军事顾问。利德尔 - 哈特当时已成为《泰晤士报》的军事记者，并开始宣扬"有限责任"（limited liability）理论，认为英国不应组建大型远征军。[47]哈特声称，法国有马奇诺防线，绝对可以阻止德军入侵，因此该国无须英国陆军帮助，何况在当前的战争形势下，防御方必然占上风，装甲部队不可能取得决定性突破。在哈特的怂恿下，张伯伦命令霍尔 - 贝利沙限制军队开支。后者还不顾总参谋部的极力劝阻，大肆限制坦克和现代化野战部队发展。但由于德国早在 1935 年就组建了三个装甲师，法国也已经拥有两个轻机械化师，英国的政客们被迫开展一些"面子工程"，以避免让本国陆军沦为某种"帝国警察"。

1937 年 10 月，霍尔 - 贝利沙允许德维尔元帅组建一个常备机动师，该师编制内有一个坦克旅、两个机械化（或摩托化）骑兵旅和一个支援群（包含两个步兵营和两个炮兵团）。利德尔 - 哈特希望霍巴特指挥该师，但后者却坚决反对吸收机械化骑兵。随后，艾伦·布鲁克（Alan Brooke）少将被临时任命为该师师长。布鲁克曾在炮兵部队服役，但没有在机械化部队服役的经验。虽然英国陆军部吹嘘这一"机动师"拥有 600 多部车辆，但该师其实只有过时的 Mk Ⅱ 中型坦克和早期型轻型坦克。从本质上讲，这个机动师只是一支训练部队，而不是一支能战之师，其作用是帮助骑兵部队换装（教官和相关资源由皇家坦克部队提供）。没过多久，位于博文顿（Bovington）的皇家坦克部队训练中心便被大量受训人员"淹没"了。在这些新抵达的人中，既有前来接受驾驶训练的普通骑兵，也有需要熟悉装甲车辆的军官。1937 年 12 月，英国内阁公开宣扬"有限责任"概念，还特别提到要削减陆军坦克计划的大部分资金，从而彻底剥夺了对机动师的物质支持。[48]德维尔元帅和埃尔斯都曾试图反对霍尔 - 贝利沙的政策，但两人随后都被解职，陆军的机械化计划也彻底陷入混乱。

到 1938 年时，英国装甲部队已经十分落后。在这一年，英国没有生产任何巡洋坦克或步兵坦克，而且由于缺乏资源，机动师训练也进展缓慢。布鲁克在担任名义师长仅九个月后就离开了，接替他的是骑兵部队出身的罗杰·埃文斯（Roger Evans）少将。同时，机动师也被改编为第 1 装甲师，但其"不过是一个装备有大约 100 辆轻型坦克的训练指挥部"。战前的时间里，大多数英军坦克兵都是在多塞特郡（Dorset，这里也是英国皇家坦克部队兵站所在地）的博文顿军营进行训练的。有趣的是，新坦克兵用在训练驾驶技能和装备维修上的时间仅有13周。博文顿附近的卢尔沃斯兵营（Lulworth Camp）建有一个坦克靶场，在当地，乘员们用了6周时间驾驶老式Mk Ⅱ中型坦克和轻型坦克（这也意味着，其训练重点是用机枪射击）完成打靶训练。[49]另外一个问题是，在战争开始前，英军只有极少数坦克配备了新型2磅炮，这也给人员培养带来了很大影响。

1938年，英军装甲部队唯一的积极进展是成立了"机动部队"，该部队被部署在埃及，由霍巴特指挥。但这个师级单位仍处于草创阶段，只有两个坦克营和两个机械化骑兵团，师属支援单位也只能满足最低需求。1939年4月，霍尔-贝利沙宣布对英国装甲部队进行重大结构调整，并成立"皇家装甲部队"（Royal Armoured Corps），以收编所有皇家坦克部队（现改称"皇家坦克团"）下属单位和各机械化骑兵团。[50]受此影响，坦克和骑兵的训练资源终于被整合到了一起，但坦克团和骑兵团仍将保持不同的作战风格。

到皇家装甲部队成立时，英国陆军部才收到被扣留已久的资金，但由于英国工业基础有限，其坦克增产根本无法一蹴而就。虽然有更多企业被征召来生产坦克，但启动批量生产还需要大半年时间。1939年1月，第一辆A-9 Mk Ⅰ巡洋坦克下线，但直到1939年9月英国对德国宣战时，都还只生产了76辆Mk Ⅰ巡洋坦克。没过多久，英军认定该型号的坦克不适合欧洲战场，便决定将其中约一半的坦克运往埃及。A-11步兵坦克的情况也差不多——到战争开始时，其总数为67辆，虽足以装备一个营，但其性能却不尽如人意。A-13坦克仅生产了43辆，而且其中很多都没有安装武器。[51]不过，一阵手忙脚乱后，英国陆军部总算得以匆匆让A-10、A-12和A-13坦克开始小批量生产。1939年9月至1940年4月的整个"虚假战争"期间，英国总共生产了532辆坦克，而且其中一半都是Mk Ⅵ b轻型坦克。相比之下，法国在同一时期共生产了969辆坦克，德国也生产了648辆坦克。

A-12 Mk Ⅱ步兵坦克（后来被称为"玛蒂尔达2"）是一种很有前途的车型，但由于产量远远落后于计划，该坦克在1940年下半年之前只有少量交付部队。1938年，维克斯公司主动提出以A-10坦克底盘为基础，生产一种更便宜、更简单的步兵坦克。起初，英国陆军部没有同意这一建议。但1939年7月，由于陆军急需装备了火炮的坦克，英国陆军部才向维克斯公司订购了275辆这种坦克（Mk

Ⅲ步兵坦克，后来被称为"瓦伦丁"）。[52] 英国陆军部之所以愿意在装甲部队装备体系中额外增加一种型号，甚至不要求评估原型车，无疑与当时的紧张局势有关——毕竟战争已迫在眉睫。

1939 年，当英国远征军（British Expeditionary Force）抵达法国时，法军上将莫里斯·甘末林（Maurice Gamelin）惊讶地发现，很多英军坦克居然没有安装火炮，而且许多卡车都是打上军事标记的民用车。法国人很不理解——在坦克发展领域，英国陆军堪称先驱，但在战争开始时，他们居然拿不出一个装甲师。[53] 弗雷德里克·霍特布莱克（Frederick Elliot Hotblack）少将是一名经历过一战的皇家坦克部队老兵，还曾于 1935 年—1936 年在柏林担任武官。当时，他被派往英国远征军担任装甲顾问，这段经历让他了解到，在理论领域，德军装甲部队为机动战做的准备更为充分。1940 年①11 月，霍特布莱克建议英国远征军领导层建立一个装甲军指挥部，并管辖正在本土接收装备的两个常备陆军装甲师。但这一建议并未得到重视。[54] 后来，霍特布莱克虽然被任命为在英国本土组建的第 2 装甲师师长，但他却在 1940 年 4 月因中风而被迫退役。至于他将多个装甲师编入一个军级司令部的想法，直到 1942 年才得以实现。

不仅如此，第 1 装甲师的装备优先度很低，在开战 8 个月后仍未准备就绪——这一点尤其令人惊讶。事实上，该师的大部分支援部队都被剥离以便执行其他任务，导致剩下的装备大多是坦克。当利德尔-哈特"法国防线能阻止德军装甲部队"的预言被证明大错特错时，第 1 装甲师才匆忙开赴法国。在阿比维尔(Abbeville)，手忙脚乱的第 1 装甲师，与一个德国步兵师猝然爆发了战斗。该师的 A-10 近距离支援型坦克既没有配备烟幕弹，也没有配备高爆弹，而且许多车载无线电都无法使用。在晨雾掩护下，英军"薄皮巡洋坦克"埋头前进，由于视野不佳，这些坦克直接闯进了德军 3.7 厘米反坦克炮的攻击范围——处于隐蔽状态的德军火炮，令英军损失惨重。由于缺乏高爆弹，英军 2 磅炮很难压制德军反坦克炮阵地。在首次行动中，英国第 1 装甲师损失了 180 辆参战坦克中的 120 辆，并且没有完成任务。在比利时和法国的短短 3 周时间的战斗中，

---

① 译者注：原文如此，但此处应为"1939年"。

英军损失了大部分装甲部队，其中包括 722 辆各类坦克（126 辆步兵坦克、189 辆巡洋坦克和 407 辆轻型坦克）。

　　总之，英军于 1939 年参战时，其装甲部队装备落后、组织涣散、训练不足，无法进行诸兵种合成作战。不仅如此，其坦克设计只适用于步兵支援和机动作战中的一种。步兵坦克、巡洋坦克和轻型坦克之间不能互补，而且大部分坦克只装备了 2 磅炮。由于缺少合适的坦克，加上夏季野战演习流于形式，因此战前英军的装甲作战理论并没能经受住实战检验——尤其值得指出的是，他们低估了反坦克炮阻止装甲部队的能力。此外，由于"纯坦克"思想在皇家坦克部队根深蒂固，以及骑兵部队尚未全面完成机械化，因此英军装甲力量根本没有为诸兵种合成作战做好调整。然而，英国装甲部队之所以准备不足，最大的问题出在政治领导层——在 20 世纪 30 年代，他们不仅忽视陆军，还错误地推行绥靖政策，在财政上也颇为吝啬。

　　然而，即使英国陆军能够研发出优秀坦克，并在 1939 年 9 月之前获得资金，为至少一个装甲师提供装备，他们也很难顺利实施诸兵种合成作战，进而击败旗鼓相当的对手。这是因为英军缺乏可靠的近距离空中支援力量。尽管英国皇家空军在 20 世纪 30 年代投入了大量资金，但其领导层始终将心思放在建设轰炸机司令部（Bomber Command）和战斗机司令部（Fighter Command）上——因为这样做可以提升空军作为独立军种的威望。虽然皇家空军在 1925 年和 1935 年的条令手册中表示要大力配合陆军，但其实际上却在阳奉阴违。其领导层曾经表示，飞机最好用于攻击火炮射程以外的目标——这基本上就是在宣布，他们根本不想提供近距离空中支援。[55] 诚然，英国空军部在 1934 年和 1935 年分别发布需求，希望装备多种新型轻型轰炸机和俯冲轰炸机，但这些需求并未孕育出适合近距离支援机械化部队的战机。比如，事实证明，费尔雷"战斗"（Fairey Battle，一种轻型轰炸机）的表现令人失望，其火力和生存能力极为有限。不仅如此，皇家空军领导层还认为他们不需要俯冲轰炸机，并将霍克"亨利"（Hawker Henley）降级为辅助战斗机。在二战爆发前，皇家空军从未与英国陆军制定任何联合空地协同条令。直到北非战役的最后几个月，皇家空军才开始投入必要的飞机和战术单位，以便在战场上为陆军提供适当支援。

　　一战之后，世界各国陆军都认识到，诸兵种合成作战是打赢现代战争的关键。二战期间，许多条令文件和专业军事文章都肯定了诸兵种合成作战方法的有效性。

为在战场上运用诸兵种合成作战，进而取得战果，各国军队无疑都必须将这种思想融入其组织结构和战前训练中。然而，英国陆军在 20 世纪 30 年代并没有这样做。相反，装甲部队成了英国陆军中的一个小众专业，只有极少数高级军官对其有粗略且肤浅的认识。

德军装甲部队：合成作战

在有生之年，你我都别想看到德国坦克投入使用了。[56]

——1931 年，奥托·冯·施图普纳格尔（Otto von Stulpnagel）少将对海因茨·古德里安（Heinz Guderian）少校表示

当英国、法国和美国都在努力研究装甲作战时，德国也在秘密且积极地开展机械化试验。虽然《凡尔赛条约》禁止德国拥有坦克，但新成立的魏玛国防军（Reichswehr）还是找到了一些漏洞，比如在 1922 年 6 月的《布洛涅照会》中，协约国允许德国的安全警察购置 150 辆装甲车。但安全警察很快就将 100 辆新式戴姆勒 - 奔驰 Kfz 13 装甲车交给了魏玛国防军。此外，《布洛涅照会》还允许德国制造少量装甲运兵车。[57] 尽管找到了不少的漏洞，但在协约国的监视下，德国人很难在本土研发或制造新武器。协约国军事管制委员会（Inter-Allied Military Control Commission）一直存在到 1927 年 2 月，其迫使克虏伯（Krupp）和莱茵金属（Rheinmetall）等军械制造商拆除工厂并出售机床，使德国国防工业基础大幅缩水。[58]

魏玛共和国陆军（Reichsheer，即魏玛国防军陆军）首任总司令是汉斯·冯·塞克特（Hans von Seeckt）将军，他从 1920 年一直任职到 1926 年。他痛恨一战中的阵地战僵局，并认为机动性是现代战争的基本要素。他从专业视角深入研究过一战的经验教训，并据此认为，德意志帝国之所以在 1918 年的战场上失败，一个重要因素是协约国在坦克和战术空中支援方面有物质优势。[59] 为应对各种未来冲突，并尽快取得胜利，冯·塞克特试图建立一支能够进行机动作战（Bewegungskrieg）的职业化军队。因此，他下令不顾《凡尔赛条约》限制，秘密研制坦克和飞机。为了保密起见，装甲车辆的研发工作由一小批来自各兵种的技术专家负责，他们

被分配到了部队局（Truppenamt）。在此期间，有一些军人对坦克的作用表示质疑——尤其是骑兵部队的保守人士（他们认为坦克不可靠）——但冯·塞克特亲自介入，为该计划保驾护航。[60] 尽管研发资金非常有限，但魏玛共和国文官政府并未干涉冯·塞克特重整军备的努力。

与盟军不同，魏玛国防军并不需要为琐碎作战任务（如保护殖民地）分心，因此其可以自由尝试各种概念和坦克设计。德国军官关注英国、法国和美国的坦克发展，但并没有对其进行盲目效仿，弗里茨·海格尔（Fritz Heigl，1895 年—1930 年）是一名具有工程学背景的奥地利军官，在 20 世纪 20 年代经常为《军事周刊》（Militar Wochenblatt）撰稿，他向德国读者详细介绍了新型维克斯中型坦克和克里斯蒂坦克。1927 年，海格尔还提出了用机械化步兵和炮兵支援坦克部队的想法。[61] 虽然富勒和利德尔 - 哈特的著作都被翻译成了德文，但"德国对坦克的思考主要来自内部"。例如埃尔温·隆美尔曾在很久之后透露，在 1942 年 6 月前，他都没有读过利德尔 - 哈特的任何著作。[62] 恩斯特·沃尔克海姆（Ernst Volckheim）少尉是在魏玛国防军中推广坦克的另一位重要人物，他曾在一战中指挥过 A7V 坦克，并撰写了大量关于坦克运用的文章，例如 1924 年出版的《当代战争指挥中的坦克》（Der Kampfwagen in der heutigen Kriegfuhrung）和《机动战中的坦克使用》（Kampfwagenverwendung im Bewegungskrieg）等。沃尔克海姆认为在没有坦克的前提下空谈理论是缺乏意义的，并主张发展速度更快、装备更好、防护更强的车辆。[63]1927 年，沃尔克海姆成为《军事周刊》的编辑。在魏玛国防军中，他根据亲身经验获得的专业评估结果无疑更有分量，并且胜过利德尔 - 哈特的业余观点。沃尔克海姆虽然最初认为坦克应用于支援步兵，但也认为在经过一定发展后，坦克完全可以独立作战。德国另一位早期坦克先驱是威廉·勃兰特（Wilhelm Brandt），此人经历丰富，拥有工程学博士学位，并在 1932 年—1933 年的查科战争（Chaco War）期间前往玻利维亚，成为该国装甲部队（装备维克斯 E 型坦克）的指挥官。回到德国后，勃兰特撰写了大量关于亲身经历的装甲战的文章，并指出维克斯坦克的装甲太薄，在穿甲弹面前根本不堪一击。[64]

魏玛共和国陆军将其坦克研发计划隐藏在陆军武器局（Heereswaffenamt，即军事研发主管部门）和几个"白手套"公司中。在陆军武器局中，所有装甲车辆的需求一律由第 6 武器试验局（Waffenprufamt 6）的总工程师海因里希 - 恩斯特·克尼普坎普（Heinrich Ernst Kniepkamp）负责制定。1925年法国占领军离开鲁尔区后，魏玛国防军才开始小规模重整军备，而且丝毫不敢声张。德国的国防开支只有英国的三分之一，因此其只能从官方预算中抽出最多10%用于秘密项目。[65]而且德国一开始的重点项目都很不惹眼，如研发3.7厘米反坦克炮和7.5厘米步兵炮。

与当时其他国家的陆军一样，魏玛共和国陆军最初也想要一种步兵支援坦克。1925年5月，陆军武器局提出了制造一种16吨重的中型坦克的需求，并希望该坦克能安装一座全向旋转炮塔，以及配备一门7.5厘米KwK L/24型榴弹炮。一年后，这一需求被正式冠名为"20型陆军车辆"（Armeewagen 20）。随后，戴姆勒-奔驰公司、克虏伯公司和莱茵金属公司与军方签订了合同。根据合同要求，每家公司均应制造两辆原型车。这六辆中型坦克原型车被冠名为"大型拖拉机"，全部于1928年开始制造，并在1929年7月完成生产。1928年，经过进一步考虑，魏玛共和国陆军领导层认定轻型坦克也很有价值，因此陆军武器局希望能得到一种8吨重且配备3.7厘米火炮的轻型坦克。签约商克虏伯公司和莱茵金属公司，将分别制造两辆被称为"轻型拖拉机"（Leichttraktor）的原型车，并于1930年5月完工。[66]由于魏玛共和国陆军不能在本国测试坦克，冯·塞克特便在苏联建立了一座秘密设施，该设施也是1923年苏德《拉巴洛条约》（Treaty of Rapallo）签订后秘密军事合作的一部分。这座秘密设施（秘密坦克培训学校）由奥斯瓦尔德·卢茨（Oswald Lutz）上校负责建立，卢茨是一名工兵军官，曾指挥过汽车运输部队。1929年3月，位于喀山附近的卡马装甲兵学校（Panzerschule Kama，苏联方面称其为"TEKO"）投入使用。

1929年7月，首批德制坦克被运抵卡马装甲兵学校。在当地参加训练课程的德国军官的数量始终非常有限，每年只有约十人，甚至无法开展最基层的集体训练。但另一方面，卡马装甲兵学校却充当了一座试验场，不仅让魏玛陆军的骨干军官参与了现代坦克实践训练，还让德国军械工程师们有机会实地测试最新车辆。在教室里，德国军官们开始行动，为未来装甲部队绘制蓝图，例如确定了坦克营的理论编制。沃尔克海姆最终也被派往卡马装甲兵学校担任教官，并完善了各种现代装甲车辆理论。虽然事实证明，"大型拖拉机"和"轻型拖拉机"在设计上都不实用，但它们却是二战时期三号和四号中型坦克的雏形。卡马装甲兵学校的主要意义在于，它使魏玛国防军能深入了解，并操作相对现代的坦克——在卡马装甲兵学校成立之前，魏玛国防军大多只能纸上谈兵。

在卡马装甲兵学校成立时，魏玛国防军还不相信自己未来能组建大型装甲部队。1929年和1930年，由于全球经济大萧条，德国经济几乎处于"自由落体"状态，甚至无法为"微小"的军事研究项目提供资金。1926年，威廉·海耶（Wilhelm Heye）大将接任魏玛共和国陆军司令，他关注坦克发展，甚至参加了在蒂德沃思举行的"实验机械化部队"演习。海耶从中得出结论："现代坦克可以与机动部队合作，或组成独立单位——这样一来，他们就可以被派往遥远地点执行任务，如打击敌人侧翼和后方，还能在关键地点速战速决。"[67]但海耶没法为坦克相关的项目提供资金，在他于1930年退休时，德国坦克的发展几乎停滞不前。海耶的继任者是库尔特·冯·哈默施泰因-埃克罗德（Kurt von Hammerstein-Equord）步兵上将，他将卡马装甲兵学校称为"与魔鬼的契约"，并决定停止向苏联派遣更多学员。[68]不过，他给在德国境内的装甲车辆试验开了绿灯——前提是它们必须足够低调，能不为外界所察觉。在理论讨论方面，哈默施泰因-埃克罗德也持保守态度——他更重视反坦克防御，而非进攻行动。[69]

来自卡马装甲兵学校的经验表明，要想为魏玛国防军提供训练，使士兵学会操纵履带式车辆，比"大型拖拉机"更小、更廉价的车辆已经足够了。何况"大型拖拉机"和"轻型拖拉机"原型车基本上是人工制造的，并不适合大规模投产。1931年，考虑到德国国防工业基础依然薄弱，陆军武器局决定先制造设计简单的坦克。随后，他们将根据技术能力的提升情况，对相关设计不断做出改进。作为第一步，第6武器试验局于1930年—1931年开始与克虏伯公司合作开发新型履带式火炮牵引车，并将其命名为"农用拖拉机"（Landwirtschaftliche Schlepper）。随后，陆军武器局又在库默斯多夫（Kummersdorf）炮兵靶场（位于柏林以南40千米处）建立了一座设施，以便对这种新型车辆进行秘密试验鉴定。此外，陆军武器局还借助一家"白手套"公司从维克斯公司秘密购买了三辆卡登-洛伊德火炮牵引车——1932年1月，首辆该型车被运抵库默斯多夫。在海因里希·克尼普坎普指导下，第6武器实验局检查了这种英国车辆，并以其悬挂系统为模型改进了克虏伯"拖拉机"的设计方案。随后，这种新车被命名为克虏伯"小型拖拉机"，并在1932年7月准备就绪，其重量为3.5吨，试验最大时速为42千米。虽然"小型拖拉机"没有炮塔，也没有武器。但德国军队没有浪费任何时间，他们立刻开始以此为基础开发武装车辆，还试图增强其装甲防护能力。

此时，魏玛陆军摩托化项目已由卢茨少将①接手，他希望资金一到位，就将上述试验平台升级为堪用的轻型坦克。他还采取措施，以麾下两个汽车运输营为基础，草创出一支原始机动部队。该部队被称为"机动车辆教导司令部"，常驻于措森（Zossen），并由曾在卡马装甲兵学校深造的骑兵军官恩斯特·菲斯曼（Ernst Fessmann）上校担任司令。事实上，这个听起来不起眼的司令部是德国装甲部队的"种子"，其早期成员包括瓦尔特·内林（Walter Nehring）和维尔纳·米尔德布拉特（Werner Mildebrath）等多名军官——1941年—1943年，他们在北非战场上扮演了重要角色。[70]1933年1月，希特勒出任德国总理，但这没有立刻改善上述摩托化部队的处境。当时的德国陆军仍没有坦克，资金也相当紧张。此外，希特勒明确表示，为避免外国干涉，他希望重整军备时能够保密。1933年6月8日，情况发生了变化，希特勒政权批准投入350亿德国马克（Reichsmark）用于在未来八年重整军备，此举使德国每年的军费开支增加了六倍。由于手头缺乏现成资金，希特勒内阁下令用债务证书（Verpflichtungsscheine，即期票）来支付军备合同——换言之，德军装甲部队将用赊欠的方式来组建。[71]随着希特勒开始无视财政限制，以非常规的方法全力加快"重新武装"，如何让德国大量生产高质量装甲战车成了最大的问题。

1934年1月，卢茨与陆军武器局官员会面，讨论陆军对装甲作战车辆的需求。首先，他要求陆军武器局与克虏伯公司签订"小型拖拉机"改进版武装型号的生产合同——该坦克后来将作为一号轻型坦克列装。其次，他列出了对两种中型坦克的需求。同时，卢茨的副手海因茨·古德里安中校则制定了详细计划，其中一些内容来自卡马装甲兵学校的经验教训，另一些则来自对未来潜在任务的分析。上述两种中型坦克中的一种被称为"排长用车"（Zugfuhrerwagen，预计重15吨，装备一门3.7厘米短管炮），另一种被命名为"护卫车辆"（Begleitwagen，预计重18吨，装备一门7.5厘米短管榴弹炮）。古德里安解释称，"排长用车"（后来的三号坦克）将成为陆军主力坦克，而"护卫车辆"（后来的四号坦克）将是一种支援坦克。值得一提的是，

---

① 译者注：即前文中的奥斯瓦尔德·卢茨上校，他在1931年晋升为少将。

卢茨、古德里安和陆军武器局都没有试图制造一种"万金油"式的通用坦克，而是主张采用两种不同但互补的设计，以便互相配合，发挥作用。之后不久，陆军武器局要求克虏伯公司、戴姆勒 - 奔驰和莱茵金属公司开始研制新坦克原型车。

表 2　德国坦克项目一览，1932 年—1939 年

	一号坦克	二号坦克	三号坦克	四号坦克
需求提出时间	1932 年 6 月	1934 年 1 月	1934 年 1 月	1934 年 1 月
开发商	克虏伯公司	MAN 公司 戴姆勒 - 奔驰公司	克虏伯公司 戴姆勒 - 奔驰公司	克虏伯公司 莱茵金属公司
首部原型车完成时间	1934 年 1 月	1935 年 10 月	1935 年 8 月	1936 年 4 月
订购情况	1933 年：150 辆 1934 年：850 辆 1935 年：150 辆	1935 年：75 辆 1936 年：600 辆 1937 年：400 辆	1936 年：5 辆 1937 年：40 辆 1938 年：110 辆	1936 年：35 辆 1937 年：182 辆 1938 年：248 辆
成本	38000 德国马克 （2800 英镑）	52640 德国马克 （4300 英镑）	96163 德国马克 （7850 英镑）	103500 德国马克 （8450 英镑）
生产启动时间	1934 年 10 月	1936 年 4 月	1937 年 3 月	1937 年 11 月
制造商	克虏伯公司 戴姆勒 - 奔驰公司 亨舍尔公司 MAN 公司 莱茵金属公司	阿尔凯特公司（Alkett） 戴姆勒 - 奔驰公司 MAN 公司 FAMO 公司 亨舍尔公司 MIAG 公司 魏格曼公司（Wegmann）	戴姆勒 - 奔驰公司 亨舍尔公司 MAN 公司 阿尔凯特公司 FAMO 公司	克虏伯公司

　　尽管一号坦克性能平平，但其投产却是德国装甲部队发展的里程碑。与 20 世纪 30 年代初的英国陆军不同（只向一家公司下达了小批量订单，影响了坦克生产基础的发展），德国陆军武器局向克虏伯、戴姆勒 - 奔驰、亨舍尔和 MAN 等企业下达了大量订单。虽然到 1934 年年底，这些企业只生产了 54 辆一号坦克，但

很快其产量就分别在 1935 年和 1936 年达到了 851 辆和 557 辆。为能拿到订单并生产更多改进型坦克，德国企业还为购买机床、装配设备和聘请熟练工人投入重金。首辆一号坦克 A 型下线后，德军立刻把它派往措森的"机动车辆教导司令部"，以便培训驾驶员。[72] 不久后，部队发现该型坦克动力不足。于是陆军武器局迅速批准生产一种升级型号——该坦克将安装迈巴赫 NL 38 TR 型 100 马力 6 缸发动机，以取代原先的克虏伯 M 305 型 57 马力 4 缸发动机。战前德国坦克设计的一大亮点无疑是能迅速发现技术缺陷，并推出改进版本，但另一方面，此举也导致产品不断偏离标准化，从而破坏了大规模生产的节奏。

1934 年，古德里安中校在库默斯多夫组建了一支混合实验部队，其中包括一个坦克排（拥有七辆"小型拖拉机"或一号坦克早期型，负责"扮演"正规坦克）、两个装甲车排（配备 Kfz.13 装甲车和 Sd.Kfz.231 装甲车）、一个配备 3.7 厘米牵引式反坦克炮的摩托化装甲歼击排和一个武装摩托车排。有一次，希特勒前往库默斯多夫视察新武器，给古德里安 30 分钟的时间在阅兵场上展示这个混合实验部队。按照古德里安的说法，希特勒极为激动地说道："这是我想要的！我就想要这些！"[73] 但需要指出的是，希特勒可能从未凑近看过坦克，更无法将其与其他坦克进行比较。此外，在观看武器演示时，希特勒很容易情绪化——事实上，在这次视察库默斯多夫时，他大部分时间都在观看某款火箭的首次试射，古德里安的演示只是"开胃菜"，而不是"主菜"。诚然，希特勒支持发展和扩大装甲部队，但他对很多其他事物也同样充满热情（例如轰炸机和潜艇）。事实上，古德里安关于装甲部队起源的叙述更像是在给自己"贴金"，忽略了其他人的贡献。这容易让人觉得他才是德国装甲部队的创建者和理论先驱——事实上并非如此。

事实上，在 1932 年之前，古德里安只是部队局里的一个小人物，对装甲战理论并无原创性贡献。相反，在海格尔早期著作的影响下，德国部队局训练办公室（T4）的瓦尔特·内林少校等军官提出，装甲部队可以独立承担某些任务。内林写道："在本质上，这种（装甲）战争不是持久战，需要控制作战的范围，并且尽量速战速决，同时对任务做出严格限定。"他还承认，坦克在战场上可以快速推进，但如果没有摩托化步兵和炮兵提供直接支援，坦克将无法守住目标。在德国装甲战理论发展过程中，还有两个人很值得一提。其中之一是赫尔曼·盖尔（Hermann Geyer）少将，他是一名步兵军官，不久前刚担任部队局作战与规划办公室（T1）主管，他对作战节奏提供了一种新设想，即进行短促有力的打击，之后再让部队进行长期休整——这与1941年—1942年德军在北非的作战模式极为相似。[74] 另一个人是名叫路德维希 - 阿尔弗雷德·冯·埃曼斯贝格尔（Ludwig Alfred von Eimannsberger）的奥地利退役将领，他写了一本理论著作——《坦克战》（*Der Kampfwagenkrieg*），该书同样影响了德军的装甲战思想。而且值得一提的是，当海因茨·古德里安出版《注意！坦克！》一书（1937年），也即德军装甲战理论围绕相关核心思想基本成形时——连古德里安本人也承认自己受到了冯·埃曼斯贝格尔早期作品的影响。

与英军和美军不同，德军首批装甲部队的创建者并不是步兵和骑兵军官，而是大多来自技术和勤务支援部队。其中卢茨来自工兵部队（和霍巴特、马特尔一样），古德里安来自通信部队。在北非指挥第5轻装师的约翰内斯·施特赖希（Johannes Streich）少校曾在铁路维修部队服役，后来又在汽车运输部队任职。在北非指挥第5装甲团的赫伯特·奥尔布里希（Herbert Olbrich）少校拥有工程学博士学位，而且曾在炮兵部队服役。值得注意的是，施特赖希和奥尔布里希都曾在第6武器实验局工作过，并直接参与过德国第一代坦克的设计和研发。

1935年3月16日，魏玛国防军改名为德国国防军，并重新实行征兵制。同时，德国政府还计划将陆军扩编为36个师。7月，德国陆军宣布新组建的师中有三个师是装甲师——1935年10月15日，第1、第2和第3装甲师正式成立。尽管当时古德里安仍然只是上校，但他还是被任命为第2装甲师师长，至于其他两位装甲师师长则是骑兵出身，不过其中一位——恩斯特·菲斯曼（Ernst Fessman）——毕业于卡马装甲兵学校。上述首批装甲单位共计有12个装甲营，其骨干来自四个摩托化运输营和几个骑兵团。这三个装甲师均采用"1935年型装甲师"编制，其规划出自古德里安等"坦克狂热分子"之手。按照设计，每个装甲师均可以独立开展诸兵种合成作战，其下属单位包括一个装甲旅（下辖四个装甲营，每个营下辖四个轻型坦克连）、一个步枪兵旅 [下辖两个摩托化步兵营、一个摩托车步兵营、一个侦察营、两个炮兵营和一个装甲歼击营（反坦克营）]。这些装甲师的指挥结构十分复杂：机动旅管辖着团，团又管辖着营。在战术层面，古德里安青睐大型部队——这意味着每个坦克排拥有七辆坦克，每个坦克连拥有27辆坦克，一个营最多可拥有126辆坦克。但另一方面，这些装甲师的支援步兵部队却规模较小，炮兵支援方面也不如标准步兵师。为让三个装甲师达到额定编制，德军需要提供 39000 名人员、1443 辆坦克和超过 12000 辆轮式车辆，但在当时，德军甚至无法为第 1 装甲师配齐所有装备。德军满足全部三个师的需求，花了两年多时间。不过，德国陆军终于能公开进行坦克训练了。

在德军组建装甲师之前，德国工业界就已经意识到，自己必须先对两种新式中型坦克进行试验，然后才能启动量产。有鉴于此，德国陆军最高司令部决定购买"保险"——一种升级版轻型坦克。这种坦克的武器装备将比一号坦克更加精良，而开发技术风险却比新式中型坦克更低。很快，戴姆勒 - 奔驰公司和 MAN 公司便研制出了装备 2 厘米机关炮的二号轻型坦克，该坦克重 8.9 吨。首批该型号的坦克于 1936 年 4 月下线。与此同时，技术难题在研发三号和四号坦克的过程中多次出现，导致有"真正"火炮的坦克直到第一批装甲师组建两年后才真正列装部队。1939 年年初，四号坦克的设计逐渐完善，但三号坦克仍受到悬挂问题困扰，被迫不断接受改进。不过，早期型三号和四号坦克的设计都采用了迈巴赫 HL 108Tr 型 250 马力发动机——这是一种明智选择，因为这种发动机可以让坦克拥有足够的机动性。与英国陆军不同，德国陆军领导层最终试图生产一种高效的中型坦克，并用它们充当诸兵种合成进攻行动的"矛头"。虽然在坦克设计上，德军和英军目标一致，即与同体量对手作战。但英国陆军领导层却被超轻型坦克（后来改为轻型坦克）、巡洋坦克和步兵坦克等的发展潮流干扰，还试图重点发展最适合殖民战争的廉价超轻型坦克和轻型坦克，而不是中型坦克。结果，直到 1944 年中期，英国陆军才获得堪用的本国中型坦克。

在坦克公开亮相、扩军计划获得资金后，德军上层对机械化部队的归属和运用方式分歧颇大。德国陆军总参谋长路德维希·贝克（Ludwig Beck）炮兵上将不愿将所有装甲和摩托化单位交给卢茨，而是要求让一些装甲旅支援步兵，并由陆军最高司令部直接管辖。另外，在此之前，为组建首批装甲师，德军骑兵部队曾放弃过一些人员，因此他们希望得到一批机械化部队作为补偿，以便能执行如掩护、迟滞和追击等的传统任务。因此，在 1936 年 6 月，贝克下令为骑兵部队组建三个轻装师——每个师均下辖一个装甲营、三个摩托化步兵营、两个装甲侦察营、两个炮兵营和一个装甲歼击营。[75] 除此之外，贝克还希望建立所谓的"突击炮兵"（Sturmartillerie）部队，后者将配备突击炮，以便为步兵提供额外支援——这催生了若干突击炮单位。在 1939 年战争爆发前，德军装甲部队中这种"各自为政"的局面始终没有改变。

德军"不仅为坦克慷慨解囊，也在其他方面慷慨拨款"，以便让坦克能在战场上实施诸兵种合成作战。与英国陆军不同，德军为机械化步兵提供了一种好用的装甲运兵车——Sd.Kfz.250 半履带车（于 1939 年投入低速生产），该车可搭载10 名步兵，同时，它还是一种出色的指挥车辆。此外，德军还为机械化部队下属的摩托化炮兵和高炮部队配备了履带式车辆——如 Sd.Kfz.11，其越野机动性比卡车更优秀，非常适合用于牵引火炮。另一个例子是 Sd.Kfz.10 系列半履带车，该车可安装 2 厘米高射炮，从而为机械化部队提供机动防空。德军还开发了 Sd.Kfz.9系列重型半履带车，这种车辆可以在战场上回收战损坦克，其表现十分耀眼，而其他军队甚至很少考虑到这一领域。至于各种改进型装甲车——如 Sd.Kfz.222 和Sd.Kfz.231 等——则令德军装甲侦察部队如虎添翼，并增强了师属通信部队的战术联络能力。总之，德军在战前就已经根据战术任务"量身定做"了多种装甲车辆——在对手装备较差时，它们能打出精彩的配合。此外，德国空军也被明确要求组建具备近距离空中支援能力的部队——在这一领域，他们成果丰硕，并研制出了 Ju-87 "斯图卡"俯冲轰炸机。

1937 年—1938 年，德军装甲部队迅速扩编：新师级单位被组建，战术组织也有所调整——其装甲营重组为三连制（理想配置是一个中型坦克连和两个轻型坦克连），此外还拥有一支规模较大的营部分队。不过，装甲营编制内的坦克数量有所下降（77 辆坦克）。但由于装备短缺，德军装甲师无法实现编制标准化，这导致各部队的情况差异明显。1939 年 9 月战争开始时，德军装甲部队由七个装甲师、四个轻装师和三个独立装甲营组成，共计 34 个装甲营和 2859 辆坦克（包括 1026辆一号坦克、1151 辆二号坦克、87 辆三号坦克、197 辆四号坦克、221 辆捷克制坦克和 177 辆指挥坦克）。这些部队分别隶属于五个军级司令部，但一部分主要负责步兵支援，而不是实施快速纵深打击行动。

在 1939 年的波兰战役中，德国装甲战战术运用良好。不过，由于战术侦察不当，他们仍在一些遭遇战中伤亡惨重。另外战场情况也清楚表明，面对 3.7 厘米反坦克炮，当时的德国坦克都不堪一击，因此增加装甲防护能力等改进已势在必行。德军指挥官还学习到，装甲师中的装甲单位最好两两一组行动，以便发动钳形攻势，而且应配备更多摩托化步兵。至于四个轻装师，则由于战斗力较差，均在波兰战役后被改编，成为正规装甲师。在快速机动作战中，后勤工作往往极具挑战性。德军机械化部队很快就发现，他们的燃料很容易耗尽，从而落入窘境。在波兰，空地协同作战仍很原始，德国空军更倾向于使用俯冲轰炸机进行战场遮断，而不是为装甲部队提供近距离空中支援。

1940 年 5 月西线战役开始时，德军已根据在波兰吸取的经验教训着手改进装甲条令和战术。1918 年时，德军还认为坦克的任务只是在前线打开突破口，但后来他们开始认识到，装甲部队和其他支援部队应该被分配到某一既定地点的"重点地段"，从而在局部取得决定性对敌优势。在"黄色"行动（Fall Gelb）中，他们投入了 10个装甲师，共 35 个装甲营。德军采用的最新的装甲师编制内没有装甲旅旅部，装甲营的数量也不是四个，而是两到三个。另外，在 1940 年西线战役开始时，随着连级编制的进一步调整，每个装甲营的平均坦克数量也缩减至 60 辆。

"黄色"行动建立在大规模使用装甲部队之上。德军将 1000 多辆坦克集中编入"克莱斯特"装甲集群（Panzergruppe Kleist），以便在决定性地点——色当（Sedan）——长驱直入。当时，埃尔温·隆美尔（Erwin Rommel）少将刚被任命为第 7 装甲师师长，他参加了随后向英吉利海峡沿岸发起的进攻，那场战斗令比利时境内的英国远征军和法国第 1 集团军陷入孤立状态。

1940 年 5 月 21 日，英国装甲部队在阿拉斯（Arras）发动反击，这次行动暴露了双方的坦克战术理论和技术水平差异。英军这次匆忙发起的反击，由马特尔（时任第 50 步兵师师长，该师也为本次行动提供了部分单位）亲自指挥。参与行动的两支常备装甲单位，即第 4 皇家坦克团和第 7 皇家坦克团（共有 88 辆坦克），均隶属于道格拉斯·普拉特（Douglas Prat）准将的第 1 坦克旅。英军坦克糟糕的机械可靠性在战前调动中暴露无遗——有 27 辆步兵坦克因故障而退出行动。马特尔把两个装甲营、两个步兵营、若干反坦克和炮兵支援力量，以及 16 辆可用的"玛蒂尔达 2"步兵坦克平分成两个纵队。但是，这些纵队之间的战术通信质量不佳，相互之间几乎没有合作。皇家空军本应为他们提供支援，但这一承诺从未兑现。尽管如此，这次反击还是打了隆美尔第 7 装甲师一个措手不及。当时，第 7 装甲师以极为分散的队形，大摇大摆地穿过了阿拉斯。最初，英军步兵坦克战果颇丰，不仅将一个德军摩托化步兵营击溃，还在局部地区引发了混乱。而且让德军懊丧的是，他们的 3.7 厘米反坦克炮弹根本无法穿透"玛蒂尔达 2"坦克厚重的装甲。然而隆美尔很快就从震惊中恢复过来,他开始协调远程火炮和 8.8 厘米高射炮实施阻击,同时 Ju-87"斯图卡"也趁英军坦克纵队受阻发起了俯冲轰炸。两个英军坦克营的指挥官都阵亡了,为数不多的"玛蒂尔达 2"坦克也被相继击毁。虽然在当地,坦克对战的情况相对较少,但仍有一些德国轻型坦克被"玛蒂尔达 2"用 2 磅炮打得落花流水。[76] 经过 3 小时激战,英军反击失败,其残部只好撤退。英军的 88 辆坦克损失了 58 辆,其中"玛蒂尔达 2"坦克只有两辆幸存。德军俘获了两辆"玛蒂尔达 2"坦克,并将其送往库默斯多夫实验场接受评估。虽然德军损失惨重,但英国远征军却在比利时丢掉了唯一的真正的装甲预备队。

尽管英法联军最初拥有坦克数量优势,而且某些坦克的性能比德军坦克更胜一筹(如法军的 B1 bis 坦克和英军的"玛蒂尔达 2"坦克),但德军装甲部队仍在 6 周内达成了所有战役目标。

面对西线战役的结果,德军开始相信,其装甲战理论已通过了实战检验,而其精髓正是在战场上利用诸兵种合成部队实现"协同效应"(即"1 + 1 + 2")。在"这个公式"中,速度、集中力量和机动都是关键要素——为落实这些要素,部队需要减少通信迟延,并确保决策环节顺畅。战前,各种条令出版物 [如贝克(Beck)的《部队指挥》] 为德国战术指挥人员设定了一系列基本要求,这些并不僵化的基本要求,可以被统称为"任务指挥"(Auftragstaktik)。虽然这一术语在战后的历史著作中有被滥用之嫌,但该术语确实体现了一些基本要素,如德军在战术决策中强调"以任务为导向",并要求部队在形势不确定时发挥主动精神,而不是消极等待命令。因此,在 1941 年前夕,德军装甲作战理论背后实际上有两大"法宝"——"人员"和"装备"。在优秀领导者带领下,德军装甲部队正跃跃欲试,渴望用大胆的行动克敌制胜——哪怕他们的数量不占优势,也没有更先进的武器。

美军装甲部队:几经波折

坦克与马区别很大,但我要去的是装甲部队。我在这方面一窍不通,因此有很多事情要做,也有很多因素驱使我学习。[77]

——奥兰多·沃德(Orlando Ward)上校,1941 年 8 月 23 日

一战结束后，美国陆军坦克部队隶属于步兵，而且编制被缩减为三个营。[78]至于位于马里兰州米德堡（Fort Meade）的坦克学校（Tank School）则被保留了下来。与此同时，巴顿和德怀特·艾森豪威尔（Dwight D. Eisenhower）等军官也在陆军专业期刊上撰文呼吁发展坦克，虽然他们的思想与英国"坦克激进分子"差异很大，但仍遭到步兵部门的反对。在讨论研发新型坦克时，步兵部门总会横加干涉，并要求坦克必须用于支援步兵。不仅如此，长期缺乏资金也让相关工作止步不前。另外值得一提的是，巴顿对富勒或利德尔-哈特的装甲思想相当不以为然，并认为它们都严重不切实际。他宣称利德尔-哈特是一个"三流写手"，其观点也"苍白无力"。[79]后来，巴顿被迫回到骑兵部队——虽然历经挫折，但他仍密切关注着装甲部队的发展。

在研发新型装甲车辆时，美国陆军军械部（US Army Ordnance Department）并没有求助于私营企业，而是选择了伊利诺伊州罗克艾兰兵工厂（Rock Island Arsenal）的一个小型设计团队。一战结束后不久，罗克艾兰兵工厂便开始专心研制新式中型坦克。但在苦干七年，推出十几辆试验车后，他们还是选择了放弃。1926年，罗克艾兰兵工厂决定转为开发轻型坦克，并聘请了民间汽车工程师哈里·诺克斯（Harry A. Knox）协助该项目。到1928年，T1轻型坦克的设计方案已在诺克斯手中得到了极大完善——该车重7.8吨，装备一门37毫米炮，其时速可达29千米。虽然这种坦克的机械性能相当可靠，但诺克斯将发动机安装在了车体前部，而且仅为其配备了10毫米厚的前装甲——这是一种民间设计师很容易犯的错误，因为他并没有意识到只要一枚穿甲弹就能让整个坦克瘫痪。由于步兵主管机构对T1坦克的印象不佳，因此罗克艾兰兵工厂只制造了四辆T1E1坦克和几辆改进型原型车。

尽管在20世纪20年代，美国陆军部始终对发展坦克缺乏兴趣，但该部门一直在谨慎关注其他国家的情况。1927年，美国陆军部部长德怀特·戴维斯（Dwight F. Davis）访问英国，并观摩了"实验机械化部队"在索尔兹伯里平原的演习。戴维斯对这些演习印象深刻，回国后就命令美国陆军进行类似试验，以便为机械化战争制定相关理论。[80]1928年7月，美国陆军在米德堡组建了一支旅级混合机械化部队（下辖两个坦克营、一个步兵营、一个炮兵营，以及若干连级支援分队）。该部队拥有少量新型T1E1轻型坦克，但其他大部分车辆（如6吨重的M1917坦克）都已过时，而且其战术训练力度十分有限——三个月后，这支机械化部队被直接解散。这支部队的指挥官奥利弗·埃斯克里奇（Oliver Eskridge）上校甚至认为，既然这些装甲车辆的状态这么差，美国陆军部就应该允许外国人观看演习——因为根本不存在泄露先进技术的问题。这次简短的试验对美国陆军的装甲作战理论影响甚微，但即使如此，它仍为独立坦克设计师约翰-沃尔特·克里斯蒂（John Walter Christie）提供了机会：在乔治·巴顿少校的支持下，他试图向美国陆军推销自己的 M1928 坦克。[81] 该坦克拥有新式悬挂系统，配有大尺寸负重轮（还能直接用负重轮行驶），它的机动性在各种地形中都表现优秀。同时，它还配备有强劲的 12 缸"自由"L-12 汽油发动机，该发动机的输出功率可达 449 马力，能使坦克的时速达到 40 千米。克里斯蒂驾驶这种坦克沿着与罗克艾兰兵工厂 T1E1 坦克相同的试车路线行驶，全程平均行驶速度几乎是 T1E1 坦克速度的三倍。[82] 由于这次演示，美国陆军一度考虑向克里斯蒂购买 M1928 坦克，而不是向罗克艾兰兵工厂增购 T1 系列坦克。

上述旅级混合机械化部队解散后，戴维斯下令成立机械化委员会（Mechanization Board），以便与美国陆军作战局（G-3）共同研究机械化方案。1928 年 10 月，该委员会提议建立一支人数为 2000 余人的常设机械化部队。小阿德纳·查菲（Adna R. Chaffee Jr）中校是作战局的一名骑兵军官，他利用自己在委员会中的地位，更进一步主张成立独立的机械化兵种[83]，还建议坦克单位不应与步兵"绑定"——这种"皈依者狂热"无疑令较保守的步兵军官震惊。步兵主管机构负责人斯蒂芬·富夸（Stephen A. Fuqua）少将极力主张只有步兵才能决定"制造什么坦克"和"如何使用坦克"，但戴维斯没有理会这一抗议，决定批准建立一个常设机械化旅，并为该旅配备最新的装备。不过，因缺乏经费，戴维斯最终决定将该旅的成立时间推迟两年。在此期间，米德堡坦克学校校长詹姆斯·帕森斯（James K. Parsons）上校向机械化委员会提交了一份备忘录，建议最终目标应该是建立六个装甲师。[84] 值得指出的是，此时美军的装甲部队大部分都隶属于国民警卫队，而不是常备陆军。在总共 28 个坦克连中，有 18 个连隶属于国民警卫队步兵师，只有 10 个连隶属于常备陆军坦克部队。[85] 而且，训练有素的坦克兵也不足 1200 人。换言之，在两次世界大战之间的那段时间里，美国常备陆军根本无力组建师级装甲部队。

不幸的是，1929 年，华尔街股灾和大萧条（The Great Depression）爆发。这些事态严重影响了美国陆军的预算。在组建机械化部队方面，陆军部没有按照查菲的建议拨款 400 万美元，而是只提供了 28.4 万美元的经费。[86]1930 年 11 月，美军机械化部队在尤斯提斯堡（Fort Eustis）成立，其规模远小于原计划中的规模，仅下辖一个拥有 15 辆轻型坦克（11 辆 M1917 坦克和 4 辆 T1E1 坦克）的坦克连、一个拥有 11 辆装甲车的侦察连和一个炮兵连，总人数不到 600 人。令人啼笑皆非的是，由于缺乏卡车，美军机械化部队的下属支援部队只能配备马匹。而且，步兵主管机构也没有为这支部队提供步兵单位。

美军的标准坦克在设计时同样历经波折。1931 年 6 月，克里斯蒂以每辆仅 34500 美元（折合 7600 英镑）的价格向美国陆军出售了七辆最新型的坦克，这些坦克完全以手工制造，根本经不起高强度使用，而且克里斯蒂也无法大规模制造更耐用的产品。[87] 对克里斯蒂耐心尽失之后，美国陆军购买了一辆维克斯 6 吨坦克，并试图以此为蓝本升级过时的 T1 轻型坦克项目。然而，由于采购或试验资金枯竭，美国陆军参谋长道格拉斯·麦克阿瑟（Douglas MacArthur）将军只能于 1931 年 10 月做出终止该项目的决定，并解散了驻尤斯提斯堡的机械化部队。另外，麦克阿瑟也做出决定：步兵主管机构可以继续低调地开发步兵支援坦克，而骑兵部队也可以启动自己的机械化项目。受此影响，查菲和他初创的机械化骑兵部队最终在肯塔基州诺克斯堡（Fort Knox）落脚，而步兵主管部门则将坦克学校迁往乔治亚州的本宁堡（Fort Benning）。由于步兵部队视坦克为"禁脔"，不允许骑兵部队染指，因此后者只能把所有装甲战斗车辆称为"战车"（combat cars）。换言之，由于麦克阿瑟的决定，美国陆军装甲力量实际上开始了"分头发展"。

1931 年—1937 年，由于麦克阿瑟的政策，美国装甲部队的发展长期停滞不前。富兰克林·罗斯福（Franklin D. Roosevelt）总统的新任陆军部部长乔治·德恩（George Dern）更是武断地要求新坦克的重量不得超过 7.5 吨，这等于"暂时关闭了中型坦克计划的大门"。在那些年的大部分时间里，美国陆军军械部用于坦克研发的年平均预算仅为 60000 美元——仅相当于研发一辆原型车的费用。[88]1931 年—1935 年，罗克艾兰兵工厂总共只生产了五种不同型号的坦克（共计 16 辆）。不过，诺克斯的设计团队仍在持续取得进展，例如开发出了挂胶坦克履带和垂直螺旋弹簧平衡式悬挂系统（vertical volute bumper spring suspension），大大提高了坦克的机动性和可靠性。1933 年，美国还成功研制出了扭杆悬挂系统，该系统能极大改善坦克的机动性。不过，由于缺乏资金，罗克艾兰兵工厂只能继续使用螺旋弹簧悬挂系统。[89]

1936 年，罗克艾兰兵工厂终于生产出 T1 轻型坦克的升级版，其首个型号的标准名称是"M2A2 轻型坦克"。该坦克重 9.5 吨,配有两座机枪塔,其中一座机枪塔上安装了口径为 0.5 英寸(12.7 毫米)的重机枪。此外,M2A2 轻型坦克除了装甲厚度可观(16 毫米)之外,它的速度在 20 世纪 30 年代中期的同类坦克中也较快,装甲防护能力也很可观(其装甲厚度为 16 毫米)。鉴于 M2A2 已"修成正果",罗克艾兰兵工厂立刻开始批量生产,并在随后三年里制造了 311 辆该型号的坦克。另外,美国陆军军械部根据在西班牙内战时期得到的经验教训,于 1938 年年底要求继续改进 M2A2,其成果就是 M2A4 轻型坦克的问世。M2A4 装备有一门 37 毫米火炮,最大装甲厚度为 24 毫米。位于伯威克(Berwick)的美国车辆与铸造公司(American Car & Foundry)负责制造 329 辆 M2A4——这也是一战结束后美国陆军首次与私营企业达成武器采购协议。1940 年,M2A4 的生产刚准备就绪,德军就攻入了法国。

表 3　美国坦克项目一览,1932 年—1941 年

	M2A4 轻型坦克	M3 轻型坦克	M3"格兰特/李"坦克	M4"谢尔曼"坦克
需求提出时间	1938 年 12 月	1940 年 7 月	1940 年 7 月	1941 年 2 月
开发商	罗克艾兰兵工厂			
首部原型车完成时间	1939 年 5 月	1940 年 12 月	1941 年 4 月	1941 年 9 月
订购情况	1939 年:329 辆	不详	1941 年:3000 辆	1942 年:5400 辆
成本		32000 美元	55000 美元	46000 美元
生产启动时间	1940 年 5 月	1941 年 3 月	1941 年 4 月	1942 年 2 月
制造商	美国车辆与铸造公司	美国车辆与铸造公司	底特律坦克兵工厂(Detroit Tank Arsenal) 鲍德温机车厂(Baldwin Locomotive Works) 美国机车公司(American Locomotive Company) 冲压钢铁车辆公司(Pressed Steel Car Company) 普尔曼标准制造公司(Pullman Standard Manufacturing Co.)	利马机车厂(Lima Locomotive Works) 冲压钢铁车辆公司 太平洋车辆和铸造公司(Pacific Car and Foundry)

在罗克艾兰兵工厂的设计团队中，有一位关键人物——约瑟夫·科尔比（Joseph M. Colby），他于1929年从西点军校毕业，后来成为骑兵军官，1931年转入美国陆军军械部，并在20世纪30年代初加入罗克艾兰工厂的设计团队。科尔比是一名巧匠，他在1935年获得了麻省理工学院（Massachusetts Institute of Technology）的学位，在很多方面（如悬挂系统、带中央齿槽的单块挂胶履带板，以及主炮后坐系统）为下一代美国新型坦克设计做出了重大贡献。另外，他还是意识到需要开发一种大扭矩柴油发动机的少数人之一。1939年，为研发这种发动机，军械部主管申请10万美元拨款，但遭到拒绝。[90] 这一事例也表明，二战时期，美国第一代坦克之所以缺陷甚多，大部分责任其实应该归咎于政府，而不是工程技术人员。

当罗克艾兰兵工厂的工程师们努力制造更优秀的坦克时，美军步兵和骑兵主管机构却爆发了分歧。对于未来如何组织和使用装甲部队，这两个兵种的主管机构始终有不同意见。在理论领域，步兵仍保持着1918年时的思考方式，并认为驻本宁堡的坦克部队只有一个任务：在步兵密切支援下缓缓前进（这一点也在1931年版的《步兵野战手册》中体现得淋漓尽致）。[91] 他们还在坦克部队中安插步兵军官，并确定了超大规模的编制，设想一个团可拥有多达300辆坦克。与此同时，美军的坦克大多已经过时，而且分散在多个基地，无法开展大规模训练。不仅如此，美军装甲部队有限的野战训练还大多集中在炮术而非战术上。而且，步兵主管机构也没有为坦克添置无线电设备，这使得控制大部队异常困难。

与此形成鲜明对比的是，美军骑兵却在主动接受机械化，并对装甲作战持欢迎态度。虽然骑兵部队中也有些军官知道机械化会导致马匹"退场"，但他们都不是目光短浅之人，均在积极推动这种改革。1931年11月，美军成立了第1（机械化）骑兵团，其驻地位于得克萨斯州。由于1920年版《国防法》（National Defense Act）禁止骑兵部队拥有坦克，因此该团配备的是各种装甲车和机动车。1933年3月，该团迁往诺克斯堡，随后还被迫抽出许多人员和卡车用于支持罗斯福总统的民间资源保护队（Civilian Conservation Corps）计划。[92] 另外，美军还成立了第7（机械化）骑兵旅，但该部队最初只有一个指挥机构，没有其他下属部队。不过，骑兵部队仍"开始为机械化制定独特的理论"。与步兵不同，骑兵为其装甲部队设想了多种任务，包括侦察、掩护、警戒和迟滞。另外，骑兵还考虑了将坦克用于近战的问题，并因此很重视坦克的机动性和火力。

不过，美军机械化骑兵的重点关注对象并不是坦克，而是新一代装甲侦察车。M1 型 4×4 侦察车是整个系列的"先驱"。1934 年，美军购买了 76 辆该型号的侦察车。1935 年和 1936 年，M1 型侦察车的改进型——M2 和 M3 型侦察车相继问世。其中，M3 侦察车全重 6.25 吨，装备有新型 0.5 英寸机枪，火力与超轻型坦克相当。但骑兵部队认为轮式装甲侦察车缺乏全地形机动能力，便开始考虑引入法国雪铁龙 - 凯格雷斯半履带车（Citroen-Kegresse halftrack），试图把该车的相关技术与现有车辆设计结合起来——一种新式半履带装甲运兵车由此问世。1938 年，其原型车开始在美军骑兵部队接受测试，并在后来发展为 M2 半履带装甲运兵车。与此同时，第 7（机械化）骑兵旅终于获得了足量的新装备，足以再组建一个机械化骑兵团和一个摩托化炮兵营。同时，该旅还得到了少量 M1 "战车"（轻型坦克）。在 1936 年夏季的野战演习中，该旅与一个配属的摩托化步兵营一起接受了训练。受这一创举鼓舞，美军骑兵军官开始进一步推动步兵、通信兵和工兵分队的配属长期化。到 1937 年查菲接任该旅旅长一职时，第 7（机械化）骑兵旅已成为美国陆军唯一的大型诸兵种合成部队。1939 年夏，该旅参与了在纽约州普拉茨堡（Plattsburgh）进行的第 1 集团军演习，其表现令人刮目相看。[93]

1939 年 9 月，美国陆军有两支装甲部队，其中之一是步兵部队辖下的暂编坦克旅（拥有 280 辆 M2 系列轻型坦克改进型，不过这些坦克只有机枪，没有火炮）。同时，步兵部队也启动了带火炮的中型坦克项目（T5），但其"产品"（M2/M2A1 中型坦克）存在严重的设计问题，并因此很快就宣告停产。骑兵部队也有一个机械化旅，该旅装备了约 100 辆带机枪的 M1/M1A1 "战斗车辆"。上述两支部队在条令上互不统一，规模也远不及法国、德国、苏联甚至英国装甲部队。而且，这两支缺乏经验，甚至很少开展大规模训练演习的部队，实际战备水平不足。但在 1940 年 6 月，德军依靠装甲部队，在短短 6 周内击败了法国陆军后，美国陆军领导层终于幡然醒悟，一切争论也随之消失。在 1940 年 6 月 30 日，国家军火计划（National Munitions Program）获得通过，其内容为在未来 18 个月内采购 1690 辆中型坦克、200 辆侦察车和 744 辆运兵车。[94]

1940 年 7 月 10 日，美国陆军部成立了新兵种——装甲兵，并由查菲担任主管。五天后，陆军部下令成立两个装甲师：第 1 装甲师以驻诺克斯堡的第 7（机械化）骑兵旅为基础组建，第 2 装甲师以驻本宁堡的暂编坦克旅为基础组建。巴顿从骑兵部队返回,负责指挥新第2装甲师的一个坦克旅。[95] 不同于目光狭隘的步兵,此时美军骑兵在运用诸兵种合成战法实施机械化战争方面已更有经验。因此,在为新装甲师制定条令方面,骑兵的影响相当显著。不过,尽管陆军部强调要组建装甲师,但在步兵主管机构的游说下,他们还是只组建了一些独立坦克营。而且,这些坦克营将由陆军总司令部(General Headquarter)管辖,隶属于军一级部队,并将根据需要配属给各步兵师。美军在1940年组建了一个独立坦克营,在1941年组建了14个独立坦克营,在1942年组建了13个独立坦克营。由于这种"搅局"行为,大部分美国陆军装甲部队实际仍隶属于步兵。

1940年,美军一个装甲师下辖九个坦克营(三个中型坦克营和六个轻型坦克营)、两个机械化步兵营、七个牵引式炮兵连、一个装甲侦察营、一个工兵营和若干支援部队。每个师将装备432辆坦克(161辆M3"格兰特"坦克和271辆M3"斯图亚特"坦克)和600辆M2/M3半履带车。这种编制脱胎于骑兵的"机动战"理念,但因为坦克营与步兵营的比例为9∶2,所以其组成结构极不平衡。而且,装甲师麾下的装甲部队规模实在是太大了,根本无法进行有效控制。此外,美军装甲师建制内的火力支援力量也不足,只有28门105毫米榴弹炮。

1940年,美国陆军部的预算增加了三分之一,使装甲战车的研制不再像之前十年那样备受财政束缚。然而,查菲和其他装甲部队的军官认识到,近期下线的新轻型坦克——M2A4轻型坦克——可能很难对付"扫荡了法国的那种敌人"。因此,M2A4只生产了325辆,而且主要被用于训练。但另一方面,查菲又要求罗克艾兰兵工厂转而优先发展装甲防护能力更好的改进型轻型坦克——这就是后来的M3和M3A1轻型坦克。1940年8月,陆军部还投入大量资源,试图紧急研制一种新式中型坦克,并要求为其配备75毫米火炮。但当时美国还只能少量制造装备机枪的坦克,难以实现这种"飞跃式发展"。此时,约瑟夫·科尔比已晋升为陆军上尉,并在中型坦克设计领域"挑起了大梁"。这一年早些时候,法国人向罗克艾兰兵工厂提供了B1 bis坦克的设计图(希望美国人能予以仿制,并出口到法国),这对科尔比的设计思路产生了影响。于是,在工作人员拼命苦干60天之后,M3中型坦克终于问世了。该坦克全重30吨,其布局与法国B1 bis坦克相似,车体内安装有一门75毫米炮,在小型炮塔上还安装有一门37毫米炮。另外,为尽快拿出成果,工作人员还在M3上采用了很多以往的项目(如失败的M2A1中型坦克项目）中的技术。不过，作为一种"应急产品"，M3 的性能只能说是差强人意。至于美军的长期解决方案，则是于 1941 年 2 月启动的 T6 计划——T6 配有一门安装在炮塔内的 75 毫米炮，后来在 1942 年被正式命名为"M4/M4A1 中型坦克"。此外，M2/M3 半履带车也已准备就绪，并定于 1940 年 10 月投产——这些车辆将被用于装备新的机械化步兵团。

另外，在这些新式坦克还没有交付美国陆军时，便引来了丘吉尔的注意。在敦刻尔克战役后，由于本国坦克生产计划难以满足需求，丘吉尔决定购买美制坦克。于是，英国采购委员会（British Purchasing Commission）的成员动身前往美国去采购各种军事装备。在该委员会中，坦克的采购主要由英国工业家迈克尔·杜瓦（Michael Dewar）负责。杜瓦曾在维克斯公司工作，拥有在一战中主持生产坦克的经验。此外，杜瓦的同行者还包括道格拉斯·普拉特准将（在 5 月的阿拉斯之战中任英国陆军第 1 坦克旅旅长）和经验丰富的坦克工程师 L.E. 卡尔（L.E. Carr）。起初，杜瓦希望在美国工厂生产英式坦克，如 Mk IV A 巡洋坦克或"玛蒂尔达 2"，但国防咨询委员会很快否决了这一提议——不仅如此，他们还要求英国采购委员会必须购买美国设计的坦克，并支付现金。[96]

在阿伯丁试验场，普拉特准将看到了 M3 中型坦克的木制模型。但这种坦克并不讨他喜欢。他认为这种坦克太高了，悬挂系统的质量可疑，装甲也太薄了。普拉特建议将装甲厚度增加到 50 毫米，并重新设计炮塔，否则他将不建议英国采购委员会大量购买该坦克。[97]普拉特对 M3 轻型坦克的印象也不好，因为它只有一门 37 毫米炮，与英国巡洋坦克相比似乎毫无优势。尽管如此，丘吉尔还是希望用美制坦克来装备英国陆军，而杜瓦也别无选择。1940 年 10 月，英国采购委员会最终订购了大量 M3 轻型坦克和 M3 中型坦克，甚至还买了一些 M2A4 坦克（用于训练部队）。但后来英国人发现，很多计划生产新型坦克的美国工厂都徒有其表——不仅厂房年久失修，还缺乏生产设备。英国采购委员会被迫在数百万英镑的生产合同外，再提供 380 万英镑（1657 万美元）用于启动生产。[98]另一方面，鉴于英国已在中型坦克项目上投入极大，美国军械部也同意让英国设计师为 M3 中型坦克开发一种新式铸造炮塔，并进行其他改进。

不用说，美国陆军自然不乐意看到许多新型坦克被运往海外，认为它们应该被用于训练和装备自己的装甲部队。直到 1941 年春，美军才为两个装甲师配齐了

M2A4 轻型坦克，让部队可以正常开展训练。同时，第一批 M3 轻型坦克和 M3 中型坦克也宣告完工。但"老练的装甲指挥官是无法从装配线上开下来的"——寻找指挥人员并非易事。当时，所有新建部队的训练工作均由莱斯利·麦克奈尔（Lesley J. McNair）少将统一负责，但他挑选的人大多徒有资历，实际能力却未必有多强。另外，选拔工作也受到了陆军参谋长乔治·马歇尔将军的影响，马歇尔那著名的"小黑本"（little black book）中有一份潜在指挥官名单。麦克奈尔和马歇尔还经常选择那些拥有优秀参谋能力，而非以指挥经验和技术能力见长的军官。受这些因素影响，奥兰多·沃德上校被派往第 1 装甲师担任旅长，该师的一个装甲团则由保罗·罗宾内特（Paul M. Robinett）上校指挥。这两人都在麦克奈尔和马歇尔的参谋团队中工作过，但都缺乏实战经验。最终，沃德于 1943 年 4 月在突尼斯被革职，而罗宾内特的表现也备受争议。

为检验新部队，马歇尔和麦克奈尔在 1941 年年底组织了一系列大规模野战演习。在"路易斯安那演习"（Louisiana Manoeuvres，9 月 15 日—28 日）中，美军第 1 和第 2 装甲师由第 1 装甲军统一指挥。第 1 装甲军的军长原本是查菲，但他于 1941 年 8 月因癌症去世。随后，该军军长一职由另一位骑兵军官——查尔斯·斯科特（Charles L. Scott）准将担任。由于领导层缺乏经验，加上通信不畅和战术失当，这两个装甲师在演习中的表现不佳。与 1940 年—1941 年的英军装甲部队一样，美军坦克兵经常在缺乏侦察、支援有限的情况下冲入战场，然后仓促迎敌。仅仅两天时间，美军的坦克就被反坦克部队"摧毁"了 300 多辆。在 11 月 16 日—28 日的"卡罗莱纳演习"（Carolina Manoeuvres）中，装甲部队同样表现欠佳——第 1 装甲师在这次演习中"被敌人围歼"。麦克奈尔认为，这次演习证明，牵引式反坦克炮能有效对付坦克。随后，他没有做任何实际分析，便建议成立一个新兵种，试图把反坦克单位聚拢到一起。受这一武断决策影响，美军于 1941 年 12 月在得克萨斯州胡德堡成立了坦克歼击部队。虽然专门组建反坦克单位有其可取之处，但这一新兵种的作战理论却在北非战场上给装甲部队带来了麻烦。

1941 年 12 月德国对美国宣战，美国陆军开始组建三个新的装甲师。另外，"路易斯安那演习"和"卡罗莱纳演习"也取得了一些积极成果，例如每个装甲师都设立了两个旅级战斗指挥部（combat command，即 A 战斗指挥部和 B 战斗指挥部）——上级将根据具体任务，为这些战斗指挥部编入各种人员和装备。设立战斗指挥部是查菲的主意，这是美国装甲师迈向诸兵种合成作战，并形成"以任务为导向"的思维的重要一步。1942 年 3 月，美国陆军部决定大幅修改装甲师的战术，并为其更新装备：坦克营从九个减少到六个，机械化步兵营从两个增加到三个，而炮兵火力则增强了一倍——炮兵由师炮兵指挥部（Divisional Artillery，Divarty）统一管辖，以求集中实施火力支援。

虽然在两次世界大战之间的大部分时间里，美军陆军在坦克设计或作战理论方面进步甚微，但其在 1939 年—1941 年取得的进展却令人惊叹。强劲有力的工业基础，赋予了美国大规模生产中型坦克的能力。

意军装甲部队："面子工程"

相信吧，只要有这些中型坦克，我们就能创造奇迹。

——伊塔洛·巴尔博（Italo Balbo）元帅，1940 年 6 月 23 日

在第一次世界大战中，意大利皇家陆军（Regio Esercito）并无坦克使用经验，但菲亚特公司（Fiat）在 1918 年年末获得了雷诺 FT 轻型坦克的制造许可证。1921 年—1926 年，菲亚特制造了 100 辆 FT 坦克改进型，并将其命名为"菲亚特 3000"，用于装备两个营级坦克"集群"。[99] 菲亚特 3000 的 1921 年型是一种双人轻型坦克，重 5.5 吨，装备了两挺 6.5 毫米机枪。与雷诺 FT 相比，菲亚特 3000 唯一的真正改进之处是换装了更强劲的发动机，该发动机大幅提升了坦克的速度和机动性。1928 年，菲亚特公司开始研制该坦克的改进型，即"1930年型"（配备了 37 毫米炮）。1924 年，意军还在罗马郊外的皮耶特拉塔堡（Forte di Pietralata）建立了一所坦克训练学校，并由步兵部队负责管理。在派往该学校的军官中，有 44 人来自步兵部队，有 12 人来自炮兵部队，只有 1 人来自骑兵部队。1927 年，两个菲亚特 3000 坦克营被扩编为一个坦克团（Reggimento Carri Armati），该团拥有五个营，但每个营的规模都较小（编制内只有 20 辆坦克和 100 名人员），且分散在全国各地，很难开展大规模训练。[100] 1931 年，坦克训练学校从罗马迁至博洛尼亚（Bologna）。同时，瓦伦蒂诺·巴比尼（Valentino Babini）中校麾下的四个装甲车中队也被编入坦克团，以方便开展训练。

意大利的军事条令由陆军部（Ministero della Guerra）和总参谋部（Stato Maggiore）颁布。在 20 世纪 20 年代初，其内容仍然拘泥于意军在一战中的经验，而且只涉及阵地战——当时的坦克被视为众多步兵支援资产之一，几乎没有地位可言。不仅如此，意大利陆军也没有像富勒、古德里安或查菲这样的热心人士，整个陆军对机械化战争也缺乏兴趣。20 世纪 20 年代，有几个意大利军官撰写了一些关于坦克和机械化的文章，但其影响力几乎可以忽略不计。不仅如此，意军总参谋部还预测，意大利未来的所有战争都将发生在北部边境或巴尔干地区——这些区域峰峦叠嶂，不适合坦克作战。因此，意军总参谋部更重视发展适合山地作战的部队，如精锐的山地步兵（Alpini）或神射手（Bersaglieri）团。

贝尼托·墨索里尼上台后，揽下了陆军部部长一职。他要求意军总参谋部重新考虑其作战任务。墨索里尼渴望开疆拓土，尤其是在非洲发动殖民战争。在此期间，一个连级菲亚特 3000 轻型坦克集群被派往利比亚，参与清剿塞努西（Senusi）叛军的行动。但这些坦克行动迟缓、作战半径有限，而敌人则来去无踪，因此没有取得很好的战绩。最终，是蓝旗亚 1ZM 装甲车和航空兵帮助意军完成了合围任务。另外，两个菲亚特 3000 坦克营也参加了 1929 年夏季的年度演习，但这些坦克在崎岖的地形上行动迟缓，并不受步兵军官们喜欢。这种情况使得意军意识到必须开发新车辆。但鉴于菲亚特和安萨尔多公司（Ansaldo）在坦克设计方面的经验有限，几乎是从零起步，意大利陆军决定参考外国设计方案。意大利陆军的军事观察员对卡登 - 洛伊德公司的 Mk Ⅵ 超轻型坦克很感兴趣，并在 1929 年向维克斯公司购买了四辆该型号的坦克。经过测试，总参谋部的机动车辆技术监察局（Ispettorato Tecnico Automobilistico）认为该坦克"大有用场"。随后，意军订购了 25 套材料，以便菲亚特和安萨尔多公司在意大利进行组装。最终，这些组装完成的超轻型坦克被命名为"29 型快速坦克"（Carro Veloce 29，CV-29），并被送往一个特别单位接受测试。[101]

意大利陆军在详细研究了 CV-29 之后，认为它们只是一种过渡产品。然而，由于没有机械化战争理论，意军领导层又无法对装甲战斗车辆给出明确需求，这导致相关开发项目存在极强的主观随意性。1930 年 6 月，意大利陆军交给安萨尔多设计团队一份设计要求，规定新车应重 1.7 吨，可乘两人，有轻装甲防护，最大高度为一米。军需部门在这份要求中指出，他们希望获得一种方便由重型卡车运输的超轻型坦克。陆军部则希望这种车辆价格低廉，能由菲亚特和安萨尔多公司轻松制造。至于步兵部门提出的唯一真正战术要求，则是这种超轻型坦克必须速度快、机动性好，尤其是能在崎岖地形行动。这些要求的最终产物被称为L3/35（又名CV-33）——1933年，这种新式超轻型坦克正式服役。尽管由于全球经济危机爆发，意大利陆军的预算非常紧张，但得益于价格低廉，CV-33仍被大量采购，并在1933年至1935年生产了600多辆。该坦克还有一种小幅改进型，即1935年开始服役的CV-35。颇为讽刺的是，大部分新超轻型坦克并没有被提供给步兵装甲团使用，而是被转交给了骑兵部队，后者随即以杰瓦西奥·比托西（Gervasio Bitossi）上校的第19轻骑兵向导团（19th Cavalry Regiment "Cavalleggeri Guide"）作为教导部队，训练并组建了五个快速坦克集群，每个集群大约拥有60辆CV-33/35坦克。至于陆军装甲团（大部分仍装备菲亚特3000坦克）则被重新命名为"突击坦克团"。

　　1935年，墨索里尼将目光投向东非，试图拓展殖民地版图。他指示陆军参谋长费德里科·拜斯特罗基（Federico Baistrocchi）将军准备实施机动作战。[102]为让部队摆脱1918年的堑壕战思维，意大利陆军发行了一本新野战手册，并开始谈论"快速战争"（guerra lampo）和机械化的必要性。然而，发布法西斯口号并不等于能创造有效的作战理论。拜斯特罗基创建了三个快速师（divisioni celeri），其中包括两个骑兵团、一个神射手团（配备自行车）、一个CV-33超轻型坦克营和一个半摩托化炮兵集群。这些师是混合型部队，其中夹杂着超轻型坦克、卡车、自行车和摩托车，非常不适合战场协同，而且也没有完备的作战理论作为指导。而且，真正的问题是，意大利是一个穷国，该国不仅财政拮据，还缺乏稀有自然资源。这使得该国难以研发和大批量生产新装备。在战间期的大部分时间里，意大利的国防开支仅为英国的60%，而且在分配优先次序上，意大利陆军总是位居末位。

　　尽管如此，墨索里尼还是希望能用新式坦克来进攻埃塞俄比亚。因此，几个坦克集群（共有约175辆CV-33坦克）被调往了厄立特里亚——平均每个步兵军"配发"一个坦克集群，主要负责为机动纵队充当"矛头"。[103]1935年12月14日，一支由六辆CV-35超轻型坦克组成的分队陷入重围，并在登贝吉纳山口（Demberguina Pass）被埃塞俄比亚步兵全歼。但在这次尴尬的失败之后，意大利超轻型坦克在1935年—1936年的埃塞俄比亚战役的其余阶段始终表现出色。CV-35超轻型坦克还可以通过菲亚特SPA 38R型2.5吨卡车运输，能大大延伸作战半径、减少履带磨损。埃塞俄比亚军队大多是步兵，且装备极为落后，几乎没有反坦克炮或远程火炮，意大利坦克手几乎可以无所顾忌地驾驶装备机枪和火焰喷射器的战车突破敌人轻装步兵部队的防线。此外，意军还拥有绝对的空中优势，并大肆使用化学武器。虽然受制于崎岖地形和后勤因素，意军的推进速度减缓了不少，但其超轻型坦克和摩托化步兵却成功前进 700 千米，在 1936 年 5 月 5 日抵达亚的斯亚贝巴（Addis Ababa）。这表明意大利陆军完全有能力实施战役级机动作战，而希特勒的新装甲师当时仅有一号坦克，无法复制这一成就。

埃塞俄比亚战役刚结束，意大利陆军就奉命介入西班牙内战，并为西班牙国民军一方提供部队和装备。1936 年 8 月，一个 CV-35 超轻型坦克排被派往西班牙，次月又有更多装甲单位被派往西班牙。但与在埃塞俄比亚的情况不同，这一次，意大利陆军的对手不仅拥有反坦克炮，还在坦克数量上占据优势。苏联为西班牙共和派提供了 T-26 轻型坦克，该坦克由维克斯 6 吨坦克发展而来，装备了 45 毫米火炮，对意制 CV-35 坦克有压倒性优势。同时，德国也向西班牙国民军一方提供了坦克支援，即一个由陆军中校威廉·冯·托马（Wilhem Ritter von Thoma）指挥的装甲分队（拥有 41 辆一号轻型坦克，但它们的性能同样不如 T-26）。[104] 尽管如此，墨索里尼还是下令向西班牙派遣更多部队，并将其编入"志愿军团"（Corpo Truppe Voluntarie）。1936 年—1937 年冬季，意大利在西班牙组建了一个坦克营，并利用该营、若干装甲车、机枪部队和轻型火炮组成了"坦克集群"（Raggruppamento Carristi）。1937 年 3 月，"志愿军团"派机械化部队参与瓜达拉哈拉之战（Battle of Guadalajara），但该军团的一个 CV-35 超轻型坦克连遭到了共和派 T-26 坦克的"痛殴"，整个攻势也因此而宣告结束。另外需要指出的是，意大利"志愿军团"还经常将坦克部队拆分为一个个小队，以支援步兵。鉴于西班牙坦克战的结果，以及现代反坦克炮的杀伤力，意军总参谋部终于意识到了超轻型坦克根本不具备战场生存能力。[105]

考察过在西班牙缴获的 T-26 坦克后，意军总参谋部决心购置更大的坦克，并为其配备火炮，以便与外国坦克抗衡。在干涉西班牙内战之前，意大利军官们普遍认为没有购买中型坦克的必要，在看到 CV-35 在现代武器面前不堪一击之后，他们才慌忙开始准备。早在 1935 年，陆军部便命令安萨尔多公司的设计团队研发新型坦克，但在 T-26 出现之前，这一项目始终未受重视。迫于时间压力，安萨尔多公司的工程师们只好仓促行事，即把维克斯 6 吨坦克（当时意军已购买一辆用于评估）的技术与 CV-35 超轻型坦克的某些现成技术"融合在一起"。另外，特尔尼兵工厂（Fabbrica d'Armi Terni）还从维克斯公司获得过生产 37 毫米 40 倍径低初速火炮的许可（用于 1930 年型菲亚特 3000 坦克），因此，设计师们也决定把这种武器用在新坦克上。1936 年—1937 年，两辆原型车在菲亚特和安萨尔多公司完工，但其表现难以让人满意。军方希望将 37 毫米主炮安装在一个能全方向旋转的炮塔中，但安萨尔多公司对此无能为力，只能将主炮安装在车体内。直到 1938 年中期，这种新型坦克（后来被命名为 "M11/39 中型坦克"）才被意大利陆军订购了 100 辆。该坦克重 11 吨，配有安萨尔多 8 缸 8T 型柴油发动机，该发动机的功率只有 105 马力，远不及大部分外国同类坦克。虽然其装甲防护能力比蹩脚的英军 A-9 坦克略好一些，但仍难以与英军研制中的改进型巡洋坦克匹敌。而且，M11/39 还缺乏电台，这使其在战术上处于严重劣势。另外，菲亚特和安萨尔多公司用了 18 个月时间才开始生产这种新坦克，到 1939 年 8 月初，其月产量只能达到九辆左右。

表 4　意大利坦克项目一览，1930 年—1941 年

	CV-33 与 L3/35	M11/39	M13/40	L6/40
需求提出时间	1930 年 6 月	1937 年	1937 年 12 月	1938 年 12 月
开发商	菲亚特和安萨尔多公司			
首部原型车完成时间	1931 年	1938 年 5 月	1939 年 10 月	1939 年 10 月
订购情况	1933 年：240 辆 1935 年：500 辆 1936 年：500 辆	1938 年：100 辆	1939 年：400 辆	1940 年：583 辆
成本	93720 里拉（1040英镑）	520000 里拉（5700英镑）[106]	650000 里拉（7200英镑）	340000 里拉（3770英镑）
生产启动时间	1934 年	1939 年 7 月	1940 年 7 月	1942 年 3 月
生产商	菲亚特和安萨尔多公司			

意军总参谋部知道 M11/39 只是一种临时产品，因此还要求菲亚特和安萨尔多公司拿出更现代化的设计方案。具体而言，他们希望该坦克能配备一门新型火炮，即布雷达 47 毫米 32 倍径 M35 火炮，并将其安装在可全向旋转的炮塔内，从而使该坦克的火力能与苏制 T-26 坦克匹敌。安萨尔多公司没有另起炉灶，而是直接使用了 M11/39 中型坦克的底盘，并更换了一座更大的双人炮塔。

M13/40 中型坦克就此诞生了。虽然 M13/40 中型坦克的首辆原型车直到欧洲战事爆发后才完成，但意大利陆军仍颇为满意，并在 1939 年年底订购了 400 辆。另外，尽管意军总参谋部知道火炮坦克对建设现代化装甲部队而言至关重要，也知道菲亚特和安萨尔多公司正忙于生产 M11/39 和 M13/40 中型坦克，但他们还是提出了一项毫无意义的要求，即开发一种新式轻型坦克，并为其配备布雷达 20 毫米机关炮——由此催生的 L6/40 轻型坦克是一种彻底失败的产物——当首批坦克于 1942 年年初运抵北非时，它们就已经完全过时了。

埃塞俄比亚战役结束后，意大利陆军还试图组建新机械化部队，并制定新作战理论，但这些活动毫无章法可言。1936 年 5 月，陆军部组建了 24 个装甲营（其中 5 个营配备菲亚特 3000 坦克，19 个营配备 CV-35 超轻型坦克）：其中 16 个营隶属于 4 个新装甲团（战时，其下属各营将用于支援步兵军），3 个营被编入快速师，几个营被编入骑兵团，还有几个营成为独立单位。在这些部队中，有些重点负责步兵支援，有些负责侦察等骑兵任务，还有一些在埃塞俄比亚占领区执行海外反叛乱任务。由于各部队的任务性质悬殊，加上配置极为分散，导致了意军难以融合其机械化作战理论。另外，虽然菲亚特和安萨尔多公司生产的 CV-35 超轻型坦克足够武装新的装甲营，但训练有素的坦克手却数量不足。意大利陆军中的大部分士兵都是义务兵，且服役时间不长，很少有人在平民生活中有驾驶或维修车辆的经验。至于曾在装甲部队服役的军官则更少，只有不到 200 人，但新的装甲营却需要 600 多人——这严重削弱了意大利陆军将新兵培养为合格坦克手的能力。

意大利在埃塞俄比亚和西班牙消耗了海量的资源，这使得意大利陆军在添置现代化装备方面处处受限，并导致他们难以组建一支像样的诸兵种合成部队。在埃塞俄比亚和西班牙进行的战争，让意大利花费了超过 180 亿里拉，占该国 1935 年—1938 年国防开支的至少三分之一。意大利的野战炮都已经过时了，跟不上机动作战的节奏，而且该国只有 20% 的野战炮能用车辆牵引。意军的相关条令要求用野战炮来充当反坦克武器，但部队标配的 1906 型 75 毫米 27 倍径加农炮根本无法在 400 米外击中敌方坦克，更无法击穿"玛蒂尔达 2"厚重的正面装甲。事实上，当时意军的野战炮甚至没有配备瞄准镜，也不具备快速转向和打击运动目标的能力。而且令人错愕的是，意大利陆军并没有为对付新型坦克而专门研发反坦克炮或中口径武器：菲亚特公司直接购买了奥地利设计的伯勒（Bohler）47 毫米加农

炮 [随后被冠名为 "47 毫米 32 倍径加农炮" （Cannone da 47/32）] 的生产许可证。同样，意大利也没有像英国、美国和德国那样，为步兵开发履带式装甲车。不过，意大利的工业界确实生产了几种非常适合在北非进行机动作战的卡车，尤其是布雷达 SPA 35 "全地形" （Dovunque）2.5 吨卡车，该车可运载 25 名士兵，或者搭载一门 20 毫米高射炮（也可用于牵引轻型火炮）。这款 "全地形" 卡车在利比亚进行了广泛测试，并展现出了优秀的越野机动性能。另外，蓝旗亚 3RO 重型卡车也在北非表现出色。菲亚特公司还在研发新的装甲车，只是这些装甲车的研发工作还无法在 1940 年前完成。

与英国同行相比，意军装甲部队的一个潜在优势是拥有近距离空中支援。意大利皇家空军（Regia Aeronautica）在研发对地攻击机方面颇下功夫，而且这些飞机在埃塞俄比亚和西班牙都使用颇广。布雷达 Ba.65 战斗轰炸机携带了两挺 12.7 毫米重机枪、两挺 7.7 毫米轻机枪和两枚 250 千克炸弹，具有扫射和俯冲轰炸能力。至于布雷达 Ba.88，则是一种新型号的战机，只是其实战表现令人失望。虽然在战前，意大利军队较少进行空地协同训练，但意大利空军还是愿意响应陆军要求，提供近距离空中支援。

意军缺乏适当的装备，且人员训练不足，但这些都无法阻挡其陆军部大力推动机械化的意愿。作为过渡措施，意军于 1936 年 6 月在锡耶纳（Siena）组建了一个半机械化旅（第 1 机械化机动旅，1a Brigata Motomeccanizzata），该旅下辖两个摩托化步兵营、一个 CV-35 坦克营和一个轻型炮兵集群（配备 12 门过时的 75 毫米野战炮）。该旅旅长是工兵出身的卡罗·法瓦格罗萨（Carlo Favagrossa）少将。不过，该旅极少进行训练。一年后，即 1937 年 7 月，这支实验部队被扩编为装甲旅（第 1 装甲旅，1a Brigata Corazzata），而且其编制内额外增加了两个坦克营。该旅参加了 1937 年的夏季演习，但并未拥有独立地位。[107] 此后不久，意军的第二个装甲旅也正式成立。墨索里尼想拥有一支现代化陆军，但对他来说，"数量和排场" 比 "质量和能力" 更重要。此外，他还喜欢根据政治忠诚度来任命指挥官，而不是 "量才授职"。1938 年 11 月，陆军部在曼图亚（Mantua）成立了装甲军司令部（Corpo d'Armata Corazzato），军长一职由菲登奇奥·达奥拉（Fidenzio Dall'Ora）将军担任。虽然该军计划下辖两个装甲旅和两个新编摩托化步兵师，但从本质上来看，其更像是一个行政管理机构。

在欧洲爆发全面战争前夜，意大利陆军部决定将两个装甲旅升格为师：即第131"半人马"装甲师（131a Corazzata "Centauro"，驻锡耶纳）和第132"公羊"装甲师①（132a Corazzata "Ariete"）。从纸面数据来看，每个装甲师都拥有一个三营制装甲团（共有184辆CV-35超轻型坦克）、一个神射手团（下辖两个摩托化步兵营、一个摩托车机枪营）和两个炮兵营（总共只有24门1906型75毫米27倍径加农炮）。不过，这两个师都没有侦察部队，只有一个配备了八门47毫米炮的反坦克连和一个工兵连。总而言之，1939年时的意大利装甲师不过相当于一个坦克旅，能获得的步兵和炮兵支援极少，缺乏无线电设备和支援部队，更没有适当的诸兵种合成作战理论提供指导，根本无法对抗装备现代化武器的敌人。虽然从理论上来说，意大利装甲师可以独立发起机动作战，但由于缺乏炮兵和支援兵种，他们只能依赖邻近的步兵军。负责指挥"半人马"装甲师和"公羊"装甲师的军官都是步兵出身，缺乏装甲作战经验，而且他们的上任时间也很短，很难与部下完成磨合。事实上，意大利陆军的军官轮换尤其频繁——这样可以满足他们在热门岗位"打卡"的需求。

虽然意大利装甲部队的军官和坦克手大多会在博洛尼亚（Bologna）马佐尼军营（Mazzoni）的学校（由步兵部队负责管理）里接受培训，但也有可能在某所骑兵学校里学习。军官的培训时间一般在五个月左右。意大利装甲部队里的下级军官大多是预备役军人，其中一个例子是富尔维奥·杰罗（Fulvio Jero）少尉，他在1939年被派往利比亚，并加入第21轻型坦克营。毕业于一所法学院的杰罗，向往去海外服役。在1940年之前，意大利装甲部队的训练几乎全部围绕着CV-33/35超轻型坦克展开，其军官几乎不懂得如何进行远程火炮射击或利用无线电来指挥坦克部队，这使他们在与英国装甲部队军官的对抗中处于劣势。意大利装甲部队的另一大训练问题是缺乏有驾驶经验的士兵，这导致其不得不耗费大部分训练时间来让士兵掌握基本驾驶知识，士兵们只有少量时间能用于学习战术机动或一些实用技能（如占据半埋式阵地）。

1939年4月，意军总参谋部与德国国防军最高统帅部开始进行参谋会谈，意大利人很快就告诉德国盟友：意大利的武装部队在两三年内都无法做好参战准备。[108]鉴于意大利军工业的生产能力有限，甚至这一预估都显得过于乐观了。当1939年9

---

① 译者注：该师的名字实际上是"攻城锤"的意思，但国内历史书籍多将其译为"公羊"（几乎已成为约定俗成的名称）。为保持统一，本书也采用此译名。

月德国入侵波兰时，墨索里尼也正在考虑对希腊或南斯拉夫动武，因此大部分意军机械化部队都集中在驻维罗纳（Verona）的第6集团军麾下——这支部队也被称为"波河"集团军（Armata "Po"，其名称来自意大利北部的波河），下辖"公羊"装甲师、两个摩托化步兵师（"特伦托"师和"的里雅斯特"师）和三个"快速"师。在开战前夕，"公羊"装甲师开始接收首批 M11/39 中型坦克，但直到 1940 年春，两个中型坦克营才装备完毕。至于那两个摩托化步兵师，因为其规模较小（只有七个步兵营），所以火力也相对有限。整个第6集团军共拥有两个中型坦克营和 10 个轻型坦克营。另外，意军还拥有六个轻型坦克营——这些营都隶属于其他集团军，并驻扎在意大利境内。至于"半人马"装甲师，则被部署在阿尔巴尼亚。

尽管中型坦克短缺，但意大利陆军部仍做出了一个愚蠢决定：将两个坦克连（配备 24 辆 M11/39 坦克）派往东非。一旦与英国开战，这些部队必然会成为孤军。1939年 11 月，陆军部还下令成立第三个装甲师，即第 133 "利托里奥"装甲师（133a Divisione Corazzata "Littorio"），但该师只是重组现有人员和装备的产物。截至 1940 年6 月，意大利装甲部队一共拥有 100 辆 M11/39 中型坦克和 1320 辆 CV-33/35 超轻型坦克。表面看来，墨索里尼确实拥有一支机械化大军，但实际上后者只是一支"列装了老旧装备的过时部队"。另外，意军对如何运用装甲部队，也缺乏清晰的思路。

理论总结与比较

> 失败是可以被原谅的，但措手不及的失败不行。
>
> ——弗里德里希二世（Frederick the Great）

1940 年 6 月法国战役结束时，德国的装甲作战理论已得到了充分检验。虽然 1941 年—1942 年，德军还在北非、巴尔干和苏联不断完善其装甲作战理论，但该理论的"基本公式"已经确立，并在战术和战役层面为大多数指挥官所领会。尤其值得一提的是，德军还把惯于协同作战的下级单位组织在一起，形成了"战斗群"（Kampfgruppen）——即集成度极高的诸兵种合成部队。事实证明，德国的装甲作战理论非常适合在北非和苏联使用——这些区域有大量开阔地形，可以让装甲师大显身手。但德国装甲部队仍有一个致命弱点——缺乏持久作战的能力：

部队的物资和后勤资源有限，根本无法满足长期远程机动作战的需要。1941 年—1942 年，缺乏备件、橡胶轮胎、燃料和弹药曾严重妨碍德国装甲部队开展行动。另外，很多德国指挥官也认为，为机械化作战提供后勤保障与自己无关，他们只需专注于战斗行动即可——这也是德军训练中的一个"盲点"，并在二战的大部分时间里一直困扰着德国装甲部队。

表 5　各国装甲作战理论比较，1940 年—1941 年

国家	战役层面的理论	战术层面的理论
英国	装甲部队应独立执行任务。 使用装甲部队包抄敌人，削弱其交通线。 将装甲部队投入追击行动。	利用坦克取得决定性成果。 组建临时诸兵种合成编队。 用坦克去执行步兵支援任务。 用无线电指挥和控制部队。 利用坦克对抗坦克。 实施攻势机动。
德国	装甲部队应独立执行任务。 通过划定"重点地段"，向战场关键点集结战斗力量。 "空地"密切合作。 利用快速包抄，彻底合围敌人。	普遍运用一体化诸兵种合成战术。 用无线电指挥和控制部队。 利用坦克对抗坦克。 使用重型高射炮对抗坦克。
意大利	装甲部队是军直属资产。 使用装甲部队作为摩托化作战的先头部队。 使用装甲部队作为机动预备队。 重视"空地"合作。	组建临时诸兵种合成部队。 通过旗帜和手势进行指挥。 依靠反坦克火炮和远程火炮对抗敌坦克。 强调步兵支援任务。 执行屏护、侦察任务。
美国	装甲部队应独立执行任务。 独立装甲部队是军直属资产。	通过模块化方法，组建诸兵种合成部队。 用无线电指挥和控制部队。 利用坦克歼击车击败坦克。

　　相比之下，在法国战役中惨败之后，英国在装甲作战理论方面陷入了死胡同，但他们几乎没有时间去做改变。于是，英国皇家装甲兵部队被拉向了两个截然相反的方向——一个方向是组建装甲师，并用其独立开展作战行动，另一个方向是组建专门支援步兵的坦克旅。这两种部队的装备几乎都是以坦克为主，固有风险极大，而且其经常忽视与其他兵种的配合。英军战役级指挥官对如何运用装甲部队的理解也相当有限，他们经常按照自己在坎伯利参谋学院（Camberley Staff College）里学到的东西照本宣科 [尼格尔·邓肯（Nigel W. Duncan）曾于 1935 年—1936 年在坎伯利参谋学院就读，

他指出，该学院的课程对装甲战术和行动所涉甚少]，而不是像德国指挥官一样锐意创新、不断"试错"。[109] 在战术层面，英军指挥官认为，他们只需要为装甲部队配备大量坦克，然后再加入几个步兵分队和炮兵分队就可以实现"诸兵种合成"了。但事实证明，这是完全不够的。这种组建临时诸兵种合成编队的思想由来已久，甚至可以追溯到当初英国人在蒂德沃思进行"机械化作战实验"的时代——但这些实验往往严重忽视了其他兵种的作用。在战役和战术层面，英军指挥官都希望积极使用装甲部队，但由于有些"坦克狂热分子"把装甲部队看成了现代战争的"万金油"，因此"这种积极显得有些过分了"。1940 年和 1941 年，英军装甲部队仍在试图修改战前的相关理论，使其更适用于当时的战场环境——事实证明，这将是一段痛苦历程。

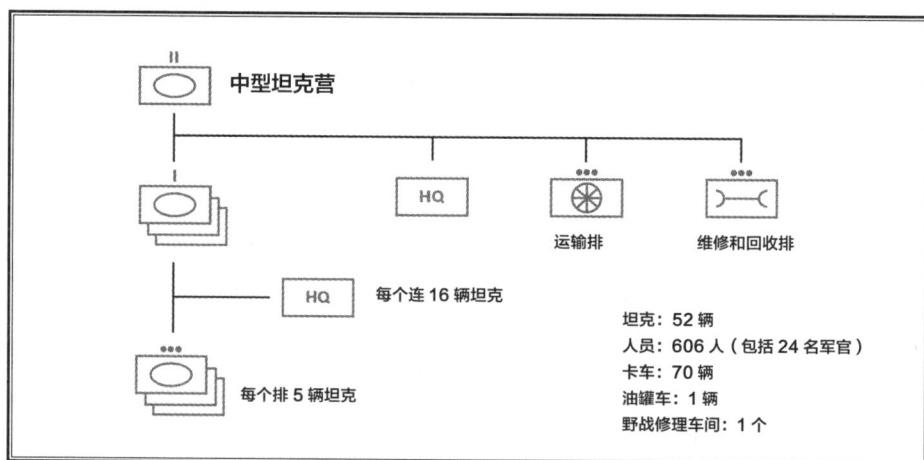

意大利中型坦克营组织结构，1941 年年初

　　意大利陆军在发展中型坦克方面起步较晚，1940 年时，其装甲作战理论是北非战场上各国军队中最不完善的。虽然意大利努力发展能够独立作战的装甲师，但在战争爆发后的前六个月里，其装甲单位仍被迫作为军级资产分散作战，根本无法"形成规模"。此外，由于缺乏车载无线电设备，意军的战术指挥官也无法有效指挥连级以上部队，令战斗力量"形成规模"进一步受到制约。由于缺乏火力或装甲防护能力不足，在北非（1940 年）的意军装甲部队根本无法与敌方坦克正面交锋，也无法

取得数量优势，最终只能与步兵部队"绑在一起"。但面对重重压力，意大利坦克兵也绝非软弱之辈，他们经常主动向敌人发起冲锋。从理论上来讲，意军的诸兵种合成作战方法并没有错，特别是在装甲团和摩托化步兵部队的长期协同方面。不过，由于装备不足，直到1941年年底，意大利人"才开始在战场上有所斩获"。

　　与英国一样，在1940年的法国战役后，美国的装甲作战理论也陷入了死胡同（还因此催生了坦克歼击部队）。但与英国人不同，美国人仍有两年时间来纠正理论问题。事实证明，美军有些思路比英军更好，其中一个例子是按"标准模块"模式组建的装甲部队：美军有两种坦克营，一种隶属于装甲师，一种则是负责支援步兵的独立营，但两者装备的坦克型号却基本相同。而英军则不然，其装甲师下辖的装甲团和步兵支援坦克旅装备着不同型号的坦克。同样，美军组建"战斗指挥部"（或"特遣队"）的方法也与英军（组建临时诸兵种合成编队）不同，并与德军"战斗群"有殊途同归之处。此外，根据战前观察，美军还认识到了装甲运兵车和自行火炮的重要性——这不仅给制定装甲作战理论提供了重大帮助，还有助于强化投入北非的诸兵种合成战斗部队。不仅如此，美军手里的全部三种坦克[M3轻型坦克（"斯图亚特"/"甜心"）、M3中型坦克（"格兰特"）和M4中型坦克（"谢尔曼"）]都曾被英军使用，并与德意志非洲军（又译作"德意志非洲军团"）较量过，这让美军非常熟悉它们的优缺点。

1927年8月31日，英国财政大臣温斯顿·丘吉尔在蒂德沃思视察"实验机械化部队"的维克斯 Mk II 中型坦克。南方司令部（Southern Command）司令、陆军上将亚历山大·戈德利（Alexander Godley）爵士负责陪同。丘吉尔早在1915年就对坦克有一定了解，但对其技术细节或原理始终不甚精通。（作者收藏）

1925 年 9 月，伍尔维奇兵工厂在 Mk Ⅱ 中型坦克的底盘上，安装了一门 18 磅火炮，从而创造了军事史上首辆自行火炮。[①]这种所谓的"伯奇式自行火炮"于 1927 年 8 月首次参与了"实验机械化部队"的演习，能跟随坦克行动，并发射高爆弹或烟雾弹，最大射程约六千米，但缺点是价格昂贵，每门造价为 12250 英镑。随着它们在 1931 年退役，英国装甲单位直到 1941 年年末都只能依靠牵引火炮提供火力支援。(作者收藏)

于 1928 年问世的卡登－洛伊德超轻型坦克重 1.5 吨，似乎很适合资金短缺，买不起昂贵新式中型坦克的军队。英国和意大利军队都曾在超轻型坦克上投入重金，但这些坦克更适合被用于训练，而不是参加实战。(作者收藏)

_____

① 译者注：此处似有误，在一战期间，法军便已开始尝试用坦克底盘来制造自行火炮。

1936 年，英军第 6 皇家坦克团的轻型坦克在埃及进行演习。英国陆军在战前已经获得了一些沙漠机械化作战经验，但面对"同等级的对手"，这些经验意义不大。[玛丽·埃文斯图片库（Mary Evans Picture Library）供图，图片编号 11557783]

设计于 1929 年—1930 年的维克斯 Mk E 型 6 吨坦克，主要用于出口，对德国、意大利和苏联坦克的设计方案有重大影响。这些国家都是英国的潜在竞争对手，并试图利用该坦克为本国装甲战斗车辆设计提供借鉴，但英国政府却对维克斯公司的行为视而不见。（作者收藏）

一个 A-10 Mk II 巡洋坦克排，1940 年摄于法国。A-10 在战争初期似乎性能尚可，但其装甲防护能力不足，机械可靠性差。英国曾为"巡洋坦克"投入巨资，并认定它们是机械化机动作战的必需品，但首批巡洋坦克直到 1939 年才面世。由于没有成熟的作战理论，英军只能在战场上反复试错。（帝国战争博物馆供图，图片编号 E1001）

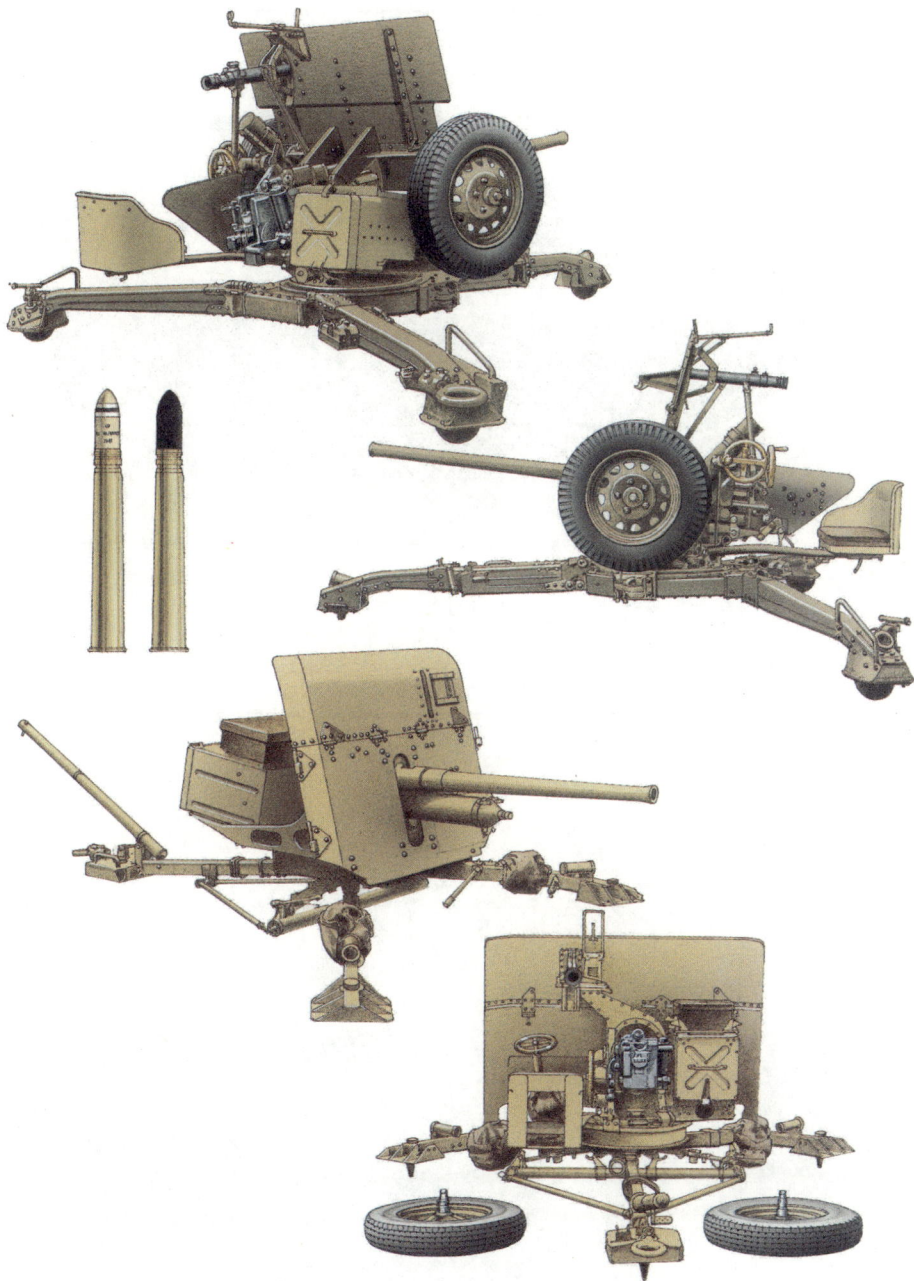

2磅 Mark II 反坦克炮是 1940 年—1942 年在北非的英军的标准反坦克炮。虽然它在战争初期是一种优秀的武器，却很难击穿装备了表面硬化装甲的新式德国坦克。[鱼鹰出版社版权所有，作者：布莱恩·德尔夫（Brian Delf）。摘自"新前卫"系列 NVG 98《英国反坦克炮，1939—1945》]

英军 Mk III 轻型坦克。图中坦克于 1935 年被送往埃及，用于装备机动师。[鱼鹰出版社版权所有，作者：亨利·莫斯海德（Henry Morshead）。摘自"新前卫"系列 NVG 217《英国轻型坦克，1927—1945》]

由于 2 磅炮最初缺乏高爆弹，所以英军为大部分一线坦克开发了用于近距离支援的型号。本图中这辆 A-9 近距离支援坦克配有一门 94 毫米榴弹炮，可以发射高爆弹或烟雾弹。但实际上，这些近距离支援坦克的数量太少了，在战斗中几乎没有发挥作用。（作者收藏）

1938 年，1 个德军二号轻型坦克排在温斯多夫进行训练。注意其 2 厘米火炮分别转向左右两侧，以监视道路两边的区域，并且指挥官们都关闭了舱盖。（《南德意志报》供图，图片编号 00108157）

三号 E 型中型坦克。德军原计划让三号坦克在部队中充当主力坦克，但德国直到战争爆发时才开始批量生产该型号的坦克。不过，德国人一直在升级三号坦克，使其火力和防护性能不断得到提升。因此，直到 1943 年，三号坦克都是盟军坦克的大敌。（作者收藏）

美国发明家沃尔特·克里斯蒂及其 M1931 坦克。克里斯蒂悬挂系统对苏联和英国坦克的设计方案产生了很大影响，尤其是在巡洋坦克概念发展过程中。（作者收藏）

M3 中型坦克原型车正在接受试验，摄于 1941 年 3 月。为尽快向美国陆军提供装备 75 毫米炮的坦克，罗克艾兰兵工厂的工程师以法国 B1 bis 坦克为蓝本，在 M3 车体上安装了一门主炮，并在小炮塔内安装了一门 37 毫米副炮。虽然这种设计只是权宜之计，但该坦克 18 个月内的产量超过了 6000 辆。（作者收藏）

M2 中型坦克重 18 吨，是二战初期美国陆军最现代化的装甲作战车辆。这张照片中的是 M2 中型坦克的改型——M2A1，该坦克配有一座双联装 37 毫米火炮。1940 年 8 月，美国陆军认识到 M2 已经过时，便决定改用配备了 75 毫米火炮的 M3 中型坦克。[安德烈·福尔奇克（Andrei Forczyk）中尉供图]

意大利陆军的超轻型坦克在设计上源于卡登－洛伊德超轻型坦克。其中，L3/35 或 CV-33 超轻型坦克于 1933 年开始服役，在二战前共生产了 2000 多辆。尽管它们在殖民地冲突中表现出色，但其性能完全落后于所有英国坦克。（作者收藏）

CV-33 超轻型坦克上的意大利坦克手。意军战前的装甲作战理论有一种思维模式：坦克必须用于支援步兵。消灭敌方坦克的任务并不由意大利坦克承担，而是由步兵单位的火炮负责。（作者收藏）

于 1935 年推出的 CV-35 超轻型坦克，较 CV-33 略有改进，前者配备了两挺 8 毫米机枪。尽管意大利陆军还尝试为 CV-35 安装其他武器（如火焰喷射器和 20 毫米反坦克枪），但该坦克由于车体太小且动力不足，根本无法接受重大升级。[鱼鹰出版社版权所有，作者：理查德·查斯莫尔（Richard Chasemore）。摘自"新前卫"系列 NVG 191《意大利轻型坦克，1919—1945》]

意大利 M11/39 中型坦克，1940 年 9 月。（鱼鹰出版社版权所有，作者：理查德·查斯莫尔。摘自"新前卫"系列 NVG 195《意大利中型坦克，1939–1945》）

M14/41 中型坦克的性能较以往型号稍有提升，1941 年—1942 年间该坦克的产量为 752 辆。由于炮塔内部缺乏吊篮，其乘员的操作效率受到了很大影响。不过，该坦克也有优点，例如柴油发动机的燃油效率高于德国坦克。另外，与英国第 8 集团军（在 1941 年—1942 年间列装了 5—6 种型号的坦克）相比，意大利装甲部队列装的车型更少，从而降低了后勤需求。（鱼鹰出版社版权所有，作者：理查德·查斯莫尔。摘自"新前卫"系列 NVG 195《意大利中型坦克，1939—1945》）

注释

1. 参见布莱恩·库珀（Bryan Cooper），《康布雷铁甲：坦克第一次大规模作战》（*The Ironclads of Cambrai : The First Great Tank Battle*）[里丁（Reading）：卡塞尔出版社，1967 年出版]，第 90 页—第 92 页。

2. 参见卡罗·德埃斯特（Carlo D'Este），《巴顿：战争天才》（*Patton: A Genius for War*）[纽约：哈珀 - 柯林斯出版社（Harper Collins），1995 年出版]，第 231 页—第 235 页。

3. 参见约翰·富勒，"D 型中型坦克速度和行动方式对进攻战术的影响"（The Tactics of the Attack as Affected by the Speed and Circuit of the Medium "D" Tank），出自富勒文件 FP I/208/TS/50（1918 年 6 月）。

4. 参见布莱恩·里德（Brian Holden Reid），《约翰·富勒：军事思想家》（*J.F.C Fuller: Military Thinker*）[纽约：圣马丁出版社（St Martin's Press），1987 年出版]，第 48 页—第 54 页。

5. 参见戴维·法兰奇，"英国陆军条令与组织，1919—1932"，出自《历史杂志》（*The Historical Journal*）第 44 卷第 2 期（2001 年 6 月出版），第 499 页。

6. 1923 年 10 月，英军"坦克部队"改名为"皇家坦克部队"（Royal Tank Corps，简称 RTC）。虽然"皇家坦克团"（Royal Tank Regiment）一词直到 1939 年才开始使用，但为避免混淆，我们在此处仍使用了该称呼。因此，文中各团当时的正式名称应当是皇家坦克部队第 2 营、第 3 营、第 4 营和第 5 营。

7. 参见安德烈·杜维尼亚克（Andre Duvignac），《军队摩托化的历史》（*Histoire de l' armee motorisee*）[巴黎：法国国家印刷所（Imprimerie Nationale），1948 年出版]，第 349 页。

8. 参见戴维·法兰奇，"英国陆军条令与组织，1919—1932"，出自《历史杂志》第 44 卷第 2 期，第 505 页—第 507 页。

9. 参见《野战勤务条例，第 2 卷，作战》（*Field Service Regulations, Volume II , Operations*）（伦敦：英国皇家文书局，1924 年版），第 12 页。

10. 参见"1923—1924 年度陆军预算概算"（Army Estimates, 1923-24），出自《下议院辩论纪要》第 161 卷（1923 年 3 月 15 日），第 1829 页—第 1875 页。

11. Mk I 最初被划为"轻型坦克"，其中 28 辆由维克斯公司生产，30 辆由伍尔维奇皇家兵工厂生产。Mk II 坦克有多种型号，其中 71 辆由伍尔维奇兵工厂生产，41 辆由维克斯公司生产。在伍尔维奇制造的 Mk I 坦克单价为 6190 英镑，而维克斯公司的同类产品单价为 8190 英镑。

12. 参见菲利普·文瑟姆（Philip Ventham）和大卫·弗莱彻，《搬动火炮：皇家炮兵的机械化，1854 年—1939 年》（伦敦：英国皇家文书局，1990 年出版），第 29 页。

13. 参见约翰·富勒，《战争变革》[伦敦：哈钦森出版社（Hutchinson & Co.），1923 年出版]。

14. 参见约翰·富勒，《战争变革》，第 163 页—第 164 页。

15. 在"实验机械化部队"成立之前，哈特关于机械化的著述包括"发展新型陆军"（The Development of the New Model Army），这一文章刊登在《陆军季刊》（*The Army Quarterly*）第 9 卷（1924 年发行）第 37 页—第 50 页，其中建议组建 1 个机动师，该师应下辖 3 个坦克旅，并配有炮兵和步兵。

16. 参见约翰·米尔斯海默（John J. Mearsheimer），《利德尔 - 哈特与历史之重》（*Liddell Hart and the Weight of History*）（伊萨卡：康奈尔大学出版社，1988 年出版），第 34 页—第 35 页，以及第 206 页—第 207 页。

17. 参见罗伯特·拉森，《英国陆军与装甲作战理论，1918—1940》（纽瓦克：特拉华大学出版社，1984 年出版），第 124 页—第 125 页。

18. 参见彼得·比尔，《先天不足：第二次世界大战中的英国坦克发展》（斯特劳德：历史出版社，1998 年出版），第 23 页—第 25 页。

19. 参见约翰·米尔斯海默，《利德尔 - 哈特与历史之重》，第 73 页—第 77 页。

20. 参见布莱恩·里德，《约翰·富勒：军事思想家》，第 151 页。

21. 参见帝国战争博物馆声音档案库第 000858/05 号记录稿，讲述人是戈登 - 哈尔（F. W. Gordon Hall）少将，详见第 16 页—第 17 页。

22. 参见小哈罗德·劳（Harold E. Raugh Jr），《韦维尔在中东，1939—1941：一份"用兵之道"研究》（*Wavell in the Middle East, 1939—1941: A Study in Generalship*）[诺曼（Norman）：俄克拉荷马大学出版社（University of Oklahoma Press），2013 年出版]，第 23 页—第 24 页。

23. 参见格雷格·鲍亨（Greg Baughen），《轰炸机崛起：从 1919 年英国皇家空军—陆军联合规划工作，到 1938 年慕尼黑会议》[*The Rise of the Bomber: RAF-Army Planning 1919 to Munich 1938*（斯特劳德：方特希尔出版社，2016 年出版）]，第 80 页—第 81 页。

24. 参见肯尼斯·马克西，《皇家装甲部队及其前身的历史，1914—1975》[贝明斯特（Beaminster）：新镇出版社（Newtown Publications），1983 年出版]，第 52 页。

25. 参见戴维·法兰奇，"两次世界大战间英国骑兵的机械化"（The Mechanization of the British Cavalry between the World Wars），出自《史上战争》（*War in History*）杂志第 10 卷第 3 期（2003 年 7 月出版），第 310 页。

26. 参见罗伯特·拉森，《英国陆军与装甲作战理论，1918—1940》，第 93 页。

27. 参见 J.P. 哈里斯，《人，灵感，坦克：英国军事思想和装甲部队，1903—1939》（曼彻斯特：曼彻斯特大学出版社，1995 年出版），第 240 页。

28. 参见 N.S. 纳什（N. S. Nash），《"扫射者" ——威廉·戈特中将的生平与时代》（*"Strafer" — The Life and Times of Lieutenant General W. E. Gott*）（巴恩斯利：笔与剑出版社，2013 年出版），第 95 页—第 96 页。

29. 参见巴西尔·利德尔 - 哈特，《坦克：皇家坦克团史，第 2 卷》（*The Tanks: The History of the Royal Tank Regiment, Volume I*）（伦敦：卡塞尔出版社，1959 年出版），第 227 页。

30. 参见帕迪·格里菲斯（Paddy Griffith），《西线作战战术：英国陆军的进攻艺术，1916—1918》（*Battle Tactics of the Western Front: The British Army's Art of Attack 1916-18*）[纽黑文（New Haven）：耶鲁大学出版社（Yale University Press,），1994 年出版]，第 100 页。

31. 参见约翰·米尔斯海默，《利德尔 - 哈特与历史之重》，第 5 页—第 8 页。

32. 参见布莱恩·邦德和马丁·亚历山大（Martin Alexander），"利德尔 - 哈特和戴高乐：有限责任和机动防御理论"（Liddell Hart and De Gaulle: The Doctrines of Limited Liability and Mobile Defense），出自彼得·帕雷特（Peter Paret）等人编辑的《从马基雅维利到核时代的现代战略制定者》（*Makers of Modern Strategy from Machiavelli to the Nuclear Age*）[普林斯顿（Princeton）：普林斯顿大学出版社（Princeton University Press），2010 年出版]一书第 606 页。

33. 参见皮尔斯·布伦登（Piers Brendon），《黑暗山谷：20 世纪 30 年代全景》（*The Dark Valley: A Panorama of the 1930s*）[纽约：古典出版社（Vintage Books），2002 年出版]，第 183 页—第 191 页。

34. 参见马利斯·特尔博格（Marlies Ter Borg），"降低进攻能力，1932 年的尝试"（Reducing Offensive Capabilities - The Attempt of 1932），出自《和平研究杂志》（*Journal of Peace Research*）第 29 卷第 2 期（1992 年发行），第 149 页、第 155 页。

35. 参见凯斯·尼尔森（Keith Neilson），《国防需求小组委员会、英国战略外交政策、内维尔·张伯伦与绥靖之路》（*The Defence Requirements Sub-Committee, British Strategic Foreign Policy, Neville Chamberlain and the Path to Appeasement*），出自《英国历史评论》（*The English Historical Review*）第 118 卷第 477 期（2003 年出版），第 651 页—第 684 页。

36. 参见约翰·基根（John Keegan，编辑），《丘吉尔的将军们》（*Churchill's Generals*）[纽约：格罗夫·魏登菲尔德出版社（Grove Weidenfeld），1991 年出版]，第 235 页。

37. 参见英国国家档案馆(TNA)文件，第 32/2847 号陆军部文件"陆军组织:骑兵(代码 14D):组建机动师纪要(1934 年 10 月 15 日发布)"[Army Organization: Cavalry (Code 14D): The Formation of a Mobile Division Minute 1, 15 October 1934]。

38. 参见大卫·弗莱彻，《英伦战车：二战英制坦克》（牛津：鱼鹰出版社，2017 年出版），第 46 页—第 55 页。

39. 参见布莱恩·邦德和马丁·亚历山大，"利德尔 - 哈特和戴高乐：有限责任和机动防御理论"，出自彼得·帕雷特等人编辑的《从马基雅维利到核时代的现代战略制定者》一书第 609 页。

40. 参见马丁·亚历山大，《危机中的共和国：莫里斯·甘末林将军与法国国防政治，1933—1940》（*The Republic in Danger: General Maurice Gamelin and the Politics of French Defence, 1933-1940*）[剑桥（Cambridge）：剑桥大学出版社（Cambridge University Press），1992 年出版]，第 266 页。

41. 参见皮尔斯·布伦登，《黑暗山谷：20 世纪 30 年代全景》，第 175 页—第 176 页。

42. 参见本杰明·康布斯，《英国坦克生产与战争经济，1934—1945》[伦敦：布鲁姆斯伯里出版社，2013 年出版]，第 23 页；另见迈克尔·波斯坦（Michael M. Postan），《第二次世界大战史：英国战时生产》（*British War Production, History of the Second World War*）（伦敦：英国皇家文书局，1952 年出版），第 195 页注释部分。

43. 参见戴维·法兰奇，"两次世界大战间英国骑兵的机械化"，出自《史上战争》杂志第 10 卷第 3 期（2003 年 7 月出版），第 313 页—第 314 页。

44. 参见斯蒂芬·莫尔伍德（Steven Morewood），《英国在埃及的防务，1935—1940：东地中海的冲突与危机》（*The British Defence of Egypt, 1935-40: Conflict and Crisis in the Eastern Mediterranean*）[纽约（New York）：弗兰克·卡斯出版社（Frank Cass），2005 年出版]，第 53 页、第 68 页—第 69 页。

45. 参见罗纳德·勒温（Ronald Lewin），《装甲战士：维维安·波普中将与装甲作战发展研究》（*Man of Armour: A Study of Lieutenant-General Vyvyan Pope and the Development of Armoured Warfare*）[伦敦：利奥·库珀出版社（Leo Cooper Ltd），1976 年出版]，第 86 页。

46. 参见第 32/4441 号陆军部文件 "陆军部备忘录第 57 号（财政部跨军种委员会，1936 年 11 月 10 日）" [War Office Memorandum No. 57, (T.I.S.C.), 10 November 1936]。

47. 参见埃尔文·吉布森（Irving M. Gibson），"马奇诺与利德尔-哈特：防御理论"（Maginot and Liddell Hart: The Doctrine of Defense），出自彼得·帕雷特等人编辑的《从马基雅维利到核时代的现代战略制定者》一书第 381 页。

48. 参见布莱恩·邦德，《两次世界大战间的英国军事政策》（牛津：牛津大学出版社，1980 年出版），第 176 页—第 177 页；另见 G.C. 佩登（G. C. Peden），"帝国防务负担与大陆承诺的再思考"（The Burden of Imperial Defence and the Continental Commitment Reconsidered），出自《历史杂志》第 27 卷第 2 期（1984 年出版），第 405 页—第 423 页。

49. 参见乔治·福蒂（编辑），《杰克·沃德洛普日记：一位坦克团士官的故事》（斯特劳德：安伯利出版社，2009 年出版），第 17 页—第 18 页。

50. 参见 J.P. 哈里斯，《人，灵感，坦克：英国军事思想和装甲部队，1903—1939》，第 303 页。

51. 参见 P.M. 奈特，《A13 Mk Ⅰ 和 Mk Ⅱ 巡洋坦克：一部技术史》（南卡罗莱纳州哥伦比亚：黑王子出版社，2019 年出版），第 170 页。

52. 参见大卫·弗莱彻，《英伦战车：二战英制坦克》，第 109 页、第 112 页。

53. 参见盖伊·查普曼（Guy Chapman），《法国为何陷落：1940 年法国军队的失败》[纽约：霍尔特、莱因哈特和温斯顿出版社（Holt, Rinehart and Winston），1968 年出版]，第 69 页。

54. 参见 P.M. 奈特，《A13 Mk Ⅰ 和 Mk Ⅱ 巡洋坦克：一部技术史》，第 173 页—第 174 页。

55. 参见英国国家档案馆文件，第 9/137 号空军部文件 "与陆军合作，直接支援野战部队的空中攻击（1939 年发布）"（Army Co-operation, Air Attack in Direct Support of the Field Force, 1939）。

56. 参见海因茨·古德里安，《装甲指挥官》（*Panzer Leader*）（纽约：巴兰坦出版社，1957 年出版），第 14 页。

57. 参见詹姆斯·克鲁姆，《"闪电战"之源：汉斯·冯·塞克特与德国军事改革》（劳伦斯：堪萨斯大学出版社，1992 年出版），第 111 页—第 112 页。

58. 参见威廉·曼彻斯特（William Manchester），《克虏伯的军火：德国军工巨鳄的兴衰》（*The Arms of Krupp: The Rise and Fall of the Industrial Dynasty That rmed Germany at War*）[波士顿（Boston）：利特尔和布朗出版社（Little, Brown and Company），2017 年出版]，第 323 页—第 325 页。

59. 参见詹姆斯·克鲁姆，《"闪电战"之源：汉斯·冯·塞克特与德国军事改革》，第 31 页、第 49 页—第 50 页。

60. 参见玛丽·哈贝克，《钢铁风暴：德国和苏联装甲作战理论发展，1919—1939》（伊萨卡：康奈尔大学出版社，2003 年出版），第 65 页。

61. 参见弗里茨·海格尔，《坦克袖珍手册：1927 年增补本》（*Taschenbuch der Tanks, Erganzungband 1927*）[慕尼黑：莱曼出版社（Lehmanns），1927 年出版]，第 142 页—第 144 页。

62. 参见巴西尔·利德尔 - 哈特（编辑），《隆美尔文件》（*The Rommel Papers*）[波士顿：达卡波出版社（Da Capo Press），1982 年出版]，第 203 页。

63. 参见玛丽·哈贝克，《钢铁风暴：德国和苏联装甲作战理论发展，1919—1939》，第 49 页—第 50 页、第 59 页—第 60 页。

64. 参见詹姆斯·克鲁姆，《"闪电战"之源：汉斯·冯·塞克特与德国军事改革》，第 130 页。

65. 参见曼弗雷德·蔡德勒（Manfred Zeidler），《魏玛国防军和苏联红军，1920—1933：一次不寻常合作的路径和阶段》（*Reichswehr und Rote Armee 1920–1933: Wege und Stationen einer ungewöhnlichen Zusammenarbeit*）[慕尼黑：R. 奥尔登堡出版社（R. Oldenbourg），1993 年出版]，第 207 页。

66. 参见托马斯·延茨，《德国装甲部队，第 1 卷》（宾夕法尼亚州阿特格伦：希弗军事历史出版社，1996 年出版），第 8 页—第 9 页。

67. 参见玛丽·哈贝克，《钢铁风暴：德国和苏联装甲作战理论发展，1919—1939》，第 73 页。

68. 参见玛丽·哈贝克，《钢铁风暴：德国和苏联装甲作战理论发展，1919—1939》，第 148 页。

69. 参见罗伯特·辛特诺（Robert M. Citino），《通向"闪电战"之路：德国陆军理论和训练，1920—1939》（宾夕法尼亚州梅卡尼克斯堡：斯塔克波尔出版社，1999 年出版），第 217 页。

70. 参见贝恩德·哈特曼，《沙漠中的装甲：第 5 装甲团战史，1935—1941，第 1 卷》（宾夕法尼亚州梅卡尼克斯堡：斯塔克波尔出版社，2010 年出版），第 8 页—第 9 页。

71. 参见亚当·图兹（Adam Tooze），《毁灭的费用：纳粹经济的制造与破坏》（*The Wages of Destruction: The Making and Breaking of the Nazi Economy*）（纽约：企鹅出版社，2006 年出版），第 53 页—第 54 页。

72. 参见瓦尔特·内林，《德国装甲部队史，1916—1945》（斯图加特：汽车图书出版社，2019 年出版），第 80 页—第 82 页。

73. 参见海因茨·古德里安，《装甲指挥官》，第 19 页。

74. 参见玛丽·哈贝克，《钢铁风暴：德国和苏联装甲作战理论发展，1919—1939》，第 210 页—第 211 页。

75. 参见托马斯·延茨，《德国装甲部队，第 1 卷》，第 24 页—第 27 页。

76. 参见巴西尔·利德尔 - 哈特，《坦克：皇家坦克团史，第 2 卷》，第 12 页—第 16 页。

77. 参见罗伯特·卡梅伦，《机动性、冲击力和火力：美国陆军装甲兵的兴起，1917—1945》（华盛顿特区：美国陆军军事历史中心，2008 年出版），第 343 页。

78. 参见斯蒂文·扎洛加（Steven J. Zaloga），《早期美国装甲车辆：坦克，1916—1940》（*Early U.S. Armor: Tanks 1916-40*）（牛津：鱼鹰出版社，2017 年出版），第 12 页—第 13 页。

79. 参见马丁·布卢门森（Martin Blumenson），《巴顿文件：第 1 卷，1885—1940》（*The Patton Papers, Volume Ⅰ, 1885-1940*）[波士顿：霍顿·米夫林出版社（Houghton Mifflin），1972 年出版]，第 860 页。

80. 参见哈罗德·温顿，《变革军队：约翰·伯内特 - 斯图亚特将军与英国装甲作战理论，1927—1938》（劳伦斯：堪萨斯大学出版社，1988 年出版），第 132 页。

81. 参见卡罗·德埃斯特，《巴顿：战争天才》，第 296 页。

82. 参见斯蒂文·扎洛加，《早期美国装甲车辆：坦克，1916—1940》，第 22 页。

83. 参见罗伯特·卡梅伦，《机动性、冲击力和火力：美国陆军装甲兵的兴起，1917—1945》，第 33 页—第 35 页。

84. 参见美国国家档案馆文件 RG 94 "爱德华·克罗夫特致陆军总参谋长的备忘录，编号 537.3（1929 年 12 月 4 日）" [Memo from Edward O. Croft to C/S, 537.3 (4 December 1929)]。

85. 参见唐纳德·卡德威尔（Donald L. Caldwell），《巴丹惊雷：二战美军首场坦克战》（*Thunder on Bataan: The First American Tank Battles of World War Ⅱ*）（康涅狄格州吉尔福德：斯塔克波尔出版社，2019 年出版），第 25 页。

86. 参见罗伯特·卡梅伦，《机动性、冲击力和火力：美国陆军装甲兵的兴起，1917—1945》，第 41 页。

87. 参见斯蒂文·扎洛加，《早期美国装甲车辆：坦克，1916—1940》，第 25 页。

88. 参见康斯坦斯·格林（Constance McLaughlin Green）等人，《二战美国陆军，技术部门：军械部——战争弹药规划》（ The U.S. Army in World War Ⅱ , The Technical Services: The Ordnance Department, Planning Munitions for War ）（华盛顿特区：美国陆军军事历史中心，1990 年出版），第 194 页。

89. 参见约瑟夫·科尔比，"工业对军械领域坦克－机动车辆工程的贡献"（Contributions of Industry to Ordnance Tank-Automotive Engineering），出自《美国汽车工程师学会论文集》（ SAE Transactions ）第 53 卷（1945 年出版），第 537 页。

90. 参见康斯坦斯·格林等人，《二战美国陆军，技术部门：军械部——战争弹药规划》，第 195 页。

91. 参见罗伯特·卡梅伦，《机动性、冲击力和火力：美国陆军装甲兵的兴起，1917—1945》，第 119 页。

92. 参见罗伯特·卡梅伦，《机动性、冲击力和火力：美国陆军装甲兵的兴起，1917—1945》，第 52 页—第 53 页。

93. 参见保罗·罗宾内特，《装甲指挥：第 13 装甲团（第 1 装甲师 B 战斗指挥部）团长和装甲学校指挥官的二战亲历记》（华盛顿：麦克格雷格和维尔纳出版社，1958 年出版），第 11 页。

94. 参见康斯坦斯·格林等人，《二战美国陆军，技术部门：军械部——战争弹药规划》，第 67 页。

95. 参见卡罗·德埃斯特，《巴顿：战争天才》，第 380 页。

96. 参见尼尔·巴尔（Niall Barr），"美国佬"与"英国佬"：二战联盟作战（ Yanks and Limeys: Alliance Warfare in the Second World War ）[伦敦：乔纳森·凯普出版社（Jonathan Cape），2015 年出版]，第 95 页—第 97 页。

97. 参见大卫·弗莱彻和斯蒂文·扎洛加，《英伦战车：二战英军美制坦克》（ British Battle Tanks: U.S. Made Tanks of World War Ⅱ ）（牛津：鱼鹰出版社，2018 年出版），第 46 页—第 47 页。

98. 参见尼尔·巴尔，《"美国佬"与"英国佬"：二战联盟作战》，第 101 页。

99. 参见菲利波·卡佩拉诺和皮尔·蒂斯特利，《意大利轻型坦克，1919—1945》（牛津：鱼鹰出版社，2012 年出版），第 5 页—第 12 页。

100. 参见约翰·斯威特，《铁臂：墨索里尼陆军的机械化，1920—1940》（宾夕法尼亚州梅卡尼克斯堡：斯塔克波尔出版社，2006 年出版），第 61 页。

101. 参见约翰·斯威特，《铁臂：墨索里尼陆军的机械化，1920—1940》，第 83 页—第 84 页。

102. 参见布莱恩·苏利文（Brian R. Sullivan），"意大利武装力量，1918—1940"（The Italian Armed Forces, 1918-40），出自艾伦·米利特（Allan R. Millet）编辑的《军事效能，第 2 卷：两次世界大战之间》（ Military Effectiveness, Volume Ⅱ , The Interwar Years ）（纽约：剑桥大学出版社，1988 年出版）一书第 169 页—第 217 页。

103. 参见尼古拉·皮尼亚托和菲利波·卡佩拉诺，《意大利陆军战斗车辆，第 1 卷：从起源到 1939 年》（罗马：意大利陆军总参谋部历史办公室，2002 年出版），第 493 页—第 495 页。

104. 参见卢卡斯·弗朗格（Lucas Molina Franco）和何塞·加西亚（Jose M, Garcia），《冯·托马的士兵：西班牙内战中的"秃鹰军团"地面部队，1936—1939》（ Soldiers of von Thoma : Legion Condor Ground Forces in the Spanish Civil War 1936-1939 ）（宾夕法尼亚州阿特格伦：希弗军事历史出版社，2008 年出版），第 18 页。

105. 参见斯蒂文·扎洛加，《西班牙内战坦克："闪电战"实验场》（ Spanish Civil War Tanks: The Proving Ground for Blitzkrieg ）（牛津：鱼鹰出版社，2011 年出版）。

106. 此处成本为估算，并参考了 1938 年—1941 年意大利对坦克开发的投资金额。

107. 参见约翰·斯威特，《铁臂：墨索里尼陆军的机械化，1920—1940》，第 109 页。

108. 参见约翰·古奇，《墨索里尼的战争：法西斯意大利从胜利到毁灭，1935—1943》（纽约：飞马出版社，2020 年出版），第 57 页—第 59 页。

109. 参见彼得·比尔，《先天不足：第二次世界大战中的英国坦克发展》，第 176 页—第 177 页。

参战装甲部队，
1940 年—1941 年

第二章

意大利装甲部队在利比亚

只有八百万把刺刀组成的森林，才能长出和平的橄榄枝。

——墨索里尼

　　1940 年 6 月 10 日，意大利向英国和法国宣战。尽管新成立的意军最高统帅部（Comando Supremo）担心法军可能从突尼斯进攻利比亚。但随着法德两国在 6 月 22 日签订停战协定，这个方向很快就不再危险。现在，意军最高统帅部只需要担心北非 ① 和少数英军驻埃及部队。战争伊始，意大利在利比亚有 22.5 万名驻军，包括 2 个集团军和多支卫戍部队。其中第 5 集团军负责在西部对抗法军，第 10 集团军负责在东部对抗英军。以上两者共有 14 个步兵师（包括 9 个半摩托化师、3 个国家安全志愿军"黑衫"师和 2 个利比亚师）。作为其中的主要战斗力量，"半摩托化师"摩托化水平只相当于摩托化步兵师的三分之一。在人员和装备方面，这些部队都是面向防御任务组建的，而且缺乏机动车辆，因此一次只能转移一部分兵力。随着法国不再成为威胁，第 5 集团军开始抽调部分单位加强第 10 集团军 [指挥官：伊塔洛·加里波第（Italo Gariboldi）大将]，后者也随即成为意大利在北非的主力野战部队。

　　北非意军共有 3 个装甲营（第 9 营、第 20 营和第 21 营），每个营分别拥有 43 辆 CV-35 超轻型坦克，并各配属给 1 个军，主要用于支援步兵。由于超轻型坦克库存充足，意军还在利比亚额外组建了 4 个轻型坦克营（第 60 营、第 61 营、第 62 营和第 63 营），但这些部队基本上没有受过训练。虽然上述 7 个轻型坦克营（共计 301 辆 CV-35 超轻型坦克和 38 辆备用车）看上去实力可观，但它们最初是分散部署的，没有接受过进攻训练，在组织上也不适合进行此类任务。虽然意军总参谋部在 1939 年年底就知道与英国必有一战，但在宣战前，他们却从未考虑将任何新装甲师或摩托化师调往利比亚。直到 1940 年 7 月初，意军最高统帅部才匆忙决定从"公羊"装甲师抽调 2 个装备新式 M11/39 中型坦克的营，即第 1 和第 2

---

① 译者注：此处指利比亚东部。

中型坦克营。7月8日，它们搭乘船队，在重兵护送下抵达班加西，另外还有大量燃油和物资也随之抵达。当地意大利指挥官看到M11/39坦克时不禁发出感叹"它们真了不起"（che sono magnifici）。[1]

1940年，意军中型坦克营一般有1个营部分队和2个坦克连，每个连有3个排，每个排包括5辆中型坦克。理论上，其额定编制应为400人、37辆中型坦克和约20辆卡车。此外，这些营还配有1个修理排，该排包括20名成员，以及1辆1938年型蓝旗亚3RO野战维修车和1辆布雷达SPA 35"全地形"轻型拖吊车。但事实上，在1940年—1941年的意军坦克营中，训练有素的维修人员寥寥无几。[2]另外，意军还从"公羊"装甲师中抽出2个中型坦克营，并将其作为独立单位派往北非，这导致该师直到1940年年底才具备作战能力，更何况这一决定本身也不甚明智。

在战役后勤层面，北非意军也受到不少制约，其机械化作战因此无法顺利开展。战役后勤决定了究竟有多少弹药、燃料和增援部队可以抵达战区。战争开始时，意大利商船队向那不勒斯—黎波里和那不勒斯—班加西航线投入了31艘商船（其中只有20艘可以运载坦克）、5艘快速运兵船和约12艘油轮。[3]而且在班加西和的黎波里，即使没有敌人干扰，意军的港口设施也只能勉强处理北非驻军所需的基本物资。如果有商船，尤其是油轮被敌军击伤甚至击沉，北非轴心国军队将遭受重挫。海因茨·古德里安曾一针见血地指出："后勤是装甲作战的枷锁"。

意军机械化部队在北非表现拙劣，另一个原因在于他们对敌方装甲部队一无所知。1940年4月，德军提出派遣冯·托马陆军上校前往罗马，向意大利军官介绍在波兰的装甲作战经验，但墨索里尼拒绝了这一提议。[4]在意大利参战之前，德国人显然已经对英国的"玛蒂尔达2"坦克和各种巡洋坦克了如指掌，但意大利军事情报局（Servizio Informazioni Militari）似乎并没有向德方索要这些情报。事实上，北非意军机械化部队并不知道自己的火炮和反坦克武器无法伤害"玛蒂尔达2"坦克。另外，在战争之初，他们也对敌军及其意图缺乏了解。

墨索里尼希望第10集团军尽快入侵埃及，但开战前，意军并未制定任何配套计划。战区指挥官鲁道夫·格拉齐亚尼（Rodolfo Graziani）元帅态度消沉，但又不断向罗马请求增加卡车、火炮和燃料方面的支援。[5]虽然面对殖民地抵抗者，意军可以侈谈"快速战"（guerra lampo），但在利比亚，第10集团军只能缓缓行动——甚至 3 个月时间的准备也无济于事。为给埃及战役提供"矛头"，1940 年 8 月 29 日，格拉齐亚尼将所有装甲资产集中编入"利比亚坦克指挥部"（Comando Carri Armati della Libia），后者由瓦伦蒂诺·巴比尼少将指挥。巴比尼当时 50 岁，已在坦克部队服役 12 年，在利比亚有丰富的殖民战争经验，稍早前还曾在西班牙"志愿军团"服役，因此是理想人选。该指挥部包括下列单位：

第 1 坦克集群——指挥官为皮耶罗·阿雷斯卡（Pietro Aresca）上校，下属单位包括第 1 中型坦克营、第 21 轻型坦克营、第 62 轻型坦克营和第 63 轻型坦克营。

第 2 坦克集群——指挥官为安东尼奥·特里维奥里（Antonio Trivioli）上校，下属单位包括第 2 中型坦克营（缺 1 个连）、第 9 轻型坦克营、第 20 轻型坦克营和第 61 轻型坦克营。

"马莱蒂"集群——指挥官为皮埃特罗·马莱蒂（Pietro Maletti）将军，下属单位包括 1 个 M11/39 中型坦克连、第 60 轻型坦克营和第 1 撒哈拉营（Ⅰ Battaglione Sahariano，装备菲亚特 AS37 和菲亚特 634 卡车，接受过沙漠机动训练）。

除了坦克本身的技术问题，意军装甲部队还缺乏无线电和后勤支援，他们的装备也很差，这些情况导致其很难在北非开展机动作战。CV-35 超轻型坦克和 M11/39 中型坦克都没有无线电，坦克连只能依靠信号旗指挥，几乎无法在夜间行动。另外，意军装甲部队的修理和回收能力也非常有限——在面对新式 M11/39 中型坦克时，这一问题尤其明显。每个坦克营一般只有 1 辆加油车（最大容量为 5000 升），而且超轻型坦克和中型坦克分别使用汽油和柴油。另外，1940 年 7 月，第 10 集团军虽然拥有 2400 辆卡车，但其中 30% 无法使用，这样的情况使得集团军很难支援突入埃及的大规模地面行动。

在坦克战术方面，意军指挥官仍然抱着传统思维不放，认为未来行动与殖民战争几乎毫无差异。他们还相信，坦克只有支援步兵这一个任务，这导致他们很难有效实施诸兵种合成作战。此外，大部分意军超轻型坦克火力孱弱，无法与敌军火炮坦克匹敌，只适合防御和侦察。CV-35 超轻型坦克装甲薄弱，甚至无法抵挡重机枪射击。在情况有利时，装备中型坦克的意军装甲单位原本可以更具攻击性，但直到 1941 年中期，他们才获得必要的支援资产。不仅如此，M11/39 坦克还没有炮塔式火炮，很难攻击运动中的敌军坦克，而且其37毫米主炮也略显陈旧，远不如英军的2磅炮。在M13/40中型坦克于1940年7月亮相后，意军装甲单位几乎能与英军巡洋坦克和轻型坦克过招，但总体而言，这样的较量仍很不平等。此外，在1940年，M13/40中型坦克的产量每月只有30—40辆，直到1941年才开始增加。意军在发现敌军武器质量更好、数量更多之后，在战术上也就越来越谨慎了。

　　另外必须指出的是，和英国皇家装甲部队与德军装甲兵部队不同，意军装甲兵部队还缺乏团队精神。大多数意军坦克营的训练、装备都进行得很匆忙，随后他们就火速赶赴北非。1940年年底，意军在罗马郊外的布拉奇亚诺（Bracciano）开设了一个换装课程，以便让超轻型坦克营成员学习驾驶新式M13/40中型坦克。该课程为期25天，但实车驾驶和武器试射只有几个小时，至于实际战术训练则被完全忽略。意军不断向入伍士兵和下级军官灌输法西斯好战言论，但并没有为其提供足够技战术训练，导致后者对装甲车辆缺乏信心。由于这些内在缺陷，1940年在北非的意军装甲部队只具备从事防御作战的能力。

英国装甲部队在中东

　　1939年8月，英国陆军中将阿奇博尔德·韦维尔爵士抵达埃及，奉命接管中东司令部（Middle East Command），并准备对意作战。韦维尔率军需要守卫一大片领土，范围内有埃及、巴勒斯坦、外约旦（Transjordan）、苏丹和亚丁等地，但他手中的兵力非常有限。在埃及，他麾下大约有36000名士兵（1936年，英国曾与埃及签订条约，承诺将驻军部队的人数限制在10000人，但在与意大利开战前，英国决定违背条约，这在埃及引发了显著不满），但其中许多是卫戍和支援人员。韦维尔麾下只有霍巴特装甲师（位于埃及，不满编）和两个步兵旅可堪一战。前者由两个小装甲旅组成，总共只有65辆各型坦克，没有支援部队，后勤单位也少得可怜。直到战争爆发前，第1批A-9巡洋坦克才抵达埃及，并调入第6皇家坦克团。截至1939年8月25日，第6皇家坦克团共拥有39辆坦克，其中包括8辆A-9巡洋坦克、16辆老式Mk Ⅱ中型坦克和15辆Mk Ⅵ b轻型坦克。[6]另外，第8轻骑兵团只有1个轻型坦克中队和2个装甲车中队。第7轻骑兵团则有2个轻型坦克中队，其中混合装备着Mk Ⅲ、Mk Ⅵ a和Mk Ⅵ b轻型坦克等车辆。[7]不过，虽然驻埃及部队不像驻法英国远征军和本土第1装甲师一样能优先接收新装备，但他们也开始得到陆军部的加强和增援。

霍巴特装甲师还面临一个严峻的问题：缺乏运输车辆，尤其是越野车。1939年战争爆发时，该师缺少约200辆卡车，其出击范围因此严重受限。[8]虽然在亚历山大港到马特鲁港之间有单线铁路，可以让皇家陆军勤务部队（Royal Army Service Corps）将大宗物资高效运送到马特鲁港这一前沿阵地。但如果继续向西，绝大部分物资的运输必须依靠汽车。一个1940型装甲旅（3个营）在机动作战中每天至少需要50吨补给。理想情况下，皇家陆军勤务部队的1个运输连都配有120辆3吨卡车，能将360吨物资运往55—60千米外。将上述交通线延伸到利比亚边境需要4个卡车连，但这些连均未到位。另外，由于部分沙地表面松软，而且沙漠小径大多乱石嶙峋，许多卡车根本无法行驶。受机动运输车辆匮乏所限，临时装甲师只能投入两个装甲旅在海岸附近进行短促突袭，或抽出其中一个进行较长时间的机动。装甲师还缺少坦克运输车和抢修车，其中前者可以避免坦克不必要的磨损，后者则可以从战场上回收受损车辆。

驻埃英军所有装甲力量都与一个地点存在联系——开罗阿巴西亚（Abbassia）的皇家装甲部队后勤基地。因为所有车辆都会前往此处，接受英国皇家陆军军械部队（Royal Army Ordnance Corps）提供的维护和修理。从英国乘船而来的新坦克将首先抵达开罗以东120千米的苏伊士（Suez），然后前往阿巴西亚完成整备，以供作战使用。开战后，霍巴特将临时装甲师调往开罗以西400千米处的马特鲁港一带部署待命，如果意大利参战，他们就将在当地充当掩护部队。9月至10月，霍巴特一直在让麾下单位在真实沙漠环境下受训，希望以此来扭转他们的"和平时期的心态"。

1939年11月，驻埃英军指挥官亨利·威尔逊（Henry M. Wilson）中将决定解除霍巴特的职务：因为霍巴特对其他军官态度强横，在皇家装甲兵部队之外四处树敌。威尔逊一针见血地指出："他的战术思想有个基础，即坦克是无敌的，可以所向披靡，但这会让其他军种无法发挥相应作用。"[9]霍巴特的接任者迈克尔·奥摩尔-克雷格（Michael O'Moore Creagh）少将是位骑兵军官，曾于1928年参加过蒂德沃思演习。重型旅（Heavy Brigade）的旅长是约翰·考恩特（John A. L. Caunter）准将，其下属单位包括第1皇家坦克团和第6皇家坦克团。考恩特是一名资深坦克兵，自1935年以来一直在埃及指挥第1皇家坦克团。轻型旅由休·拉塞尔（Hugh E. Russell）准将指挥，该旅下辖 3 个机械化骑兵团（第 7、第 8 和第 11 轻骑兵团）。该师还有一些军官也是老装甲兵：其中一位是亚历山大·盖特豪斯（Alexander Hugh Gatehouse）上校，他曾于 1917 年在康布雷战役（Battle of Cambrai）中担任坦克车长，20 世纪 30 年代负责在法恩伯勒"机械化战争实验所"测试新型坦克；另一位是霍雷肖·比尔克斯（Horace L. Birks）上校，他曾在帕斯尚尔（Passchendaele）和康布雷战役中担任过坦克车长。

尽管临时装甲师极度缺乏人员，但陆军部仍指示奥摩尔 - 克雷格将老坦克兵送回英国，帮助训练各种装甲单位，以便后者加入英国远征军。例如，第 6 皇家坦克团就被迫抽出一个训练分队（4 名军官和 50 名其他官兵），其空缺则由完全生涩的本土陆军（Territorial Army）成员填补。此外，临时装甲师还收到了一些来自罗得西亚（Rhodesia）和新西兰的补充人员。在此期间，更多坦克抵达部队。截至 1940 年 1 月，第 6 皇家坦克团已拥有 23 辆 A-9 巡洋坦克。但很遗憾，上级并未给这种坦克提供备件，导致它们极易瘫痪。1940 年 2 月 16 日，临时装甲师更名为"第 7 装甲师"；重型旅和轻型旅则分别更名为"第 4 装甲旅"和"第 7 装甲旅"。同时，一个由'扫射者'威廉·戈特准将指挥的小型支援群（Support Group）也被组建起来，其基础是戈特自己的机械化步兵营——国王皇家来复枪队第 1 营（1st Battalion King's Royal Rifle Corps）——和 1 个炮兵连。起初，第 7 装甲师完全缺乏后勤支援力量，燃料、弹药和水全部由 1 个连的皇家陆军勤务部队运输，它也没有皇家陆军军械部队，这导致该师几乎无法在前线维修坦克和其他车辆。根据战前安排，皇家陆军军械部队只能在阿巴西亚后勤基地运转——当地距离马特鲁港超过 400 千米。

驻埃英军司令威尔逊将军尤其希望见识第 7 装甲师的本领，并决定举行一次大规模野战演习。这次演习主要科目是在沙土公路上长途行军，这导致所有新型 A-9 坦克都半路瘫痪，而且一时间很难被修复。由于后勤能力不足，第 7 装甲师可谓弱不禁风。早期沙漠训练还揭露了另一个严重问题：英军用于加油和供水的 18 升桶 [部队将其称为"薄皮桶"（flimsy）] 的制造工艺低劣，容易漏水。事实上，当皇家陆军勤务部队运输纵队驾驶卡车、载着这些燃料桶在崎岖沙漠小路上穿行时，有 30% 的桶会在途中受损，这对于英军战术后勤而言无异于雪上加霜。

1940 年，英军混编装甲团（实际上是营级单位）的额定兵力为 49 辆坦克（包括 24 辆轻型坦克、23 辆巡洋坦克和 2 辆近距离支援坦克），但第 7 装甲师情况不同。根据标准编制，每个装甲团均包括团部和 3 个机动中队（连），每个中队（连）下属 3 个排，每个排拥有 3 辆坦克，但在第 7 装甲师，情况并非总是如此。[10] 各团兵力普遍约为 400 人，而非标准的 500 人，而且只有约一半是坦克兵。在各团中，隶属或配属的战斗装备（包括坦克、装甲车和反坦克炮等）属于"F 梯队"（F-echelon），即战斗分队；另一部分部队则会被编入各种"支援性梯队"（support echelons），例如各坦克连均设有 1 个"A 梯队"（A-echelon，美军术语称其为"连辎重队"），该梯队由 9 辆卡车（如贝德福德 MWD 型 15 英担卡车和贝德福德 OY 型 3 吨卡车）组成，负责为"F 梯队"运送燃料、食品和弹药。"A 梯队"通常驻扎在离己方部队前锋线几千米处，只有在黄昏来临后才会出发。各装甲团还设有 1 个"B 梯队"（B-echelon），该梯队由 13 辆卡车组成，负责在皇家陆军勤务部队前方补给站至"A 梯队"之间转运物资。换言之，"B 梯队"主要在旅和师支援区域活动，并为装甲团提供维修车间和备件等更高层面的后勤支援。

1940 年，英军装甲师尤其缺乏建制内支援单位。从纸面上看，该师的支援部队应包括 2 个摩托化步兵营、1 个皇家骑炮团（拥有 16 门牵引野战炮）、2 个牵引式反坦克炮连（每个连 12 门 2 磅炮）、2 个高射炮连（每个连配备 12 门 40 毫米高射炮）和 1 个卡车工兵中队（约 150 名工兵）。但在埃及，第 7 装甲师最初只有 1 个摩步营，反坦克炮也很少。而且第 7 装甲师的摩步营虽然额定兵力为 650 人，但实际只有 360 名战斗步兵。在埃及虽然有一些"通用运输车"，但大部分摩步营都依靠 15 英担卡车完成机动。

在 1940 年 6 月意大利宣战时，第 7 装甲师共有 175 辆轻型坦克（Mk Ⅲ 和 Mk Ⅵ b 轻型坦克）、75 辆 A-9 巡洋坦克和 91 辆装甲车（包括 44 辆莫里斯 CS9 型和 47 辆劳斯莱斯 24 型装甲车）。[11] 由于缺少 2 磅炮、机枪或无线电，许多 A-9 坦克无法作战，甚至轻型坦克也饱受 0.5 英寸（12.7 毫米）机枪子弹匮乏困扰。大部分有火炮的 A-9 坦克都属于第 1 和第 6 皇家坦克团，但另一方面，师长奥摩尔 - 克雷格也为第 7 轻骑兵团和第 8 轻骑兵团各配备了 1 个巡洋坦克中队。第 11 轻骑兵团 [指挥官：约翰·康贝（John F B. Combe）中校] 则只有装甲车，并负责充当师属骑兵侦察部队。随后，"西部沙漠部队"（Western Desert Force）成立，其指挥官是理查德·奥康纳（Richard O'Connor）中将，麾下收拢了所有在埃及的英军机动部队，包括第7装甲师、印度第4师以及一些军级炮兵单位。尽管在对意作战之初，英军完全可以对利比亚发起小股突袭，但鉴于兵力有限、补给不继，奥康纳还是决定先采取守势。

为向意军发动反攻，英国首相丘吉尔急于加强中东司令部，并为韦维尔增派援军，但其仅有的主要装甲部队——第1装甲师——在法国损失惨重，仍未完成重建。在这种情况下，丘吉尔战时内阁不顾本土可能遭遇入侵，于1940年8月13日投票决定发起"道歉"行动（Operation Apology）。作为其组成部分，第1装甲师将抽出1个装甲旅，以便加强驻埃及的第7装甲师。该旅包括3个坦克团：第7皇家坦克团（50辆"玛蒂尔达2"步兵坦克）、第2皇家坦克团（6辆A-9坦克近距离支援型、28辆A-10坦克和18辆A-13坦克）和第3轻骑兵团（52辆MkⅥb轻型坦克）。此外，"道歉"行动的船队（编号AP1至AP3）还将向埃及运送其他装备，如AEC 850 R6T型坦克抢修车和首批坦克运输车。第一批船只于8月22日离开利物浦，到10月初，整个装甲旅已抵达苏伊士。该旅刚刚抵达，丘吉尔即指示再增派1个装甲旅（包括第3和第5皇家坦克团），第2装甲师师部也将在其后赶到。

随着时间流逝，更多单位也在完成训练后开赴中东和北非。第2装甲师于1940年年初开始在英国组建，但由于装备短缺，他们全年大部分时间只能用卡车和装甲车作为替代品完成训练。第2装甲师的指挥官贾斯蒂斯·蒂利（Justice Tilly）少将是一位老资格装甲兵军官，曾在战前指挥过第1装甲旅。同时，该师也开始得到一些巡洋坦克和轻型坦克。9月，第3轻骑兵团和第2皇家坦克团随首支"道歉"船队启程，让蒂利失去了训练和装备水平最高的装甲团。1940年10月，该师其余兵力被调往中东，尽管他们远未做好战斗的准备。

1938年—1939年，英国本土陆军大幅扩编，一些步兵营被改编为装甲单位。在此期间，共有12个新皇家坦克团成立，另有12个义勇骑兵团（yeomanry regiment）转型为装甲团，其中前者大多数在1941年—1942年被派往北非，后者也有一些奉命前往该战场，但数量有限。与德军不同，英军装甲部队无须大量投入其他战场，因此在3年北非战役中可以得到持续增援。此外，英军装甲部队规模的稳步增长也意味着：老部队可以撤出前线休整，并由新部队顶上——但德国"非洲军团"的几个装甲营却无法享受这种待遇。

1940年，英国坦克战术分为两种：一种是支援常规攻击，主要由重装甲步兵坦克参与；另一种是接近骑兵战术，需要装备巡洋坦克和轻型坦克的团发挥机动性。在接敌运动时，英国装甲团通常会以"一部在前"队形（one-up formation，即楔形队形）前进，即一个轻型坦克连打头阵，其他两个连紧随其后，然后是其他支援部队。英国坦克兵喜欢在沙漠中以疏开队形行动，每个中队正面宽度可达1千米，团正面宽度可达3千米。另外，各巡洋坦克中队还都配有2辆近距离支援型坦克，另有2辆由团部直接指挥。它们安装有94毫米榴弹炮，可以发射烟雾弹，只是数量有限，无法满足驻埃英军的全部需要。在1940年—1941年这段时间，2磅炮的穿甲能力算得上优秀，可以在800米内轻松对付所有敌军坦克。尽管许多资料声称该火炮没有高爆弹可用，但这一说法并不准确。战前，英国曾研制出一种穿甲高爆弹（Armour Piercing High Explosive），该炮弹有少量装药，并曾被部分配发给部队，但在1940年中期停产。[12] 虽然有这种炮弹，但官方仍要求英军坦克兵用贝莎机枪（Besa machine-gun）压制敌军反坦克炮，而且该机枪配发的是圆头弹（ball ammunition），根本无法击穿敌军炮盾。受战前演习影响，加上霍巴特大力提倡，英国坦克手还经常"行进间射击"。但这样的操作不仅准头奇差，还浪费了大量的弹药。[13] 作为一名前坦克手，笔者可以证明，即使现代坦克也很难完成这项工作——除非坦克位于平地，而且行驶速度极为缓慢（最快也才每小时8千米）。当时，英军的首选战术是交替掩护（overwatch），即一个装甲分队高速行驶，另一个占据半埋式阵地，随时准备用精确火力挫败敌军反制。1940年，由于很多步兵部队缺乏反装甲能力，坦克冲锋和疯狂射击确实可以起到震慑作用，但在沉着冷静、装备精良的敌人面前，上述战术也经常失效，并令坦克损失惨重。事实上，英军装甲作战理论有一个重大弊病：步坦协同水平低下，炮兵和皇家空军也无法提供有效支援——更糟的是，在1940年，他们始终没有察觉到问题所在。

英军装甲作战还有另一个严重缺陷：缺乏无线电设备和熟练操作人员，而且高层对通信保密漠不关心。直到1942年，北非英军装甲部队都饱受电台短缺之苦——甚至损失几辆指挥车都会让指挥和控制（command and control）系统陷入瘫痪。英军皇家通信部队（Royal Signal Corps）在战前一直缺乏资金和资源，在沙漠战争最初2年，这样的情况让英军指挥机构深受其害：在前线，团和旅经常连续几个小时失联。此外，由于缺乏类似德军"恩尼格玛"（Enigma）密码机这样的战术加密通信系统，英军装甲单位大部分都在使用明文通信，或是使用未编码加密的无线电报文（wireless telegraphy）。除了技术问题，英国高级指挥官的通信保密工作也很糟糕——如果遇到警惕的敌人，其装甲行动将很容易被察觉。[14]

装甲师要想作为诸兵种合成部队来运转，不能仅把坦克和支援部队糅合在一起，还必须有一个懂得规划与实施机械化行动的师级或军级指挥机构。虽然奥康纳的"西部沙漠部队"确实有一批能力扎实的常备陆军军官，其中还有几位接受过总参谋部军官培训，但直接筹划过装甲作战者寥寥无几。第7装甲师参谋长查尔斯·盖尔德纳（Charles H. Gairdner）上校出身骑兵，之前从未接触过坦克，当他于1933年—1934年在坎伯利参谋学院学习时，英国陆军还在努力组建和装备装甲旅。此外，奥康纳的其他高级参谋大多是毕业于坎伯利参谋学院的步兵军官，如约翰·哈丁（John Harding）准将、亚历山大·加洛韦（Alexander Galloway）准将，以及绰号"羚羊"（Chink）的埃里克·多尔曼-史密斯（Eric E. "Chink" Dorman-Smith）准将。作为常备陆军军官，他们都很精明强干，知道如何规划传统作战，但在装甲战领域，他们都是新手。不过，他们都很积极进取，敢于直面敌人，这弥补了技术和经验不足。

奥康纳的参谋部还有另一个关键优势：和北非意军不同，他们可以获得大量敌方情报。北非意军共使用6种密码，其中3种被英国情报部门破解，这使得信号情报（signals intelligence unit，SIGINT）单位几乎能随时掌握大量意军通信信息。[15]英军装甲指挥官还非常清楚，意制CV-35超轻型坦克和老式火炮有技术缺陷，这也是鼓励他们在初期行动中放手进攻的一个因素。同时，英军还收集了意大利第10集团军部署的大量情况，这对1940年12月"罗盘"行动（Operation Compass）的筹备和成功起了关键作用。[16]装甲部队是一种"精密仪器"，要想取得最大战果，就必须根据可靠的敌方兵力和部署情报展开机动。总之，在1940年年底，北非英军装甲部队虽然有很多装备和理论不足，但他们已做好准备，只要时机成熟，就可以发起攻势机动作战。

德军装甲部队

士兵入伍、穿衣、吃药、锻炼、睡觉、吃喝、行军,都是为在合适的时间和地点作战所做的准备。[17]

——冯·克劳塞维茨

在 1940 年年末之前,德军从未考虑过在北非开展装甲作战。在组织结构上,德军装甲师对铁路车站依赖很大,而且缺乏运输车辆,难以维持长途补给线。此外,将 1 个装甲师派往遥远战场也不符合德军在战役层面的军事思想。但由于政治需要,他们必须调整理论,以便在北非完成战略任务。

1940 年 7 月中旬,为支援意大利入侵埃及,德国陆军最高司令部开始研究向北非派遣装甲部队,并于 31 日建议派出 2 个装甲师。但这一方案只是设想,并不是严肃分析的产物。[18] 另外,这份方案之所以来自陆军最高司令部,而非国防军最高统帅部,是因为当时后者正在策划"海狮"行动,即入侵英国,但陆军最高司令部却有时间和人员研究其他计划,如攻击直布罗陀和苏联等。随着希特勒愈发对"海狮"行动感到悲观,他开始考虑用其他手段击败英国,为此,他命令陆军最高司令部研究利比亚方案,以求获得更多数据。随着"海狮"行动离最后期限越来越近,德国空军仍未能在英吉利海峡取得空中优势,希特勒于是命令陆军最高司令部准备向北非派遣 1 个装甲师。[19]9 月初,第 3 装甲师接到了开赴北非的预先号令(warning order),根据当时估计,相关准备工作可能要持续 10 周。[20]意军最高统帅部担心这会让格拉齐亚尼颜面扫地,故而对德军的提议感到不快。但另一方面,他们也知道,在某些情况下,德军的支援将非常重要,因此也不好断然拒绝。于是他们只好改口向德方索要 150 至 200 辆中型坦克,以便将"公羊"装甲师派往北非。[21] 德国陆军最高司令部回复称,他们的中型坦克并不富余,但可以提供缴获的法国坦克。相关讨论随后无果而终。

1940 年 10 月中旬,德国陆军最高司令部派遣威廉·冯·托马少将前往罗马收集战场信息。冯·托马是德军最有经验的装甲指挥官之一,他与意大利陆军参谋人员做了 3 天会谈,随后返回德国,并于 10 月 24 日向陆军最高司令部报告了情况(希特勒还要求冯·托马亲自向他做一次汇报)。冯·托马指出,沙漠环境将给德国装甲部队后勤带来巨大挑战,而且意大利第10集团军难以胜任大规模进攻。意军后勤力量最多只能维持1个装甲师在利比亚作战。但陆军最高司令部第1处处长(Oberquartiermeister I)弗里德里希·保卢斯(Friedrich Paulus)指出,1个装甲师兵力太少,无法独立行动,因此毫无意义,只有派遣1个下辖3个师的机械化军才有价值,而且仅开启行动就需要8万吨物资,此外每个月还需要得到后续物资。[22]与此同时,在罗马,意军最高司令部决定不理会德方建议——墨索里尼希望在马特鲁港赢得一场战术胜利,并且不希望依靠盟友的力量。[23]11月12日,希特勒签署了第18号元首令,指示1个装甲师"在北非待命"——但没有墨索里尼的同意,该指令基本上是一纸空文。[24]

1940年12月,"罗盘"行动打响,情况骤然变化。12月21日,意军最高司令部向德国陆军最高司令部紧急求援,希望他们能提供坦克。不过此时,德军所有装甲师都已被内定用于"巴巴罗萨"行动,即入侵苏联。此外,在吃过一次闭门羹之后,德国陆军最高司令部也不愿帮助意大利人。但希特勒不愿看到盟友在北非战败,因此在1941年1月11日,他签署了第22号元首令,即"向日葵"行动(Unternehmen Sonnenblume),命令向利比亚派遣1支防御性掩护部队。为此,德军组建了1个混编师,即第5轻装师,其主要战斗分队是陆军上校汉斯·冯·丰克男爵(Hans Freiherr von Funck)的第5装甲团(含2个营),同时第3装甲师也贡献了侦察营、反坦克营和1个炮兵营。该师其他单位则来自各种陆军独立部队(Heerestruppen),包括2个摩托化机枪营和第605(自行化)装甲歼击营(配有27辆一号坦克歼击车)。在力量组成上,第5轻装师可谓极不平衡,以坦克和反坦克武器为主,步兵和炮兵很少。虽然这支特遣部队的集结由冯·丰克完成,但师长一职却由约翰内斯·施特赖希少将担任,其上任时间是1941年2月7日。施特赖希是1名老装甲兵军官,曾率领第15装甲团参加过波兰和法国战役。

除了第5轻装师,德国陆军最高司令部还决定在北非组建另一支装甲部队。其基干来自第33步兵师,并吸收了第8装甲团(来自第10装甲师)和大批机动运输车辆。随后,在短短几个月内,这支普通步兵部队就被改编为第15装甲师。该师编制较第5轻装师更均衡,拥有2个坦克营、5个步兵营和3个炮兵营,以及工兵、侦察和反坦克等常规支援部队。

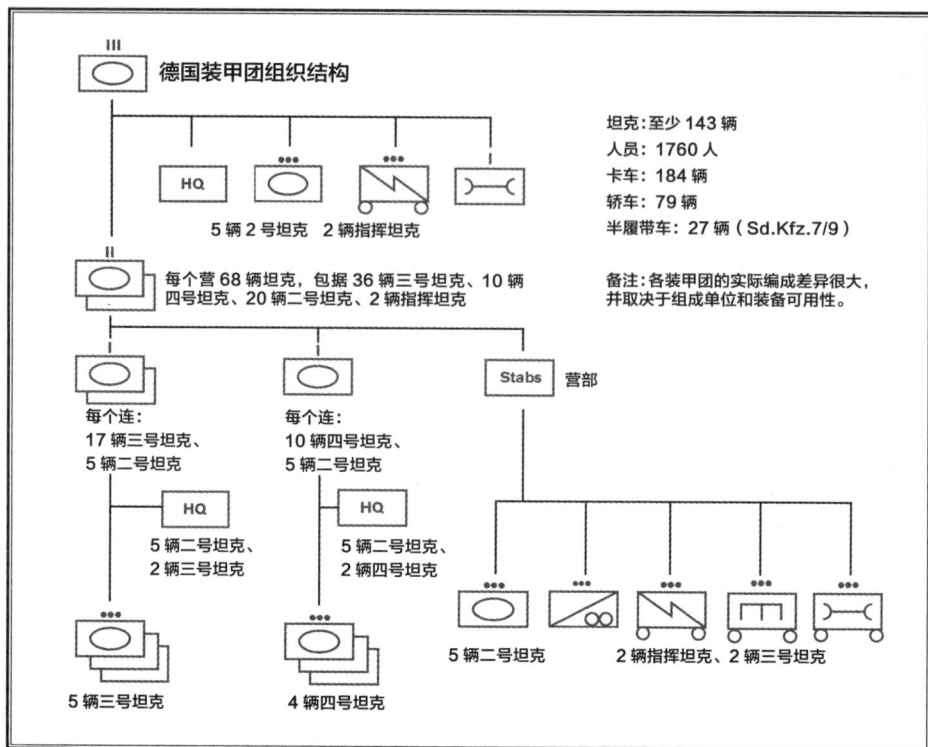

德国装甲团组织结构

III 德国装甲团组织结构

HQ
5 辆 2 号坦克　2 辆指挥坦克

坦克：至少 143 辆
人员：1760 人
卡车：184 辆
轿车：79 辆
半履带车：27 辆（Sd.Kfz.7/9）

II 每个营 68 辆坦克，包括 36 辆三号坦克、10 辆四号坦克、20 辆二号坦克、2 辆指挥坦克

备注：各装甲团的实际编成差异很大，并取决于组成单位和装备可用性。

每个连：
17 辆三号坦克、
5 辆二号坦克

每个连：
10 辆四号坦克、
5 辆二号坦克

Stabs 营部

HQ
5 辆二号坦克、
2 辆三号坦克

HQ
5 辆二号坦克、
2 辆四号坦克

5 辆二号坦克　　2 辆指挥坦克、2 辆三号坦克

5 辆三号坦克

4 辆四号坦克

德国装甲团组织结构，1941 年 3 月

　　1941 年 2 月 18 日，北非德军被命名为"德意志非洲军"（Deutsches Afrika Korps），由埃尔温·隆美尔中将出任指挥官。虽然隆美尔在法国战役中作为第 7 装甲师师长表现出色，但他之前并没有坦克指挥经验，在 1940 年之前也从未指挥过营级以上单位。1935 年后，当其他军官在积累营和团级坦克部队指挥经验时，隆美尔一直在各种场合护卫希特勒（如 1936 年纽伦堡纳粹党集会），或是训练希特勒青年团，还短暂指挥过元首护卫部队。[25] 隆美尔也没有接受过总参谋部或技术训练，导致他未能做好运用机械化部队开展战役级行动的准备。他对情报和后勤尤其缺乏耐心，并认为可以用强势领导克服一切障碍。尽管很多历史学家竭力将隆美尔描绘成一个不讲政治、反对纳粹政权的人，但事实上，隆美尔显然懂得如何在体制内"耕耘"，他与希特勒和约瑟夫·戈培尔（Josef Goebbels）等高官过从甚密，并以此为自己谋取心仪职务。

到达北非的首支德国主要装甲部队是赫伯特·奥尔布里希（Herbert Olbrich）上校的第 5 装甲团。该团共有 155 辆坦克（25 辆一号坦克、45 辆二号坦克、61 辆三号坦克、17 辆四号坦克和 7 辆指挥坦克），分为 2 个装甲营和 1 个团部。该团还有 1 个坦克修理连（Panzer-Werkstatt-Kompanie），包括修理车间和 1 部 FAMO 公司生产的 Sd.Kfz.9 抢修车。每个装甲营包括 1 个营部连（Stabs-Kompanie，配备 5 辆二号坦克、1 辆三号坦克和 2 辆指挥坦克）、2 个轻型连（leichte Kompanien，各配备 5 辆二号坦克和 17 辆三号坦克）、1 个中型连（mittlere Kompanie，配备 5 辆二号坦克和 10 辆四号坦克），共计 65 辆坦克（20 辆二号坦克、35 辆三号坦克和 10 辆四号坦克）。其中三号坦克排有 5 辆坦克，四号坦克排有 4 辆坦克。在战斗支援力量方面，每个装甲营都有 1 个摩托化坦克维修排（配备 8 辆卡车和 5 辆半履带车）和 1 个轻型补给纵队（leichte Kolonne，配备 18 辆卡车）。每个装甲营额定兵力约为 760 人，明显比英军装甲营更多。

虽然第 5 轻装师缺乏步兵和炮兵，但配套支援力量仍然强大。德国空军第 33 高炮团第 1 营拥有 3 个重型高炮连，每个连有 6 门 8.8 厘米 Flak 18 高射炮——这些武器炮弹初速极高，甚至能在 1500 米外击毁"玛蒂尔达 2"坦克。第 605（自行化）装甲歼击营装备着一号坦克歼击车——本质是一号坦克底盘加上捷克制 47 毫米反坦克炮，事实证明，这是一种非常有效的组合。德军还非常重视侦察，第 3 侦察营拥有约 40 辆装甲车，其中一些（如 Sd.Kfz.222）装备有 2 厘米火炮。事实证明，德军侦察部队远比英国同行装备精良，后者的装甲车已经过时，而且武器威力弱小。另外，德国空军也向北非派遣了 2 个 Ju-87"斯图卡"俯冲轰炸机大队 [第 1 俯冲轰炸机联队第 1 大队（I./St.G 1）；第 2 俯冲轰炸机联队第 1 大队（I./St.G 2）] 和 1 个 Bf-110 战斗轰炸机中队 [第 26 驱逐机联队第 8 中队（8./ZG 26）]，使德意志非洲军能享受到近距离空中支援。[26]

1941 年 3 月，北非德军的坦克主要是三号坦克 G 型和四号坦克 D/E 型。作为一种中型坦克，三号坦克 G 型在火力、机动性和装甲防护能力方面很适合 1941 年时的战场。在 1000 米距离上，其 5 厘米 KwK 38 型 42 倍径主炮几乎可以击穿同期任何盟军坦克，只是奈何不了"玛蒂尔达 2"的厚重装甲。四号坦克 D 型则配有 7.5 厘米 24 倍径榴弹炮，可以从远距离攻击敌军反坦克炮，而英军坦克则不具备此类能力。虽然它们无法在常规交战距离抵御英制 2 磅炮（口径 40 毫米），但随着其装甲加强型（三号坦克 H 型和四号坦克 E 型）在 1941 年年初登场，情况也开始变化。而且与意军装甲部队不同，所有德军坦克都拥有甚高频无线电（VHF）通信设备，其中以 Fu2 或 Fu5 型短距离电台居多，而营级和团级指挥车则配有 Fu6 或 Fu8 型长距离电台。德军团级和营级指挥官则拥有专用指挥坦克，后者配备有更多无线电设备，从而增强了他们在战场上协调快速装甲行动的能力。

虽然在北非，德军的后勤保障能力较弱，但仍享有某些优势。与英军不同，为进行机械化作战，他们投入了大量精力去开发辅助设备，如闻名遐迩的国防军制式油桶（Wehrmacht-Einheitskanister）。这种野战加油设备 [盟军称之为"德国桶"（jerry can）] 为钢制品，使用冲压工艺制造，可容纳 20 升燃料，曾在北非派上巨大用场。在当地，每辆德国坦克都会在炮塔上加挂 6—8 个这种油桶。另外，装甲团装甲维修连则可以承担大量野战维修工作，包括焊接修补装甲破损，以及更换故障发动机和变速箱。与英军装甲部队不同，德军装甲部队对战场抢修早已驾轻就熟，这使他们能在天黑后回收己方车辆，甚至能让受损的敌方车辆为己所用。

虽然在北非，几个德国装甲师都是首次集体参战，但这些临时配合的士兵很快就成了老兵，并形成了强烈的集体荣誉感。1941 年和 1942 年，"非洲军团"装甲部队在战术、理论、小分队领导能力等领域高出英联邦对手一筹，加上拥有可靠武器，因此经常在战斗中占据上风。不过，"非洲军团"最初从未考虑在恶劣环境下长期作战，也没有能打赢消耗战的手段，这注定了他们的胜利必是昙花一现。

"玛蒂尔达2"坦克（A-12）初期生产型号，摄于1939年年末。1940年，该坦克为皇家装甲部队提供了显著战场优势，但这种优势没有持续多久。（帝国战争博物馆供图，图片编号KID 586）

作为临时解决方案，菲亚特公司在1939年和1940年生产了100辆M11/39中型坦克。M11/39拥有1门安装在车体上的低初速37毫米炮，但它刚抵达北非战场上就过时了。（作者收藏）

M11/39 中型坦克内的意大利坦克手，摄于 1940 年。他们不仅座驾不如对手，还没有无线电设备，战前训练时间也很少。（作者收藏）

尽管意大利坦克问题很多，但有一个显著优势——便于卡车运输，从而有助于在北非减少磨损。另外，意大利陆军还装备了大批四驱柴油卡车，后者非常适合在沙漠中进行越野活动。[菲利波·卡佩拉诺（Filippo Cappellano）供图]

意军第 21 中型坦克营的 M13/41 坦克，1941 年 1 月。（鱼鹰出版社版权所有，作者：理查德·查斯莫尔。摘自"新前卫"系列 NVG 195《意大利中型坦克，1939—1945》）

第 1 皇家坦克团的 A-9 巡洋坦克车组，1940 年 5 月摄于埃及。A-9 坦克配有 2 座小型机枪塔，导致车内空间非常局促。在战场上，其车组几乎不会使用这些机枪塔。（帝国战争博物馆供图，图片编号 E 100）

1940 年北非战役开始时，驻埃英军拥有最多的坦克是 Mk VIb 轻型坦克。这种车辆性能比意大利超轻型坦克更优秀，但无法抵御意军火炮和反坦克炮，只能用于侦察和追击。当德国"非洲军团"于 1941 年年初抵达时，Mk VIb 坦克已明显过时。（帝国战争博物馆供图，图片编号 KID 195）

第 1 皇家坦克团的 A-9 巡洋坦克，1940 年夏季摄于埃及。事实证明，A-9 机械可靠性极差：在开罗附近举行的一次战前演习中，参演的所有该型坦克都因为技术故障而被迫退出。（帝国战争博物馆供图，图片编号 E 101）

1941 年年初，在阿巴西亚（Abbassia）坦克后勤基地接受维修的英军巡洋坦克。英军第 8 集团军在战区内拥有一座现代化坦克维修设施，这给他们带来了巨大的长期优势。（帝国战争博物馆供图，图片编号 E2596E）

四号坦克 E 型，第 15 装甲师，1941 年 4 月。[鱼鹰出版社版权所有，作者：戴维·史密斯（David E. Smith）。摘自"新前卫"系列 NVG 28《四号中型坦克，1936—1945》]

三号坦克 G 型，1941 年 3 月。[鱼鹰出版社版权所有，作者：迈克·坎贝尔（Mike Chappell）。摘自"新前卫"系列 NVG 27《三号中型坦克，1936—1944》]

注释

1. 参见马里奥·蒙塔纳利，《北非作战，第 1 卷，西迪巴拉尼，1940 年 6 月—1941 年 2 月》（罗马：意大利陆军总参谋部历史办公室，1990 年出版），第 72 页。

2. 参见菲利波·卡佩拉诺，"第 7 中型坦克营"（Il Ⅶ Battaglione Carri M），出自《陆军评论》（*Rassegna dell'Esercito*）杂志 2015 年第 1 期，第 31 页—第 33 页。

3. 参见约翰·古奇，《墨索里尼的战争：法西斯意大利从胜利到毁灭，1935—1943》，第 203 页。

4. 参见约翰·古奇，《墨索里尼的战争：法西斯意大利从胜利到毁灭，1935—1943》，第 71 页。

5. 在北非，意军最高军事首脑被称为"北非意军总司令"（Commando Superiore Africa Settentrionale），简称为"Superasi"。

6. 参见第 6 皇家坦克团作战日志，"1939 年 8 月 25 日"条目。

7. 参见乔治·戴维，《第 7 团和他们的三个敌人：第 7 女王直属轻骑兵团的二战经历》（乌克菲尔德：海军与军事出版社，2014 年出版），第 11 页。

8. 参见伊恩·普雷菲尔，《地中海和中东，第 1 卷：对意大利的早期胜利》（乌克菲尔德：海军与军事出版社，2004 年出版），第 93 页、第 188 页。

9. 参见肯尼斯·马克西，《装甲十字军：陆军少将珀西·霍巴特爵士传》（*Armoured Crusader: The Biography of Major-General Sir Percy Hobo Hobart*）[伦敦：格拉布街出版社（Grub Street），2004 年出版]，第 170 页—第 171 页。

10. 参见戴维·休斯（David Hughes）等人，《二战英国军队组织史，第 1 卷：英国装甲师和骑兵师》（*The British Armies in World War Two, An Organizational History, Vol. 1, British Armoured and Cavalry Divisions*）[乔治·纳夫齐格资料收藏（George F. Nafziger Collection），1999 年出版]，第 102 页—第 103 页。

11. 参见戴维·休斯等人，《二战英国军队组织史，第 1 卷：英国装甲师和骑兵师》，第 43 页。

12. 参见 P.M. 奈特，《Mk Ⅵ "十字军"巡洋坦克（A15）：一部技术史》（南卡罗莱纳州哥伦比亚：黑王子出版社，2019 年出版），第 17 页。

13. 参见肯尼斯·马克西，《装甲十字军：陆军少将珀西·霍巴特爵士传》，第 103 页。

14. 参见约翰·费里斯（John Ferris），"沙漠战役中的英国陆军、通信与保密，1940—1942"（The British Army, Signals and Security in the Desert Campaign, 1940—42），出自迈克尔·韩德尔（Michael I. Handel）编辑的《情报与军事行动》（*Intelligence and Military Operations*）[伦敦：弗兰克·卡斯出版社（Frank Cass and Co. Ltd.），1990 年出版] 一书第 255 页—第 291 页。

15. 参见 F.H. 辛斯利（F. H. Hinsley）等人，《二战中的英国情报，第 1 卷》（*British Intelligence in the Second World War, Volume 1*）（伦敦：英国皇家文书局，1979 年出版），第 199 页—第 200 页。

16. 参见 F.H. 辛斯利等人，《二战中的英国情报，第 1 卷》，第 378 页。

17. 参见卡尔·冯·克劳塞维茨，《战争论》（*On War*）（纽约：企鹅出版社，1983 年出版），第 131 页。

18. 参见查尔斯·伯迪克和汉斯 - 阿道夫·雅各布森（Hans-Adolf Jacobsen）（编辑），《哈尔德战时日记，1939—1942》（The Halder War Diary 1939-1942）（加利福尼亚州诺瓦托：普雷西迪奥出版社，1988 年出版），第 242 页。

19. 参见查尔斯·伯迪克和汉斯 - 阿道夫·雅各布森（编辑），《哈尔德战时日记，1939—1942》，第 258 页。

20. 第 3 装甲师老兵协会，《装甲熊：二战中的德军第 3 装甲师，第 2 卷》（*Armoured Bears: The erman 3rd Panzer Division in World War Ⅱ , Volume Ⅱ*）（宾夕法尼亚州梅卡克斯堡：斯塔克波尔出版社，2013 年出版），第 129 页。

21. 参见约翰·古奇，《墨索里尼的战争：法西斯意大利从胜利到毁灭，1935—1943》，第 119 页。

22. 参见查尔斯·伯迪克和汉斯 - 阿道夫·雅各布森（编辑），《哈尔德战时日记，1939—1942》，第 269 页—第 271 页、第 276 页。

23. 参见约翰·古奇,《墨索里尼的战争：法西斯意大利从胜利到毁灭，1935—1943》，第 131 页—第 132 页。

24. 参见休·特雷弗-罗珀（Hugh Trevor-Roper），《希特勒战争密令集，1939—1945》（爱丁堡：比尔林出版社，1964 年出版），第 85 页。

25. 参见丹尼尔·巴特勒,《元帅：埃尔温·隆美尔的生与死》，第 132 页。

26. 约翰·瓦德（John Ward），《希特勒的"斯图卡"中队：战争中的 Ju-87，1936—1945》（*Hitler's Stuka Squadrons: The Ju-87 at War 1936-1945*）（明尼苏达州圣保罗：MBI 出版社，2004 年出版），第 117 页—第 118 页。

早期装甲作战，
1940 年—1941 年

第三章

边境交锋，1940年6月—8月

地中海一定会变成意大利的内湖。

——墨索里尼，1940年

意大利宣战后，英国人没有浪费时间，立刻在利比亚－埃及边境开展军事行动。在20世纪30年代初镇压塞努西叛军期间，意军在埃及边境建立了一道屏障，即所谓"边境围栏"。这道屏障长达600多千米，由4排单股铁丝网组成，并由金属支柱固定。此外，意军还建造了几座用于监视边境地区的小型石制要塞，驻军主要来自路易吉·西比勒（Luigi Sibille）中将的第1利比亚师（1a Divisione libica，隶属于第21军）。为防范英军进攻，意军第10集团军司令加里波第大将决定将大部分部队靠后部署。因此他们只在边境附近留下了1支装甲部队，即洛伦佐·达万佐上校的第9轻型坦克营。

奥康纳希望发动进攻，但受制于兵力和后勤资源不足，他只好命令奥摩尔 - 克雷格派遣第7装甲师发动越境突袭，一方面骚扰敌军，同时也能搜集敌方的部署情报。6月11日—12日傍晚，奥摩尔 - 克雷格命令第11轻骑兵团（团长：约翰·康贝中校）的装甲车突破"边境围栏"，并向敌境派出排级巡逻队。康贝及其部下欣然领命，随后将约70名麻痹大意的意军带回埃及，而自身则未失一人。由于敌人没有抵抗，约翰·考恩特准将决定让杰弗里·菲尔登（Geoffrey Fielden）中校的第7轻骑兵团与第11轻骑兵团联合行动，于6月14日上午同时攻击多座意军边境要塞。目标中的一个是卡普佐堡（Fort Capuzzo）——当地将由第7轻骑兵团A和B中队发动进攻，国王皇家来复枪队第1营的1个连将负责提供支援，皇家空军的"布伦海姆"（Blenheim）轰炸机也对当地实施轰炸，只是它们投弹准确度很低，几乎没有给目标造成伤害。轰炸结束后，第7轻骑兵团团长菲尔登命令部下向目标发起钳形攻势，而英国步兵则在1400米外下车，排成横队前进。在此期间，有2辆步兵运输车触雷，导致1名步兵阵亡。经过短暂战斗，他们很快俘获了当地的全部226名守军。[1]

与此同时，另一支英军——"康贝部队"（Combe Force）——也在7时10分越境进入利比亚。该部队包括第11轻骑兵团B中队和C中队（约35辆装甲车）、第 7 轻骑兵团 C 中队和 1 个 25 磅榴弹炮排（共 4 门），其任务是越过卡普佐堡，前去攻击西北方 10 千米处的西迪阿齐兹（Sidi Azeiz）筑垒营地。但第 11 轻骑兵团显然没能在之前巡逻时查明敌军兵力。事实上，意军在西迪阿齐兹部署有"加雷利"集群（Gruppo Garelli），该部队包括第 1 利比亚师的 1 个步兵营、第 9 轻型坦克营的 2 个连（共计 24 辆 CV-35 超轻型坦克）和 4 个炮兵连（装备有 77 毫米 28 倍径火炮，实际口径为 76.5 毫米）。当地防御十分坚固，而且周围布设有沃达纳 B2（Vaudagna B2）反坦克地雷。当第 11 轻骑兵团先头中队接近营地时，突然遭到炮火攻击。这些火力来自约 5000 米外的 2 个意军 77 毫米炮兵连[2]，并令英军装甲车被迫实施迂回。这时，第 7 轻骑兵团 C 中队指挥官罗纳德·杰恩少校（Ronald F. G. Jayne）发现附近山脊上有敌军步兵阵地，于是驾驶 Mk Ⅵ b 轻型坦克扑向目标。为减少在敌人炮火下暴露的时间，杰恩亲自率领 1 个排快速冲锋，结果闯进雷场，导致 3 辆 Mk Ⅵ b 轻型坦克被当场炸毁。来自谢菲尔德（Sheffield）的二等兵（Trooper）莱斯利·韦伯（Leslie L. Webb）阵亡，成为英军坦克部队在北非的首位牺牲者，但杰恩少校也冒着敌方炮火救出了 1 个被毁坦克车组。随后，英军调来 25 磅炮排，试图压制意军火炮。这些火炮最大射程约 12000 米，远在意军之上。但在这一距离，英国炮兵只能看到滚滚热浪从沙漠中升起，无法观测和修正炮弹落点。随着 12 时已过，且各部队都毫无进展，康贝决定撤退。意大利守军看到这一情况，立即派出 1 个连的 CV-35 超轻型坦克攻击第 11 轻骑兵团后卫，其中 6 辆 CV-35 迅速逼近该团 B 中队。但 1 辆英军装甲车利用 14 毫米博伊斯反坦克步枪向敌人还击，击毁了其中 1 辆超轻型坦克，并俘虏了 2 名车组成员。[3] 对西迪阿齐兹的攻击之所以失败，主要原因是战前侦察和支援不到位。另外，由于履带销过于脆弱，容易在乱石沙地上折断，英军还有大量 A-9 巡洋坦克在前往目标途中掉队。

随后，大部分英军机械化部队撤过了边境，但第 11 轻骑兵团 C 中队一部奉命在巴尔迪亚（Bardia）—托布鲁克公路沿线设伏。6 月 15 日上午，这 5 辆英军装甲车拦截了多支意军小型车队，击毁了 37 辆军车，打死了 21 人，俘虏了 88 人，后者中包括新上任的意军第 10 集团军工兵司令罗莫洛·拉斯特鲁奇（Romolo Lastrucci）少将。不过这一路障很快被发现，意军调来飞机向装甲车发动攻击。在扫射中，意军战斗机击穿了 1 辆劳斯莱斯装甲车的机枪塔——这表明这些老式车辆防护能力相当有限。另外，与喜欢攻击纵深固定目标的英国皇家空军不同，意大利空军有能力在沙漠中发现和攻击移动目标，这也是他们常年从事反叛乱战争的收获。

听到英军越境袭击其边境要塞，加里波第倍感愤怒。他命令第1利比亚师（师长：希比勒少将）向卡普佐堡以南派出1个战斗群，试图消灭渗透的敌人。该部队由第9轻型坦克营营长洛伦佐·达万佐上校指挥，其中包括1个搭乘蓝旗亚3RO卡车的利比亚步兵营、第9轻型坦克营第3连[连长为里齐（Rizzi）上尉，共16辆超轻型坦克]和1个炮兵连（4门77毫米28倍径野战炮）。达万佐是一名老资历装甲兵指挥官，曾在罗马指挥过第4步兵坦克团，还曾随"志愿军团"在西班牙参战。他率部向吉尔巴（Ghirba）推进，并以1个超轻型坦克排为先导，步兵和炮兵在纵队中央，后方是其余超轻型坦克。[4]

6月16日清晨，沃伦·加普（Warren V. H. Gape）少尉在吉尔巴水井附近发现了"达万佐"集群，尽管他手头只有第11轻骑兵团B中队的2辆装甲车，但仍果断下令进攻。加普迅速前进，用0.303英寸（7.7毫米）维克斯机枪向纵队扫射。利比亚步兵迅速下车，而运输卡车则纷纷掉头逃走，将"乘客"抛弃在空地上任人宰割。意大利超轻型坦克见状前去迎击，迫使加普转向暂避。虽然后者的维克斯机枪不太可能穿透超轻型坦克的15毫米装甲，但抵近猛烈射击仍有可能造成装甲剥落，并且伤害乘员——通过这种方式，加普重创了意军先头超轻型坦克排，并一举击毁其中4辆。几辆英军装甲车也随后赶来，让战场双方的实力不再因众寡而悬殊。其他意军超轻型坦克不敢恋战，开始向配属步兵和炮兵靠拢。由于少数装甲车显然不足以摧毁这个意军战斗群，上述英军随即向友军请求支援。西摩尔-埃文斯少校（D.C. Seymour Evans）很快率领第7轻骑兵团A中队赶到，并带来了6辆A-9巡洋坦克和几辆轻型坦克。不寻常的是，这一次，英军指挥官在约3千米外便发现了开阔地上的达万佐麾下的纵队，这让他们可以有备而战。11时左右，英军挥师前进，2个装甲车排公然从意军侧翼绕过，试图切断他们的退路，而西摩尔-埃文斯的坦克则直奔意军纵队而去。其间7辆意军超轻型坦克发起反击，试图靠近英军坦克，但被打成了碎片，其中一些几乎被英军击毁在炮口前。[5]意军的拉斐尔·伯南诺（Raffaele Bonanno）中尉也指挥炮手不断发射高爆弹，但由于其火炮很难转向，对移动目标几乎毫无作用。英军坦克完全打破了标准战术，绕着意大利纵队转了2圈，用机枪和主炮倾泻火力。

随着伯南诺中尉及其部下阵亡，幸存者开始乘坐残余车辆逃命，但第 11 轻骑兵团的装甲车正等待着他们——机枪命中了达万佐上校的菲亚特轿车，导致其当场死亡。[6] 吉尔巴水井之战是北非首场坦克战，在这场战斗中，英军取得了不折不扣的战术胜利。意军损失包括 16 辆 CV-35 超轻型坦克、4 门野战炮和 13 辆卡车，另有 50 多人阵亡，101 人被俘，其他人员则侥幸逃脱。至于英军则无一损失。

尽管在战术上是赢家，但英军还是注意到了此战暴露出的几个问题。最重要的是，由于未在战斗前检查设备和频率，在战斗中，第 11 轻骑兵团的 9 号无线电台根本无法接通第 7 轻骑兵团的 11 号无线电台。此外，英军近程炮术虽然优秀，但远距离射击不够准确。按照预想，A-9 巡洋坦克本可以在 600—800 米外击毁意军超轻型坦克，但事实却并非总是如此。至于意军火炮则更为无用，甚至没有给英军造成什么损失。由于在这场初战中，英军步兵、炮兵、工兵和反坦克分队贡献很少，其指挥官似乎更加坚信：只有坦克和装甲车便已足够。另外，尽管意军经常发动空袭，并且英国皇家空军战斗机很少提供支援，但英国人似乎漠视了第 7 装甲师缺乏防空能力这个事实。

在沙漠作战的最初 1 个月，英国高级军官还有在前线附近"游荡"的危险行为。一天傍晚，第 11 轻骑兵团的 1 支巡逻队猛然发现，有一辆轿车正从意军控制区驶来，该车没有护卫，里面坐着奥康纳将军本人。[7] 另外，奥康纳的参谋——如查尔斯·盖尔德纳和埃里克·多尔曼-史密斯——也经常突然莅临前线，试图对一线下级军官提供"微观指导"，但这种指挥风格其实并不利于推进诸兵种合成作战。

"达万佐"集群覆灭后，加里波第决定向边境地区增兵，并请求意大利空军尽力摧毁在"边境围栏"以西活动的英军装甲掩护部队。此后直到 6 月 24 日，康贝的第 11 轻骑兵团一直遭到空袭，而且所有大规模调动都会被敌方侦察机发觉。虽然英方在相关记录中经常强调意军被这些早期袭击打得"士气低落"，但事实上，这种情况仅限于开战头 2 周。此后，利比亚境内的英军压力越来越大，而且后勤能力也严重透支。当时正值盛夏，沙漠炎热无比，白天气温最高可达 43 摄氏度，供水也极为短缺，导致第 11 轻骑兵团只能在清晨和傍晚行动。许多人员（如胆大妄为的加普少尉）在沙漠中待了几周就一病不起，不得不返回开罗休养。有些英军中队不仅位置分散，而且与后方指挥机构相距超过 160 千米，导致上级只能利用无线电发号施令，令指挥和控制几乎无法进行。另外，考恩特准将在运用掩护部队时过于激进——这样做的风险极大，且收效非常有限。虽然他们得到了一些敌军小型卡车车队的报告，但是这些报告根本无法满足奥康纳的"优先事项情报需求"（priority intelligence requirement）①，例如意大利第10集团军何时入侵埃及。

通过空袭、伏击和布雷，意军开始缓慢消耗康贝的第11轻骑兵团。面对重新进驻卡普佐堡的意军，该团无力干涉，只能看着1个敌军炮兵营在47毫米反坦克炮支援下建造掩体。得知情况后，第4装甲旅旅长考恩特命令菲尔登中校率第7轻骑兵团全力进攻卡普佐堡，驱逐这股敌人。该团的首次攻击于6月29日上午发动，全程只有坦克参与。在距目标不到1500米时，该团3个坦克中队突然遭遇猛烈炮击，其中还夹杂着反坦克炮火力。对于装甲薄弱的Mk Ⅵb轻型坦克和A-9巡洋坦克而言，反坦克炮火力无疑是一种严峻威胁。看到2磅炮难以破坏敌军炮兵工事，菲尔登只能撤退重组队形。令英军更为愤懑的是，意军还招来近距离空中支援，向他们发起轰炸和扫射。这时，第7装甲师参谋长查尔斯·盖尔德纳来到战场，责令考恩特再做尝试，这一次，他们仍没有步兵协同，但有1个炮兵连提供支援。在抵达后，后者下属的4门25磅炮胡乱射击了40分钟，直到18时45分才停止。但菲尔登仍按兵不动，并一直等到20时35分。在黄昏微光下，第7轻骑兵团兵分三路，试图形成合击。他们按照骑兵传统高速前进，直到与意军阵地相距不到500米。此时，意军射出照明弹，随后各种炮火齐鸣。1个CV-35超轻型坦克排也加入战斗，试图撞击英军坦克。战斗中英军有坦克中弹，菲尔登本人也受了伤，第7轻骑兵团随即改由弗雷德里克·拜亚斯（Frederick W. Byass）少校指挥。虽然意军炮术欠佳，但火力仍十分猛烈。随着2辆坦克被击毁、多辆坦克受损，英军装甲部队只好后撤。8

这次行动失败后，奥摩尔-克雷格决定用休·拉塞尔准将的第7装甲旅替换考恩特的第4装甲旅。虽然第11轻骑兵团一部被撤回休整，但其C中队仍继续在巴尔迪亚—托布鲁克公路附近活动，试图拦截更多意军车队。但7月25日中午时分，意大利空军发现了第11轻骑兵团的2个排——CR-42战斗机猛烈扫射

---

① 译者注："优先事项情报需求"指情报支援领域的优先事项，即指挥官和参谋了解敌情或作战环境等方面必须掌握的情报。

和投弹，这一次，意军飞行员没有失手，将6辆装甲车全部击毁。刚从班加西抵达的1个M11/39坦克排也赶到战场，将英军弃车人员打得四下逃散。虽然这次行动只是一场战术小胜，但它表明意军有能力协调坦克和飞机，并对侦察行动做出有力反制。

之后直到8月，英军和意军继续在卡普佐堡—西迪阿齐兹附近进行零星交锋。英军由于车辆磨损严重，因此没能再度取得重大战果。8月5日，沃森（T.G. Watson）中校的第8轻骑兵团在西迪阿齐兹附近遭遇一股敌人，后者是尤金尼奥·坎帕尼（Eugenio Campanile）少校的第2中型坦克营。这也是英军巡洋坦克首次与意军M11/39坦克交战。虽然这次战斗在记录中留下的细节不多，但可以确定的是，意军摧毁了2辆英国坦克（可能是Mk Ⅵ轻型坦克），并缴获了2辆被击毁或履带脱落的A-9坦克。同时，意军也有3辆M11/39坦克被击毁。[9]在600—700米外，英军坦克手可以用2磅炮轻松击穿意军M11/39坦克的30毫米正面装甲。意军坦克手很快就认识到，虽然M11/39在机动性和装甲防护能力方面与A-9巡洋坦克相当，但在武器方面却处于劣势——因为英军坦克的2磅炮安装在炮塔内，而M11/39坦克的37毫米主炮却固定在车体上。

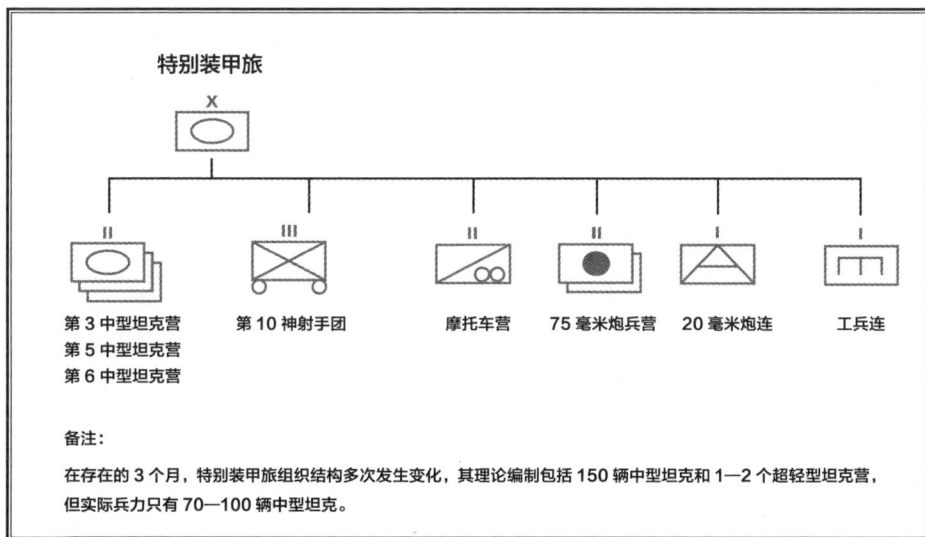

意军特别装甲旅（Brigate Corazzata Speciale，BCS）组织结构，1940年12月—1941年2月

这次行动后，韦维尔指示奥康纳减少掩护部队的活动，以便让第7装甲师保存实力。在8月中旬，该师的待修车辆已近半数，但备件却非常有限。[10] 有些英方资料宣称，经过2个月战斗，掩护部队消灭了意大利第10集团军至少3000人，但实际上这是过分夸大了。意方资料显示，在沙漠战役前2周——即战斗最激烈时——其损失也只有558人，装甲力量则有1个CV-35超轻型坦克连和1个M11/39坦克排被歼灭。与之相比，英军人员损失轻微，但至少有5辆超轻型坦克、2辆巡洋坦克和8辆装甲车被击毁，还有更多装甲车受损。受制于兵力不足，奥摩尔-克雷格和旅长们也未能阻止意军第21军增援边境前哨，使大量战绩未能转化为战役成果。另外，英国骑兵还经常将"突袭"和"侦察"这两种任务搞混，从而导致了一些不必要损失。事实上，侦察最好由小部队悄然进行，正如一句阿帕奇人（Apache）谚语所说："一个人和十个人看到的一样多。"让一个装甲旅连续两个月实施侦察不仅有悖于战前理论，也是在挥霍宝贵资产——这些资产更应该保存起来，以便等待有利时机发动进攻。

在初期沙漠交锋中，意军吸取了两个教训。首先，遭遇英国装甲部队时，其超轻型坦克和老式野战炮在正面对决中毫无用处，他们应该避免此类战斗，并等待新锐装备抵达；其新式M11/39中型坦克也似乎更适合防御，而不是进攻。其次，如果他们能做到深壕坚垒，在周围布设地雷，并用多门野战炮提供保护，就可以阻碍英军装甲部队，抵消其装甲优势。另外需要指出，虽然意军在战术上更谨慎，但早期沙漠行动表明，其坦克手相当英勇，哪怕敌军车辆拥有显著优势，他们仍会主动发起进攻。

兵败埃及，1940 年 9 月—12 月

尽管墨索里尼一再催促，但格拉齐亚诺元帅和加里波第大将却没有急于入侵埃及。他们不断拖延，直到1940年9月才最终发起攻击。令情况雪上加霜的是，墨索里尼还在向阿尔巴尼亚集结重兵、倾注资源（如第131"半人马"装甲师和大量运输车辆），试图从当地攻击希腊。事实上，如果墨索里尼推迟希腊战役，并为第10集团军提供足够人力物力，意大利陆军就可以将1个机械化军（虽然装备质量不怎么样）投入利比亚，甚至让这次行动像攻打埃塞俄比亚一样"体面"。

7月—8月，格拉齐亚尼和加里波第都在努力为第10集团军"积攒"进攻能力，

尤其是安尼巴莱·贝贡佐利（Annibale Bergonzoli）上将的第23军（3个步兵师）、塞巴斯蒂亚诺·加利纳（Sebastiano Gallina）将军的"利比亚"集群（2个利比亚步兵师）和"马莱蒂"集群 [Raggruppamento Maletti，包括第2中型坦克营（装备 M11/39 坦克）和3个搭乘卡车的利比亚步兵营]。加里波第共拥有约 2000 辆汽车，足以运送3个意大利步兵师，但大部分利比亚步兵只能徒步向西迪巴拉尼（即行动目标）开进。这场入侵被称为"'E'行动"（Operazione E），攻击部队共计30个步兵营和4个坦克营（1个中型坦克营和3个轻型坦克营）。同时，其余大部分意军装甲部队（共5个营）和2个步兵师被留在巴尔迪亚附近担任预备队。当时，第10集团军在中型坦克和反坦克炮方面已略有加强，但仍缺乏机动性和火力。为让步兵阻滞坦克的能力更强，意军最高司令部给该集团军送去了一批苏罗通（Solothurn）20 毫米反坦克步枪，但事实证明，这种新购置的瑞士武器只能在300 米内威胁到英军轻型坦克和巡洋坦克。[11] 第10集团军司令加里波第知道这支半机械化部队弊病颇多，这让他做出了一个决定：迎合墨索里尼旨意，对埃及发动战略进攻。同时一抵达西迪巴拉尼，就在战术上转入防御。另外，由于意大利军事情报局（Servizio Informazioni Militare）估计英军"西部沙漠部队"拥有约 700 辆坦克，这也催生了畏惧心态。格拉齐亚尼也打算在建成强大补给线之后再深入埃及，他还在争取时间，以便"公羊"装甲师及其新型 M13/40 中型坦克赶来。

1940 年 9 月 13 日，加里波第率领第10集团军攻入埃及。贝贡佐利的第23军和利比亚部队沿海岸线向东推进，先后将英军小股后卫部队逐出哈尔法亚山口和索卢姆。虽然英军在哈尔法亚山口埋设了一些地雷，并用远程炮火骚扰意军，但在海岸公路上，奥康纳只有一个加强步兵营和几个炮兵连，故而未做认真抵抗。[12] 意军侧卫部队是皮埃特罗·马莱蒂（Pietro Maletti）将军的坦克集群，他们从西迪欧迈尔出发，但很快就在沙漠中迷失方向——而且还是两次。在意军兵锋所及之处，康贝的第11轻骑兵团一面通报敌情，一面且战且退。加里波第仅用摩托车部队打头阵，又将坦克部队紧紧攥在自己手里，这使得他无法困住或歼灭任何英军后卫。意军中还有利比亚部队，他们是一道奇景：骆驼驮着轻型火炮前进，军官们骑在马背上，就像在进行殖民远征。

加里波第全然没有按意军的机动作战理论行事，指挥风格也没有一丝"快速战"的影子。在入侵部队中，第1撒哈拉营（I Battaglione sahariano）尤其令人印象深刻——该营受过沙漠侦察训练，装备精良。尤其是菲亚特 SPA37 型四轮驱动卡车，这种车辆专为沙漠设计，能安装各种武器，如 20 毫米机关炮和 47 毫米反坦克炮。9 月 16 日下午，贝贡佐利的第 23 军前锋抵达西迪巴拉尼，次日，他们抵达东面 24 千米处的马克提拉（Maktila）①，并在此停止前进。[13] 加里波第让各师组成连贯防线——这条防线向南延伸 26 千米，并以若干坚固营地为中枢。虽然随行的 68 辆 M11/39 中型坦克没有在战斗中报废，但其中 31 辆在行进了仅 100千米后便宣告瘫痪。加里波第打算留在己方空中支援范围内，同时为下一步向马特鲁港输送储备物资。在西迪巴拉尼，意军入侵部队没有缴获任何燃料或食品，所有这些都必须用卡车从巴尔迪亚和托布鲁克运来。英国人还向西迪巴拉尼的水井投毒（但英国在史料中刻意忽略了此事），让意军被迫耗费时间为 6 万多名官兵供水。此外，"巴尔博大道"止于利比亚 - 埃及边境，现有道路不足以每天供数百辆卡车往来穿梭，这导致意军必须大兴土木，以便为第 10 集团军建立 1 条堪用的交通线。于是在随后的 12 个星期里，加里波第一直在努力巩固前沿阵地、解决后勤问题，没有再向东推进一寸。

　　奥康纳将第 11 轻骑兵团作为掩护部队留在西迪巴拉尼监视意大利人，自己则率领"西部沙漠部队"主力在东面 130 千米处的马特鲁港等待。在马特鲁港东部，英军建立了一个坚固防御阵地，即"巴古什盒子"（Baggush Box）——它也是英军沙漠防御工事的早期代表。同时，奥康纳还让奥摩尔 - 克雷格带领第 7 装甲师集结在该港附近，如果意军推进，他就能用全部装甲部队集中发动反击。但奥摩尔 - 克雷格只有大约 70 辆巡洋坦克可用（其中包括 10 辆新抵达的 A-10 坦克），作为攻击部队还不够强悍。随着几个星期过去，敌人都没有任何动作，奥康纳开始重新考虑原计划，以便在马特鲁港开展积极防御。9 月底，首支"道歉"船队从英国抵达苏伊士，带来了第 3 轻骑兵团、第 2 皇家坦克团和第 7 皇家坦克团（共计 165 辆坦克），以及更多 2 磅反坦克炮和 25 磅榴弹炮。10 月 4 日，船队卸载完毕，坦克手也重新与车辆会合。在增援部队中，第 2 皇家坦克团 [团长：亚历山大·哈科特（Alexander C. Harcourt）中校] 拥有多种巡洋坦克，其中包括 18 辆新型 A-13 Mk. Ⅲ 巡洋坦克，

---

　　① 译者注：原文为"西面"，实际有误。

而真正的"决胜力量"则是第 7 皇家坦克团 [团长:罗伊·杰拉姆(Roy M. Jerram)中校],他们装备了 50 辆"玛蒂尔达 2"步兵坦克,该坦克几乎可以抵挡所有意军反坦克武器。10 月 21 日,杰拉姆的"玛蒂尔达 2"坦克乘火车离开阿巴西亚后勤基地,前往马特鲁港以东的西迪哈尼什(Sidi Haneish)火车站。[14]

这些增援部队让奥摩尔 - 克雷格的第 7 装甲师如虎添翼。每个装甲旅现在拥有 150 多辆坦克,其中巡洋坦克(如 A-9、A-10、A-13)占三分之一。杰拉姆的第 7 皇家坦克团是军直属部队,由奥康纳直接指挥。此外,奥康纳还得到了一支老资历步兵部队——印度第 4 师。10 月 20 日,韦维尔请求发动一次有限进攻:在西迪巴拉尼攻击意军第 10 集团军前沿阵地。但很不幸,一些不可控事件直接影响了计划。首先,意军从阿尔巴尼亚入侵希腊,丘吉尔决定向这个方向派遣援军,导致韦维尔麾下有不少部队和空中支援力量被抽走。其次,意军从埃塞俄比亚发起军事行动,导致丘

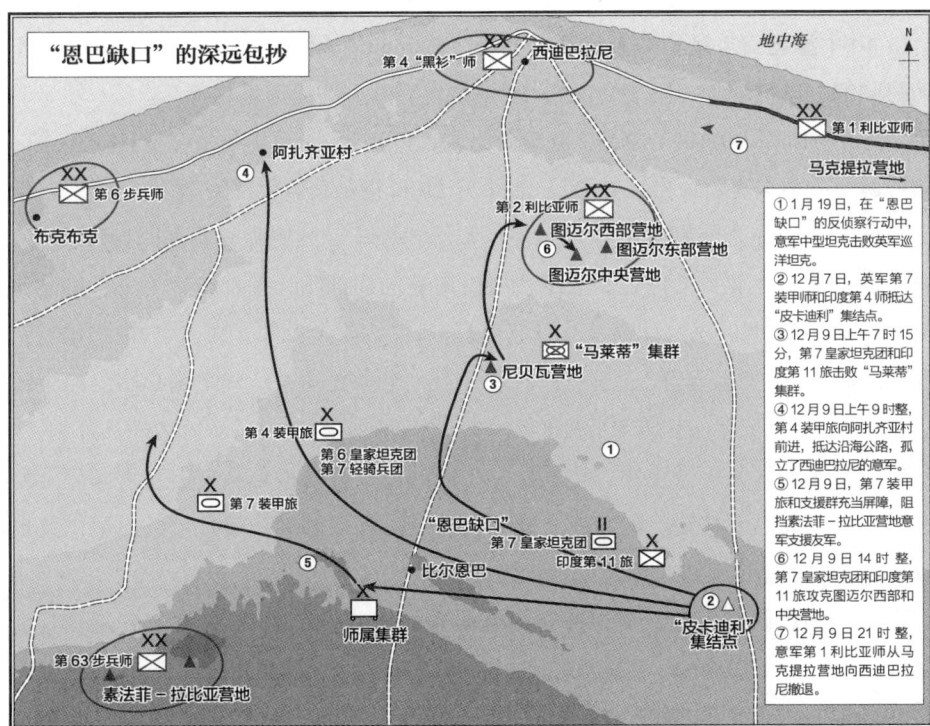

"恩巴缺口"的深远包抄,1940 年 12 月 9 日

吉尔命令韦维尔向苏丹增兵，如印度第 4 师。由于在战略上遭到扰乱，加上丘吉尔意图直接插手行动，韦维尔愈发难以筹备和规划一场会战，从而打击加里波第在西迪巴拉尼附近的前沿阵地。在此期间，奥摩尔 - 克雷格继续带领第 7 装甲师在马特鲁港构筑坚固阵地，同时利用第 11 轻骑兵团向意军阵地发起攻势巡逻。10 月 23 日/24 日夜间，英军曾向马克提拉营地发动突袭，但当地防御坚固、火力猛烈，令英军无功而返——另外，这种情况可能也让加里波第相信，前沿阵地已足够安全。[15]

墨索里尼不断向加里波第和格拉齐亚尼施压，要求他们继续向埃及挺进。后者则一拖再拖，试图等待更多援军。10 月初，首个装备新型 M13/40 中型坦克的营——第 3 中型坦克营 [营长：卡洛·乔尔迪（Carlo Ghioldi）中校]——匆忙抵达，并在班加西卸载。相对于 M11/39，M13/40 中型坦克的全向旋转炮塔上安装有一门 47 毫米火炮，但该坦克的机动性与其前身相近，故总体改进有限。在装甲防护能力方面，M13/40 比英军 A-9、A-10 和 A-13 巡洋坦克更好，但速度较慢，而且没有电台，在机动作战中劣势明显。随后，第 3 中型坦克营（总共仅 37 辆M13/40 中型坦克）被留在利比亚甘布特（Gambut）附近担任预备队，10 月余下的时间都在进行训练。第 2 个 M13/40 中型坦克营，即第 5 坦克营 [营长：埃米利奥·伊齐（Emilio Iezzi）中校] 也奉命出发，但直到 12 月中旬才会抵达。为统一指挥两个中型坦克营，格拉齐亚尼于 11 月 25 日指示其装甲部队指挥官瓦伦丁·巴比尼将军组建一个特别装甲旅。另外，鉴于"公羊"装甲师先头部队预计要到 1月才能踏上利比亚，格拉齐亚尼还希望以现有前线部队为基础组建 1 个暂编装甲师。于是，特别装甲旅，即"巴比尼"集群最终编制为：两个 M13/40 中型坦克营（第 3 和第 5 中型坦克营）、三个神射手营、一个摩托车营、一个炮兵团、两个反坦克炮连、一个工兵连和若干后勤单位——对意军来说，这一举动可谓颇具开创性，是他们首次尝试为机械化作战建立一支平衡的诸兵种合成部队。但意大利领导层也没有意识到，要打造一支善战之师，仅有装备是不够的，而且"巴比尼"集群各单位之前也从未有过协同或联合训练。

在西迪巴拉尼附近，加里波第的前线有赖于几处"锚点"，它们分别是马克提拉、图迈尔（Tummar）、尼贝瓦（Nibeiwa）和索法菲 - 拉比亚（Sofafi-Rabia），这几处地点都有坚固防御。这些"锚点"营地是根据一战和殖民战争经验建造的，防御工事面向四周，并配有雷区、反坦克壕沟和铁丝网。每个地点守军规模相当于 1 个团，并有步兵、野战炮、反坦克炮和 1 个配属坦克营。根据在西迪阿齐兹依托深沟坚垒抵御英军装甲部队的经验，加里波第自信这些营地不会轻易失守。然而，英国人也有两个多月时间进行研究——他们很快在南面发现了一个缺口。该缺口位于尼贝瓦和索法菲 - 拉比亚营地之间，靠近比尔恩巴（Bir Enba），宽 24 千米，又被称为"恩巴缺口"（Enba Gap）。11 月初，韦维尔和奥康纳开始考虑对加里波第的前沿营地小试牛刀，而恩巴缺口更是提供了一个可以让他们包抄敌人，最终将其各个击破的机会。奥康纳派遣康贝的第 11 轻骑兵团和杨赫斯本（Younghusband）中校的第 3 轻骑兵团进入恩巴缺口，打探意军部署，为进攻进行准备。[16] 大约在此时，第 7 装甲师开始将支援群编组为多个"乔克纵队"（Jock Column，即混编侦察 / 战斗群），此类部队通常由若干摩托化步兵、装甲车和牵引火炮组成，但这方面经常被英方历史夸大——事实上，其组织形式并无重大创新，灵感源泉也更多来自殖民战争，而不是与同级对手的较量。

在尼贝瓦，马莱蒂将军注意到有英军正在侦察，因此决定在 11 月 19 日下午发动 1 次空地协同反击。为此，他派出了第 2 中型坦克营的 27 辆 M11/39 坦克 [指挥官：维克多 · 塞瓦（Victor Ceva）少校]、1 个摩托化步兵连、1 个混合炮兵集群和 1 个对地攻击机中队。虽然最初意军飞机扫射导致第 3 轻骑兵团有部分人员死伤，但 13 时 30 分开始的地面攻击并不顺利。在阿布希拉特山丘（Alam Abu Hilat）附近，朱塞佩 · 洛卡特利（Giuseppe Locatelli）上尉率领 1 个 M11/39 坦克连发起攻击，其对手是 1 个 A-10 巡洋坦克中队。看到意军坦克不断逼近，英军坦克沉着应战，多次命中对手。坦克排长莱奥 · 托德契尼（Leo Todeschini）中尉离开座车，试图用座车牵引 1 辆受损的下属坦克，但他的一条腿被 2 磅炮炸断。洛卡特利试图命令坦克连停止战斗，但由于没有电台，他只能下车向每辆坦克传达命令。在一辆受损的 M11/39 旁，洛卡特利因胸部中弹身亡。在附近，一辆 M11/39 坦克被击中 4 次，2 名车组成员当场死亡，其驾驶员翁贝托 · 迪安达（Umberto Dianda）中士身负重伤，但他仍坚持开火，之后又独自把受损坦克开进急救站。在这次短暂交锋中，塞瓦手下至少有 5 辆 M11/39 坦克瘫痪，另有 11 辆受损。[17] 显然，缺乏电台给赛瓦的指挥带来了严重问题。另外，意军还有 76 人伤亡，其中 13 人阵亡。[18] 虽然阿布希拉特山丘之战只是一场小战斗，但在奖章颁发方面，意大利陆军却十分慷慨。朱塞佩 · 洛卡特利、莱奥·托德契尼和翁贝托·迪安达均被授予或追授金质军事勇气奖章（Medaglia d'oro al valor militare）。经过这次短暂行动，马莱蒂决定从"恩巴缺口"撤军，而加里波第也不想再无谓地消耗坦克，并决定改用空军牵制英军装甲部队。意军没有在"恩巴缺口"布雷，也没有布置反坦克部队，令"乔克纵队"可以从这条机动走廊乘虚而入——在战役层面，这无疑是一个重大败笔。

与此同时，在奥康纳梳理了现有信息后，一份进攻计划腹稿正在成形。他计划打击意军营地防线南端的弱点，然后一路向北席卷而去。根据最初设想，英军将攻击索法菲-拉比亚周围的4座营地，但这需要部队在崎岖乱石地形长途行军。鉴于这一问题，奥康纳及其参谋们调整了计划，决定先以尼贝瓦营地为目标，随后立刻挥师向图迈尔营地进击。虽然两地的东面和南面都设有坚固障碍带，但空中侦察显示，西北面雷区有几处缺口。经韦维尔授意，奥康纳、奥摩尔-克雷格和多尔曼-史密斯决定对意军前沿阵地进行一次"五日突袭"，根据配套计划，其装甲部队将利用"恩巴缺口"从西面强攻最南端的意军营地。韦维尔批准了这一计划，并将其命名为"罗盘"行动。与6个月前英军装甲部队在阿拉斯和阿比维尔的进攻不同，奥康纳有数周的谋划时间，甚至在11月26日进行了一次全面预演。12月7日黄昏，第7装甲师和印度第4师开始向"恩巴缺口"前进。

英军装甲部队由约5000部车辆组成。趁着夜幕茫茫，这支大部队从马特鲁港出发，沿沙漠小径向100多千米外的"恩巴缺口"奔去。由于奥康纳的"西部沙漠部队"后勤能力不足，上述行动无疑是一大挑战。第7装甲师以旅为纵队，以12千米时速进军——仅第4装甲旅纵队就长达6千米，一路卷起滚滚尘埃。[19]虽然"玛蒂尔达2"步兵坦克对强袭至关重要，但该型坦克并不适合进行长途沙漠行军，而且最大行程也只有70千米。这让皇家陆军勤务部队被迫设置了两个野战补给基地（Field Supply Depot），以便沿途提供燃料。经过两晚驰骋，杰拉姆终于率领麾下抵达集结点。当地位于"恩巴缺口"以东，代号"皮卡迪利"（Piccadilly）。途中，有几辆坦克因机械故障掉队，但随即被"B纵队"在场人员修复。为避免被意军侦察机发觉，英军不顾沙漠夜间导航困难，将大部分车辆调动选在夜间进行。虽然一架意大利飞机在12月8日中午前后于尼贝瓦营地东南约50千米处发现了英军纵队，但其报告未得到重视。[20]这使得英军主攻部队[包括杰拉姆的第

7皇家坦克团和第11印度步兵旅（隶属于印度第4师）]安然穿过"恩巴缺口"，抵达攻击出发阵地——即尼贝瓦营地西南10千米处。

在进攻尼贝瓦和图迈尔营地时，奥康纳几乎完全沿用了战前的装甲作战条令：第7装甲师负责用巡洋坦克和轻型坦克实施机动，切断敌方交通线；第7皇家坦克团的步兵坦克在步兵和炮兵支援下，对敌军固定阵地发起有力攻势。这也意味着，在"罗盘"行动首日，考恩特①的第7装甲师将不参与战斗；待条件具备，第4装甲旅将向北朝大海推进，切断沿海公路，而第7装甲旅的任务只是构建屏障，阻挡索法菲-拉比亚地区各营地内的意军。

尽管意军营地都处于戒备状态，但在黎明时分，他们仍开始懈怠。一整夜里，英军都在用火力进行佯攻，令守军几乎无法入睡。随着黎明来临，他们都纷纷盼望能找个机会歇息。由于追求舒适是人之常情，坦克兵经常在战术上疏忽大意，意军第2中型坦克营就是一个典型：当时，其剩余22辆M11/39坦克都停在尼贝瓦营地西北角外，大多数乘员正在车外吃早餐。同样，"马莱蒂"集群的大量摩托车部队和撒哈拉侦察兵也没有外出探查敌情。在尼贝瓦营地内，马莱蒂拥有2个利比亚步兵营、第1撒哈拉营和大量火力支援武器（包括4门105毫米榴弹炮、12门75毫米炮、12门65毫米炮、14门47毫米反坦克炮和11门20毫米高射炮）。[21]所有步兵都有堑壕、掩体和石墙（sangar）作为保护。6时15分，杰拉姆的第7皇家坦克团开始接近尼贝瓦营地，并很快在距离西北角约1500米处集结，而意军则对此毫无察觉。

第7皇家坦克团对《第22号军事训练单行本》（MTP No. 22, 1939年9月出版）倡导的步坦协同战术条令可谓驾轻就熟。该条令规定，坦克应分2个梯队攻击目标。第1梯队仅由坦克组成，待炮兵结束弹幕射击就向目标推进，用直瞄火力压制敌方武器。第2梯队由坦克和徒步步兵组成，将在后方1000米（或第1梯队出发10—20分钟后）跟进。[22]

同时，印度第4师也将大部分火炮部署在尼贝瓦以东，并于7时15分开始向营地进行炮火准备。这次炮击持续了10分钟，也是意军头一次遭遇英军大规模弹幕射击（来自 56 门 24 磅炮、8 门 127 毫米炮和 8 门 6 英寸榴弹炮）。炮击的总体效果良好，只是晨雾遮挡了观测。看到防御被炮火压制，杰拉姆的第 7 皇家坦克团倍感振奋，并于 7 时 25 分开始推进。推进的先头部队是亨利·鲁少校的 A 中队，接着是团部分队、爱德华·霍索恩（Edward Hawthorn）少校的 B 中队，以及 2 个搭乘"通用运输车"的步兵排（共约 60 名步兵），肯尼思·哈里斯（Kenneth P. Harris）少校带领的 D 中队则担任预备队——因此实际攻击营地的"玛蒂尔达"坦克只有 32 辆。[23]1 个 24 磅炮兵连则用直瞄火力压制着营地西北角的防御工事。乘着"玛蒂尔达"坦克，A 中队以每分钟约 150 米速度前进。行进期间，2 磅穿甲弹飞向 M11/39 坦克队伍，将后者一部分击毁，意军坦克兵疯狂跑向座车，但迎接他们的是机枪扫射。很快，营地外的意军坦克集群便遭遇了灭顶之灾。也许是因为被彻底压制，意军炮兵全程悄然无声——当他们开始胡乱射击时，鲁少校已抵达距离营地外围边缘约 700 米处。随后，英军装甲部队几乎毫发无损地开进营地入口，只有 1 名"玛蒂尔达"坦克驾驶员因舱盖打开而受重伤。约 7 时 35 分，鲁少校率领 6 辆"玛蒂尔达"坦克冲入营地，用 7.92 毫米同轴机枪（贝莎机枪）抵近射击意军炮兵。"玛蒂尔达"坦克正面装甲厚达 78 毫米，根本无法被意军 47 毫米反坦克炮击穿，但即使如此，其侧面装甲仍然相对较薄——在 200 米内，意大利炮兵事实上仍有机会得逞。事实上，攻入尼贝瓦营地的大部分坦克都多次中弹，并有明显外伤。一些利比亚步兵还试图从近处投掷手榴弹。但这些尝试都被挫败。不久，霍索恩也带领 B 中队攻入营地，2 个步兵营也离开卡车，开始徒步冲锋。这时，一直探出炮塔指挥战斗的鲁少校被意军炮火击中身亡，但他麾下的"玛蒂尔达"坦克也用机枪打死了意军指挥官马莱蒂——当时这位将军正试图离开掩体。随着英军步兵进入营地。抵抗在 8 时 30 分左右开始崩溃，直到 2 小时后，零星战斗宣告停止。

在炮兵和第 11 印度步兵旅的支援下，杰拉姆的第 7 皇家坦克团在 3 小时激战中歼灭了"马莱蒂"集群。在战斗中，有数辆"玛蒂尔达"坦克被炮弹击中，至少有 2 辆因为散热器中弹而瘫痪。第 7 皇家坦克团在此战中有 2 人阵亡，5 人受伤，步兵部队共伤亡 49 人——这就是英军损失的全部。相比之下，意军至少有 490 人阵亡（实际阵亡者可能多达 800 人），另有 2700 人被俘（许多英国资料声称他们在尼贝瓦俘虏了 4000 人），装备也全部损失。[24] 英军下一个目标是图迈尔营地，杰拉姆命令坦克团迅速重新集结，以便发起攻击。但在营地周围，A 中队有 7 辆坦克在闯入雷区后触雷受损，最终无法行动。这也充分证明了意军 B2 反坦克地雷的作用——由于奥康纳缺乏工兵（第 7 装甲师仅有 1 个工兵连），如果意军广布地雷，并辅以火力掩护，完全有可能挫败英军的强袭计划，并阻止"玛蒂尔达"坦克进入尼贝瓦。

尽管有坦克触雷受损，但杰拉姆在巩固目标、迅速补充弹药和燃料方面表现出了极强的领导能力。营技术军官乔治·安德森（George G. Anderson）上尉在尼贝瓦率领着 1 个近距离支援小组，战斗还未结束就开始修复战损坦克。经过短暂休整，杰拉姆派遣哈里斯率领 D 中队和另外 9 辆"玛蒂尔达"坦克直奔图迈尔西部营地而去。这一目标位于北方，需要英军前进约 12 千米。杰拉姆乘坐轿车在前方带队，但一场沙尘暴突然降临，让目标一时间难以被分辨。最终凭借着一丝机缘巧合，杰拉姆发现了营地，并在 13 时 50 分命令 D 中队发动攻击。图迈尔西部营地由 3 个利比亚步兵营和大量炮兵防守，而且守军早有准备。尽管如此，经过短暂炮火准备，D 中队仍利用西北角雷场的一个缺口对敌人发起冲锋。与此同时，第 5 印度步兵旅的士兵也在营地外下车。"玛蒂尔达"坦克遭到猛烈炮击，哈里斯少校的座车炮塔被直接击中，少校本人暂时失明。英军则有条不紊地重复着既定战术，直到将一门门火炮挨个打哑，而步兵则向营地内部进击。到 16 时，图迈尔西部营地的抵抗被彻底瓦解。在此期间，意军曾从图迈尔东部营地派出 1 支营级部队前去支援，其中包括来自第 9 轻型坦克营的 22 辆超轻型坦克，但他们被英军步兵所击退，并且损失惨重。[25]

此时，杰拉姆无疑已精疲力竭，但他仍设法集结起 9 辆坦克，并带着少量支援步兵前去攻击东面 8 千米处的图迈尔东部营地。然而，随着天色渐暗，加上沙尘暴没有平息，导航变得愈发困难，让突击群无法辨认方位。其中 6 辆"玛蒂尔达"坦克进攻了图迈尔东部营地，由于没有步兵支援，他们被迫暂时停止行动。尽管如此，意大利人的士气还是跌到了谷底，次日清晨，包括第 9 轻型坦克营在内，当地守军纷纷举起白旗。与此同时，另外 3 辆"玛蒂尔达"坦克则攻占了一个名为"图迈尔中央营地"的小型分营地。不到 10 个小时，英军突击群便击溃了意军 7 个营，导致对方受到了 6000 多人的损失。然而，在当天结束时，杰拉姆的 47 辆"玛蒂尔达"坦克中也只剩下 10 辆还能参战。

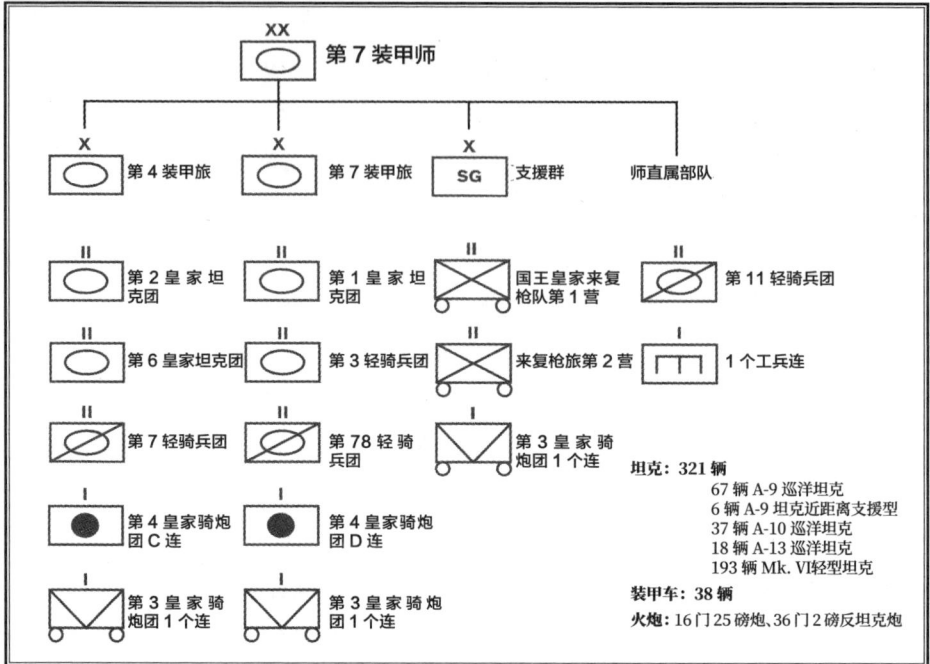

英国第7装甲师组织结构，1940年12月

当第7皇家坦克团和印度第4师努力在战线中段消灭意军时，霍雷肖·比尔克斯上校正指挥着第4装甲旅向西北进发。在康贝带领下，第11轻骑兵团的装甲车于9时左右率先完成任务，在西迪巴拉尼以西抵达海岸一带。第6皇家坦克团的1个中队也接踵而至，随后是第7轻骑兵团。[26] 比尔克斯原以为意军会在阿扎齐亚村（Azzaziya）周围部署装甲预备队，但事实上，这些敌军还在布克布克（Buq Buq）以西，规模也只有2个超轻型坦克营。加里波第虽然意识到其战线中段已遭到突破，而且还有2个师被孤立在西迪巴拉尼附近，但他几乎无法阻止奥康纳的攻势。唯一真正的机动预备队——巴比尼装甲旅——仍在西面145千米处，而且尚未准备好迎战英军坦克。至于其余装甲力量——4个超轻型坦克营——甚至无法抵挡英军巡洋坦克。意大利空军也很难施以援手——就在"罗盘"行动前夕，他们有39架飞机被英国空军击毁于地面。为保存第10集团军，唯一的合理方案是进行战术撤退。第1利比亚师率先动身，于12月9日21时放弃了马克提拉营地，开始向西迪巴拉尼撤退。

130

然而，在加里波第下令全面撤军之前，英军已于12月10日上午开始攻打西迪巴拉尼。在此期间，杰拉姆亲自率领第7皇家坦克团1个混编中队（共10辆可用的"玛蒂尔达"坦克）投入战斗，为友军提供支援。在行动中，他们摧毁了7个炮兵连。但意军守军规模大致有1个师，他们仍在顽强抵抗，直到16时40分才投降。在此期间，休·法内-赫维（Hugh F Fane-Hervey）少尉的"玛蒂尔达"坦克被击毁，整个车组也被暂时俘房。比尔克斯的第4装甲旅把第2皇家坦克团和第6皇家坦克团一部投入了战斗，但这一举动也同样令他们付出了代价。第2皇家坦克团C中队指挥官约翰·布朗（John P. Brown）少校驾驶的A-10坦克被意军炮火击毁，少校本人阵亡。[27] 在当地以东，第1利比亚师也一直坚持到午夜时分，并成功击毁了第6皇家坦克团的多辆薄皮坦克。英军的另一个问题在于追击，从而给西迪巴拉尼的重大胜利蒙上了阴影。拉塞尔准将的第7装甲旅未能截断索法菲-拉比亚地区各营地与外界的联络，导致意军第63"昔兰尼"师（63a Divisione 'Cirene'）在12月10日—11日夜间全身而退。另外，第64"卡坦扎罗"师（64a Divisione 'Catanzaro'）也从布克布克抽身，并开始沿海岸公路向索卢姆缓缓转移。

　　第7装甲师师长考恩特下令追逐撤退意军，并要求拉塞尔带领第7装甲旅担任先锋，与此同时，康贝也指挥着不屈不挠的第11轻骑兵团与之一同前进——他们当时也是英军唯一力量完备的装甲力量。拉塞尔旅在"罗盘"行动头3天鲜有行动，但由于机械故障，其战斗力下降很快——例如第8轻骑兵团的50辆坦克中只有25辆还能开动。12月11日上午，杨赫斯本中校的第3轻骑兵团在布克布克以西遭遇第64"卡坦扎罗"师的后卫——该师大部分炮兵已在防线上就位，面向东面和南面。由于该团当时抓获了数百名逃离布克布克的意军俘虏，因此他们判断敌军似乎正在全面撤退。于是，杨赫斯本命令B中队（巡洋坦克）从南侧包抄敌人，同时A中队和C中队的轻型坦克则沿着海岸公路笔直前进。但就在A中队高速驰骋时，他们不慎闯入一片盐沼，随后所有车辆都动弹不得。在大约500米外，一股意大利炮兵正以逸待劳。他们向A中队大举开火，摧毁Mk Ⅵ轻型坦克13辆，造成10人死亡，19人受伤。跟在A中队后方的B中队[①]也有一些轻型

---

　　① 译者注：原文如此，但实际应为C中队。

坦克陷入盐沼。此时，第3轻骑兵团可谓形势危急，但在B中队方向，1辆巡洋坦克和4辆装甲车正设法沿着狭窄小道穿过盐沼，并开始用机枪攻击意军炮兵阵地。后者完全没有意识到英军兵力如此之少，反而惊慌失措——约1800名士兵举起白旗，其中包括"卡坦扎罗"师的全体炮兵。与此同时，"卡坦扎罗"师其他部队[包括2个超轻型坦克营（第20轻型坦克营、第68轻型坦克营）]则向索卢姆撤退，并在比尔提什迪达（Bir Tishdida）形成了另一个后卫阵地。至于拉塞尔的第7装甲旅则一举攻克了哈尔法亚山口，然后于12月13日—14日挥师攻向比尔提什迪达。由于英军在此地没有"玛蒂尔达2"坦克，而意军又在海岸和悬崖之间的狭窄地带掘壕据守，因此拉塞尔只能用"薄皮"巡洋坦克和轻型坦克稳扎稳打。虽然连同2个超轻型坦克营在内，上述意军后卫最终被歼灭，但他们为第10集团军其余部队抵达巴尔迪亚赢得了时间。

事实证明，"罗盘"行动战果累累，并且似乎验证了英军的装甲作战理论。奥康纳最初声称在开局阶段抓获38000多名俘虏，消灭3个意大利师（第1利比亚师、第2利比亚师、第4"黑衫"师），同时击溃了第10集团军其余部队。但事实上，被歼灭的3个师和"马莱蒂"集群加在一起也只有不到25000人，而且由于第7装甲师的包围圈并不严密，可能还有一些人在12月10日—11日夜间逃脱。[28] 另外，奥康纳也无力继续向利比亚进攻：他不仅被迫交出印度第4师，并将该师派往苏丹（由澳大利亚第6师接替），战区后勤也濒临崩溃。英军的奇迹武器——"玛蒂尔达2"坦克——则消耗殆尽，完好车辆只相当于1个中队。A-9和A-10巡洋坦克在沙漠中故障频发，导致第7装甲师的战斗力江河日下。不仅如此，由于英军在"罗盘"行动之初轻松取胜，这使许多指挥官和部队滋生了轻敌情绪，并经常把部队拆散，在与德军"非洲军团"作战时，这种心态就带来了严重后果。

贝达富姆之路，1940年12月—1941年2月

猎狐于野，而后杀之。

——理查德·奥康纳中将，1941年2月7日

在"罗盘"行动发起6天后，"西部沙漠部队"已占领哈尔法亚山口和索卢姆。

第 11 轻骑兵团的巡逻队更是越过"边境围栏"开入了利比亚。[29] 但由于后勤问题，奥康纳已经很难把更多战斗部队调往埃及边境。大批意军战俘更是让其运力不堪重负，更不用说还要把印度第 4 师从前线撤回。此时，奥摩尔 - 克雷格已重新接管第 7 装甲师，为把装甲旅送过边境，他甚至被迫从师属支援群抽调所有机动运输车辆运送燃料和弹药。因此，奥康纳向利比亚①的进军一开始就只以坦克部队为主，炮兵或步兵支援极少，后勤保障更是后继乏力。[30]

在奥康纳把强大部队派过边境前，贝贡佐利获得了短暂的喘息机会，他在巴尔迪亚集结起 1 支部队，规模相当于 1 个军。其麾下有 4 个师，即第 62 师、第 63 师、第 1 "黑衫"师和第 2 "黑衫"师，外加一些部队残部。尽管英国皇家空军正在压制机场，令利比亚的意大利空军势穷力蹙，但意军对地攻击机单位仍对英军装甲部队发起过几次有力攻击：12 月 14 日，第 11 轻骑兵团有 4 辆装甲车被 CR.42 战斗机的扫射击毁，之后，意军对该团的空中骚扰持续不绝。然而，贝贡佐利最大的期盼是让巴比尼特别装甲旅投入战斗——12 月 12 日，该旅接收了第 2 个装备 M13/40 中型坦克的中型坦克营，即埃米利奥·伊齐中校的第 5 中型坦克营。[31] 拥有这支增援之后，巴比尼装甲旅实力已蔚然可观，共有 74 辆 M13/40 中型坦克和 40 辆 M11/39 中型坦克，此外还有 2 个超轻型坦克营。12 月 19 日，意军最高司令部更是下令将全部中型坦克运往利比亚。

在埃及，意军一败涂地，这在其指挥机构中引起了巨大震荡。第 10 集团军司令加里波第被迫辞职，并被专业的步兵军官朱塞佩·泰勒拉（Giuseppe Tellera）上将取代。但为确保周全，战区总司令格拉齐亚尼还是决定紧紧盯住泰勒拉。巴比尼装甲旅原本可以用作机动预备队，进而伺机打击第 7 装甲师，但格拉齐亚尼没有这样做，相反，他捡起了战前理论，并命令大部分装甲部队支援步兵。在具体分配上，巴比尼首先从第 3 中型坦克营抽出了 1 个 M13/40 中型坦克连 [即埃利奥·卡斯特拉诺（Elio Castellano）中尉指挥的第 1 连]，以便加强贝贡佐利麾下的巴尔迪亚守军的实力。此外，由于担心英军装甲部队可能绕过巴尔迪亚，直接攻击重要港口托布鲁克，格拉齐亚尼还命令该旅其他部队前往托布鲁克待命。

---

① 译者注：原文为"埃及"，明显有误。

格拉齐亚尼和贝贡佐利对巴比尼旅的运用可谓相当平庸。如果他们能看清奥康纳的困境，就不该如此行事。奥康纳不仅有持续后勤问题，而且澳大利亚第 6 师直到 12 月 21 日才抵达边境，炮兵、工兵和空中支援也极为有限。1940 年英国装甲师编制存在很多问题，尤其是只有 1 个炮兵团。此外，英军装甲车辆的战备状态也很令人担心：截至 12 月下旬，第 7 装甲师的 350 辆坦克只有 150 辆可用，第 7 皇家坦克团的 47 辆 "玛蒂尔达 2" 只有 25 辆可用。这些战前设计的英国坦克虽然战斗损失不大，但沙漠远程行动能力堪忧，另外，英国皇家陆军军械部队也无力在野战条件下修理车辆。最大问题来自 A-9 和 A-10 巡洋坦克的履带销，它们过于脆弱，很容易在乱石地上断裂。面对这些制约因素，奥康纳只能发动一场 "凑合" 的进攻，例如用缴获意大利卡车运送部分物资。他命令第 6 师逐步攻占巴尔迪亚（随后是托布鲁克），而装甲部队则尽量按兵不动。奥康纳认识到，作为战役 "重心"，第 7 装甲师绝不能被凭空消耗。因此，他并未给该师安排其他任务，而是只要求其为友军充当屏障。1941 年 1 月 1 日，"西部沙漠部队" 更名为第 13 军，但该军仍只有 2 个师，而贝贡佐利仅在巴尔迪亚要塞便有 4 个师——不仅如此，当地还有反坦克壕作为屏障，并有大量火炮和掩体提供保护。此外，贝贡佐利还有 1 个 M13/40 中型坦克连（13 辆坦克）和 3 个超轻型坦克营（第 20 轻型坦克营、第 61 轻型坦克营和第 63 轻型坦克营）。[32] 总之，这一次，英军不仅无法从侧翼寻找弱点下手，也无法实现出其不意的攻势。于是，第 6 师策划了一次预有准备的突击，其行动过程非常经典：1 月 3 日 6 时 40 分，英军开始了 25 分钟的炮火准备。在意军忍受折磨的同时，澳大利亚工兵迅速突破障碍带，并在反坦克壕上开辟了 6 处缺口，以便杰拉姆率领第 7 皇家坦克团通过。尽管意军防御火力猛烈，但到 7 时 30 分，已有 2 个 "玛蒂尔达" 坦克排从缺口穿过。[33] 虽然澳军之前没有步坦协同经验，但在这次战斗中，他们却和 "玛蒂尔达" 坦克配合默契：一突破意军外围防御，其步坦混合小组便迅速攻占了一个又一个阵地。为阻止敌军向城镇推进，贝贡佐利派出了卡斯特拉诺的中型坦克连。中午时分，在没有步兵支援的情况下，6 辆 M13/40 中型坦克排成一路纵队，沿着盖雷迪亚干谷（Wadi el Ghereidia）前进，试图攻击 1 个澳军步兵营。当地 1 个澳军反坦克排迅速应战。在随后的伏击战中，该排 3 辆 2 磅炮搭载卡车有 1 辆被击毁，但它们也摧毁了全部 6 辆意军坦克。[34]

之后，贝贡佐利只能让其余装甲部队在后方按兵不动。在攻击巴尔迪亚期间，第6皇家坦克团也有部分兵力参战，但在3辆Mk Ⅵ轻型坦克被敌军炮火击毁后，他们便再也没有介入行动。巴尔迪亚守军最终于1月5日投降，此时，杰拉姆的"玛蒂尔达"坦克只有3辆可以使用（其中一些被地雷炸毁，但更多瘫痪原因是发动机故障）。但英军又消灭了4个意大利师，并抓获40000名战俘。尽管如此，贝贡佐利还是带着约7000名部下逃到了托布鲁克。在巴尔迪亚，英军缴获了12辆完好的M13/40中型坦克，以及115辆CV-33/35超轻型坦克。其中后者几乎毫无用处，但前者却让澳军的师属骑兵分队——第6骑兵团——完成了换装。

在夺取巴尔迪亚港和另外700辆意军卡车后，奥康纳得以继续向西朝托布鲁克推进。当英军逼近托布鲁克时，巴比尼奉命抽出第1中型坦克营支援守军，而该旅其他部队则向梅奇利（Mechili）撤退。1月10日，澳大利亚第6师抵达托布鲁克附近，随后1周，他们每晚都会进行侦察巡逻，查探敌人的防御部署。奥康纳不想让第7装甲师的薄皮坦克（1月16日时共有69辆巡洋坦克和126辆轻型坦克）暴露在意军炮火之下，因此命令奥摩尔 - 克雷格率部在托布鲁克外围西侧充当屏障。在进攻托布鲁克时，奥康纳并没有攻击防御较弱的西面，而是试图在东南角取得突破。在当地，意军挖掘有反坦克壕沟，还有反步兵地雷作为掩护。为打破上述障碍，英军开始周密准备。步兵、坦克、炮兵和工兵通力合作，其效率在诸兵种合成行动中堪称典范。1月21日上午，进攻正式打响。在炮兵压制部分守军的同时，英军工兵开始迅速突破障碍带。随着一个个缺口在反坦克壕沟上被打开，第7皇家坦克团的剩余16辆"玛蒂尔达"坦克鱼贯而入，开始蹂躏意军防御阵地。[35]虽然意军炮火击中了1辆坦克并导致其无法行动，但他们对其他坦克几乎无能为力。同时，第6澳大利亚骑兵团也加入战斗，并投入了涂着袋鼠标志的M13/40中型坦克。此时，意军大部分M11/39坦克都因为机械故障而无法动弹，只能在外围阵地上掘壕据守，剩下的10辆对战况几乎无济于事。许多战前最优秀的坦克手——如皮埃特罗·米蒂卡（Pietro Mittica）军士长这样的常备军成员——都陷入包围圈，并将在英国战俘营里度过战争的余下时间。在托布鲁克，意军的抵抗崩溃得更快，到1月22日中午，其港口已被英军攻陷。在这里，英军找到了一些仍然完好的M11/39坦克，后者随即被第6澳大利亚骑兵团接管。然而，对于杰拉姆的第7皇家坦克团而言，托布鲁克却是个终点站——接下来，该团将带着残余的"玛蒂尔达"坦克返回亚历山大港重新领取装备。

夺取托布鲁克港改善了奥康纳的后勤状况，尤其是在燃料和饮用水方面。韦维尔命令他继续向班加西挺进，但奥康纳却有其他打算。事实上，奥康纳正计划派遣第 7 装甲师穿越沙漠，截断意大利人的退路，从而上演 20 世纪 30 年代初"实验机械化部队"训练时设想的"绝杀"。然而，尽管第 7 装甲师战斗损失不大，但只有不到一半坦克可用。而且由于缺乏备件，英军还被迫拆解部分损坏坦克，以此作为零件来源——这形成了一个恶性循环。甚至在攻占托布鲁克之前，奥摩尔 - 克雷格就被迫将第 6 皇家坦克团和第 8 轻骑兵团送回开罗重新领取装备，这导致其麾下只拥有 4 个装甲团（大部分都属于第 4 装甲旅，后者下辖第 2 皇家坦克团、第 3 轻骑兵团和第 7 轻骑兵团，共计 31 辆巡洋坦克和 57 辆轻型坦克）。事实上，奥摩尔 - 克雷格并不看好这次行动，因为他需要在茫茫沙海中行进 300 千米，这对后勤来说无异于一场噩梦，但步兵出身的奥康纳却不以为然。根据他的新计划，澳大利亚第 6 师沿海岸公路推进，穿过绿山地区，随后抵达德尔纳和班加西。与此同时，第 7 装甲师将分兵两处——第 7 装甲旅负责支援澳军前进，第 4 装甲旅则穿过沙漠向梅奇利进攻。英军情报部门隐约知道巴比尼的装甲旅，但不清楚其兵力和部署。托布鲁克陷落后，第 13 军立即加快速度向西转入追击，并让 2 个师分两路行动。奥康纳深信，他已将意大利第 10 集团军打得落花流水，因此分兵似乎是一种可取之策。

然而，泰勒拉并没有撤退，而是掘壕据守。虽然第 10 集团军的原有战力已大部分被歼灭，但增援也在不断赶来。此时，第 60 "萨布拉塔"步兵师（60a Divisione Fanteria Sabratha）正在开赴德尔纳，并试图封锁德尔纳干谷（Wadi Derna）。这是一处巨大的天然屏障，封锁着沿海公路。同时，巴比尼装甲旅则作为阻击部队部署在梅奇利。该旅拥有 2 个中型坦克营（第 3 中型坦克营和第 5 中型坦克营，共 57 辆 M13/40 中型坦克）、1 个超轻型坦克营（第 60 轻型坦克营）与大量步兵和炮兵支援。在托布鲁克投降当天，一支船队抵达班加西，上面运载着第 6 中型坦克营（共 37 辆 M13/40 中型坦克）和不少备用中型坦克，足够让第 21 轻型坦克营完成换装。届时，巴比尼的中型坦克将超过 120 辆，足以与英军巡洋坦克对抗。泰勒拉还知道，第 132 "公羊"装甲师的先头部队很快会在的黎波里卸载，并带来更多中型坦克。根据计划，一旦"公羊"装甲师抵达战场，就将

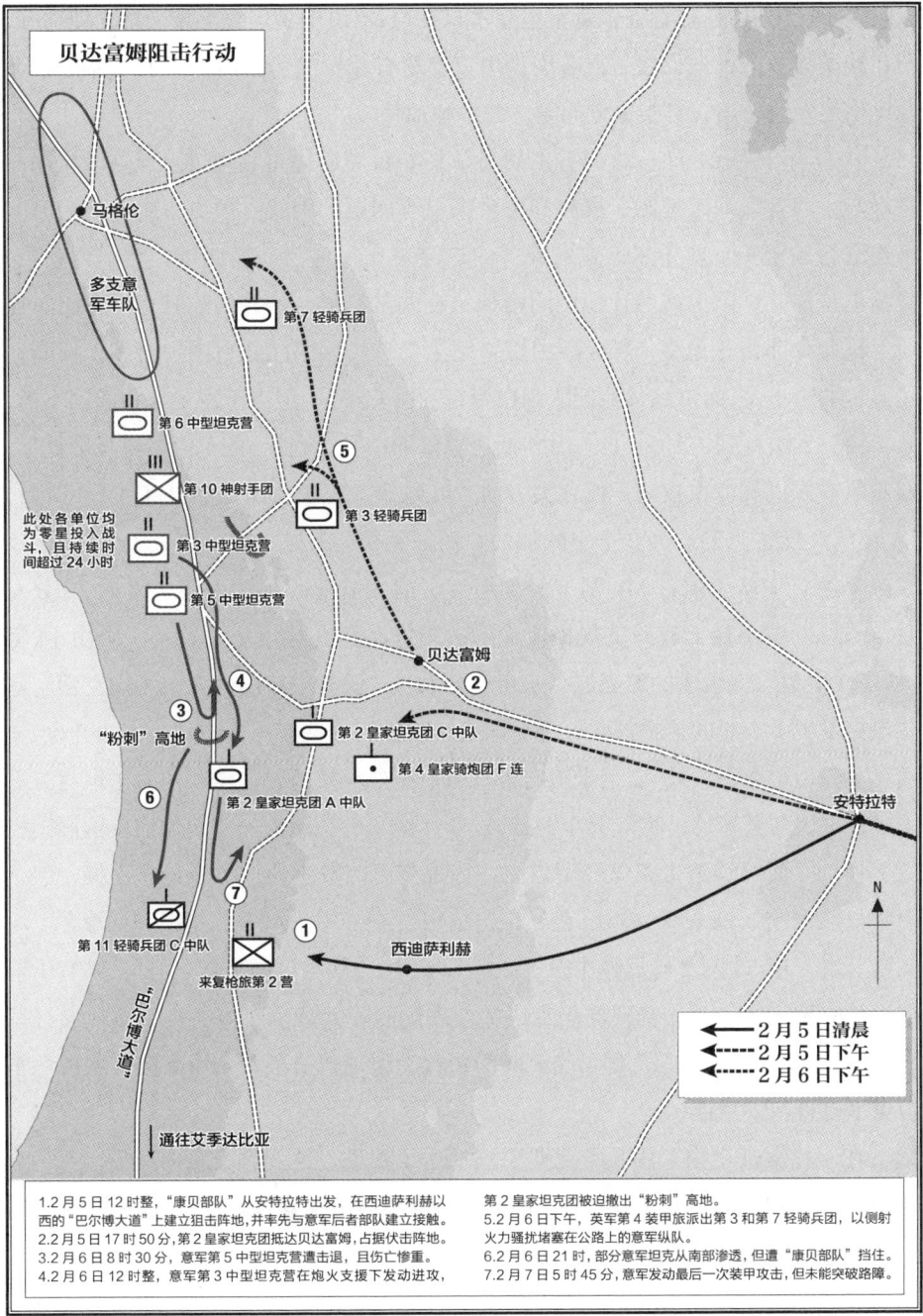

贝达富姆阻击行动

马格伦

多支意军车队

第7轻骑兵团

第6中型坦克营

第10神射手团

此处各单位均为零星投入战斗，且持续时间超过24小时

第3中型坦克营

第3轻骑兵团

第5中型坦克营

贝达富姆 ②

⑤

"粉刺"高地

③

④

第2皇家坦克团C中队

第4皇家骑炮团F连

⑥

第2皇家坦克团A中队

安特拉特

⑦

第11轻骑兵团C中队

来复枪旅第2营 ①

西迪萨利赫

N

"巴尔博大道"

2月5日清晨
2月5日下午
2月6日下午

通往艾季达比亚

1. 2月5日12时整，"康贝部队"从安特拉特出发，在西迪萨利赫以西的"巴尔博大道"上建立狙击阵地，并率先与意军后者部队建立接触。

2. 2月5日17时50分，第2皇家坦克团抵达贝达富姆，占据伏击阵地。

3. 2月6日8时30分，意军第5中型坦克营遭击退，且伤亡惨重。

4. 2月6日12时整，意军第3中型坦克营在炮火支援下发动进攻，

第2皇家坦克团被迫撤出"粉刺"高地。

5. 2月6日下午，英军第4装甲旅派出第3和第7轻骑兵团，以侧射火力骚扰堵塞在公路上的意军纵队。

6. 2月6日21时，部分意军坦克从南部渗透，但遭"康贝部队"挡住。

7. 2月7日5时45分，意军发动最后一次装甲攻击，但未能突破路障。

贝达富姆阻击行动，1941年2月5日—7日

吸收整个巴比尼旅。尽管许多意军坦克手只在M13/40中型坦克上接受过仓促训练，但在沙漠战争中，他们将首次在中型坦克上享有数量优势。1月23日，泰勒拉命令巴比尼发动反击，打击逼近的第7装甲师前锋。

1941年1月21日—23日，考恩特从托布鲁克向梅奇利推进。但这段旅途充满艰辛，并备受缺乏地图、燃料和电台失灵等问题的困扰。坦克车组在两天时间里连续行驶了140多千米，这对脆弱的巡洋坦克不啻为一场磨难。对于驾驶员，情况也是如此，因为疲劳让他们的精神状况非常糟糕。该旅的临时指挥官比尔克斯上校命令弗雷德里克·拜亚斯中校率领第7轻骑兵团向北包围梅奇利，切断通往德尔纳的小径，而该旅其他部队则在梅奇利以东集结。但由于沙尘暴和通信不畅，第7轻骑兵团直到1月24日5时才抵达德尔纳小径，而且一些车辆燃料几乎耗尽。拜亚斯本人也一度在夜间不慎迷失方向，导致第7轻骑兵团更加混乱。2小时后，"A梯队"抵达，开始为2个中队加油，而罗纳德·杰恩（Ronald F. Jayne）少校奉命率领C中队（配备 Mk Ⅵ b 轻型坦克）前去监视德尔纳小径。10时15分左右，杰恩发现小径上有一支规模庞大的敌军纵队正在接近——这是一个由14辆M13/40中型坦克组成的坦克连，来自埃米利奥·伊齐中校的第5中型坦克营。这些坦克发现了杰恩的掩护部队，并立即发起攻击，一些车组甚至边行进边开火。3辆英军轻型坦克很快被47毫米炮击中，迫使杰恩少校暂时撤退。但意军坦克穷追不舍，很快与英军"A梯队"车辆相遇。M13/40中型坦克一面向加油车辆倾泻机枪子弹，一面继续追击英军轻型坦克，打得英军四散逃避。杰恩请求支援，但A中队只能派出3辆A-9巡洋坦克。在这次短暂交锋中，A中队指挥官西摩尔-埃文斯上尉[①]用55发2磅炮弹击毁了2辆M13/40（炮术可谓糟糕），自己则有1辆巡洋坦克被击毁，另1辆巡洋坦克因为2磅炮故障而瘫痪（可能是长途沙漠行军导致炮膛被沙尘污损）。[36]哪怕交火时间短暂，但这仍是英军装甲部队首次被意军坦克手打得匆忙后退。

在一片混乱之中，团长拜亚斯中校抵达了现场，他立刻决定向亚历山大·哈科特中校的第2皇家坦克团求援。但哈科特并没有"循着枪声前进"，而是认为此

---

① 译者注：原文如此，此处似乎有误，如前文，其军衔应为少校。

事重大，必须由旅长定夺，因此耽搁了一段时间。2个巡洋坦克中队援军随后出动。11时20分左右，第2皇家坦克团A中队发现有意军坦克停在小径附近的山脊上，而且这些敌人犯了一个战术错误，即让车身"暴露在外"（sky-lined，即停在高地顶部，导致轮廓清晰可辨）——在坦克战术中，这是一种致命问题，需要绝对禁止。英军巡洋坦克立刻抓住这一良机，用2磅炮开始发威，将7辆M13/40中型坦克击毁，而自身则毫无损失。意军残余坦克只好撤退。在梅奇利附近的战斗中，意军总共损失了9辆M13/40中型坦克（有些说法认为只有7辆），英军损失了1辆A-9巡洋坦克和6辆Mk Ⅵ b轻型坦克。虽然英军宣称自己在战术上是赢家，但一个不争的事实是：第7轻骑兵团遭到了痛打。另外，他们还清楚认识到，意军在梅奇利拥有一支强大的中型坦克部队。有鉴于此，奥康纳命令奥摩尔-克雷格包围该镇，并在第7装甲师全部到位后消灭巴比尼旅。[37]

经历了在北非战场最初几周的磨炼，意军坦克兵很快发现M13/40有许多技术缺陷。首要问题是没有电台，导致他们甚至难以指挥1个连。其次是炮塔内部狭窄，没有炮塔吊篮，而且坦克主传动轴紧贴车体，经常对乘员造成严重妨碍。和许多早期坦克一样，M13/40的炮塔也采用液压装置[即"卡尔佐尼设备"（Calzoni device）]驱动，但这套设备很容易损坏，导致乘员只能手动旋转炮塔。20世纪80年代，笔者曾驾驶过M60A3坦克，实际体验就是一旦炮塔动力旋转机构出现故障，手摇炮塔将非常艰辛，而且射击速度也会明显变慢。不过，M13/40中型坦克也不无亮点。例如，其主炮瞄准镜可以与英军Mk Ⅳ A巡洋坦克（A-13巡洋坦克）上的24号瞄准镜（Telescope No. 24）媲美，而且意军坦克同时配有被帽穿甲高爆弹（APBC/HE）和高爆弹[即"39型穿甲弹"（perforante 39）和"35型通常弹"（ordinario 35）][38]，而英军坦克只有穿甲弹可用。虽然Mk Ⅳ A巡洋坦克在机动性上胜过M13/40，但很难在沙漠乱石地从容行动，尤其是履带很容易脱落。在装甲防护能力方面，M13/40也比Mk Ⅳ A巡洋坦克（后者在设计时更追求速度）略胜一筹。总之，如果车组成员训练有素，M13/40中型坦克原本可以在战场上有所表现，但在沙漠战争最初阶段，这样的意大利坦克手还没有诞生。

截至1月25日，形势对意军并非完全不利。在德尔纳干谷，贝贡佐利挡住了澳大利亚第6师；在梅奇利，巴比尼也暂时阻止了第7装甲师先头部队。随着雨季开始，沙漠小径将化为泽国，这将为防守方创造极大优势。英军的补给情况也非常糟糕，前线部队缺乏燃料和弹药。虽然意军的 M13/40 中型坦克并不出色，但如果战术运用得当，它仍可以击败英军巡洋坦克，何况第 7 装甲师各巡洋坦克中队已消耗殆尽，在数量上与对方处于 1∶2 的劣势。但格拉齐亚尼却突然插手，从而帮了英军大忙——当时，这位意大利元帅已逃到了黎波里，并相信英军装甲部队比实际情况更为强大。因此他命令泰勒拉将巴比尼旅撤出梅奇利，前往西北 70 千米处的斯隆塔（Slonta），以保护贝贡佐利的右翼。结果，在 1 月 27 日，第 7 装甲师兵不血刃就攻入了梅奇利，而巴比尼旅最终也未能阻止澳大利亚步兵越过德尔纳河谷、包抄贝贡佐利的防线。1 月 28 日—29 日夜间，贝贡佐利被迫放弃德尔纳，向班加西撤退。巴比尼提供了一些坦克为步兵殿后，而其他下属部队则奉命穿越沙漠，其目的地是安特拉特（Antelat），当地在班加西南面，距离后者 146 千米。

　　尽管第 7 装甲师把意大利第 10 集团军赶出了有利阵地，而且全程损失轻微，但由于巴比尼旅从梅奇利全身而退，奥康纳仍对师长奥摩尔 - 克雷格倍感愤怒。他评论道："一到夜间，（我军）装甲部队就变得畏首畏尾，不敢行动……"但这一指责完全站不住脚。首先，第 7 装甲师早先曾在西迪巴拉尼以南实施夜间机动，成功突袭意军营地。其次，虽然意军得以在夜间撤退，但此类行动和进攻有本质不同，这并不意味着英军装甲兵可以在夜间向敌境进发，并与对手交战，何况当时各国装甲部队都未接受过大规模夜战训练。[39] 尽管奥康纳很有作战天赋，但不了解机械化行动，对作战限制因素和后勤问题了解则更少。当奥摩尔 - 克雷格抱怨缺乏燃料，并指出为保持一半装甲车辆机动性而迫拆解残损坦克时，奥康纳立刻批评他妨碍了战役胜利（实际上这次战役的成果已经远远超过了初始目标）。但另一方面，他却不断给第 7 装甲师添加新任务，并告诉奥摩尔 - 克雷格，为完成任务，装甲部队必须超负荷运转。

　　奥摩尔 - 克雷格希望第 7 装甲师在梅奇利稍事休整，以便趁机补充物资。他还知道，第 2 装甲师先头部队已经抵达埃及，2 个新装甲团（第 3 皇家坦克团和第 5 皇家坦克团）将很快到来。事实上，在 2 月 2 日，第 2 装甲师辖下的国王龙骑兵禁卫团（King's Dragoon Guards）B 中队 [指挥官为克罗斯利（A.P.C.Crossley）少校，配备马蒙 - 赫灵顿（Marmon-Harrington）装甲车] 已抵达梅奇利，并被配属给消耗殆尽的第 11 轻骑兵团。[40] 由于澳大利亚师正在利用缴获意军坦克继续向班加西挺进，奥康纳原本可以趁机让其余装甲力量稍事休整，以备后续行动，但他在 2 月 3 日突然做出决定，要求第 7 装甲师一部沿沙漠小径前往姆苏斯（Msus），随后向海岸进军，拦截从班加西撤退之敌。英军侦察显示，敌人正在全力逃窜，奥康纳显然不想让他们溜之大吉。但这次机动意味着让 1 支装甲部队穿越 200 多千米沙漠小径，沿途不仅地形陌生，还远远超出了补给范围。这是一个大胆、激进的决定，如果成功，其回报将异常丰厚，但失败也将无异于浩劫。

鉴于第 7 装甲师车辆状况不佳、燃料捉襟见肘，奥康纳命令奥摩尔 - 克雷格挑选剩余车辆，统一交给考恩特的第 4 装甲旅，而第 7 装甲旅（仅剩第 1 皇家坦克团）则留在梅奇利附近。2 月 4 日 8 时 30 分，第 4 装甲旅（含第 3 轻骑兵团、第 7 轻骑兵团和第 2 皇家坦克团）的 50 辆巡洋坦克和 95 辆轻型坦克开始向姆苏斯推进，而康贝的第 11 轻骑兵团则派出 C 中队与国王龙骑兵禁卫团 B 中队一道为其担任先导。支援部队只有 1 个摩托化步兵营（来复枪旅第 2 营）、第 4 皇家骑炮团 C 连（共 8 门 25 磅炮）和 1 个反坦克炮连（共 9 门 37 毫米反坦克炮），燃料则只有 2 个油箱基数（load），不过更多燃料据称会随后抵达。从梅奇利出发后，考恩特旅必须穿越 80 千米崎岖地形，当地乱石嶙峋，导致很多薄皮油桶因不堪颠簸而破裂。对 Mk Ⅵ b 轻型坦克，这种砾石地貌更是令人苦不堪言。在天气好的时候，A-10 巡洋坦克可凭借自带燃料行驶大约 100 千米，但当时阴雨连绵，还经常刮起沙尘暴，令行军过程变得令人痛苦不堪。燃料消耗很快，车辆行驶缓慢。很明显，全旅已无法在天黑前抵达姆苏斯。但奥摩尔 - 克雷格却不愿因为让敌人逃脱而受到奥康纳的斥责，因此决定以康贝的第 11 轻骑兵团和支援群为基础组建一个快速追击群，即"康贝部队"。该部队一马当先，在 15 时抵达姆苏斯，随后又向西南方前进了 40 千米，其第 11 轻骑兵团最终在 1 天内狂飙了 175 千米（考恩特的坦克只走了 70 千米）。[41] 第 7 装甲师的电台通信范围一般只有 60—80 千米，这导致英军一度难以开展指挥和控制。[42]

当英军装甲"铁钳"穿越沙漠时，意军侦察机也向泰勒拉报告了情况，后者立刻下令轰炸这些纵队（英国空军几乎没有为其提供战斗机掩护）。[43] 当时，意大利空军有一种新式武器——AR-4 空投地雷，或者说"机载拒止弹药"，英军将其称为"保温瓶炸弹"（thermos bomb），主要由 S.79 轰炸机撒布在敌方纵队必经之路上。虽然 AR-4 属于人员杀伤地雷，但它们仍能摧毁卡车，或破坏坦克履带，从而给"康贝部队"的轮式车辆带来了一些麻烦。[44] 此次行动，当地沙漠小径上布满了未爆弹，从而改变了未来战役发展。

尽管 AR-4 地雷未能阻止考恩特，但超过一半英军坦克都饱受机械故障折磨。掉队坦克只能被留在后方，如果走运，它们将被皇家陆军勤务部队小组回收。在此期间，有 1 辆 Mk Ⅵ b 坦克的车组成员被困在沙漠中，只能靠极少数物资苟活。直到 3 周后，1 架皇家空军战机从附近飞过，看到沙地上赫然写着几个大字——"救命"，上述失踪者才侥幸获救。[45] 这一阶段也凸显了意军坦克的另一个优势——拥有柴油发动机。这赋予了它们战役机动性。在沙漠中，M13/40 中型坦克每千米仅消耗约 1.75 升柴油，而配备汽油机的 A-13 巡洋坦克则要消耗 3.5 升汽油，两者的油耗比接近 1：2。虽然柴油较重（0.85 千克 / 升，而汽油为 0.75 千克 / 升），确实会影响后勤运输规划。但要让 30 辆中型坦克在沙漠中前进 100 千米，英军需要大约 4 吨燃料，而意军则只需要 2.2 吨。

奥摩尔 - 克雷格指示康贝前往贝达富姆（Beda Fomm）/ 西迪萨利赫（Sidi Saleh）附近建立阻击阵地，并要求考恩特旅尽快赶到。由于没有地图，康贝只能依靠指南针率部前进。2 月 5 日上午，第 11 轻骑兵团 C 中队抵达安特拉特，其小股巡逻队则向西迪萨利赫和贝达富姆驶去。中午时分，英军摩托化步兵和炮兵抵达，一个阻击阵地随即建立起来，将"巴尔博大道"一举切断。然而，许多英军车辆在抵达海岸时燃料已经耗尽。另外，在"康贝部队"抵达海岸之前，由于第 11 轻骑兵团有无线电通信被截获，泰勒拉已经得知英军正在进行包抄。[46] 然而，当时巴比尼旅仍在班加西殿后，对上述英军鞭长莫及。大约 14 时 30 分，一大队意大利运输车出现在远方，其中大部分是支援部队，此外还有 1 个神射手营。意大利人试图溜过路障，但枪炮火力雹时倾泻而下，使之损失惨重。考恩特旅先头部队于 16 时 30 分抵达安特拉特。随后，第 7 轻骑兵团奉命前进，从意军纵队侧翼发起攻击。这些坦克径直从其撤退路线上穿过，让对手惊慌失措，其中一些支援部队顿时溃不成军。在贝达富姆，意军阵脚大乱，虽然他们仍有数量优势，但指挥已近乎失灵。黄昏时分，意军纵队被击退，留下 1000 多名俘虏，只是"康贝部队"弹药也所剩不多。[47]

2 月 5 日晚些时候，双方都在调兵遣将。为攻击英军路障，贝贡佐利打算投入预备队——"比尼亚米"集群（Raggruppamento Bignami）。该集群包括 2 个中型坦克营（第 6 中型坦克营和第 21 中型坦克营）、2 个神射手营和 1 个炮兵营。但奥摩尔 - 克雷格已派遣第 1 皇家坦克团 [团长：乔治·卡尔弗韦尔（George J. N. Culverwell）中校，共 10 辆巡洋坦克和 8 辆轻型坦克] 在贝达富姆以北就位，他们控制着一处名叫斯塞莱迪马（Sceleidima）的地区，并配有支援群其余部队。他们与"比尼亚米"集群迎面遭遇。在战斗中，双方未分胜负，而且都被彼此咬住，未能在最初阶段介入贝达富姆附近的战斗。贝贡佐利还试图将巴比尼旅南移，但由于澳大利亚人紧追不舍，他不得不留下部分部队用于保护后卫。因此，在贝达富姆附近，贝贡佐利根本无法为突破英军路障集结重兵，只能零敲碎打地做出尝试。在后续战斗中，双方也没有获得有力空中支援。

2 月 5 日—6 日夜间，一场冷雨袭来，将战场浇得湿透。各种意军车辆聚集在英军阻击阵地以北约 5 千米处，尽管对手兵力极为分散，但意军却非常消极——没有派出任何巡逻队，也没有尝试对路障发动夜间渗透。与此同时，亚历山大·哈科特中校将第 2 皇家坦克团（12 辆巡洋坦克和 7 辆轻型坦克）开进了坚固阵地，其位于贝达富姆以西 7 千米处，靠近一个绰号"粉刺"（the Pimple）的高地。其 A 中队由杰拉德·斯特朗（Gerald Strong）少校指挥，拥有约 6 辆 A-13 巡洋坦克。这些坦克在半埋式阵地中待命，只有炮塔露在外面。C 中队则由詹姆斯·理查德森（James Richardson）少校指挥，拥有约 6 辆 A-9 和 A-10 巡洋坦克，位置更为靠东，靠近所谓的"清真寺岭"（Mosque Ridge），即第 4 皇家骑炮团 F 连 8 门 25 磅炮的部署地点。为掩护第 2 皇家坦克团右翼，并防止阻击阵地遭到包抄，考恩特投入了第 3 轻骑兵团和第 7 轻骑兵团的轻型坦克。所有英国装甲部队都垂直于"巴尔博大道"部署，形成一个巨大的"L"形伏击阵地，其基石则是"康贝部队"。

拂晓（6 时 30 分），斯特朗少校发现了一动不动的意军部队，其位置在 A 中队北面，但位于 2 磅炮射程之外。上午，冷雨再度降临，并导致能见度恶化。8 时 30 分左右，泰勒拉和巴比尼终于将足够的坦克调到南面，但步兵或炮兵支援仍杳无音讯——此时，缺乏电台成了一个致命弱点。此外，意军也没有进行任何侦察，也没确定英国人的阵地在哪里。虽然 CV-35 超轻型坦克非常适合这项任务，但已没有几辆可用。在这种情况下，巴比尼所部只得分为数队，组成楔形队形，沿着海岸公路摸索前进。由于没有电台，各纵队几乎无法协调和照应。在距离"粉刺"高地不到 600 米处，埃米利奥·伊齐中校的第 5 中型坦克营突然发现了斯特朗少校的 A-13 巡洋坦克，可一切都太晚了，他们已径直闯入 A 中队的歼敌区域。10 辆 M13/40 中型坦克中很快有 8 辆被击毁。[48] 斯特朗随后命令 A 中队后撤，前往下一处阵地，以便与另一个意军坦克连交火。在那里，他们又击毁了 7 辆 M13/40。与此同时，理查德森少校的 C 中队也被调往前线，他们与第三个意军坦克连交战，一举击毁 8 辆 M13/40。至此，意大利第 5 中型坦克营已全军覆没，营长伊齐中校也在战斗中负伤——在被击毁前，他麾下的坦克甚至无法向英军还手。虽然两个英军中队都耗损严重，但其指挥官却可以利用电台协调行动、指挥射击，从而极大增强了部队的战斗力。因此，他们只用几分钟就打垮了 3 个意大利坦克连，击毁 M13/40 中型坦克多达 25 辆，而自身毫无损失。[49] 从英军角度，贝达福姆的首轮战斗几乎可以被称作反坦克伏击战的典范。

这次挫折让泰勒拉倍感痛苦，但他还是设法让一些火炮投入战斗，并命令巴比尼从第 3 中型坦克营（营长：卡洛·乔尔迪中校）抽调更多坦克。他决定亲自领导第二次突围，并登上了其中一辆坦克。行动于 11 时 15 分左右开始。这一次，意军已意识到英国装甲部队正在"粉刺"高地附近驻扎，于是用 75 毫米和 105 毫米榴弹炮猛轰这座山头。到 12 时，第 2 皇家坦克团已有 4 辆巡洋坦克被直瞄和间瞄火力击毁，其中包括理查德森少校的 A-10 巡洋坦克座车。另一支意军纵队随即向"粉刺"高地逼近，同时有至少 1 个连的 M13/40 中型坦克伴随。第 2 皇家坦克团成功将其中 3 辆 M13/40 中型坦克击毁，但各巡洋坦克中队的弹药此时几乎耗尽，而且坦克数量也下降到只有 8 辆。诺曼·普劳（Norman T. Plough）少尉是 A 中队的一名车长，他报告说，在行动之初，他们携带了 112 发 2 磅炮弹（有些加挂在车体外），但到中午左右，这些炮弹已经耗尽。而且目标中有大量敌军卡车，因此机枪子弹也所剩无几。[50] 在这种情况下，团长哈科特中校被迫从"粉刺"高地附近撤出 2 个中队，以便相互调配弹药。为在第 2 皇家坦克团脱离接触期间骚扰意大利纵队，减缓其行动速度，考恩特命令第 3 轻骑兵团和第 7 轻骑兵团展开机动，打击敌军侧翼。在第 2 皇家坦克团 B 中队（共 6 辆 A-9 和 A-10 巡洋坦克）支援下，他们成功击毁了另外 3 辆 M13/40，但自身也有 1 辆 A-10 巡洋坦克被击毁，车组人员被俘。第 2 皇家坦克团已是深陷重压，"粉刺"高地也落入意军手中，包围圈离破裂只有一步之遥。但英军并不知道，意军指挥官泰勒拉受了致命伤（座车被击毁，肺部被弹片击中），突围已改由贝贡佐利和巴比尼指挥。在当天，尽管弹药不足，第4皇家骑炮团的25磅炮阵地仍一直在猛轰意军纵队，他们给"软皮"车辆造成了巨大破坏，并让意军形势更加危急。

到2月6日傍晚，考恩特旅已不堪重压，他请求奥摩尔-克雷格派出卡尔弗韦尔的第1皇家坦克团驰援贝达富姆，以便为守军提供帮助。但由于通信不畅，这一请求并未被按时传达，而且第1皇家坦克团也需要花时间补充燃料，因此这支援军直到黄昏时才赶到。当该团的2个中队抵达时，大雨和黑暗让战场上敌我难辨，因此他们只能暂时骚扰意军纵队侧翼。[51] 同样不容乐观的是，随着第1皇家坦克团从斯塞莱迪马之战中抽身，贝贡佐利也得以将"比尼亚米"集群的装甲车辆调往贝达富姆。其中一支部队是第6中型坦克营，其乘员于两周前才抵达北非，只在意大利接受过仓促训练。至于另一支部队——第21中型坦克营——则是在撤退途中换装M13/40中型坦克的，对这种新武器几乎完全陌生，而且他们根本没有时间完成射击或战术训练，只能进行简单操作。在这种情况下，巴比尼从第6中型坦克营派出1个分队，试图从"粉刺"高地向南推进，但他们遭遇了理查德森的C中队，有3辆坦克中弹被毁。日落后，17时17分，贝贡佐利命令残余装甲部队用海岸沙丘作掩护，绕过第2皇家坦克团向西推进。由于视野有限，其中一队在21时左右来到"康贝部队"附近。在当地，英军设法埋设了一些反坦克地雷，将4辆M13/40中型坦克炸瘫，并迫使意军其他装甲车辆停止前进。最终，意军只有少量人员和车辆趁着夜色成功越过路障。根据第11轻骑兵团的作战日志，这些幸存者中包括1名意军"轻装甲团"团长，他后来抵达艾季达比亚（Agedabia），但最终还是在战斗结束后被英军俘虏。[52]

2月7日拂晓前，即大约5时45分，意军再次试图突破路障——这也是他们的最后一搏。当时，意军仍有大约23辆中型坦克可用，在晨光中，它们向英军第106皇家骑炮团驶去。后者立刻用搭载37毫米反坦克炮的卡车开火，击毁多辆坦克，但自身9辆卡车中也有8辆损失。[53] 最后，第4皇家骑炮团C连向意军发射了120发25磅炮弹，最终将这次攻势一举击溃。当第4装甲旅其他部队稍后向意军纵队逼近时，发现对手已然溃不成军。在当天其余时间，英军一共抓获了数千名俘虏（总数已上升至 2 万人），其中包括贝贡佐利和巴比尼。第 10 集团军已不复存在。尽管第 13 军战果辉煌，但他们已无法再向的黎波里推进，进而征服整个利比亚。第 7 装甲师被奥康纳消耗殆尽，这支老牌部队需要数月时间恢复元气——这是这场战役经常被忽视的一个结果。"西部沙漠部队"原有的履带式和轮式车辆也有 80% 损失或瘫痪。[54] 即使如此，在第二次世界大战中，单个装甲师在一场战役中取得如此战略性的胜利也是极为罕见的。第 7 装甲师证明，战前英军对坦克的投资是完全物有所值。

据利德尔 - 哈特所说，英军在贝达富姆战场上共清点出 101 辆 M13/40 中型坦克，其中 48 辆被 2 磅炮击毁、8 辆被其他火炮击毁、6 辆受损原因不明。[55] 共有 39 辆 M13/40 中型坦克被完整缴获，其中大部分来自从未投入战斗的第 21 中型坦克营。[56] 另外，他们还有 1 个超轻型坦克营——第 60 轻型坦克营——在贝达富姆被歼灭。虽然英军资料经常强调意军战俘的数量，但诡异的是，他们却对意军的阵亡和战伤人数只字不提。在贝达富姆，意军坦克兵至少有一半死伤，步兵和炮兵也一定损失不小。有些英军坦克使用了 2 磅穿甲高爆弹，后来查明，正是它们造成意军坦克兵大量死亡。[57] 意军坦克在贝达富姆惨败的一个重要原因是缺乏电台，但在众多问题中，这只是冰山一角，更重要的是，他们对新式中型坦克全然陌生，导致他们根本无法改变战场形势。相反，英军坦克手大部分是常备军人员，早在战前便已服役，训练有素，射击、战术机动和通信能力优异，这使他们得以克敌制胜。虽然在战役开始阶段，意军坦克手与炮兵和空中支援配合良好，但在贝达富姆，随着突围在绝望中开始，这种协同彻底消失了。如果意大利人在战争爆发前就拥有中型坦克，并给官兵足够训练时间，使其懂得如何发挥这些坦克的价值，那么贝达富姆战役的结果可能大不相同。无可否认，在这场灾难中，意军装甲部队笨拙到了极点，但在此之后，他们的表现便开始回升——英军在北非再也没有遇到过如此稚嫩的敌人。

在英军看来，贝达富姆的胜利完全证明了他们战前的装甲作战理论。其中，仅哈科特的第 2 皇家坦克团就击毁了约 40 辆意大利坦克，而自身仅有 3 人阵亡，4 人受伤。[58] 虽然英军坦克机械可靠性一向很差，但在"西部沙漠部队"，有四分之一坦克在行驶 800 多千米后抵达目标，并且还保持着战斗力。英军机械化骑兵的劳斯莱斯装甲车和 Mk VI b 轻型坦克已经过时，亟须更新换代，但它们在战役中表现出色。第11轻骑兵团是这场战役中的"明星",风头甚至盖过了第7皇家坦克团。尽管后者所向披靡,但出场时间很短。不可否认的是,在这场战役中,英军暴露出了种种问题,如2磅炮缺乏高爆弹,装甲部队缺少建制内防空能力,诸兵种合成作战资源有限……尤其是在机动后勤领域,由于运输车辆不足、燃料罐质量恶劣,事先没有储存备件,其后续机械化作战一度难以开展。但即使如此,这些问题并未给英军带来重大损失,而且其诸兵种协同似乎也中规中矩。总之,尽管上述情况无可回避,但贝达富姆之战的余晖掩盖了一切。

"罗盘"行动期间第1皇家坦克团的 Mk IVA 巡洋坦克"艾米"(Amy)。MK IVA(A-13)坦克的行驶半径明显小于 A-9 或 A-10 坦克,但设计更为成熟。请注意,该车的牵引钢索已按临战状态配置就绪。(作者收藏)

第一个装备 M13/40 中型坦克的意大利坦克营于 1940 年 10 月抵达班加西，但该部队随后被留在利比亚充当预备队。事实上，这种坦克直到 1941 年 1 月才在巴尔迪亚投入战斗。（作者收藏）

1941年1月3日清晨，澳大利亚步兵在第7皇家坦克团1辆"玛蒂尔达"坦克背后前进。在北非战役中，英军执行过多次预有准备的攻击，而巴尔迪亚突破行动无疑是其中执行得最好的一次，并且严格遵守了战前理论。（作者收藏）

在贝达福姆，一名英军阻击部队士兵正看着意大利车辆在前方燃烧：看上去，这些英军似乎是想利用废弃卡车构建障碍。（作者收藏）

1940 年 12 月 30 日，沙漠中的 1 个寒冷清晨，1 个英军 Mk VIb 轻型坦克车组对着镜头微笑，而且他们看上去相当干净。但只要经过数周野外艰苦生活，这些车组及其座驾就会变得脏乱不堪。（帝国战争博物馆供图，图片编号 E1501）

本照片更接近真实情况：1940 年 12 月，1 辆 A-10 巡洋坦克的成员正在用餐，其中每个人都看上去颇为邋遢。坦克车组的战友情谊对赢得机械化战争胜利至关重要，但这一点经常遭到忽略。（作者收藏）

1941 年 2 月，英国军官在 2 辆 M13/40 坦克旁交谈，摄于贝达富姆。这些坦克缴获自意军第 5 中型坦克营。在这次行动中，意大利第 10 集团军损失了 101 辆 M13/40 坦克，其中 39 辆被完整俘获。（作者收藏）

1941 年 2 月 24 日，国王直属龙骑兵团率先与"非洲军团"先头部队遭遇。双方在阿盖拉附近打响初战，在此期间，国王龙骑兵禁卫团有两辆马蒙－赫林顿装甲车被装备更精良的德国装甲车击毁。（作者收藏）

1941 年 3 月 31 日，几辆英国装甲车和 1 辆 A-13 坦克被遗弃在布雷加港。由于缺乏准备，英国第 2 装甲师未能完成掩护任务，只能匆忙撤退。（作者收藏）

在"罗盘"行动期间，第 7 皇家坦克团团长是罗伊·杰拉姆中校（1895 年—1974 年）。杰拉姆是位老坦克兵，曾在一战中获得过勋章。1940 年，他对第 7 皇家坦克团的领导堪称典范，但杰拉姆并未继续在中东服役。战前，英国陆军只有一小部分经验丰富的装甲指挥官，而且人员任命往往不得要领。（作者收藏）

战斗在布雷加港爆发。德军调来一门 8.8 厘米高射炮与第 5 皇家坦克团交战，后者很快撤退。附近一辆四号坦克车组则饶有兴趣地观看着战斗。（《南德意志报》供图，图片编号 00333390）

1941 年 3 月底，第 5 皇家坦克团抵达利比亚前线，但有一半坦克在途中抛锚。在本图中，皇家陆军军械部队的技术人员正在维修一辆 A-13（Mk IVA）巡洋坦克。（作者收藏）

注释

1. 参见乔治·戴维,《第7团和他们的三个敌人：第7女王直属轻骑兵团的二战经历》,第29页。

2. 参见杜德利·克拉克,《战争中的"第十一"：第11（阿尔伯特亲王直属）轻骑兵团的战争经历,1934—1945》（伦敦：迈克尔·约瑟夫出版社,1952年出版）,第92页—第94页。

3. 参见乔治·戴维,《第7团和他们的三个敌人：第7女王直属轻骑兵团的二战经历》,第30页。

4. 参见马里奥·蒙塔纳利,《北非作战,第1卷,西迪巴拉尼,1940年6月—1941年2月》,第64页—第65页。

5. 参见肯尼斯·马克西,《贝达富姆：胜利典范》（纽约：巴兰坦出版社,1971年出版）,第15页。

6. 参见尼古拉·皮尼亚托,"'达万佐'纵队"（La Colonna D'Avanzo）,出自《军事历史》（Storia Militare）第55期（1998年出版）。

7. 参见科雷利·巴内特,《沙漠将军》（伦敦：卡塞尔出版社,1983年出版）,第27页。

8. 参见乔治·戴维,《第7团和他们的三个敌人：第7女王直属轻骑兵团的二战经历》,第35页—第37页。

9. 参见雅努斯·莱德沃赫（Janusz Ledwoch）,《墨索里尼的坦克》（Czolgi Mussoliniego）,出自《坦克力量》（Tank Power）丛书第29卷 [军事出版社（Wydawnictwo Militaria）,2006年出版]。

10. 参见肯尼斯·马克西,《贝达富姆：胜利典范》,第33页。

11. 参见斯蒂文·扎洛加,《反坦克步枪》（The Anti-Tank Rifle）（牛津：鱼鹰出版社,2018年出版）,第54页。

12. 参见伊恩·普雷菲尔,《地中海和中东,第1卷：对意大利的早期胜利》,第209页—第210页。

13. 参见马里奥·蒙塔纳利,《北非作战,第1卷,西迪巴拉尼,1940年6月—1941年2月》,第114—第115页。

14. 参见第7皇家坦克团作战日志,"第6号运动命令（1940年10月）"。

15. 参见肯尼斯·马克西,《贝达富姆：胜利典范》,第50页和第54页。

16. 参见杜德利·克拉克,《战争中的"第十一"：第11（阿尔伯特亲王直属）轻骑兵团的战争经历,1934-1945》,第129页—第131页。

17. 参见第11轻骑兵团作战日志,"1940年11月19日"条目。

18. 参见路易吉·克里尼蒂（Luigi Criniti）中校,"对阿布希拉特山丘之战的记录,1940年11月21日"（Account of Battle of Alam Abu Hileiqat, 21 November 1940,缴获文件）,出自第5皇家骑炮团C连作战日志（1940年11月）。

19. 参见帕特里克·德拉福斯（Patrick Delaforce）,《驯服德国坦克：蒙蒂的坦克营,战争中的第1皇家坦克团和第2皇家坦克团》（Battles with Panzers: Monty's Tank Battalions, 1 RTR &2 RTR at War）[伦敦：卢姆出版社（Lume Books）,2021年出版],第226页。

20. 参见肯尼斯·马克西,《贝达富姆：胜利典范》,第65页。

21. 参见霍华德·克里斯蒂（Howard R. Christie）,《坠落之鹰：意大利第10集团军在西部沙漠战役初期,1940年6月》（Fallen Eagles: The talian 10th Army in the Opening Campaign in the Western Desert, June 1940）[新西兰奥克兰：泡菜伙伴出版社（Pickle Partners Publishing）,2014年出版]

22. 参见第22号军事训练单行本,《陆军坦克营的战术处置,第三部分》[英国陆军部,1939年9月出版],第5节、第6节、第8节、第9节。

23. 参见巴西尔·利德尔-哈特,《坦克：皇家坦克团史,第2卷》,第45页。

24. 参见马里奥·蒙塔纳利,《北非作战,第1卷,西迪巴拉尼,1940年6月—1941年2月》,第216页。

25. 参见马里奥·蒙塔纳利,《北非作战,第1卷,西迪巴拉尼,1940年6月—1941年2月》,第219页。

26. 参见乔治·戴维,《第7团和他们的三个敌人：第7女王直属轻骑兵团的二战经历》,第62页。

27. 参见帕特里克·德拉福斯,《驯服德国坦克：蒙蒂的坦克营,战争中的第1皇家坦克团和第2皇家坦克团》,第62页。

28. 参见《英国在北非的第一次攻势（1940年10月至1941年2月）》[La Prima Offensi a Britannica in Africa Settentrionale (Ottobre 1940-Febbraio 1941)]第1卷和第2卷（罗马：意大利陆军总参谋部历史办公室）,第374页。

29. 参见杜德利·克拉克，《战争中的"第十一"：第 11（阿尔伯特亲王直属）轻骑兵团的战争经历，1934—1945》，第 136 页—第 137 页。

30. 参见肯尼斯·马克西，《贝达富姆：胜利典范》，第 91 页。

31. 参见马里奥·蒙塔纳利，《北非作战，第 1 卷，西迪巴拉尼，1940 年 6 月—1941 年 2 月》，第 248 页。

32. 参见马里奥·蒙塔纳利，《北非作战，第 1 卷，西迪巴拉尼，1940 年 6 月—1941 年 2 月》，第 271 页。

33. 参见加文·朗（Gavin Long），《向班加西前进》（To Benghazi）[堪培拉：澳大利亚战争纪念馆（Australian War Memorial），1961 年出版]，第 166 页。

34. 参见加文·朗，《向班加西前进》，第 171 页—第 172 页。

35. 参见加文·朗，《向班加西前进》，第 220 页—第 225 页。

36. 参见乔治·戴维，《第 7 团和他们的三个敌人：第 7 女王直属轻骑兵团的二战经历》，第 79 页—第 81 页。

37. 参见伊恩·普雷菲尔，《地中海和中东，第 1 卷：对意大利的早期胜利》，第 353 页。

38. 参见托马斯·延茨，《北非坦克战：开局》（宾夕法尼亚州阿特格伦：希弗军事历史出版社，1998 年出版），第 56 页。

39. 参见巴里·皮特，《战争熔炉，第 1 册：韦维尔领军》（夏普出版社，2019 年出版），第 181 页—第 182 页。

40. 参见乔治·福蒂：《初次胜利：奥康纳的沙漠大捷》（坦布里奇威尔斯：果壳出版社，1990 年出版）第 170 页—第 171 页。

41. 参见杜德利·克拉克，《战争中的"第十一"：第 11（阿尔伯特亲王直属）轻骑兵团的战争经历，1934—1945》，第 147 页。

42. 参见西蒙·戈弗雷（Simon Godfrey），《二战英国陆军通信：驱散"战争迷雾"》（British Army Communications in the Second World War: Lifting the Fog of Battle）（伦敦：布鲁姆斯伯里出版社，2013 年出版），第 94 页。

43. 参见安东内洛·比亚吉尼（Antonello Biagini）和费尔南多·弗拉托利洛（Fernando Frattolillo），《意大利最高统帅部历史日志，第 3 卷，第 1 分卷，第 1 部分》（Diario Storico del Comando Supremo Vol Ⅲ, Tomo 1 - Parte Prima）（罗马：意大利陆军总参谋部历史办公室，1989 年出版），第 250 页。

44. 参见巴里·皮特，《战争熔炉，第 1 册：韦维尔领军》，第 134 页。

45. 参见肯尼斯·马克西，《贝达富姆：胜利典范》，第 134 页。

46. 参见安东内洛·比亚吉尼和费尔南多·弗拉托利洛，《意大利最高统帅部历史日志，第 3 卷，第 1 分卷，第 1 部分》，第 262 页。

47. 参见巴里·皮特，《战争熔炉，第 1 册：韦维尔领军》，第 193 页—第 194 页。

48. 参见巴里·皮特，《战争熔炉，第 1 册：韦维尔领军》，第 198 页—第 199 页。

49. 参见巴西尔·利德尔 - 哈特，《坦克：皇家坦克团史，第 2 卷》，第 59 页。

50. 参见帕特里克·德拉福斯，《驯服德国坦克：蒙蒂的坦克营，战争中的第 1 皇家坦克团和第 2 皇家坦克团》，第 235 页。

51. 参见帕特里克·德拉福斯，《驯服德国坦克：蒙蒂的坦克营，战争中的第 1 皇家坦克团和第 2 皇家坦克团》，第 62 页—第 63 页。

52. 参见巴里·皮特，《战争熔炉，第 1 册：韦维尔领军》，第 212 页。

53. 参见肯尼斯·马克西，《贝达富姆：胜利典范》，第 151 页。

54. 参见巴里·皮特，《战争熔炉，第 1 册：韦维尔领军》，第 211 页。

55. 参见巴西尔·利德尔 - 哈特，《坦克：皇家坦克团史，第 2 卷》，第 61 页。

56. 参见皮耶路易吉·迪科洛雷多 - 梅尔斯（Pierluigi Romeo di Colloredo-Mels）《从西迪巴拉尼到贝达富姆："罗盘"行动的意大利视角》（From Sidi el Barrani to Beda Fomm 1940-1941: Operation Compass: An Italian Perspective）[罗马：卢卡·克里斯蒂尼出版社（Luca Cristini Editore），2020 年出版]。

57. 参见 P.M. 奈特，《Mk Ⅵ "十字军" 巡洋坦克（A15）：一部技术史》，第 17 页。

58. 参见帕特里克·德拉福斯，《驯服德国坦克：蒙蒂的坦克营，战争中的第 1 皇家坦克团和第 2 皇家坦克团》，第 237 页。

"非洲军团"抵达

第四章

插曲，1941年2月

我们很高兴您比预期提前3周夺取了这个战果（班加西），但这并不能改变我们之前的命令：现在，您需要重点援助希腊和（或）土耳其。这意味着，您不能大举进攻的黎波里……[1]

——丘吉尔致韦维尔，1941年2月12日

贝达富姆战役结束后，康贝的第11轻骑兵团疲惫不堪。他们在2月9日占领了阿盖拉（El Agheila），但这已是英军1941年推进的极限。为补充损失，该团得到了皇家空军第2装甲车连 [Number 2 Armoured Car Company RAF，共4辆福特森装甲车（Fordson armoured car）] 的加强。尽管意军在的黎波里附近仍有整整4个步兵师，第132"公羊"装甲师也刚刚抵达，但英国战时内阁还是决定大幅从利比亚撤军，并命令部队采取守势。丘吉尔坚持认为，作为中东司令部指挥官，韦维尔应把目光投向希腊和土耳其。另一个问题是第13军缺乏战场大修能力，也没有多余的发动机、变速箱和履带，其前线距离阿巴西亚修理厂超过1400千米，导致第7装甲师的坦克一旦受损就很难修复。但最终，该师只有人员和运输车辆被送回埃及休整。对于坦克，奥康纳相信，新坦克不久就会从英国本土运到，届时各种问题将迎刃而解。另外，在"罗盘"行动后期，这位指挥官还罹患胃溃疡，因此也奉命返回埃及养病。

击败意大利第10集团军之后，丘吉尔和英国战时内阁开始把目光转向希腊，因为德军正对当地虎视眈眈。经过一阵摇摆，2月24日，战时内阁最终决定向该国派遣远征军[2]，而且其中大部分部队均来自奥康纳麾下，包括老练的澳大利亚第6师和1个装甲旅。作为替代，他们向利比亚送去了澳大利亚第9师，但该师算不上经验丰富。英军留守的装甲部队同样有限，只有第3轻骑兵团规模还算可观，但其全部装备也只有26辆Mk VI b轻型坦克和26辆缴获的M13/40中型坦克。

1940年12月底，第2装甲师第3装甲旅 [旅长为哈罗德·查林顿（Harold V. S. Charrington）准将[①]] 开始在苏伊士卸载。该旅下属单位包括第3皇家坦克团、

---

① 译者注：此处有误，如后文所述，该旅旅长实际是雷金纳德·里明顿准将，而哈罗德·查林顿将则是后文所述的第1装甲旅旅长。

160

第 5 皇家坦克团和第 4 轻骑兵团，拥有 154 辆坦克，但战备工作仍未就绪。此外，第 2 装甲师还缺乏支援部队，只有 1 个摩托化步兵营、1 个炮兵营和 1 个工兵连。第 3 装甲旅有许多巡洋坦克曾在本土充当训练车，并遭到过高强度使用，因此状况不佳，急需更换发动机和履带。尽管英国陆军在 20 多年前发明了坦克，但令人费解的是，在二战初期，其高级军官经常对这种武器表现出无知。韦维尔就是一个例子，他急于让第 3 装甲旅赶赴前线，并莫名其妙地表示："在沙漠里，旧履带的问题应该比国内少很多。"[3]1 月初，第 2 装甲师师长蒂利少将飞往埃及与部队会合，但死于飞机失事。1 个多月后，迈克尔·甘比尔 - 帕里（Michael D. Gambier-Parry）少将奉命接管了这支部队。此人于 1924 年加入皇家坦克部队，但之后一直在各种高级参谋和外交岗位供职，从未在坦克上服役。战争开始后，他在马来亚（Malaya）担任步兵旅长，显而易见，这种经验远不足以在沙漠中领导装甲师。

此外，韦维尔还一度对第 3 装甲旅的部署举棋不定。当时有迹象显示，第 3 装甲旅未必会前往利比亚，还有可能被派往苏丹，这导致韦维尔一时不知所措。但 2 月 22 日决定终于传来，该旅大部分将开赴希腊，并带走最精良的坦克（这些部队随即被改编为第 1 装甲旅），只有第 5 皇家坦克团留在北非。同样，第 2 装甲师支援群还需要抽出人员、机动车辆和备件加强希腊远征军。[4]只有师部和其余支援部队则将在师长甘比尔 - 帕里带领下前往利比亚。第 3 装甲旅情况甚至更为复杂，旅长雷金纳德·里明顿（Reginald G. W Rimington）准将发现，在随"道歉"船队一路抵达后，其部队剩余部分将被编入第 7 装甲师，这令整个旅部成了空壳。直到 1941 年 2 月中旬，第 3 装甲旅才摆脱上述局面，并重回第 2 装甲师建制。同时，该旅还吸收了第 5 皇家坦克团，并从第 7 装甲师接收了第 3 轻骑兵团和第 6 皇家坦克团，但坦克短缺仍然严重——里明顿是 1 名老装甲兵军官，曾指挥过第 2 皇家坦克团，但他的旅只有 30 辆 Mk Ⅳ A（A-13）巡洋坦克和 45 辆 Mk Ⅵ 轻型坦克。为前往利比亚，第 5 皇家坦克团首先搭乘火车抵达马特鲁港，随后开始向西行进。一路上，该团的坦克因机械故障损失了一半，在 3 月下旬抵达艾季达比亚时已全部需要大修——但贝达富姆以南只有一片荒野，根本没有设施和零件来完成这些工作。

当 2 月下旬路过班加西时，里明顿还得到了 48 辆意制 M13/40 中型坦克，它们随即被送往第 3 轻骑兵团和第 6 皇家坦克团。英军试图用这些缴获坦克开展训练，但一系列问题接踵而至：首先是车上没有电台；其次是英军很少缴获菲亚特发动机使用的柴油——没有电台，车组就无法运用常规战术；没有柴油，M13/40就无法实施机动。这让第3装甲旅变成了一群乌合之众，其中充斥着破旧车辆，乘员对座驾完全陌生，几乎没有战斗力。这也影响了第2装甲师的机动性，并使其作战效能大打折扣。此外，情报机构和部分破译的德国空军"恩尼格玛"通信显示，部分德军已抵达西西里岛，一支德国小型地面远征部队也即将前往利比亚或突尼斯。[5]但韦维尔的参谋们断定，在夏季之前，敌人不可能在利比亚发动大规模反攻。这让韦维尔决定冒险行事：在他看来，就算第3装甲旅装备较差，也足以在第7装甲师完成重建之前应对局势，何况投入这个旅还能为其他地段节省兵力。[6]同时，为求保险，他也向陆军中将菲利普·尼姆（Philip Neame）爵士[①]下令，如果敌军发起大规模反击，各部队将开展迟滞行动，以便向班加西后撤。

在此前，格拉齐亚尼已不再担任北非意军最高指挥官，并被加里波第取代。1月24日，在埃托雷·巴尔达萨雷（Ettore Baldassarre）中将率领下，"公羊"装甲师主力部队开始在的黎波里卸载，后续运输工作最终在近1个月后完成。当时，原定为该师和"半人马"装甲师配备的4个M13/40中型坦克营（第3、第5、第6和第21中型坦克营）已被歼灭，导致"公羊"装甲师最初可谓徒有其表。作为补偿，他们获得了3个新改编的轻型坦克营（第1、第2和第3轻型坦克营，共计117辆CV-35超轻型坦克）、第8神射手团（共3个步兵营）、2个轻型炮兵营和一些小型支援单位。[7]但即使在第7中型坦克营[营长是阿尔伯托·安德里亚尼（Alberto Andreani）少校，共46辆M13/40中型坦克]于3月抵达后，其实力仍不如贝达富姆之战前夕的巴比尼特别装甲旅。另外，第7中型坦克营是在维罗纳匆忙组建的，只在开赴北非前接受过最基本训练，导致行军都相当勉强。[8]加里波第将"公羊"装甲师部署在苏尔特，距离最近的英军阵地——阿盖拉——仍有275千米。事实上，意大利人在这段时间只取得了一个进展：安萨尔多公司终于将M13/40中型坦克的月产量提高到60辆，从而有助于补充贝

①译者注：即"昔兰尼加司令部"司令，其详情如后文所述。

达富姆的损失。为此，意大利陆军部也调整了中型坦克营的编制——从坦克连的数量从 2 个扩充为 3 个，坦克总数也从 37 辆增加到 46 辆。

在英军赢得贝达富姆之战 5 天后，埃尔温·隆美尔中将与一小队参谋人员乘 Ju-52 运输机抵达的黎波里，并向加里波第报到。这次调动源自希特勒在 1 月发布的第 22 号元首令（Directive 22），其中要求德军向北非派遣一支小型空地远征力量。虽然隆美尔奉命与意大利人合作，但他仍然直接听命于德国陆军最高司令部。根据希特勒指示，德国陆军最高司令部拟定了"向日葵"行动（Unternehmen Sonnenblume），其中要求隆美尔带领 1 支阻击分队（Sperrverband）在北非开展行动，防止意军全面崩溃。鉴于意大利人显然无力阻挡英军坦克，因此，隆美尔的部队最初是根据反坦克任务配置的，其任务并不是制定机动作战，而且其麾下的规模也只有 1 个师。在冯·托马发回报告之后，德国陆军最高司令部才于 2 月初决定将兵力增加到 2 个师。

2 月 13 日，德国空军也开始进驻的黎波里附近的比尔杜凡（Bir Dufan）空军基地。兵力包括 2 个"斯图卡"大队（即第 1 俯冲轰炸机联队第 1 大队和第 2 俯冲轰炸机联队第 2 大队，共约 50 架 Ju-87 俯冲轰炸机）、1 个战斗轰炸机中队（第 26 驱逐机联队第 8 中队，共 18 架 Bf-110D）。随后，在 4 月中旬，第 27 战斗机联队第 1 大队也将带来约 25 架 Bf-109E 战斗机。斯特凡·弗罗里希（Stefan Frohlich）将军被任命为"非洲航空部队司令"（Fliegerfuhrer Afrika），并负责指挥后续抵达的其他单位。[9]

虽然隆美尔的德意志非洲军规模不大，但在北非作战中，他们从一开始就拥有强大的空中支援。得知有英军掩护部队在阿盖拉附近活动，弗罗里希立即决定派出战机。第 11 轻骑兵团 2 月 14 日的日志中写道："10 时，17 架 Me 110 战机[①]从超低空掠过公路，用机枪扫射所见的一切。"[10] 尽管第 11 轻骑兵团击落了其中 1 架，并将机组人员俘虏，但这次攻击也证明德军已来到北非。随后两天，德国空军多次袭击英军前沿阵地，击毁 3 辆装甲车。此外，他们还调来一个 Hs-126B 侦察机中队，开始在阿盖拉和艾季达比亚附近搜索英军前沿阵地。

---

①译者注：即前文所述的Bf-110战斗轰炸机。

由于德国空军力量强大，英军几乎无法将班加西港用作补给基地，并使他们在艾季达比亚以外的后勤愈发吃紧。

2月14日晚，德军第5轻装师（师长：约翰内斯·施特赖希少将）先头部队抵达的黎波里。该部队由第3侦察营和第39装甲歼击营组成，他们彻夜工作，只用12小时便将所有装备卸载完毕。随后是一场阅兵式，虽然它相当短暂，但隆美尔无疑在向外界表明：德军已来到的黎波里。1个先遣营（Vorausabteilung）奉命启程，该营由陆军少校伊尔恩弗里德·冯·韦赫马尔男爵（Irnfried Freiherr von Wechmar，第3侦察营营长）指挥，主要由机动车辆、约24辆装甲车、1个摩托车侦察连和少量牵引式3.7厘米反坦克炮组成。其目的地是苏尔特（Sirte），当时这座城镇正在由加里波第第10集团军麾下的"帕维亚"（Pavia）和"博洛尼亚"（Bologna）步兵师驻守，而"公羊"装甲师则在苏尔特以西担任预备队。同时，在阿盖拉以西，意军还有一支名为"桑塔玛利亚"营（Santamaria battalion）的小型临时摩托化部队，其指挥官是马里奥·桑塔玛利亚（Mario Santamaria）少校，任务是占据阻击阵地，扼守穆格塔（Mugtaa）附近的狭窄隘道。[11]

冯·韦赫马尔先遣营一路驶过意军警戒部队，于2月19日抵达诺法利亚（Nofaliya）。因为隆美尔不停催促，冯·韦赫马尔又未多做休整，便动身向穆格塔隘道前进。2月20日下午，他们与一支英军装甲车巡逻队遭遇。后者的指挥官埃德加·威廉姆斯（Edgar T. Williams）少尉出身学者，毕业于牛津大学，后来参军成为骑兵，在国王龙骑兵禁卫团C中队担任排长。在遭到一辆德军装甲车（可能是Sd.Kfz.231）攻击后，威廉姆斯率领麾下稍作还击，随后立刻撤退，并报告了与德军的首次地面接触。[12]在其他英军仍对这条消息表示怀疑时，隆美尔已飞往诺法利亚。他命令冯·韦赫马尔继续前进，顺带抓获一些俘虏用于审讯。此时在阿盖拉方向，康贝已率领第11轻骑兵团返回埃及领取装备，只有国王龙骑兵禁卫团仍在充当屏障，而且该团只有一些马蒙-赫林顿Mk Ⅱ装甲车。

2月24日黎明前，冯·韦赫马尔的3辆装甲车和部分摩托车部队抵达阿盖拉西郊，开始在一座废弃意军要塞旁设伏。没过多久，国王龙骑兵禁卫团的1个装甲车排也来到附近，战斗随之展开。尽管另1个英军装甲车排和2门澳军2磅反坦克炮迅速赶到，但德军仍在这场小规模冲突中占了上风：国王龙骑兵禁卫团有 2 辆马蒙 - 赫灵顿 Mk Ⅱ 装甲车被击毁，3 名士兵被俘。[13] 鉴于该团的马蒙 - 赫林顿 Mk Ⅱ 装甲车只有 7.7 毫米维克斯机枪，而且装甲防护能力不足，德军装甲车则配有 2 厘米火炮，上级很快禁止他们与德军装甲车辆纠缠。[14]2 月 29 日[①]，隆美尔命令冯·韦赫马尔占领阿盖拉以西 25 千米处的穆格塔隘道，以便充当屏障，为后方德意志非洲军的集结提供保护。[15]

虽然英军在阿盖拉附近兵力虚弱，但隆美尔仍无力大举进攻，只能等待第 5 轻装师其余部队抵达。诚然，在最初 11 天，已有 7232 名德军和 2366 部车辆抵达的黎波里，但离第 5 轻装师到齐还需要 6 周。[16] 赫伯特·奥尔布里希上校的第 5 装甲团（共 2 个营）直到 3 月初才抵达，然而隆美尔没有让他们停下来适应沙漠环境，而是直接下令开赴前线。约阿希姆·施罗姆（Joachim Schorm）少尉是第 5 装甲团第 2 营第 6 连的 1 名排长，他后来在日记中记录了当时的情况[17]：各装甲营从的黎波里出发，在夜间行军前往苏尔特，全程共 425 千米，耗时 4 天，在此期间第 5 连有 2 名坦克手死于夜间事故。[18] 在抵达苏尔特后，他们还需要前进 125 千米，开赴诺法利亚附近的师集结区。当 3 月 23 日，奥尔布里希率部抵达前线时，其履带行驶里程已超过 600 千米，令悬挂装置、履带、发动机和变速箱不堪重负。虽然该团的维修连可能有一些 Sd.Ah.116 坦克运输车，但它们只能运送几辆坦克（很可能用于为掉队车辆服务）。在北非，很多德军坦克都遭遇过严重非战斗机械损伤。

随着其他部队抵达的黎波里，隆美尔也把他们派往前线。这些单位包括第 33 高炮团第 1 营（18 门 8.8 厘米高射炮）、第 605（自行化）装甲歼击营（27 辆一号坦克歼击车）、2 个摩托化机枪营（共 20 辆装甲运兵车）和 4 个野战炮兵连。其中，2 个摩托化机枪营被编入了陆军中校格哈德·冯·施韦林伯爵（Gerhard Graf von Schwerin）的第 200 特别团级指挥部（Regimentsstab z.b.V 200）——后者是一个临时指挥机构，负责暂时替代装甲师麾下的常规摩托化步兵团。虽然这些部队规模不大，几乎等同于 1 个加强旅，但隆美尔仍希望利用它们尽快打击英军掩护部队。加里波第不愿进攻，但同意把"公羊"装甲师和第 27"布雷西亚"步兵师（27a

---

① 译者注：原文如此，此处有误，1941年2月没有29日。

Divisione Fanteria 'Brescia'，在前线有4个步兵营和1个炮兵营）调入德意志非洲军。隆美尔命令"布雷西亚"师坚守前线，并让第5轻装师在其后方集结。

在北非，隆美尔从一开始就公然漠视后勤问题。当德意志非洲军抵达的黎波里时，他的麾下没有任何师级或军级常规运输单位，汽车运输大多依靠意军。另外，第5轻装师的编制内补给卡车数量仅有"1941年型装甲师"的三分之二，即一次只能运送约360吨物资。[19] 这种运力只能满足陆军最高司令部报告中计划投入北非的"师级阻击部队"，远不足以让机械化部队发起长途进攻。[20] 以奥尔布里希的第5装甲团为例，该团仅开赴阿盖拉就需要30多万升（250吨）燃料。此外，1个摩托化运输纵队在的黎波里和前线之间往返一次至少需要2天，而且随着隆美尔继续挥师东进，前线收到的补给将越来越少。的黎波里和阿盖拉相距约600千米，燃料运输既困难又耗时，而且战区内卡车数量有限。鉴于这种情况，隆美尔向后勤参谋奥特（Ott）少校下令：用意大利驳船将大宗物资运往阿盖拉以西43千米处的阿里角（Ras el Ali）[21]，然后再从当地转运到5千米外、靠近巴尔博大道"大理石拱门"的一处后勤仓库。到3月下旬，奥特已设法在这个前方补给站集结了约4个基数（Verbrauchssatz）的燃料，足够供部队前进400千米。轴心国的后勤物资就这样不断汇聚起来，由于有空军掩护，这项工作始终没有受到英国空军和海军严重干扰。

情况很快表明，第5轻装师并没有做好沙漠作战的准备。尽管柏林方面命令坦克采用黄褐色（gelbbraun）和灰绿色（graugrun）伪装，但在刚踏上的黎波里时，第5装甲团仍在使用深灰色（dunkelgrau）油漆。根据施罗姆的记录，他的排于3月23日重新喷涂了迷彩。在离开意大利之前，德军曾试图对坦克进行热带改装，但措施只是在发动机舱盖上钻了几个大洞，试图以此增加发动机空气流量。但此举只是方便了沙尘进入——它们会与机油和变速箱油混合，产生一层厚重油泥，最终卡死活塞杆。另外，德军的制式空气过滤器也不适合沙漠环境，并让灰尘污染问题更加严重。德国军需人员还严重低估了沙漠作战对洁净食物和饮用水的需求，导致病员数字不断攀升。由于沙漠中没有木柴，甚至久经考验的"炖肉大炮"（Gulaschkanone）野战厨房也"水土不服"，并令很多"非洲军团"士兵只能长期靠罐头食品为生。在开赴前线期间，德意志非洲军还首次遭遇了沙尘暴。他们发现这种天气现象不仅会带来混乱（迫使部队停止前进），还会让人迷失方向。无论从哪个角度来看，德意志非洲军都需要战前准备时间，从而让部队和车辆适应沙漠——但隆美尔并不这么想。

　　3月18日，隆美尔返回柏林，请求陆军最高司令部允许他对阿盖拉开展强行侦察，并视情况将范围延伸到布雷加港（Mersa Brega）。[22] 但陆军总司令弗朗茨·哈尔德（Franz Halder）大将只同意他发动有限进攻，并禁止他朝托布鲁克（Tobruk）或埃及推进。在哈尔德看来，在1941年年中或晚些时候，相关条件仍不成熟。另外，鉴于入侵苏联迫在眉睫，他还担心隆美尔会让德军分散资源，从而拖累战争中的决定性行动。[23] 但隆美尔没有理会哈尔德，而是直接向希特勒申诉。这一举动可谓胆量惊人，在其他德国军级指挥官身上几乎从未发生。但希特勒只关心对南斯拉夫和希腊的入侵，并把对利比亚的进攻视为一出"余兴节目"。[24] 德国情报部门也估计英军在利比亚至少有4个师（包括2个装甲师），并建议隆美尔在第15装甲师于4月中旬抵达前保持守势。[25] 换言之，无论英军、德国陆军最高司令部还是意大利人，都不认为隆美尔会在5月前采取行动。但隆美尔并不想空耗时间，一回到利比亚，他就开始准备攻势。作为第一步，隆美尔在3月24日命令第5轻装师攻占阿盖拉。由于英军掩护部队早已撤离，德军在此期间只有1辆三号G型坦克（来自第5装甲团第5连）和1辆装甲车（来自第3侦察营）被反坦克地雷炸毁。[26] 占领阿盖拉之后，隆美尔已进入布雷加港和艾季达比亚之间英军的打击范围。但他感觉到，和柏林陆军最高司令部情报部门的估计不同，在他对面，敌军力量相当虚弱。因此，他决定在3月31日发动进攻。

　　在另一边，陆军中将菲利普·尼姆爵士刚刚接管了"昔兰尼加司令部"（Cyrenaica Command）——与其前身第13军相比，这支部队如今就像是一群乌合之众。比如澳大利亚第9师的训练就仍颇为生疏。该师的第20步兵旅位于前线（其中2个营位于布雷加港附近），而其他部队则在托布鲁克附近驻扎。由于第20旅是非摩托化部队，反坦克支援极少，韦维尔显然不想让它孤悬在外，因此命令尼姆将其撤往班加西附近。[27] 与此同时，第2装甲师支援群 [指挥官：亨利·莱瑟姆（Henry B. Latham）准将] 则在布雷加港设防，任务是扼守公路，防止敌军前往班加西。尼姆最强大的部队——里明顿的第3装甲旅——正分散在艾季达比亚地区，其任务是"侧翼支援"，但具体内容含混不清，其下属3个装甲团也状态低迷。之前，为前往艾季达比亚，第5皇家装甲团被迫从托布鲁克出发进行长途公路行军，在行驶 600 千米后，其 Mk Ⅳ A 巡洋坦克损失了四分之一，其余坦克也急需接受大修。至于第 3 轻骑兵团和第 6 皇家坦克团则装备着缴获的意大利 M13/40 中型坦克，并深受发动机过热之苦。虽然英军在姆苏斯和梅奇利设有野战补给基地，但在利比亚中部，后勤形势依然严峻，这削弱了英军的机械化作战能力。3 月下旬，韦维尔向尼姆派出了 1 支增援部队——印度第 3 摩托化旅（3rd Indian Motor Brigade），但该旅缺乏重型装备，只是徒有其表，而且要到 4 月初才能抵达前线。

3 月下旬，韦维尔的军事情报主管埃里克·希勒（Eric J. Shearer）少将指出，德军在利比亚至少拥有 1 个旅级装甲集群，但至少还需要 2 个月才能完成进攻准备。尼姆的"昔兰尼加司令部"也估计，如果德军发动进攻，必将沿"巴尔博大道"推进并先夺取沿海公路交通线，之后才会穿越沙漠实施包抄机动。换句话说，他们认为德军会基于后勤因素谨慎行事。[28] 但很不幸，这些评估都谬之大矣，因为在选择行动方案时，隆美尔根本没有考虑任何后勤问题。

隆美尔首次出击，1941 年 3 月—4 月

> 德国战车在沙漠行驶
> 去英国土地上战斗和奔驰
> 履带在抖动，引擎在轰鸣
> 坦克向前进，直到伦敦的末日！ [29]
>
> ——"非洲军团"战歌，1941 年 5 月

在贝达富姆战役之前，北非装甲战主要发生在中队一级，但随着部队规模扩大，它很快成了"旅长们的战争"，这使指挥、控制和后勤变得更加复杂，但有些指挥官却一时对此毫无察觉。

3 月 31 日，两军爆发遭遇战。但在这场战斗中，隆美尔并未投入整个第 5 轻装师，而是将其分成了两部分。两部分的其中一支部队是"劳"战斗群（Kampfgruppe Rau），包括第 5 装甲团第 2 营、第 8 机枪营和第 605（自行化）装甲歼击营。该部队于 3 月 31 日 6 时从阿盖拉出发，沿着海岸公路向布雷加港

前进。另一支部队由冯·韦赫马尔率领，包括第3侦察营和第2机枪营，负责从公路以南实施迂回。在三号坦克（来自第5装甲团第6连）带领下，"劳"战斗群一路前进，并于6时30分左右在阿盖拉以东约6千米处遭遇了国王龙骑兵禁卫团的巡逻队和4辆巡洋坦克。[30] 这些巡洋坦克隶属第5皇家坦克团A中队 [指挥官：普里切特（T. K. D. Pritchett）少校] 的1个排，它们占据着半埋式阵地，位置足以俯瞰"巴尔博大道"。该排随即与德军纵队爆发交战。在交火期间，这些英军经常在1个半埋式阵地内进行3轮射击，然后倒车驶出，转移至左翼或右翼，进入另一个半埋式阵地，并重复上述过程——这种战术至今仍被广为使用。但在远程炮战中，双方都未给予对手重大杀伤：期间英军有1辆坦克受损、1辆装甲车被击毁。德国坦克手并不急于拉近距离，而是调来1门8.8厘米高射炮。此时普里切特少校只能选择脱离战斗。但德军的反应出奇谨慎，侦察兵徐徐前进，试图在布雷加港西面和西南面的盐沼中寻找道路。11时30分，德军北方纵队终于成功穿越盐沼，并开始攻击布雷加港守军（即莱瑟姆准将的英军第2装甲师支援群）。但另一方面，海因里希·沃伊茨贝格尔（Heinrich Voigtsberger）少校的第2机枪营却被莱瑟姆用大炮和反坦克炮击退，导致前者整整7个小时都未能接近目标，2辆德军坦克也被击毁。在德军呼唤下，2批"斯图卡"飞临战场，摧残着英军防御。但第5轻装师始终小心翼翼，直到18时，施特赖希才下令大举进攻。在其打击下，一些英军阵地几乎崩溃。莱瑟姆下令投入通用运输车排发动反击，后者有8艘通用运输车被击毁，但它们挽救了支援群，使其得以安全脱身。19时，德军坦克和装甲车进入布雷加港。[31]

鉴于大量德军装甲车辆涌入布雷加港，莱瑟姆发出呼救，但尼姆命令里明顿的第3装甲旅按兵不动。不仅如此，他还要求甘比尔-帕里让整个第2装甲师后撤约10千米，同时沿途迟滞敌人。次日，德军第5轻装师出动追击英军装甲部队，但师长施特赖希却相当谨慎，所以双方没有交战。4月2日上午，德军第5装甲团继续向艾季达比亚推进，并在10时30分左右击溃了莱瑟姆支援群的1个步兵连，迫使后者向该镇北部仓皇撤退。虽然此时，加里波第要求隆美尔在布雷加港停止前进，但隆美尔却不以为然，他命令施特赖希立即进攻艾季达比亚。但在当地西南方的公路上，第5皇家坦克团团长亨利·德鲁（Henry D. Drew）中校已经布置好1支殿后部队。后者由C中队指挥官休·温希普（Hugh N. Winship）少校指挥，包括 9 辆 A-13（Mk Ⅳ A）巡洋坦克。温希普少校是位老坦克兵，他将 C 中队大致排成一行，所有坦克进入掩体，只露出小部分炮塔，这样车长就可以观察前方，但不会露出座车。他还精明地命令所有坦克车尾向前、炮塔转向后方，以便在开火后迅速转移阵地。当时，里明顿正带领第 3 装甲旅离开艾季达比亚，向东北方缓缓撤退，因此温希普实际上肩负着阻挡敌人长驱直入的希望。然而，在冯·韦赫马尔带领下，德军第 3 侦察营的部分装甲车从"巴尔博大道"以南不断推进，于 16 时 15 分占领了艾季达比亚。

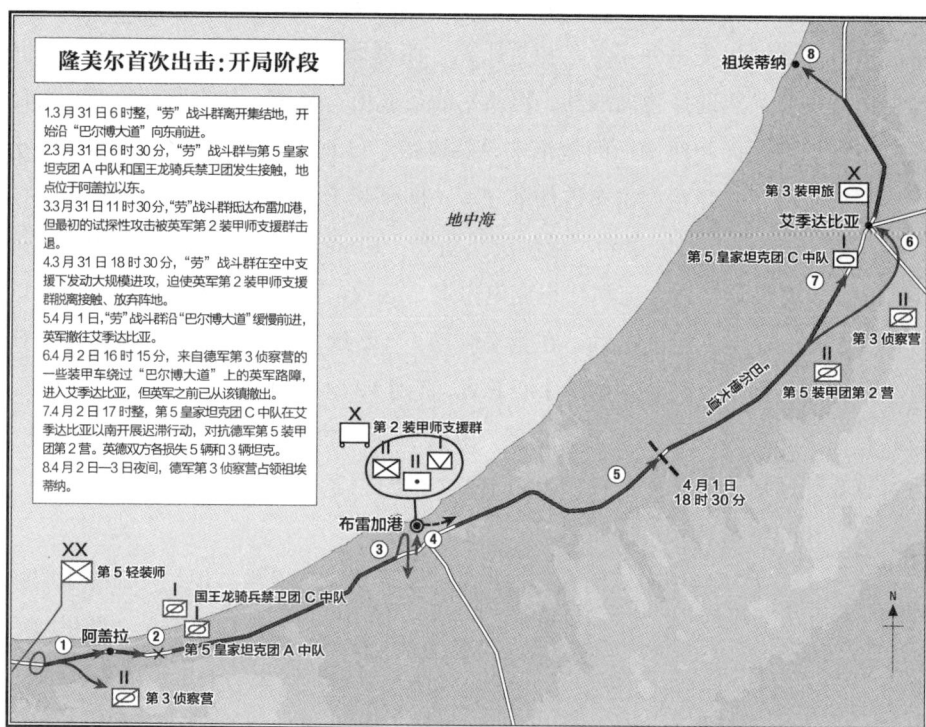

隆美尔首次出击：开局阶段

1.3 月 31 日 6 时整，"劳"战斗群离开集结地，开始沿"巴尔博大道"向东前进。

2.3 月 31 日 6 时 30 分，"劳"战斗群与第 5 皇家坦克团 A 中队和国王龙骑兵禁卫团发生接触，地点位于阿盖拉以东。

3.3 月 31 日 11 时 30 分，"劳"战斗群抵达布雷加港，但最初的试探性攻击被英军第 2 装甲师支援群击退。

4.3 月 31 日 18 时 30 分，"劳"战斗群在空中支援下发动大规模进攻，迫使英军第 2 装甲师支援群脱离接触、放弃阵地。

5.4 月 1 日，"劳"战斗群沿"巴尔博大道"缓慢前进，英军撤往艾季达比亚。

6.4 月 2 日 16 时 15 分，来自德军第 3 侦察营的一些装甲车绕过"巴尔博大道"上的英军路障，进入艾季达比亚，但英军之前已从该镇撤出。

7.4 月 2 日 17 整，第 5 皇家坦克团 C 中队在艾季达比亚以南开展迟滞行动，对抗德军第 5 装甲团第 2 营。英德双方各损失 5 辆和 3 辆坦克。

8.4 月 2 日 – 3 日夜间，德军第 3 侦察营占领祖埃蒂纳。

隆美尔首次出击：开局阶段，1941 年 3 月 31 日 – 4 月 2 日

4 月 2 日 17 时左右，温希普少校发现一大群敌军装甲车辆正向自己阵地驶来。这是埃瓦尔德·霍曼（Ewald Hohmann）少校的第 5 装甲团第 2 营——他们正排成楔形队形，沿着公路前进。温希普少校原本想等待德军进入 2 磅炮的有效射程，

但由于自身提前暴露，霍曼营在大约 1000 米外便开始发起炮击。不知因为运气好还是技术好，德军坦克第一轮炮弹就击毁了 1 辆 A-13。温希普试图从半埋式阵地中还击，但其坦克数量只有德军不到八分之一。更糟的是，霍曼还派出 1 个连从侧翼包抄，试图切断温希普中队。经过 10 分钟激烈交火，又有 3 辆 A-13 被彻底击毁。英军只好撤退。在离开阵地时，温希普的座车被穿甲弹击中，并燃起大火。最终只有 4 辆 A-13 得以逃脱。在这次短暂行动中，第 5 皇家坦克团损失了 23 名乘员，其中包括 5 名军官[32]，而霍曼营有 3 辆坦克被击毁，至少有 1 辆三号坦克全损（Totalausfalle）。[33]

面对第 5 轻装师的攻击，甘比尔 - 帕里设法保全了第 2 装甲师主力，但他的师规模太小，根本无法完成其他任务。到 4 月 2 日结束时，莱瑟姆支援群已无力封锁公路，令德军坦克可以向班加西进攻。而在里明顿这边，第 3 装甲旅虽然只是稍作撤退，但其破旧坦克已不堪重负：仅仅两天时间，该旅就有一半坦克陷入瘫痪，其中在 4 月 2 日，第 3 轻骑兵团就因故障被迫放弃 5 辆 Mk Ⅵ b 轻型坦克，第 6 皇家坦克团的 M13/40 缴获坦克也"像苍蝇一样掉队"。德军攻势是如此突然，令韦维尔一时措手不及。4 月 2 日下午，他赶忙飞往前线与尼姆商议，并建议撤退至姆苏斯前方的第二道峭壁。韦维尔还命令奥康纳返回利比亚，以便向尼姆传授一些沙漠经验。而在另一边，施特赖希虽然率领第 5 轻装师击退了英军掩护部队，但并未将其歼灭，因此这场胜利只有战术意义。另外，该师还消耗了至少六成燃料储备，剩余燃料只能勉强满足抵达班加西所需。

4 月 3 日上午，德军侦察证实，英军已撤往艾季达比亚以北，"巴尔博大道"防守空虚。德军于是占领了祖埃蒂纳（Zuetina）村，一支巡逻队则一直推进到马格伦（Magrun），但发现当地已没有敌人。隆美尔知道，随着燃料捉襟见肘，他只有在获得补充后才能向班加西挺进，因此指示第 5 轻装师在艾季达比亚附近仓促防御。同时，他还命令所有运输车辆前往阿盖拉以西的补给站装运燃料。只有冯·韦赫马尔的第 3 侦察营（配属有第 5 装甲团第 1 营的 1 个坦克连，外加 1 个四号坦克排）继续前进，以便继续与撤退之敌（第 2 装甲师，以及澳军第 20 旅）保持接触。加里波第来到隆美尔的指挥所，要求他停止前进，等待增援部队抵达。但隆美尔却摆出一副傲慢态度，不仅对这位名义上司不屑一顾，还向他索要"行动自由"。另外，隆美尔还无视了陆军最高司令部的直接命令——因为后者要求他不得率部越过艾季达比亚，否则"后果自负"。[34] 但值得一提的是，在隆美尔麾下投入攻势的部队中，大部分是意大利人，而不是德国人（意军约25000人，德军约9000人）。

如果部队凝聚力有限，撤退通常会变成灾难。4月3日下午，尼姆做出了1个错误决定：拆分第2装甲师。其中一部是莱瑟姆支援群，在损兵折将之后，他们奉命首先向斯塞莱迪马（位于班加西东南70千米处）前进，随后抵达雷吉马（Er Regima，位于班加西以东20千米处）。而第3装甲旅则需先撤往姆苏斯，然后再向查鲁巴（Charruba，位于班加西以东100千米处）转移。根据设想，这种安排可以让第2装甲师保护澳大利亚第9师（由于缺乏机动车辆，该师只能小股交替掩护后退）的左翼。[35] 由于无线电通信不畅，第2装甲师的撤退从一开始就充满波折——有近24个小时，里明顿都没有收到向查鲁巴撤退的指示。另外，由于机械故障、缺乏燃料，他们还被迫扔下许多坦克。[36] 在撤退时，第6皇家坦克团的M13/40中型坦克被误认为"敌军纵队"，从而引发了巨大恐慌。类似情况也发生在印度第3摩托化旅身上，由于刚抵达前线，许多友军把他们当成了意大利人。4月3日傍晚，尼姆下令向德尔纳-梅奇利全面撤退，从而放弃了第二道峭壁——这一决定有一丝风声鹤唳的意味，因为其下属部队甚至没有与德军近距离接触。随后，澳军匆忙放弃了班加西，4月3日—4日夜间，冯·韦赫马尔的第3侦察营进入了这座城市。

由于占领班加西如此容易，隆美尔感觉英军正在大举撤退。此外，德国空军的侦察也证明了这一情况。虽然隆美尔很想趁敌人混乱发动攻击，但他自己的后勤状况也很糟糕。即使如此，他还是在4月4日上午抵达班加西，并命令冯·韦赫马尔带领第3侦察营出动，追击穿过绿山撤退的澳大利亚人。隆美尔不是骑兵，但经常陶醉在"大包围"的幻想中。因此，他还决心派另一支纵队穿越沙漠，从而截断英军退路，阻止其抵达相对安全的托布鲁克。意大利人提醒隆美尔，沙漠小径上遍布着未引爆的AR-4地雷，但隆美尔对此充耳不闻。他命令陆军中校格哈德·冯·施韦林伯爵率领一支混编摩托化纵队从艾季达比亚出发，沿着"奴隶驼道"向本加尼亚（Ben Gania）和梅奇利前进，最终抵达特米米（Tmimi）。考虑到后者位于300多千米外，隆美尔显然把这一切想得太轻松了。冯·施韦林拥有几个摩托化连和意军的"桑塔玛利亚"纵队（德军将其称为"侦察营"），但燃料有限，也没有地图。尽管如此,作为一名尽职的军人,冯·施韦林还是迅速率部启程。"奴隶驼道"是一条凶险的小路,途经大片不毛之地,周围没有任何水源,许多德军车辆成为 AR-4 地雷的牺牲品。到 4 月 4 日夜幕降临时,冯·施韦林已行进了 100 多千米,但燃料也全部用尽。

在派出冯·施韦林纵队后,隆美尔又命令施特赖希组建另一支部队。该部队规模更大,包括第 5 装甲团第 1 营、第 8 机枪营,以及一些连级装甲歼击和工兵分队——他们将在"奴隶驼道"上跟随冯·施韦林前进。在日记中,第 8 机枪营营长古斯塔夫·波纳特(Gustav Ponath)记录了纵队在夜间沿沙漠小道前进的艰辛。第一天晚上,他写道:"在黑暗中,坦克碾过 9 名摩托车手。我们迷失了方向。"由于路线偏离了小径,德军被迫在凌晨 2 时左右停止行军。随着黎明降临,他们派出侦察兵寻找路线,然后于 4 月 5 日上午重新出发。波纳特注意到,在此期间,不断有车辆掉队或迷路。[37]

事实上,并非所有盟军部队都在撤退。此时,奥康纳来到了阿比亚尔(El Abiar)。当地位于班加西以东 46 千米,是甘比尔 - 帕里的第 2 装甲师师部所在地。他命令澳军在雷吉马殿后,拖延敌军前进。雷吉马地区乱石嶙峋、丘陵密布,对防守极为有利,德军要想通过,就必须穿过一个狭窄隘口,而且隘口内还遍布雷区。但有 2 个问题令奥康纳懊恼:首先,甘比尔 - 帕里无法联络上第 3 装甲旅;其次,英军侦察部队没能与敌军接触。而且对于这些问题,奥康纳也没有采取对策。[38] 与此同时,冯·韦赫马尔的第 3 侦察营已从班加西出发。一路向东推进,占领了贝尼纳机场(Benina airfield),并在傍晚遭遇英军障碍。韦赫马尔营当时有一个装甲连提供支援,坦克在前方开路,但很快被地雷和恶劣地形挡住。当时,防守山口周围悬崖的是澳军第 2/13 营,支援力量包括 1 个炮兵团(装备 25 磅野战炮),但建制内反坦克武器只有几挺 14 毫米博伊斯反坦克步枪。令人惊讶的是,澳军和配属炮兵成功击毁了 4 辆或者 5 辆德军坦克,并在入夜后脱离战斗,而己方则有 104 人伤亡。[39]

尽管缺乏燃料,隆美尔还是决心在 4 月 5 日转入追击。带着一丝盲目自信,隆美尔选择无视地形,并要求奥尔布里希率领第 5 装甲团第 2 营与第 2 机枪营从艾季达比亚出发,先前往安特拉特,然后是姆苏斯。与此同时,冯·韦赫马尔则指挥第 3 侦察营向卡鲁巴(Charruba)推进。意军"布雷西亚"师的摩托化分队(兵力相当于 2 个营）将穿过绿山地区前往德尔纳。不久前，隆美尔迎来了一位特殊客人——海因里希·基尔希海姆（Heinrich Kirchheim）少将。他是德军中少数几位熟悉非洲的军官，因此被派往北非担任顾问。在一战之前，基尔希海姆曾在德国西南非洲殖民地服役过 10 年，因此德国陆军最高司令部认为他可以帮助北非战事。但隆美尔不想要顾问，于是打发基尔希海姆去指挥"布雷西亚"师先头分队，并命令他们夺取德尔纳。[40] 至此，隆美尔公然违背了德军机动作战条令：他不仅拆分了第 5 轻装师，还使其各个分队无法相互呼应。装甲师一旦拆散就很难重新集结，而且大部分战斗力也将随之丧失。另外值得注意的是，轴心国还缺少北非盟军预备队的情报，导致隆美尔根本不知道英军第 7 装甲师的状况和位置。换言之，隆美尔实际是在完全不了解敌军预备队态势的情况下，拆分了手头唯一的小型机械化师，这会让部队可能被各个击破，隆美尔也没有打算在前方指挥所调遣整个德意志非洲军，而是选择"靠前指挥"，并与古斯塔夫·波纳特中校的第 8 机枪营（当时该营仍在"施韦林"集群后方，并在"奴隶驼道"上艰难跋涉）待在一起。这使得他对态势的把握容易囿于战术层面，还经常与后方无线电失去联系，使参谋们只能猜测他的意图。

4 月 5 日夜晚，隆美尔一直在与波纳特纵队同行。为敦促官兵继续前进，他用尽手段，软硬兼施。但由于意制 AR-4 地雷、机械故障和燃料耗尽，德军损失越来越大。直到 4 月 6 日黎明时分，波纳特的先头部队才前进到梅奇利以南 25 千米处。这时，一架德国空军 Hs-126B 侦察机发来报告，梅奇利镇内有一支规模庞大的敌军部队。他们是爱德华·沃恩斯（Edward W. D. Vaughans）准将的印度第 3 摩托化旅。但该旅几乎只有轻武器，全部反坦克装备只有 3 挺博伊斯反坦克步枪。[41] 另外，当地还有甘比尔 - 帕里的第 2 装甲师师部和第 20 野战补给基地——英国皇家陆军勤务部队在后一设施内储存了大量的燃料、弹药和水。与施特赖希和波纳特讨论之后，隆美尔命令在 4 月 6 日 15 时前进攻梅奇利。面对这道荒谬的命令，施特赖希当场表示反对——因为他的师还困在沙漠各处，根本无法进攻。这番表态让隆美尔勃然大怒，据说，他立刻痛斥施特赖希是个懦夫。而在后来在向梅奇利进军期间，两人的关系更是进一步恶化了。[42] 此外，隆美尔还因为装甲部队推进缓慢而对奥尔布里希大为光火。尽管现代作家喜欢称赞德军的"任务指挥"（尽管在 1941 年，这个词还没有被德军纳入官方条令），并认为其优点颇多。可是，在1941年4月的梅奇利之战中，隆美尔显然没有运用这种指挥方法。相反，隆美尔只是制定了一份机动方案，没有配套的后勤规划，随后便开始下达命令。在这种情况下，失败将注定发生。

隆美尔乘坐指挥车在沙漠岩石小径上颠簸了一夜。他不知道在4月6日清晨，由于燃料匮乏，德意志非洲军已陷入困境。奥尔布里希的纵队被困在姆苏斯附近，为继续前进，他请求获得50000升燃料。而施特赖希纵队则散落在本加尼亚和滕格德尔（Tengeder）之间，并且部分陷入瘫痪。[43] 但隆美尔却轻松地告诉两位指挥官，他们应该用虹吸管从卡车上抽出燃油，从而让部分坦克恢复行动力。但这不过是在纸上谈兵，隆美尔自己也肯定没有用过这种办法。几十年前，由于运油车因冬季暴雪无法抵达，笔者的排曾试图用这种方式抽取燃料，试图继续开动几辆坦克。经过30分钟忙碌，我们只勉强抽出了几加仑（1加仑约等于3.785升），但全排有一半人员因为吸入柴油而呕吐不止。由于情况紧急，隆美尔还让德国空军派出5架Ju-52运输机，向梅奇利西南的集结地运送汽油，但这一切只是杯水车薪。[44]

轴心国部队的通信也宣告中断：德意志非洲军不仅四散在各地，而且彼此位于无线电联络距离之外。当天晚些时候，一些德军和意大利轻装部队抵达梅奇利[包括"公羊"装甲师的2个摩托化纵队，主要来自乌戈·蒙泰穆罗（Ugo Montemurro）上校的第8神射手团]，但隆美尔仍然无力发起进攻。[45] 在沮丧之下，隆美尔命令波纳特继续向德尔纳前进，以切断盟军朝托布鲁克的退路。4月6日-7日夜间，波纳特纵队与多辆向东行进的英军车辆遭遇，并抓获了一些俘虏。令人惊讶的是，其中居然包括了2位英军的最高指挥官——奥康纳和尼姆。不久前，这两人刚离开马拉瓦（Maraua），试图前往特米米，并因此与波纳特的摩托车手遭遇。另外，第11轻骑兵团的约翰·康贝中校也被德军抓获。这些高级军官很快被移交给意军——后者无疑非常高兴看到奥康纳和康贝都在其中。[46]

在梅奇利，甘比尔-帕里命令第2装甲师其他部队向当地转移，但由于通信状况不佳，这项工作一波三折。事实上，里明顿装甲旅（仅剩24辆坦克）和莱瑟姆支援群已穿过马拉瓦，正在前往德尔纳途中。第5皇家坦克团的Mk Ⅳ A巡洋坦克原本已所剩无几，在前往马拉瓦加油点途中，其中一辆又被意大利AR-4地雷炸毁。[47] 就在隆美尔和英军指挥官把心思放在梅奇利时，意军第10军（包括"布雷西亚"师和"博洛尼亚"师各一部）也在沿着"巴尔博大道"前进，虽然只有一个坦克连和部分装甲车充当支援，但该军始终进展顺利。在它们对面，澳大利亚第 9 师的 2 个旅只是在雷吉马稍作抵抗，之后便迅速向德尔纳撤退。尽管澳军第 20 旅下令炸毁道路以拖延意军推进，但未能得到第 2/15 营的执行。作为该营营长，罗伯特·马兰（Robert F. Marlan）中校很快为这次失职付出了代价：4 月 7 日清晨，他和超过 180 名部下在乔万尼·贝尔塔村（Giovanni Berta）附近被一支快速前进的敌军俘虏。[48] 与此同时，"公羊"装甲师也在一个 M13/40 中型坦克营加强下跟随"奥尔布里希"集群，但由于燃料耗尽，他们被迫在本加尼亚附近停下脚步。

直到 4 月 7 日上午，施特赖希的第 5 轻装师都无力进攻梅奇利，无奈之下，隆美尔只能用几门野战炮断断续续实施炮击。尽管在当地，甘比尔-帕里的部队尚未被完全包围，但隆美尔仍试图迫使他们投降——这一举措自然没有任何效果。由于缺乏远程火炮和反坦克武器，甘比尔-帕里本应在德军主力到达之前撤离梅奇利，但他明白当地补给基地的重要性，因此不愿轻易放弃。不仅如此，他还相信全师其他部队正在赶来支援，但这种想法是个错误。实际上，里明顿的第 3 装甲旅正在且战且退，试图返回德尔纳。在途中，里明顿因为指挥坦克冲出道路而身受重伤，但不知何故，总队中其他人员没有注意到自己失去了指挥官。最终，里明顿被意军俘虏，并在 2 天后伤重不治身亡。在撤往德尔纳期间，第 3 轻骑兵团也损失了最后 1 辆 Mk Ⅳ b 轻型坦克，所有意制 M13/40 中型坦克也因燃料耗尽而被迫自毁。该装甲旅随即被亨利·德鲁中校接管，全部实力仅剩 7 辆 Mk Ⅳ A 巡洋坦克（来自第 5 皇家坦克团）。4 月 7 日 12 时左右，该旅抵达德尔纳，但德鲁不知道，波纳特的第 8 机枪营先头部队已在 11 时 30 分左右抵达位于当地东南约 25 千米的马图巴（Martuba）机场。在占领机场后，波纳特随即沿"巴尔博大道"建立起阻击阵地，并架设了一些机枪和 3.7 厘米反坦克炮。第 3 侦察营的数辆装甲车也抵达机场。沿着"巴尔博大道"返回特米米的澳军车队发现很快发现了这处路障，并报告说敌军已出现在德尔纳以东。

得知退路被切断，德鲁中校亲自率领 1 个排（共 4 辆坦克）进行侦察，试图核实情报。一确认敌情，他立刻启程返回德尔纳，准备集结剩余坦克和部分支援部队共同突围。但这份简单的战术计划被打乱了。在此之前，澳军工兵埋设了大量炸药，试图封锁通往悬崖的道路。这些炸药被提前引爆，将 3 辆坦克阻断在另一侧。由于崖壁陡峭,道路被弹坑截断,英军只好将这3辆坦克遗弃。尽管如此,德鲁仍调集了4辆坦克、若干25磅炮和大约100名来自陶尔哈姆莱茨团(Tower Hamlets)①的步兵。这支小型合成部队拼死进攻,一举摧毁了波纳特的路障。根据利德尔-哈特战后撰写的相关历史材料,在这场战斗中,英军巡洋坦克全部被德军3.7厘米反坦克炮击毁[49],但作为亲历者,第5皇家坦克团坦克驾驶员杰克·沃德洛普(Jake Wardrop)二等兵表示,只有1辆坦克被敌军反坦克炮击毁,另外2辆坦克则在返回托布鲁克途中因故障自毁。最终,第3装甲旅和第2装甲师支援群的大部分幸存者得以逃脱,但第5皇家坦克团只有1辆巡洋坦克则载着所有4个车组撤到了托布鲁克。[50]而在梅奇利,情况则急转直下,到4月7日22时,情况已经非常明显:不会有援军赶来。在尼姆失踪后,约翰·哈丁(John Harding)准将接管了相关部队的指挥权,他命令甘比尔-帕里立刻从梅奇利撤退。

但随后8小时,甘比尔-帕里始终犹豫不决,他与沃恩准将讨论了局势,然后决定在拂晓时分向东突围——这也是众多行动方案中最容易被猜到的一个。甘比尔-帕里从师部调来一辆巡洋坦克,计划用它带领部下突围,而其余人员将全部搭乘"薄皮"机动车辆跟随前进。不幸的是,在夜间,德国和意大利增援部队终于抵达,并让包围圈变得更加坚固。这些援军之一是"法布里斯"纵队(Fabris column),该部队由第3神射手营组成,指挥官是吉诺·法布里斯(Gino Fabris)中校——他们封锁了英军向东方的逃脱路线。[51]与此同时,在突围开始前,第5装甲团第1营营长恩斯特·博尔布林克(Ernst Bolbrinker)少校也率领8辆坦克抵达了梅奇利郊区。博尔布林克是1名奥地利纳粹分子。在一战中,他曾在"暴风突击队"服役,战后加入过"志愿军团"(Freikorps)。1936年,博尔布林克转入国防军,在装甲部队服役5年,是一名剽悍老兵。从一开始,英军的突围就遭遇变数:各部队直到4月8日6时30分才出动,此时太阳已经升起。1辆孤单的巡洋坦克冲在最前面,它帮助一些车辆穿过包围,直到自己被彻底击毁。随后,博尔布林克率领德军坦克赶到,向挤作一团的英军纵队大开杀戒。一个澳军反坦克连不停还击,试图用37毫米博福斯火炮阻止德军坦克。但这一努力没

---

① 译者注:即第2装甲师支援群下属的陶尔哈姆莱茨来复枪团第1营和第2营。

有任何效果。最终，在甘比尔 - 帕里带领下，第 2 装甲师师部大部分人员向德军缴械，印度第 3 摩托化旅也有大约三分之二人员投降——令俘虏总人数上升到1800 人。[52] 只有数百名幸存者成功抵达托布鲁克。至于梅奇利的补给基地也完整落入德军手中。

在梅奇利失陷当天，"布雷西亚"师攻占了德尔纳，波纳特的战斗群则推进到特米米郊外。但澳军第 20 旅却成功退入托布鲁克，与莱斯利·莫斯海德（Leslie Morshead）少将的澳军第 9 师其余部队会合。在这次攻势中，隆美尔只取得了一次真正的战术胜利——夺取梅奇利。不仅如此，这次胜利本可以更早实现，而且如果未能拿下托布鲁克，其价值将大打折扣。4 月 8 日下午晚些时候，隆美尔抵达德尔纳机场，见到了波纳特和基尔希海姆（后者一直在指挥"布雷西亚"师先头部队）。傍晚时分，第 15 装甲师师长海因里希·冯·普里特维茨（Heinrich von Prittwitz）少将也出现在德尔纳。尽管该师刚刚抵达的黎波里，但冯·普里特维茨还是带着一小队参谋前往前线，试图熟悉战场形势。此时，隆美尔又心血来潮：命令冯·普里特维茨率领第 3 侦察营、波纳特营、1 支炮兵部队和部分坦克攻占托布鲁克——这简直是荒唐可笑。但冯·普里特维茨没有抗拒。作为德国最专业的装甲兵军官，他接受过总参谋部培训，有 6 年装甲兵服役经验，1940 年时，他曾在色当与古德里安共事。但现在，上级却要求他用区区几个营，像攻击"某座法国村庄"一样冲向一座坚固要塞。

随着奥康纳、尼姆和甘比尔 - 帕里被俘，英军指挥体系发生了一场地震。韦维尔闻讯立刻飞往托布鲁克，并命令澳军第 9 师师长莫斯海德坚守 8 周，并表示解围部队正在埃及集结。除了自身的 8 个步兵营，莫斯海德麾下还有澳军第 7 步兵师的第 18 旅（共 3 个步兵营），外加 5 个野战炮兵团，以及德鲁中校利用第 1 皇家坦克团组建的一支混合装甲部队（共 7 辆 Mk Ⅳ A 巡洋坦克和 15 辆 Mk Ⅵ b 轻型坦克）。另外，当地维修车间还有 40 多辆坦克，其中 2 辆巡洋坦克和 16 辆轻型坦克已在德军进攻前修复。[53] 4 月 8 日，第 4 皇家坦克团的一支分遣队也乘船抵达，并带来 4 辆"玛蒂尔达 2"步兵坦克。总之，虽然莫斯海德的防线长达 44 千米，但麾下兵力却相当于 1 个加强师，后勤状况也比隆美尔（物资来自的黎波里）更好。此外，英军还在哈尔法亚山口附近部署了一支由戈特准将指挥的小型机动部队。该部队组建自第 2 装甲师支援群的残部（原指挥官莱瑟姆准将已被撤职），并有第 11 轻骑兵团的 2 个中队和第 7 轻骑兵团的 1 个中队（配有 17 辆 Mk Ⅵ b 轻型坦克）提供支援，任务是封锁埃及至利比亚边境的沿海公路。[54]

4 月 9 日，冯·普里特维茨和基尔希海姆分别率领一支小型摩托化战斗群从德尔纳启程，向着 100 多千米外的托布鲁克奔去。当天结束时，冯·韦赫马尔的第 3 侦察营前锋已抵达阿克罗马（Acroma），有些装甲车开始与托布鲁克外围守军交火。与此同时，施特赖希的第 5 轻装师主力仍在跟跟跄跄地前往梅奇利。为让部队恢复战斗力，第 5 装甲团维修分队正拼尽全力，试图修复更多瘫痪坦克。最终，隆美尔穿越沙漠的决定令第 5 装甲团有 85% 的坦克因故障瘫痪，只有 25 辆坦克完好抵达了梅奇利（相较之下，该团在战斗中损失的坦克只有大约 10 辆）。这些故障坦克散落在沙漠中，远离后方基地，而且修复相当耗费时间。但隆美尔没有这个耐心，相反，他命令奥尔布里希尽量把坦克调往前线，为冯·普里特维茨提供支援。意大利"公羊"装甲师情况也同样糟糕，只有不到 20% 的坦克和车辆能够战斗。有些部下开始质疑隆美尔的决定，但最后，他们仍忠顺地接受了一切，并开始执行计划，尽快进攻托布鲁克。

按照某些说法，在 4 月 10 日上午，隆美尔向参谋人员宣布："我们的目标是苏伊士运河。"随后，他驱车去会见冯·普里特维茨，尽管后者部队根本不多，但隆美尔仍勒令他尽快全力发动攻击。隆美尔之所以这么做，是因为他断定英军不会坚决抵抗，而且将放弃托布鲁克。但对于这一结论，他无法拿出一份确凿情报。"普里特维茨"集群没有托布鲁克地图，也不了解英军部署，而且只有几个意军 75 毫米 27 倍径野战炮连提供支援。当天 9 时左右，波纳特率领 1 个纵队（包括 7 辆装甲车，外加第 8 机枪营的 2 个连）开始向托布鲁克西侧防御圈前进。这时，他们发现一些国王龙骑兵禁卫团的装甲车出现在远方，英军炮弹随即倾泻而下，令进攻者死伤无数。但冯·普里特维茨仍驾驶着指挥车继续前进，全然不知道自己进入了敌军的直瞄射程。其指挥车随即被击中，冯·普里特维茨当场身亡。[55]英军在托布鲁克地区还拥有空中优势，第 73 中队的"飓风"战斗机多次低空扫射，将德军摩托化纵队打得落花流水。基尔希海姆少将在一次空袭中中弹，身受重伤。经过几小时徒劳战斗，波纳特放弃了试探性攻击。在进攻托布鲁克时，德军兵力不足，而且未做事先侦察，这种轻浮举动导致两名将领一死一伤。以任何专业军事领导的标准看,隆美尔在 4 月 6 日至 10 日的决策不仅是鲁莽的,而且非常愚蠢。在北非沙漠,他开展装甲战的方式有时相当业余,并导致了徒劳无功,但对手和战后历史学家们(包括利德尔 - 哈特)创造的"隆美尔神话"却掩盖了这一切。

在战术上,好指挥官不免犯错,但坏指挥官会一错再错——隆美尔在托布鲁克就是如此。在城市外围,隆美尔没有重组部队,也没有实施围困和强攻,而是继续根据荒腔走板的计划,仓促下令发动进攻,并妄想一举打破英军防御。他还全然不顾后勤限制,并无视了战前装甲部队维修保养的必要性。这些都和装甲部队指挥官的正确做法背道而驰。一个称职的装甲部队指挥官一定会将后勤和维护事项纳入机动计划,而不是因为"麻烦"而选择刻意无视。

尽管波纳特在 4 月 10 日的试探以失败告终,但隆美尔仍命令施特赖希调集一切坦克,以便在 4 月 11 日对托布鲁克南部外围防线发动更猛烈的攻击。他还告诉奥尔布里希,敌人一看到德国坦克接近就会望风而逃。但此时,奥尔布里希只能从第 5 装甲团第 2 营派出约 20—25 辆坦克支援波纳特的第 8 机枪营,而且这些坦克直到 15 时才抵达托布鲁克。不过,意军也派出了一些坦克、超轻型坦克(来自"公羊"装甲师)和火炮(来自"布雷西亚"师)提供支援。隆美尔选择在阿代姆(El Adem)公路以西 3 千米处实施突破,但他没有真正侦察过这个地段,更不知道当地有原先意军修建的反坦克壕(宽 4—5 米,深 4 米)。可俯瞰此处的有两处坚固阵地,即 R33 和 R35 哨位,而且每处哨位都约 1 个排的澳军驻守。德军很晚才发动攻击,而且大约 16 时,即他们还没有离开集结区时,英军便将炮弹砸在坦克和步兵头顶。一场沙尘暴也席卷而来,使德军无法与意大利炮兵协同压制敌方工事。当德军坦克接近环形防御圈时,英军炮火更加猛烈,坦克车组被迫关上舱门,对形势也更加茫然无措。在前进一阵后,他们发现前方道路被反坦克壕切断,只得向英军阵地(没有反坦克炮)乱打了一阵,然后掉头向东,试图另寻别路。[56] 但他们不仅没能成功,还为此犯下了另一个重大错误:把薄弱的侧面暴露给早有准备的敌人。大约 18 时 30 分,第 1 皇家坦克团的 1 个中队在澳军召唤下赶到,开始与德军装甲部队交战。经过几轮交火,他们以损失 2 辆巡洋坦克的代价摧毁了 1 辆德军坦克和 1 辆意大利 M13/40 中型坦克。最终,施特赖希决定停止战斗。[57] 当天其余时间,波纳特的步兵只能驻留在暴露阵地上,任凭英军炮火宰割。最终,德军装甲部队在 4 月 11 日的进攻中铩羽而归。导致德军失败的因素很多，比如没有侦察而导致未能确定敌方障碍带，以及缺乏工兵和炮兵支援，这一切都使得突破注定很难达成。

截至 4 月 11 日结束，德军已对托布鲁克形成松散的合围。其西面是意军"布雷西亚"师（约 2 个步兵营），南面是第 5 轻装师（1 个步兵营和 2 个装甲营），东面是"施韦林"集群（第 2 机枪营），而英军守军则多达 34000 人（共 12 个步兵营和 1 个坦克营）。虽然隆美尔手下还有一些零散单位，但他仍忽视了一个基本事实：围攻部队人数不到守军三分之一。隆美尔之所以如此脱离实际，拒绝正视战场现实，很可能是源自他对法国战役的印象。此外，由于英军第 2 装甲师撤退飞快，隆美尔似乎更加坚信——敌人不是想战斗，而是想逃跑。但很快，他就将受到一次教育。

隆美尔命令施特赖希在 4 月 12 日再次尝试，并为他配备了 1 个工兵排。当天 16 时 45 分，奥尔布里希和波纳特分别率领坦克与步兵抵达反坦克壕，但因工兵排没有出现，突破宣告失败。这时，英国皇家空军的"布伦海姆"轰炸机也赶来轰炸第 5 装甲团，使德军更加焦头烂额。显然，营级规模的突破行动事关重大，需要各兵种加强协同——在此期间，预演往往十分必要，但隆美尔却急于求成，不允许这种"奢侈活动"发生。

在这次进攻尝试中，波纳特因为两件事怒不可遏：当步兵匍匐在地时，第 5 装甲团险些从他们身上碾过；他们必须在旷野挖掘掩体，而且当地距离澳军阵地只有 200 米。因此他的步兵被困在开阔沙漠上，并在炮火打击下损失惨重。随后，沙尘暴降临战场，让波纳特营更加孤立无助。[58] 波纳特在煎熬之中等待着，直到 4 月 13 日夜幕降临。这时部分德军工兵才姗姗来迟。他命令工兵和部下共同前进，在反坦克壕上打开一个缺口。面对澳军步兵猛烈反击，他们最终于 4 月 14 日 2 时 30 分左右在 R33 哨位附近开辟了一处临时通过点。随着反坦克地雷清理完毕，波纳特在反坦克壕中建立起指挥所，并迅速派遣两个步兵排守住障碍物远方一侧，同时向第 5 装甲团报告了情况。但令人惊讶的是，澳军一个排仍然在 R33 哨位中，观察着 300 米外突破口附近的动静。

拂晓前 1 小时，第 5 装甲团第 2 营隆隆穿过突破口（但德军未在当地设置明显标识）。先头装甲连的每辆坦克上都搭载着几名波纳特的步兵。他们径直越过阵地，并未尝试在途中肃清阵地内的澳军守军。几乎在同一时刻，德军坦克还与两个 25 磅炮连（来自第 1 皇家骑炮团）爆发交战，波纳特的步兵见状迅速跳车。作为当地守军，澳军第 2/17 营的步兵也不停向德军装甲集群射击。然而，奥尔布里希的坦克仍在向东北方推进，第二批坦克也越过了反坦克壕沟。面对猛烈炮火，德军坦克试图使用交替掩护战术——1 个排运动，另 1 个开火压制敌军阵地，并以这种方式向澳军纵深推进了大约 5 千米，一直前进至距离英军炮兵连不到 600 米处。看到德军坦克迎面而来，英军 25 磅炮立刻转入平射，当场命中 1 辆四号坦克，将其炮塔掀翻，随后又击毁了其他 4 辆。但这场对决也让英军付出了惨重代价：1 门 25 磅炮被毁，另有 10 人阵亡。[59] 澳军反坦克部队也携带 2 磅炮搭载卡车参加了战斗，并以损失 2 辆卡车为代价击毁数辆坦克。

迫于压力，澳军第 20 旅请求装甲支援。拂晓时分，第 1 皇家坦克团的 1 个中队从东北方赶到，开始向德军右翼发起反击，并给后者制造了更多损失。在各个方向火力打击下，奥尔布里希决定于 7 时 30 分中断进攻，退回突破口。澳大利亚人和英国人向突破点猛烈开火，尘土飞扬，现场一片混乱。虽然施罗姆少尉设法找到了突破口，并返回友军战线，但德军在这次失败的进攻中损失了近一半坦克。出于某种原因，波纳特认为他可以在澳军防线上守住一个立足点，以便再次发动进攻，因此命令残余部队留在反坦克壕沟以北。德军坦克一离开，英军坦克和澳军步兵就开始扫荡孤立的波纳特营。大约 10 时，2 辆"玛蒂尔达 2"坦克赶到，向德军发动了致命一击——波纳特本人在战斗中丧生，其余部队则纷纷缴械。

4 月 14 日，德军损失了 38 辆进攻坦克中的 17 辆，其中包括 5 辆四号坦克。有些坦克甚至被英军完好缴获，例如 1 辆最新的三号坦克 H 型（该坦克后来被送回英国接受技术分析）。[60] 波纳特的第 8 机枪营被击溃，德军至少有 150 人阵亡，250 人被俘。盟军则损失不大，共有 26 人阵亡，64 人受伤，第 1 皇家坦克团有 2 辆巡洋坦克和 1 辆轻型坦克被击毁。隆美尔一直在观战，对于这场发生在复活节的败仗，他立刻归咎于施特赖希，并说奥尔布里希放弃了波纳特的步兵，而且第 5 轻装师"师部没有掌握集中兵力于一点、强行突破的艺术"。[61]

在这场战术灾难之后，隆美尔的可用坦克已捉襟见肘，但即使如此，他还是拒绝将策略转为长期围困。由于德军部队所剩不多，他干脆用意大利部队代替。4 月 15 日，他命令"公羊"装甲师和新组建的第 102 "特伦托"步兵师攻击托布鲁克环形防线西侧的麦达瓦尔山丘（Ras el Medawar）[62] 一带。"特伦托"师是意军仅有的 2 个全摩托化步兵师之一，原计划与"公羊"装甲师联合作战。如果它们齐装满员，并作为机动军团使用，原本可以产生重大效果。在穿越沙漠途中，意军第 7 中型坦克营大部分 M13/40 中型坦克都因机械故障掉队，46 辆中只有 12 辆抵达托布鲁克。但即使如此，隆美尔还是命令意军摩托化部队在 4 月 15 日至 16 日零敲碎打地投入战斗。这些部队只有几个步兵营，坦克支援也异常稀少（只有 7 辆 M13/40 中型坦克和 12 辆 CV-35 超轻型坦克），他们在战斗中损失超过 1300 人。[63] 仅"特伦托"师便失去了相当于 2 个步兵营的兵力。4 月 22 日，英军甚至抓住机会，在麦达瓦尔山丘附近投入 3 辆巡洋坦克和 5 辆通用运输车发起反击。意军"法布里斯"分遣队（即第 3 神射手营）被他们打得溃不成军，其指挥官法布里斯中校阵亡，368 名意军也被英军俘获。[64]

虽然在托布鲁克外围，隆美尔在进攻中铩羽而归，但他仍决定向东朝利比亚 - 埃及边境前进，试图趁这一"绝佳机会"夺取苏伊士运河。4 月 12 日，冯·韦赫马尔率领第 3 侦察营兵不血刃占领了巴尔迪亚。戈特的机动部队甚至无力抵挡这支小部队，并被迫撤往索卢姆。在哈尔法亚山口，盟军只有一个"自由法国"步兵连负责守卫。为进一步加强埃及边境方向的兵力，隆美尔决定组建"克纳贝"先遣营 [Vorausabteilung Knabe]。后者下属部队主要来自第 15 装甲师的先头分队，包括第 15 摩托车营、第 33 装甲歼击营和 1 个 8.8 厘米高炮连，指挥官是古斯塔夫 - 格奥尔格·克纳贝（Gustav-Georg Knabe）中校。4 月 13 日，该分队已攻克索卢姆，并迫使戈特撤往埃及。与此同时，第 15 装甲师临时师长马克西米利安·冯·赫夫（Maximilian von Herff）上校也来到前线，试图接管刚抵达托布鲁克地区的先遣分队。隆美尔却命令他前往索卢姆，并组建一支新战斗群(包括第 3 侦察营和"克纳贝"集群)。同时，隆美尔还向这个战斗群派去了几支意大利部队（2 个步兵营和 1 个炮兵营）——对于托布鲁克地区的意军，此举无异于重大的实力削弱。

在托布鲁克方面，隆美尔仍不同意发动围攻，还不断敦促德国空军提供增援。虽然德意援军仍在从的黎波里赶来，但鉴于其行进速度，轴心国军队已无法在 4 月底之前重新发动大规模进攻。在这些新部队中，很多都来自第 15 装甲师。虽然该师比第 5 轻装师更为强大，但由于将该师运往的黎波里的意军船队遭到英军袭击，其行进过程遭到大幅拖延。在德国本土，媒体对隆美尔在利比亚的胜利欣喜若狂，但哈尔德大将与陆军最高统帅部却深感失望。听说德军在复活节进攻受挫后，哈尔德写道："隆美尔根本无法胜任作战任务。他整天在四散的部队间东奔西走，大搞侦察突袭，导致部队支离破碎……其装甲部队力量虚弱，并被零敲碎打地投入进攻，因此损失惨重。"哈尔德还形容隆美尔"已陷入失心疯"，必须接受管束。[65]为评估情况，他命令弗里德里希·保卢斯中将前往隆美尔的指挥部。

1941年4月，隆美尔用不到两周时间便征服了大半个利比亚，这经常被描绘成机械化作战领域的壮举。但实际上这次行动计划很业余，除了让英国人蒙羞，其战果实际寥寥可数。在此期间，隆美尔公然违抗命令，将兵力推进到有效支援距离之外。他在制定目标时好高骛远，宣称要夺取苏伊士运河，又与德国的整体战略目标完全不符。在战役层面，隆美尔漠视后勤，令施特赖希的第5轻装师深受其害。他还漠视情报，令德意志非洲军匆忙进攻托布鲁克外围防线，并使其失去了3名宝贵的高级军官。在这里，隆美尔实际取得了一个不光彩的"成就"：虽然早先在波兰和法国，德军装甲部队都遭受过战术挫折，但隆美尔却是让装甲部队"自废武功"的第一人。奥尔布里希的第5装甲团原本有150辆可用坦克，但经过短短2周，其数量便减少到20辆。在1939年的华沙战役中，德军第4装甲师曾同样损失惨重，但他们仍完成了战役目标，即包围该城并最终迫使守军投降。[66]

隆美尔将坦克等同于机动和火力，但这只是某种意义上的一厢情愿。他凭借着心血来潮，就妄图穿越沙漠、实现大包围，并完全不顾及地形或环境。优秀机动指挥官对时间与距离因素（即一支部队完成特定距离运动所需的时间）有着本能的领悟，但隆美尔则不然。他的参谋班子非常优秀，精于运筹帷幄，但由于他的一系列突发奇想，这些人员不仅无法发挥优势，还彻底沦为了看客。对隆美尔的机动作战风格，最好的评价也许是：之前几个月，英军一直在与谨小慎微的意军指挥官作战，这时，隆美尔来了，用凌厉气势把他们打得措手不及。在战术层面，德国坦克兵在陌生环境中表现出色，并在战斗中严格遵循了训练要求。但在托布鲁克，它们却奉命为步兵提供支援，而且各机械化单位被拆散到各处——这些都违背了德军当时的战术条令，并因此注定收效有限。另外，1940年6月对法国"魏刚防线"（Weygand line）的行动表明，强攻坚固阵地是装甲部队的大忌，如果对方把远程火炮、反坦克炮与防御体系妥善结合，就有可能给进攻者造成重大损失。[67]

在隆美尔首次发动攻势时，英军坦克兵之所以表现欠佳，显然是受到了高级指挥官的拖累。由于没有稳定战线，很多英军将领方寸大乱。甘比尔 - 帕里显然不适合在沙漠中担任装甲师指挥官——这让人不禁发问，为什么英军不从第 7 装甲师挑选一名老坦克兵，比如比尔克斯或盖特豪斯代替？隆美尔一发动攻势，尼姆和甘比尔 - 帕里的思维便被地图束缚。他们一直想严格按照原计划分阶段撤退，而且很少根据敌军的实际行动行事——这实际是重蹈了法军将领们在 1940 年 5 月的覆辙。另外，在隆美尔攻占艾季达比亚后，英军还拆散了第 2 装甲师，其师长甘比尔 - 帕里根本没有认识到一个重要问题：装甲旅和支援群必须相互支援，而不是各自为战。此外，他还应在艾季达比亚以北的某个地点进行坚守，何况他当时还有近 100 辆坦克。但随着撤退长期持续，第 2 装甲师损耗愈发严重，很多坦克都毁于机械故障，而被敌军击毁的坦克只有其总数的不到 10%。在战术层面，尽管英军 Mk Ⅳ A 巡洋坦克在装甲防护能力方面不如德军新式中型坦克，但英军坦克兵的表现仍与对手不相上下。另外值得一提的是，双方仍保留着大量轻型坦克，如英军的 Mk Ⅵ b 轻型坦克、德军的二号坦克，以及意军的 CV-35 超轻型坦克，但这些型号都已过时，事实证明，它们在战场上只会带来负担。

在战役层面，尼姆犯了一个严重错误：尽管班加西周边地形适合迟滞作战，但他仍匆忙决定从当地撤退。虽然在艾季达比亚失守之前，英军就意识到，敌人可能试图穿越沙漠实施包抄，但尼姆却忽视了一点：隆美尔大部分部队的生死存亡都取决于能否打通阿盖拉到德尔纳的"巴尔博大道"。英军的 Mk Ⅳ A 巡洋坦克虽然问题丛生，但在步兵和炮兵支援下，它们完全可以在绿山地区有效开展机动迟滞作战。从隆美尔的首次进攻中，英联邦部队得到了一个教训：在沙漠中，由于缺乏连贯战线，他们无法用传统方式"以空间换时间"。

僵局，1941 年 5 月

我们是猎人

不管战斗多难

我们都会像过去一样击败你们！

——《"非洲军团"进行曲》，1941 年在隆美尔发动首次进攻后，德意志非洲军的后勤情况比之前更糟糕了。北非德意军队每天大约需要 3100 吨燃料、食品、水和弹药等补给物资，但的黎波里港每天只能处理 2000 余吨，而且其补给线绵延超过 1500 千米。[68] 物资运输所需要的卡车数量，已远远超过了德意志非洲军的固有运输能力。虽然攻占班加西缓解了一些压力，但在 1941 年 5 月，当地被英国海军和空军"光顾"，而且只拥有每天约 750 吨的物资处理能力。在西西里岛，德国空军有一支强大的空运力量。来自第 1 特别轰炸机联队第 3 大队（III./KGzbV 1）的机群（通常包括 25 架 Ju-52/3m 运输机）经常从当地出动，将人员和物资运往班加西附近的贝尼纳机场（有时也会前往德尔纳机场）。然而，这样一次空运的总运力只有约 50 吨，而且德国空军缺乏必要资源，导致空运无法每天进行。[69] 另外一个问题是，英国皇家空军有"飓风"战斗机驻扎在托布鲁克，4 月，它们击落了数架 Ju-52，迫使德国空军指挥层谨慎行事，不愿意再让这种宝贵机型冒险。总之，德国陆军最高司令部和意军最高统帅部的观点并没有错——隆美尔缺乏物资，无法支持发动另一次攻击。

在隆美尔的首次攻势中，第 5 装甲团时乖运蹇，损失惨重。由于补给问题，该团始终没有恢复元气，还有大量坦克和轮式车辆受损，并被抛弃在姆苏斯至阿克罗马一线的沙漠中。其回收工作也加大了德军的弹药消耗。困扰该团的主要问题是沙子进入发动机和变速箱，并与油液混合形成淤泥，导致机械摩擦力不断增加，最终卡死活塞，导致输出功率大幅下降直至归零。另外，北非不仅尘土飞扬，而且每天温度超过 90 华氏度（约 32 摄氏度），自然会让三号坦克的 HL 120 TRM 发动机"水土不服"。在回收后，团维修分队的机械人员需要操作 Sd.Kfz.9/1 抢修车的起重机，把发动机吊出车身，并将沙粒清理干净。这一过程在欧洲很简单，但在沙漠中却耗时费力。在大部分时间，他们都被迫露天工作，周围很少有建筑物，而且帐篷也经常被频繁的沙尘暴吹倒。另外，沙尘还会加速其他关键零部件磨损，尤其是连接发动机和变速器的万向轴（gelenkwelle）。隆美尔请求德国空军为坦克空运新发动机——虽然有一些最终抵达，但大部分坦克车组收到的都是翻新品，而且其使用寿命可能已所剩无几。事实上，德国工业此时更专注于生产新坦克，而不是备件——因为也只有如此，它们才能为所有装甲师完成装备更新换代。例如，德国工业每生产 5 辆三号坦克 H 型坦克，才会生产 1 台备用的迈巴赫 SSG77 变速箱——在 1941 年 4 月，该型变速箱只有 40 台作为备件提供给装甲部队。[70] 另外还有一些因素限制了德意志非洲军的坦克修理能力，例如当地缺乏维修设施，而且没有备件仓库。德国陆军最高司令部对这种情况心知肚明，并建议在班加西建立一个此类设施，但后者直到 1941 年 7 月才落成。受此影响，第 5 轻装师的装甲车辆只有一半能勉强维持战备状态。4 月底，该师把全部剩余坦克集中到了"霍曼"装甲营（Panzer-Abteilung Hohmann）——该营共有 79 辆坦克可用，其中包括 9 辆一号坦克、24 辆二号坦克、36 辆三号坦克、8 辆四号坦克和 2 辆指挥坦克。[71]

4 月 27 日，保卢斯抵达隆美尔的指挥部，发现后者正准备在 3 天内再次向托布鲁克进攻。保卢斯认为德意志非洲军状况恶劣，但隆美尔不以为然。为支持这次进攻，隆美尔利用在柏林的影响力，成功说服希特勒下令将第 104 步枪兵团（Schutzen-Regiment 104）的一个营和几个工兵连运往北非。另外，第 104 步枪兵团团长——汉斯 - 亨宁·冯·霍尔岑多夫（Hans Henning von Holtzendorff）上校也飞抵班加西，并接管了"冯·霍尔岑多夫"战斗群（Kampfgruppe von Holtzendorff, 含 3 个步兵营、1 个工兵营、1 个炮兵营和 1 个反坦克营）。然而，该战斗群大部分部队都尚未适应北非环境，而且从未开展过协同行动。第 15 装甲师的新任师长汉斯 - 卡尔·冯·埃泽贝克（Hans-Karl von Esebeck）少将也抵达北非，此人出身骑兵部队，但接受过总参谋部训练，并拥有丰富装甲作战经验。但隆美尔显然对他不屑一顾，并把第 15 装甲师当成了兵源库。与此同时，施特赖希仍在指挥第 5 轻装师，但隆美尔一直在寻找理由解除他的职务，其位置已经岌岌可危。最初，保卢斯试图阻止隆美尔临阵换将，但不久还是默许了这一举动。

隆美尔最终决定在 4 月 15 日至 16 日发起进攻，地点位于麦达瓦尔山丘附近，即意军此前战败之处。其当面之敌来自澳军第 26 旅——他们已在反坦克壕后方建立了一系列步兵支撑点，并用地雷和铁丝网加以保护。但对于如此宽广的防区，守军的兵力仍然很不充裕。以澳军第 2/24 营为例，其前方的 3 个连各需要把守 2000—3000 米的战线。但在外层环形防御阵地上，其麾下的每个战斗前哨只有大约 2 个步兵班，武器仅包括 1 挺中型机枪和 1 挺反坦克步枪，其中后者效果可能非常有限。在整个 8 千米宽的防区，英军总共只有 10 门反坦克炮，人员

麦达瓦尔山丘的突破行动

1.4月30日21时整，德军步兵和工兵突破R1支撑点附近的澳军障碍带。
2.5月1日5时45分，"霍曼"装甲营从集结区出发，进入突破地点。
3.5月1日7时整，"霍曼"装甲营从突破口散开，协助步兵扫荡澳军阵地。第6连触雷瘫痪。
4.5月1日10时整，英军第3装甲旅投入1个坦克中队迎击德军突破行动。更多坦克随后也投入战斗。
5.5月1日下午，英军第3装甲旅已大部参战，但"霍曼"装甲营已巩固战果，并挫败了英军反击。

N

澳大利亚第26旅

吉埃伊达

澳军第2/24营

S3

209地点

麦达瓦尔山丘

"霍曼"装甲营

R1

第200特别工兵营

R3

R5

第3装甲旅

○ 步兵阵地
**** 雷场
▼▼▼ 反坦克壕

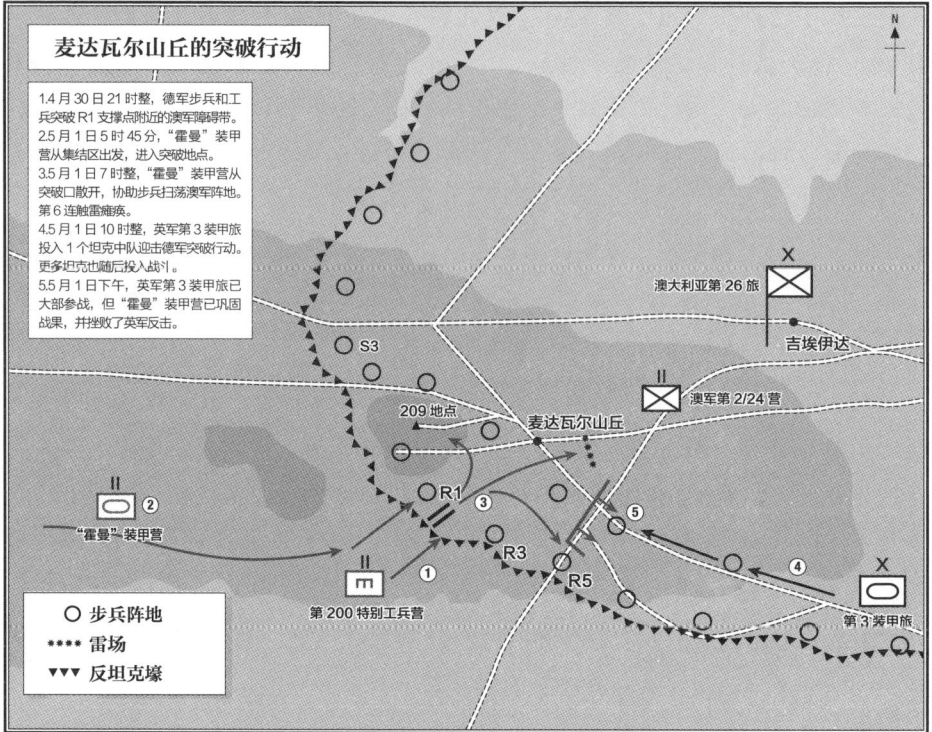

麦达瓦尔山丘的突破行动，1941年4月30日—5月1日

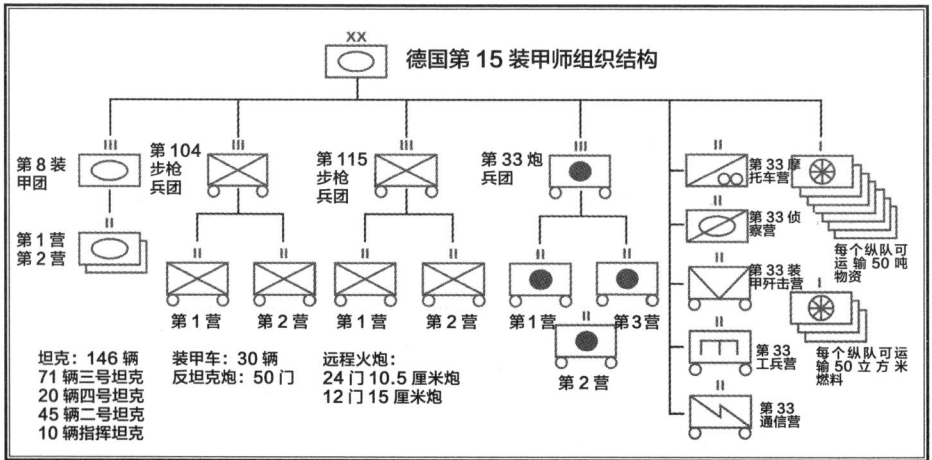

德国第15装甲师组织结构

第8装甲团

第1营
第2营

第104步枪兵团

第1营　第2营

第115步枪兵团

第1营　第2营

第33炮兵团

第1营　第2营　第3营

第33摩托车营

第33侦察营

第33装甲歼击营

第33工兵营

第33通信营

每个纵队可运输50吨物资

每个纵队可运输50立方米燃料

坦克：146辆
71辆三号坦克
20辆四号坦克
45辆二号坦克
10辆指挥坦克

装甲车：30辆
反坦克炮：50门

远程火炮：
24门10.5厘米炮
12门15厘米炮

德国第15装甲师组织结构，1941年5月7日

188

也相当稀少。但另一方面,当地守军也拥有 1 支小型装甲预备队,该分队来自第 3 装甲旅,而且在不久之前得到了 14 辆"玛蒂尔达 2"步兵坦克 [隶属于第 7 皇家坦克团 D 中队,指挥官为肯尼斯·哈里斯少校] 作为加强。在德军进攻前夕,第 3 装甲旅(旅长为德鲁中校)总共拥有 18 辆"玛蒂尔达 2"坦克、17 辆巡洋坦克(共 8 辆 A-9/A-10 巡洋坦克、9 辆 Mk Ⅳ A 巡洋坦克,均来自第 1 皇家坦克团),以及第 3 轻骑兵团的 1 个 Mk Ⅵ b 轻型坦克中队。德意志非洲军则把突破希望寄托在了步兵、炮兵和工兵身上:虽然步兵增援带来了一些帮助,但其炮兵和工兵支援仍然非常有限。为削弱澳军防御,德国空军于 4 月 29 日对第 26 旅阵地发动了 4 次大规模空袭,造成约 50 人伤亡。但这一举动也惊动了守军。另外,在 4 月 30 日上午,澳军还发现德军步兵正在朝环形防线运动,这让他们意识到另一次攻击已迫在眉睫。[72]

4 月 30 日晚,隆美尔率军卷土重来。这次进攻由"冯·霍尔岑多尔夫"战斗群(3 个营)与第 5 轻装师的 1 个战斗群(2 个营)联合发动,各部队试图趁夜色渗入澳军第 2/24 营阵地。作为前奏,德军"斯图卡"掀起了另一轮密集轰炸,2 个 10.5 厘米榴弹炮营也连续炮击了 60 分钟。随着黄昏降临,德军步兵与几个工兵连向反坦克壕逼近。在漫长的战线上,第 2/24 营无法抵挡渗透。由于通信线路被炮击切断,有些澳军阵地甚至无法呼叫炮火支援。到 21 时,德军步兵已越过 S3 和 R3 阵地之间 2000 米宽的反坦克壕 [这一关键地段由澳军的 1 个连(第 2/24 营 A 连)防守]。德军第 200 特别工兵营的工兵切断了澳方的铁丝网,并在夜间填平了 R1 号阵地附近的反坦克壕沟(显然是用碎石),与此同时,德国步兵则与澳军战斗前哨杀得难解难分。澳军第 26 旅旅部与大部分前沿阵地失去联系,很难评估德军突破的程度,但即使如此,他们还是调来了 1 个反坦克连的预备队,并向德鲁的第 3 装甲旅发出预警。[73] 但这些行动仍然未能阻止突破。3 时 45 分,"霍曼"装甲营离开麦达瓦尔山丘西南 5 千米处的集结区,于 5 时 45 分左右抵达主要突破地点。得益于黎明前笼罩在地面上的雾气,澳军对德国装甲部队的到来一无所知。

为让装甲部队穿过突破口,霍曼肯定花费了不少时间。不过,由于澳军有线通信被切断,在此期间,德军并没有遭到炮火干扰。一抵达另一侧,霍曼便开始部署装甲部队,而且其行动似乎非常迅速。和上次进攻不同,霍曼没有把所有坦克集中起来组成楔形梯队,他让 2 个连分头行动:其中,汉斯·桑德罗克(Hans

Sandrock）中尉的第 5 连负责派遣 2 个排协助第 2 机枪营，以便后者用步兵肃清澳军 R5 哨位，而另 1 个坦克排则奉命协助肃清麦达瓦尔山丘顶部的敌人。与此同时，第 6 连将向澳军第 2/24 营阵地纵深推进，攻克其指挥所和预备队阵地。"霍曼"装甲营的其余部分（即营部、第 7 连和第 8 连）紧随其后，支援上述部队。当德军装甲部队越过反坦克壕时，澳军第 26 旅最初对此一无所知。直到 8 时左右、德军坦克在麦达瓦尔山丘顶部出现时，他们才意识到事态严重。4 门澳军反坦克炮随即开始与桑德罗克的坦克交火，操作反坦克炮的士兵宣称击毁其中 3 辆（其中 1 辆是三号坦克），但反坦克炮也全部损失。[74] 在摧毁澳军反坦克炮后，第 6 连立刻向东北方推进，但不幸的是，他们全速冲入了一处英军雷区，12 辆坦克（包括 3 辆二号坦克和 9 辆三号坦克）顿时陷入瘫痪。[75] 施罗姆少尉驾驶三号坦克撞上了一枚地雷，导致坦克的右侧履带断裂，当他试图驾驶坦克后退时，左侧履带又将另一枚地雷引爆。无奈之下，施罗姆只好跳上另一辆坦克，留下其他乘员在炮火中修复受损履带。[76] 由于工兵仍被困在突破口，德军对第 6 连前方的地雷根本无可奈何。这时，英军炮兵也开始炮击麦达瓦尔山丘周边地区——虽然他们与前进观测员通信不畅，但仍然让德军处境愈发艰难。

由于不清楚突破之敌的实力，加上最初对德军坦克动向的报告不准确，德鲁一度不愿让部下投入战斗。当时，他的装甲预备队位于交战地点以东，与战场只相距约 6 千米，但"战争迷雾"却困扰着他，让他无法确定最佳参战时机。他不知道澳军第 26 旅已经与第 2/24 营失去联系，只知道前线步兵阵地并没有请求坦克支援。但到 10 时左右，德鲁终于发现德军正在大举进攻，于是派遣第 1 皇家坦克团 B 中队（5 辆巡洋坦克）驰援澳军第 26 旅。该中队立刻奔赴西面，并与桑德罗克的第 5 连遭遇。在 1000 米外，双方短暂交锋，但都没有给对方造成什么损失。英军坦克兵抱怨说，这是因为麦达瓦尔山丘附近烟雾和沙尘弥漫，遮挡了他们的视野。随后，双方一度脱离接触。但在大约 11 时 35 分，随着第 1 皇家坦克团 C 中队的 9 辆巡洋坦克抵达，两军又爆发了一场小规模坦克战。英军声称将 1 辆三号坦克和 2 辆二号坦克击中起火，自身有 1 辆巡洋坦克被击毁，另 1 辆被击伤。中午时分，德鲁决定把第 7 皇家坦克团的半数"玛蒂尔达 2"巡洋坦克投入战斗，但这些坦克途中有 3 辆因机械故障而掉队，还有 1 辆被"斯图卡"打得瘫痪，最终只有 5 辆与第 1 皇家坦克团的剩余 12 辆巡洋坦克会合。午后，英军装甲部队从

R14 阵地出发，沿外围防线向西朝 R4 阵地缓慢推进。由于无线电问题，这两批坦克无法彼此通信。看到英军坦克正在缓缓逼近，德军不紧不慢地将几乎所有剩余坦克部署成"L"型队形，并向英军开火射击。在随后的战斗中，共有 2 辆"玛蒂尔达 2"被击毁，另有 2 辆失去战斗力，其车长则有 3 人阵亡（从上述情况推断，德军某些三号坦克很可能装备了 40 型钨芯穿甲弹），与此同时，第 1 皇家坦克团也有 2 辆巡洋坦克被击毁。但英军反击火力仍然非常精准，并击中了 4 辆德军坦克。但即使如此，他们还是被迫屈服于寡不敌众的事实，最终率先撤出战斗。德军装甲部队在麦达瓦尔山丘附近站稳了脚跟。[77] 当天晚些时候，部分意军"公羊"装甲师的坦克也越过突破口。一些 CV-33 超轻型喷火坦克也随之抵达，试图烧毁部分仍在坚守的澳军步兵阵地。

隆美尔成功在澳军防线上打开一个缺口，并夺取了麦达瓦尔山丘，但鉴于人员和装备损失，这一行动实际是得不偿失的。到傍晚时分，"霍曼"装甲营的战备坦克已下降至 35 辆（尽管只有 14 辆全损），其中大部分损失来自地雷、大炮和反坦克炮，只有 7 辆是被敌方坦克击毁。英军方面在战后报告中只承认有 3 辆坦克被击毁，另有 22 辆受损，但在当天结束时，其大多数残余坦克也已无法作战。[78] 总之，在 5 月 1 日，双方对装甲部队的运用都相当蹩脚，但德军在突破坚固防线和抵御敌军装甲反击方面表现确实更加抢眼。在英军这边，德鲁中校把第 3 装甲旅零散投入战斗，这违反了使用机动预备队的基本原则，不仅如此，其麾下的 2 个坦克营也没有在战前解决通信问题，导致情况更加严峻。当天晚些时候，澳军第 26 旅终于动用 2 个预备队连（来自第 2/48 营）发起了反击，但未获成功。如果第 3 装甲旅和澳军第 26 旅能协同反击，很可能会在麦达瓦尔山丘给德意志非洲军制造重大战术挫折。但最终，澳军第 2/24 营基本只能孤军奋战，其被围阵地一个个陷入沉默。最后，澳大利亚第 9 师设法封闭了麦达瓦尔山丘周围的突破口，使敌军被迫放弃向东进攻。

麦达瓦尔山丘之战也暴露了沙漠战役开始后英军在通信方面的长期问题。尽管 20 世纪 30 年代，英军皇家坦克部队在蒂德沃思进行过无线电通信试验，但直到二战爆发，英国陆军都没有为现代化无线电设备投入足够资源，也没有提供充分训练。尽管皇家装甲部队和皇家炮兵都知道无线电意义重大，但其他大部分作战部队仍在严重依赖有线通信——和一战时期几乎没有区别。1940 年和 1941 年，

1个典型的英联邦军队步兵师只有75部无线电台，其中三分之二属于炮兵。无线通信手段分为"无线电话或语音通话"（R/T）和"无线电报或莫尔斯电码"（W/T）两类，其中语音通话质量很差，而且通话距离很短，至于无线电报则速度太慢，因此并不受战术指挥官的青睐。1941年，每辆英军坦克都配有一台无线电收发报机。其中巡洋坦克和轻型坦克使用9号无线电台，而步兵坦克则使用11号无线电台。两者都是低功率输出系统，在高频（High Frequency）频段内工作。虽然在战前，坦克手们必须调试电台，但这项工作经常被英军忽视。相比之下，德意志非洲军装甲部队使用的是甚高频（Very High Frequency）高功率无线电，而且指挥官都受过良好无线电操作规程训练。另外，在1940年和1941年，英军在战术电台操作规程方面也问题多多，在通信保密方面尤其如此（各单位从不改变呼号，使德军很容易查明装甲部队身份），而且可用频率数量有限。1940年，面对意军这种弱旅（他们的坦克上根本没有无线电），英国陆军的通信问题并不重要，但在与德军交锋时的情况就完全不同了，后者精通在机动战中运用战术通信，并因此让英国人付出了惨重代价。

尽管5月1日的进攻略有小胜，然而德国陆军最高司令部仍命令隆美尔转入防御、保存实力。此时，双方的作战重点也从托布鲁克转移到了利比亚 - 埃及边境。隆美尔决定用一些意大利部队增援"冯·赫夫"战斗群，并让后者进行机动防御，守住哈尔法亚山口、巴尔迪亚和索卢姆。5月10日—11日夜，隆美尔还将"霍曼"装甲营（27辆坦克）调给冯·赫夫。此时，冯·赫夫的主要任务实际是反侦察，防止英军与托布鲁克被围守军重新建立地面联络。

在埃及，英军匆忙拼凑了一支救援部队，并将其重新命名为"西部沙漠部队"，该部队由诺埃尔·贝雷斯福德 - 皮尔斯（Noel Beresford-Peirse）中将指挥。然而，此人基本上是个"资源管理者"，部队战术指挥权仍被掌握在第7装甲师的军官们（尤其是戈特准将）手里。遗憾的是，第7装甲师仍在努力重建各装甲单位，而且坦克备件也捉襟见肘，这一情况与德意志非洲军几乎毫无区别。但不同的是，英国皇家陆军军械部队在阿巴西亚拥有维修车间。该车间不仅可以修理部分坦克，而且还可以制造零部件，从而帮助第7装甲师缓慢恢复实力。第7皇家坦克团有部分"玛蒂尔达2"坦克已经修理完毕，随后通过海路运往托布鲁克。第2皇家坦克团的新团长罗兰·丘特（Rowland F. E. Chute）中校也获得了36辆翻新的巡洋坦克（主要是过时的 A9 和 A10 巡洋坦克）。沃尔特·奥卡罗尔（Walter O'Carroll）中校第 4 皇家坦克团也有 2 个中队（共 33 辆"玛蒂尔达 2"）通过海路抵达苏伊士。但即使如此，5 月初，连同剩余的 Mk VI b 轻型坦克在内，"西部沙漠部队"也总共只有 117 辆坦克可用。其支援部队也实力有限，只有 5 个步兵营、1 个炮兵团（装备 25 磅榴弹炮）和第 11 轻骑兵团，相当于两个未满编的旅。

在这种情况下，英军发起了"简洁"行动（Operation Brevity）。和"罗盘"行动不同，"西部沙漠部队"这次几乎没有周密计划或准备。而且诡异的是，在埃及，英军虽然有几名老资格装甲兵军官（如奥摩尔 - 克雷格、考恩特、盖特豪斯和比尔克斯），但他们完全没有参与作战规划，其战术指挥也由威廉·戈特这位步兵军官担任，而且戈特从未指挥过坦克部队。自 4 月中旬以来，戈特一直在担任"配角"：在巴尔迪亚 - 索卢姆地区，他指挥着一支摩托化掩护部队，并逐渐被"冯·赫夫"战斗群击退到边界另一侧。韦维尔希望戈特率领所谓"机动部队"发动有限进攻，袭扰和牵制对手，给隆美尔施加压力，迫使他从托布鲁克分兵。韦维尔还知道，大量装甲部队正在从英国赶来。因此他也把"简洁"行动视为一场序曲，并旨在为 6 月的大规模装甲攻击铺平道路。[79] 鉴于上述情况，戈特打算发动一次有限攻势，夺取哈尔法亚山口，如果抵抗比预想更弱，他还将继续前进。虽然戈特仍将"玛蒂尔达 2"坦克视为"决胜武器"，但奥卡罗尔的第 4 皇家坦克团开局不利：在开赴前线途中，由于事故和机械故障，该团损失了 7 辆"玛蒂尔达 2"。不过，到 5 月 11 日，该团已成功地将 26 辆"玛蒂尔达"坦克运至集结地，即哈尔法亚山口东南约 50 千米处的索法菲附近。

在战术计划中，戈特准备兵分三路，主要目标是夺回哈尔法亚山口。其中 1 支北方纵队（含 1 个步兵营、1 个炮兵营）将沿海岸线前进，夺取山口东端地势较低部分。与此同时，伊恩·厄斯金（Ian D. Erskine）准将将率领第 22 禁卫旅（含第 4 皇家坦克团和 3 个步兵营）负责主攻，夺取悬崖高处的山口西端。最后一支部队——第 7 装甲旅集群（7th Armoured Brigade Group，含第 2 皇家坦克团、第 3 和第 11 轻骑兵营，指挥官为拉塞尔准将）——负责为厄斯金保护左翼，并在条件有利时扩大战果。由于"超级机密"等情报来源，英军知道第 15 装甲师正在抵达利比亚，这让戈特相信，"简洁"行动必须尽快打响，并在德意志非洲军做出反应之前速战速决。

在"罗盘"行动之后，英军略微调整了装甲战条令，而且其内容部分受到了第7皇家坦克团攻克意军营地之战的启迪。其中一个例子是第2号陆军训练指令（ATI No. 2），该指令于1941年3月发布。与以往条令相比，其内容要求坦克第一梯队应在突击中大胆行动，而后续步兵则只需要在坦克攻占目标后继续前进。[80] 不仅如此，其制定者还显然认为，面对反坦克武器，"玛蒂尔达2"将坚不可摧。

5月14日—15日夜，上述3个英军战术集群向各自目标推进。第4皇家坦克团从南面向哈尔法亚山口逼近。这处山口全长约3.5千米，由一支轴心国混合部队防守，包括第5神射手营的2个连 [又名"蒙泰穆罗"分遣队（Montemurro detachment）]、1个47毫米反坦克炮连、1个75毫米28倍径野战炮连和第15摩托车营第2连。[81] 意军没有埋设地雷，也没有修建反坦克障碍物，但他们在阵地周围巧妙修建了石墙工事。拂晓后，英军开始进攻当地，其先头部队是第4皇家坦克团C中队，指挥官是塞西尔·迈尔斯（Cecil G. Miles）少校，苏格兰禁卫团第2营（2nd Battalion Scots Guards）的1个步兵连则在1000米外跟进。最初意军猝不及防，但很快，他们就运用了从5个月前尼贝瓦营地之战中汲取的教训。"玛蒂尔达2"坦克向前冲锋，完全无视意军的徒劳攻击，其中有些试图碾过石墙，并暴露出底部的弱点。虽然这种坦克装甲厚重，可以完全免疫意军47毫米反坦克炮，但其底部装甲只有20毫米，因此遭到了意军的集中攻击。根据奥卡罗尔的战后报告和少量照片证据，有7辆"玛蒂尔达2"因底部装甲和悬挂系统中弹而损毁。[82] 另外有趣的是，第4皇家坦克团还在报告中提到，虽然坦克被毁但没有人员伤亡，这表明上述损伤仅限于表面。[83] 尽管有上述成功，但随着英军步兵抵达，轴心国部队还是很快被击溃，约300人被俘（包括几乎整个第15摩托车营第2连）。与此同时，由于缺乏坦克支援，北方纵队一度受阻于哈尔法亚山口东端（守军是1个意军神射手连）。最后，在"布伦海姆"轰炸机打击下，英军才在当天晚些时候攻陷了最后一处轴心国阵地。[84]

在肃清哈尔法亚山口部分区域之后，第4皇家坦克团向北推进，试图夺取其他次要目标。其中第一个是穆赛义德（Musaid）——此处可以控制通往索卢姆的道路。同时，中央纵队另一部分兵力开始向索卢姆前进，试图占领这座城镇。另外，第4皇家坦克团A中队（包括9辆"玛蒂尔达2"）则在班克斯少校（I.A.D.

Banks）指挥下向西转向卡普佐堡，达勒姆轻步兵团（Durham Light Infantry，DLI）的部队[①]奉命跟进。

与此同时，德军"霍曼"装甲营也前出至卡普佐堡一带，试图阻止英军向巴尔迪亚运动。由于通信问题，其麾下两个装甲连中途失散，但霍曼仍率领营部和第5连向卡普佐堡运动。8时30分左右，霍曼发现班克斯少校的坦克正在靠近，他立刻让十几辆坦克构建半埋式阵地。一待英军进入射程,德国坦克瞬间一齐开火。这些德军坦克将5辆"玛蒂尔达"坦克击毁，它们可能配备的是40型硬芯穿甲弹（Panzergranate 40）。但即使如此，班克斯仍继续向要塞推进，丝毫没有意识到自己寡不敌众。两辆"玛蒂尔达"坦克冲破要塞外围铁丝网，一些英军步兵紧随其后。9时15分，由于弹药耗尽，霍曼决定撤退，这使英军得以短暂占领卡普佐堡。但另一方面，英军第4皇家坦克团也已损失殆尽。补充过弹药后，霍曼在14时左右发起反击，这时，班克斯少校终于意识到自己已多面受敌，只好选择从卡普佐堡撤退。达勒姆轻步兵团[②]在这场战斗中被德军装甲部队重创——损失高达160人，其中有70人被俘。[85]虽然英军在傍晚前占领了索卢姆和哈尔法亚山口，但奥卡罗尔的第4皇家坦克团仅剩6辆"玛蒂尔达2"坦克可用，另有4辆瘫痪坦克在次日被摧毁。不仅如此，英军还懊恼地发现，在5月15日—16日夜间，有几辆受损的"玛蒂尔达2"坦克被德军拖离了前线。

当第4皇家坦克团投入主攻方向时，第2皇家坦克团、第3轻骑兵团和第11轻骑兵团也在前进，试图从沙漠一侧保护友军侧翼。为此，第7装甲旅集群组建了3支"乔克纵队"，而他们当面则是西迪苏莱曼（Sidi Suleiman）周围的1支轴心国小型掩护部队，其中包括若干摩托化单位和"霍曼"装甲营的至少1个坦克排。15日10时左右，第2皇家坦克团在西迪苏莱曼附近与德军掩护部队爆发零星战斗，并宣称击毁1辆四号和1辆三号坦克，但德方资料只承认有1辆二号坦克损毁，而英军则损失了1辆巡洋坦克（来自第2皇家坦克团）。事实上，在"简洁"行动中，第7装甲旅集群只取得了1个重大战果：他们有9辆巡洋坦克（来自第2皇家坦克团A中队）前往西迪阿齐兹进行战斗巡逻，在远远观察到一些德军部队

---

① 译者注：此处指达勒姆轻步兵团第1营。
② 译者注：此处同样指达勒姆轻步兵团第1营。

后，该巡逻队便掉头返回边境地区。但隆美尔却开始过度紧张，他认为英军不仅已击败"冯·赫夫"战斗群，还甚至可能正在冲向托布鲁克。于是，就像之前一样，他再次突然做出决定：向边境地区大举增兵。

在 48 小时前，第 15 装甲师第 8 装甲团 [团长为汉斯·克雷默（Hans Cramer）中校] 已从的黎波里抵达托布鲁克附近，并在阿克罗马地区集结。[86] 尽管 1300 千米公路行军令该团急需休整，但隆美尔决定无视这一因素，并让克雷默立即派遣第 1 营 [营长：克罗恩（Crohn）少校] 前去支援"冯·赫夫"战斗群，该团其他部队也将随后跟进。对克雷默手下的坦克兵们来说，这意味着他们需要迎着茫茫夜色，在一片陌生环境中行军 130 千米，并赶在黎明前与"冯·赫夫"战斗群会师。虽然第 1 营成功在（16 日）3 时左右抵达西迪阿齐兹，但英军早已消失，而且他们也未能与"冯·赫夫"战斗群取得联系。不仅如此，隆美尔也没有为这次大规模装甲调动做好后勤安排，随后 14 小时，克雷默的第 8 装甲团一直无法动弹，只能等待燃料抵达。此外，该团状况也相当糟糕，有超过一半坦克因机械故障抛锚。但戈特并没有认识到德军的困境：由于不愿让小股部队孤悬在利比亚边境，5 月 15 日—16 日夜，他下令撤回哈尔法亚山口 - 西迪苏莱曼一线。

在"简洁"行动中，双方都没有用好装甲部队。英军相信，"玛蒂尔达 2"坦克可以在战场上所向披靡，但他们不知道，敌人已经在学习如何克制这种武器。这让英军损失惨重：在数小时战斗后，第 4 皇家坦克团已失去战斗力。而在第 7 装甲旅集群方向，他们用一整天时间与"霍曼"装甲营拳来脚往，争夺阵地，但这只是空耗精力。5 月 15 日，双方在指挥、控制和后勤领域都没有使出什么高招：很多连级部队只是在战场上晃荡，直到燃料耗尽。一个有趣的现象是，德军并未用 8.8 厘米高射炮群阻击英军装甲部队——它们本应部署在前方的卡普佐堡，但冯·赫夫并没有这样做，而是把它们留在后方担任预备队。

英军撤回埃及后，冯·赫夫只用几天时间，就重新占领了索卢姆等所有前哨阵地。为保卫哈尔法亚山口，戈特部署了约翰·穆布雷（John Moubray）中校的寒溪近卫团第 3 营（3rd Battalion Coldstream Guards），以及 4 门 25 磅炮、8 门 2 磅反坦克炮和迈尔斯少校的第 4 皇家坦克团 C 中队（包括 9 辆"玛蒂尔达 2"坦克）。由于第 2 皇家坦克团只剩 22 辆巡洋坦克依旧完好，而且大部分机械状况堪忧，因此戈特并没有为穆布雷提供真正的机动预备队。随后，冯·赫夫开始越过边境，派遣侦察巡逻队进入埃及。这些行动持续了一周，并将英军地面部队的弱点查探无遗。同时，冯·赫夫还在酝酿一场反击，虽然酷热、日复一日的沙暴和燃料匮乏都在"从中作梗"，但到 5 月 25 日，德意志非洲军大部分装甲部队均调遣完毕，准备支援冯·赫夫发动进攻，这也即是"蝎子"行动（Unternehmen Skorpion）。

虽然目前不清楚"蝎子"行动的计划出自何人之手，但毫无疑问，其内容过于复杂，并不像老派总参谋部军官的"作品"。根据设想，德军将 3 个装甲营（第 5 装甲团第 1 营、第 5 装甲团第 2 营和第 8 装甲团第 1 营）、75 辆坦克编为"克雷默"装甲群（Panzergruppe Cramer），充当主力机动部队——这也是德军首次在北非实施多坦克营协同攻击。与此同时，2 个混合战斗群 [即"巴赫"集群(Gruppe Bach, 1 个加强步兵营和 1 个反坦克分遣队)和"克纳贝"集群(Gruppe Knabe，第 15 摩托车营和 1 个炮兵营)] 将支援友军进攻哈尔法亚山口，冯·韦赫马尔则率领第 3 侦察营在山口以南的沙漠中保护侧翼。该计划缺乏火力支援（只有十余门 10.5 厘米榴弹炮，没有"斯图卡"轰炸机），下属单位目标不够明确，燃油无法满足需求，导致"克雷默"装甲群难以有效开展机动作战（换句话说，如果只有 50 辆坦克的燃料，就不应该派遣 75 辆坦克执行任务）。虽然克雷默明显担心哈尔法亚山口的英军"玛蒂尔达 2"坦克，但 8.8 厘米高炮群还是被留作预备队。

"蝎子"行动于 5 月 26 日启动。德军从多个地点穿越埃及边境，而且一路上谨小慎微。"巴赫"集群紧贴悬崖作掩护，沿海岸线向哈尔法亚山口缓慢推进。在另一侧，即悬崖顶部，"克纳贝"集群也在缓步前行——虽然这些都是佯作声势，但却很快吸引了英军。发现敌情后，第 4 皇家坦克团 C 中队指挥官迈尔斯少校决定开展积极防御。他率领 9 辆坦克向山口西北方前进，试图击败当地德军。在此期间，迈尔斯的坦克遭遇了一支"克纳贝"集群的战斗巡逻队，并击毁了 1 辆三号坦克，但自身也有 1 辆"玛蒂尔达"坦克被还击火力击伤。由于迈尔斯中队的存在，整个下午，"克纳贝"集群未能靠近哈尔法亚山口，但由于战损和故障，到傍晚时，英军只剩下 2 辆"玛蒂尔达 2"还能使用。与此同时，"克雷默"装甲群则一直等到 15 时才开始行动，其 3 个营以"两前一后"队形前进，但并未直接攻向哈尔法亚山口，而是先向南推进了约 30 千米，途经西迪苏莱曼，然后骤然掉头转向东北。20 时 20 分，他们已抵达哈尔法亚山口以南 7 千米处，随即在此建立营地。由于燃料纵队未能在夜间找到克雷默的坦克，后者的燃料储备一度陷入枯竭。[87] 显然，克雷默此举是为了从南面包抄哈尔法亚防御阵地，防止第 7 装甲旅集群（已后撤）前来干扰。

5 月 27 日拂晓，所有 3 个德军战斗群开始向哈尔法亚山口聚拢。发现克雷默的坦克从南方靠近后，英军 25 磅炮连立刻开火射击。即使如此，德军坦克仍在继续前进。这时，穆布雷中校发现他的营遭到来自三个方向的炮火袭击，于是在 7 时下令撤离阵地。迈尔斯少校的剩余坦克奉命殿后，其他英军则向山口东面低矮地段撤退。虽然克雷默麾下有些坦克在前往悬崖顶部途中耗尽了燃料，然而其余坦克仍向撤退英军猛烈开火。不少"玛蒂尔达"坦克被来自后方和上方的 3.7 厘米和 5 厘米炮弹击中，炮塔严重受损。根据照片显示的车体和炮塔穿透痕迹，"克雷默"装甲群似乎使用了一些 40 型硬芯穿甲弹。尽管很多英军得以成功逃脱，但第 4 皇家坦克团仍损失了 9 辆"玛蒂尔达"坦克中的 7 辆（其中 3 辆被德军修复），以及大部分被用于防守山口的重型武器。[88]

虽然"蝎子"行动实现了直接目标——夺回哈尔法亚山口，但其在过程中却存在很多不足。该行动之所以能成功，完全是因为当时戈特在埃及边境缺乏重兵。如果英军在通往山口的道路上布雷，并用一整个坦克团充当预备队，穆布雷至少可能挡住德军的第一轮进攻，并等待救援到来。至于克雷默向哈尔法亚山口的迂回则毫无必要，还消耗了有限的燃料补给，并导致其部队在目标区域部分陷入瘫痪。在夺回哈尔法亚山口后，隆美尔立即下令加固阵地，等待英军反戈一击。

然而，英军直到两个星期后才组织好反击。驻埃及英军装甲部队状态之所以如此低迷，是因为在 1940 年 7 月之后，英国只向该地区运送了不到 400 辆坦克，仅占同期坦克总产量的 29%。另外，在派往中东的坦克中，约有四分之一损失在了希腊。当 4 月下旬，第 3 皇家坦克团和第 4 轻骑兵团返回埃及时，其坦克已经无一幸存，而且损失了超过一半人员。[89] 此外，大部分 Mk Ⅳ A 的备件也被误送至希腊，随后又在撤退途中损失，这导致戈特有部分受损坦克无法修复，并令大量坦克堆积在阿巴西亚皇家陆军军械部队后勤基地①。4 月 20 日，韦维尔向伦敦求

---

① 译者注：原文为"皇家装甲部队后勤基地"，有误。

援，并着重指出德军第 15 装甲师已抵达（消息来自截获的"恩尼格玛"电报），这种情况导致德军在装甲能力上占据了关键优势。

不仅如此，韦维尔还在受到英国陆军部早先种种错误的拖累。1939 年 4 月，鉴于 A-13 巡洋坦克的机动性和装甲防护能力都有待提升，英军总参谋部立刻责成陆军部为其生产改进型。随后，陆军部与两家厂商签订了生产合同：其中之一是纳菲尔德机械化有限公司（制造过 Mk Ⅲ 和 Mk Ⅳ 巡洋坦克），另一个是伦敦、米德兰和苏格兰铁路公司（London, Midland and Scottish Railway Company），但后者之前没有任何坦克设计制造经验。另外，在签订合同时，这两家企业甚至没有拿出新坦克的原型车，而是只为陆军部提供了一张性能"大饼"。就这样，陆军部下达了订单，并开始期望事情会一帆风顺。其中纳菲尔德公司根据早期产品经验，直接开发出了 Mk Ⅵ 巡洋坦克：该坦克比其前身重了 5 吨，每侧有 5 个负重轮而不是 4 个，从而拥有更强的越野机动性。然而，该坦克的车首倾斜装甲上仍有 1 个辅助机枪塔（这一无用设计直到 1940 年年末才在"十字军 2"坦克上废除），而且装甲防护能力仍显不足。伦敦、米德兰和苏格兰铁路公

表 6 英国坦克项目一览，1940 年—1941 年

	A-13 Mk III 坦克 /Mk V 坦克 /"誓约者"坦克	A-15 坦克 /Mk VI 巡洋坦克 /"十字军"Mk Ⅰ 坦克	A-22 坦克 /Mk Ⅳ 步兵坦克 /"丘吉尔"坦克
需求提出时间	1939 年 2 月	1939 年 2 月	1940 年 6 月
开发商	伦敦、米德兰和苏格兰铁路公司克鲁工厂	纳菲尔德机械化和航空有限公司	沃克斯豪尔汽车公司（Vauxhall Motors）
首部原型车完成时间	1940 年 5 月	1940 年 4 月	1940 年 12 月
订购情况	1939 年：350 辆 1940 年：150 辆	1940 年：300 辆	1940 年：500 辆
生产启动时间	1940 年 12 月	1941 年 1 月	1941 年 6 月
制造商	伦敦、米德兰和苏格兰铁路公司克鲁工厂 英国电气阀门公司斯塔福德工厂 [English Electric Valve Co. (Stafford)] 利兰公司金斯顿工厂 [Leyland (Kingston)]	纳菲尔德机械化和航空有限公司	沃克斯豪尔汽车公司

司的产品虽然表面上更具新意，并且该公司承诺会采用焊接装甲和新型传动装置，但事实证明，该公司的产品——Mk V巡洋坦克——是一场工程灾难的产物。由于散热器位于车体前部，Mk V巡洋坦克的发动机经常过热，而且这一缺陷根本无法补救。即使如此，由于陆军部在1940年中期提出要购买9900辆巡洋坦克，因此这两种设计都获得了大量订单，并被迅速投产。英国陆军部还决定将Mk V巡洋坦克重新命名为"誓约者"（Covenanter），将Mk VI巡洋坦克命名为"十字军"（Crusader），令英国坦克的编号更加混乱。[90]1940年年底，上述两种坦克均开始低速生产，而Mk IV A巡洋坦克则被淘汰，并在1941年年初完全停产。但由于"誓约者"和"十字军"都存在大量设计缺陷，因此在1941年1月至3月，这两种坦克的总产量也只有167辆而已。

英国陆军部不只试图构建规模庞大的巡洋坦克部队，还在竭力获得大量步兵坦克。到1940年夏天，"玛蒂尔达2"和"瓦伦丁"坦克已经开始低速生产，但陆军部也渴望利用法国战役的经验开发新型步兵坦克。1940年6月，工厂根据早先设计制造了4辆A-20坦克原型车，但它们被认为不如同期的德国产品。这让陆军决定调整要求，并启动了A-22项目，其合同则被沃克斯豪尔汽车公司（Vauxhall Motors）接过。该公司当时正在为陆军制造卡车，并没有坦克开发经验。但令人惊讶的是，他们仅用6个月就拿出了设计，并将其命名为"Mk IV步兵坦克"，绰号"丘吉尔"。"丘吉尔"远比"玛蒂尔达2"更大（前者重39吨，后者重25吨），正面装甲也更厚，但速度缓慢，作战半径只有90千米。沃克斯豪尔公司还借鉴了法国Char B1 bis坦克的设计，为其初始型号安装了1门2磅炮和1门3英寸榴弹炮，其中前者位于炮塔内，后者位于车体中。尽管"丘吉尔"坦克直到1941年6月才完成量产准备，但"玛蒂尔达2"和"瓦伦丁"的生产进展顺利——1941年1月至3月共制造了469辆。可即使如此，在1941年上半年，英国的坦克生产仍然相当萎靡不振，而且其产品有三分之二是步兵坦克，并不适合在沙漠中开展长途机动作战。

陆军部还有两个错误决策也在拖累韦维尔的装甲部队。虽然他们命令伍尔维奇皇家兵工厂为2磅炮研制后继产品——6磅炮（口径57毫米），但该项目并未得到重视。另外1938年至1940年获批的各种坦克设计也很少为大型主炮留出余地。虽然在1940年中期，英国皇家兵工厂已开发出6磅炮，而且其性能可圈可点，但在敦刻尔克大撤退之后，由于整体环境使然，这种武器的投产遭遇了重大挑战，更不用说装备坦克。另外，伍尔维奇兵工厂的 2 磅炮也产量堪忧——在 1940 年仅有每月 200 门的产量，而且还被坦克和反坦克部队"瓜分"。为让 6 磅炮服役，中断 2 磅炮的有限生产，进而导致所有坦克几个月无法交付——这显然是各方都无法接受的。不仅如此，由于英国当时最好的坦克——"玛蒂尔达 2"——炮塔座圈尺寸太小，无法容纳 6 磅火炮，因此上述讨论实际毫无意义。于是，6 磅炮直到 1941 年 11 月才开始在伍尔维奇工厂投产，直到 1942 年 5 月才列装英军坦克。这导致北非英军坦克兵将在下一年继续凑合使用 2 磅炮，并忍受没有高爆弹之苦。

最后，在法国战役后，尽管英国坦克产量有限、缺乏资深教官，但陆军部仍在大幅扩充装甲部队。他们担心德军可能在 1941 年夏季入侵英国，并认为大量装甲预备队对反登陆至关重要。因此，他们不仅试图组建多个独立装甲旅，还计划在 1940 年年底为消耗殆尽的第 1 装甲师补齐装备，并用本土陆军和义勇骑兵（Yeomanry）单位新组建 3 个装甲师（第 6 装甲师、第 8 装甲师和第 9 装甲师）。这些工作需要装备近 40 个装甲团，并提供超过 2000 辆坦克。这些部队数量众多、组建仓促，而且缺乏坦克和训练有素的人员，所以只是徒有其表。到 1941 年年初，甚至第 1 装甲师也只是刚开始接收新型巡洋坦克，远未做好战斗准备。由于坦克总量不多，英军只好把大部分新式坦克用于训练，而不是提供给一线部队。另外，丘吉尔还反对英国本土部队司令艾伦·布鲁克加大备件采购力度的主张，并认为这纯属浪费。丘吉尔认为应重点制造新坦克，而不是对现有坦克进行修理（这和希特勒的看法如出一辙）。[91]

当韦维尔于 4 月 20 日请求伦敦派遣更多装甲部队时，英国陆军几乎无能为力。当时，第 7 装甲师尚未从"罗盘"行动和希腊战役中恢复，令韦维尔一度没有大规模装甲力量可用。这时，丘吉尔以其特有的敏锐和果断，同意立即向中东派遣 1 个坦克旅，并承诺在当年晚些时候再派遣 1 个。[92] 但约翰·迪尔（John Dill）将军（帝国总参谋长）有不同看法，因为在他看来，这些装甲部队训练十分匆忙，因此意义有限。但最终，他还是被丘吉尔说服[93]，并根据马特尔（此时已成为皇家装甲部队司令）的建议把第 1 陆军坦克旅（1st Army Tank Brigade）派往中东。该旅由第 8 皇家坦克团、第 42 皇家坦克团和第 44 皇家坦克团组成，包括 174 辆"玛蒂尔达 2"坦克。此外，英军还从第 1 装甲师抽调了 67 辆"十字军"Mk I 坦克（Mk Ⅵ巡洋坦克），用于补充韦维尔麾下的1个装甲团。[94]鉴于北非坦克战的特点，英军本应派出更多巡洋坦克，并减少步兵坦克，但问题是，其三分之二的产能都被用在了步兵坦克上，而且新式巡洋坦克——"誓约者"——显然不适合作战。在这种情况下，第1陆军坦克旅便成了唯一一支能立即增援韦维尔的装甲力量。鉴于二战已进入第二年，而且英国当时又没有其他地面作战任务，这种情况实在令人遗憾。

在丘吉尔拍板不到一周后，第1陆军坦克旅和295辆坦克就抵达苏格兰，准备搭乘WS.8A船队启程。[95]丘吉尔不愿等待船队绕过好望角前往埃及，于是要求他们"不惜代价"直接通过地中海。鉴于轴心国海上和空中力量威胁，英军最终决定用5艘快速运输船运送坦克（即"虎"船队），而人员则使用更安全的好望角航线（WS.8A船队）。"虎"船队从直布罗陀启程，首先前往马耳他稍事停留。5月9日，该船队"帝国歌曲"号（SS Empire Song）触雷沉没，第8皇家坦克团的50辆"玛蒂尔达"坦克和7辆Mk Ⅵ轻型坦克也随之损失。其余4艘船和238辆坦克在5月12日抵达亚历山大港。然而，3个坦克团人员的旅程则更为漫长，他们从"非洲之角"（horn of Africa）绕航，直到6月13日才抵达埃及。丘吉尔幻想着这些坦克能取得重大战果，还颇为自信地预测，韦维尔能用它们在6月底前将德军赶出昔兰尼加。[96]

"战斧"行动，1941年6月

他们正在撕碎我的坦克！

——塞西尔·迈尔斯少校，第4皇家坦克团C中队，1941年6月15日[97]

得知有装甲部队前来增援，韦维尔便开始计划沿埃及边境大举进攻。此举意在打击轴心国部队，并响应丘吉尔"将德军赶出昔兰尼加"的要求。随着"虎"船队抵达，韦维尔开始专注于卸载车辆、完成战备。这项工作耗时很长，事实上，仅在苏伊士卸下全部238辆坦克，然后送往阿巴西亚后勤基地，英军就花了大约9天之久。随后，所有坦克需要喷涂考恩特设计的三色涂装（包括浅石色、银灰色和暗灰色），并安装滤沙设备。另外许多坦克在运抵时还缺少关键设备（尤其是电台，每个排只能配备 1 部），或有技术问题需要处理。[98] 上述过程持续了 3 个星期，最终，这些丘吉尔提供的"幼虎"直到 5 月 21 日才交付部队。最大问题是驾驶员培训和火炮调试：尤其是"十字军"这种陌生坦克，其乘员甚至无法获得技术文件。面对这种情况，英军做了一个决定：与其等待第 1 陆军坦克旅的人员抵达，不如将新坦克直接交给第 7 装甲师的老部队。于是，奥卡罗尔的第 4 皇家坦克团和杰拉姆的第 7 皇家坦克团都获得了"玛蒂尔达 2"，而哈兰的第 6 皇家坦克团则得到了"十字军"。第 5 皇家坦克团则混编有 33 辆"玛蒂尔达 2"和 7 辆其他坦克，但该团直到 6 月 15 日才接收完所有新装备。显然，在 1941 年中期，大量新坦克已让阿巴西亚后勤基地不堪重负，并导致"虎"船队送来的大量坦克有超过三分之一未能按时投入进攻。

在第 7 装甲师接收新装备期间，"西部沙漠部队"开始详细规划"战斧"行动（Operation Battleaxe）。其方案主要来自三个人：贝雷斯福德 - 皮尔斯中将、约翰·哈丁准将和亚历山大·盖特豪斯准将。虽然他们都参加过"罗盘"行动，但有经验的装甲兵军官只有盖特豪斯一人。[99] 其基本设想是用 1 个步兵师夺回哈尔法亚山口，同时用第 7 装甲师击败卡普佐堡 - 索卢姆地区的敌军装甲部队。虽然"西部沙漠部队"不清楚敌军在边境地区的部署，但推测大部分轴心国装甲部队都驻扎在托布鲁克附近。这将令英军在进攻首日拥有数量优势。丘吉尔甚至认为，他们将凭借这一点打破轴心国对托布鲁克的围攻。

韦维尔并没有这么乐观，受运输能力和补给问题困扰，他只是相信自己可以消灭敌军掩护部队，为后续攻势创造有利条件。而且不久之后，他的盘算便被打乱：为夺取维希法国控制下的叙利亚，丘吉尔决定在 6 月初发起"出口商"行动（Operation Exporter），并为此调走了第 4 印度步兵师的 1 个旅和澳大利亚第 7 师的 2 个步兵旅。虽然这次行动并没有调动坦克，但让投入"战斧"行动的步兵减少了很多。[100] 这削弱了"玛蒂尔达 2"等步兵坦克的战斗力——因为它们并不适合单独行动，只有与步兵配合才能发挥最大作用。换言之，此时英国政治领导层犯了与 3 个月前远征希腊一样的错误：被另一个次要任务牵扯了太多精力，并导致中东英军司令部分散兵力。受此影响，贝雷斯福德 - 皮尔斯的"西部沙漠部队"还有 2 个装甲旅（下辖 4 个装甲团）、2 个步兵旅（下辖 6 个步兵营）和第 7 装甲师支援群（下辖 2 个摩托化步兵营）可供调遣。

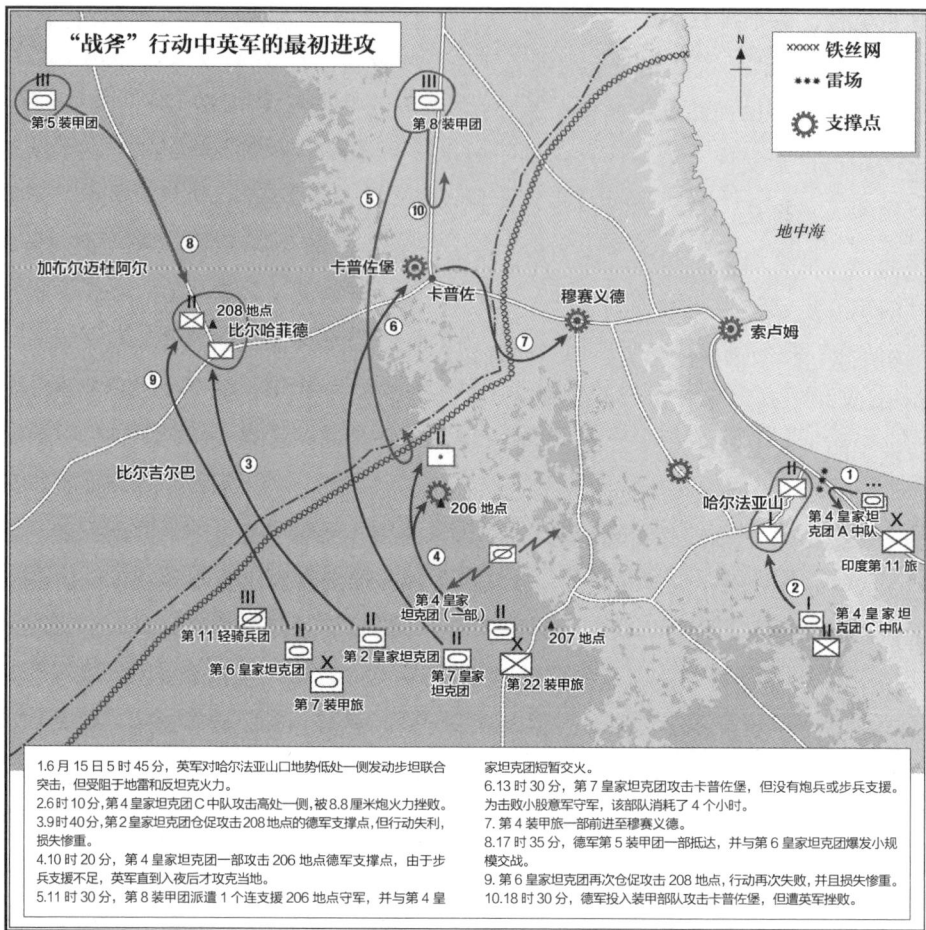

"战斧"行动中英军的最初进攻

图例：
- ×××× 铁丝网
- ••• 雷场
- ⚙ 支撑点

地图标注：
- 第5装甲团
- 第8装甲团
- 地中海
- 加布尔迈杜阿尔
- 卡普佐堡
- 穆赛义德
- 索卢姆
- 208地点 比尔哈菲德
- 卡普佐
- 比尔吉尔巴
- 206地点
- 哈尔法亚山
- 第4皇家坦克团A中队
- 印度第11旅
- 第4皇家坦克团C中队
- 第11轻骑兵团
- 第4皇家坦克团（一部）
- 第6皇家坦克团
- 第2皇家坦克团
- 第7皇家坦克团
- 207地点
- 第22装甲旅
- 第7装甲旅

1. 6月15日5时45分，英军对哈尔法亚山口地势低处一侧发动步坦联合突击，但受阻于地雷和反坦克火力。
2. 6时10分，第4皇家坦克团C中队攻击高处一侧，被8.8厘米炮火力挫败。
3. 9时40分，第2皇家坦克团仓促攻击208地点的德军支撑点，但行动失利，损失惨重。
4. 10时20分，第4皇家坦克团一部攻击206地点德军支撑点，由于步兵支援不足，英军直到入夜后才攻克当地。
5. 11时30分，第8装甲团派遣1个连支援206地点守军，并与第4皇家坦克团短暂交火。
6. 13时30分，第7皇家坦克团击卡普佐堡，但没有炮兵或步兵支援。为击败小股德军守军，该部队消耗了4个小时。
7. 第4装甲旅一部前进至穆赛义德。
8. 17时35分，德军第5装甲团一部抵达，并与第6皇家坦克团爆发小规模交战。
9. 第6皇家坦克团再次仓促攻击208地点，行动再次失败，并且损失惨重。
10. 18时30分，德军投入装甲部队攻击卡普佐堡，但遭英军挫败。

"战斧"行动中英军的最初进攻，1941年6月15日

　　"虎"船队一抵达苏伊士，丘吉尔就催促韦维尔尽快打响"战斧"行动。6月4日，丘吉尔更在一封电报中声称，韦维尔在战场上有"53万士兵和450辆重型坦克"，足以给隆美尔致命一击。面对压力，韦维尔并不急于求成，而是试图推迟进攻。[101] 最终，几经争取，他获得了一周时间的宽限期，以便让第7装甲师师长奥摩尔-克雷格少将有更多时间训练坦克乘员。但即便如此，由于"玛蒂尔达2"坦克行动迟缓，仅转移到前方集结区就需要数天，因此相关安排仍然非常紧张。在此期间，罗伊·杰拉姆中校率领第7皇家坦克团乘火车抵达马特鲁港，但就在

卸车期间，他的脚被一辆"玛蒂尔达2"坦克碾过，导致"战斧"行动还未开始，英军就损失了最有经验的装甲战术指挥官。[102] 另外，德军还通过空中侦察和信号情报发现英军正在备战——他们在6月14日晚向隆美尔发出警报，宣称英军即将进攻。[103]

"战斧"行动的战术组织从一开始就很古怪，尤其是奥摩尔-克雷格的第7装甲师。该师被拆分为多个部分，没有一位全权指挥官统一领导行动。其中，亚历山大·盖特豪斯准将的第4装甲旅（含第4皇家坦克团和第7皇家坦克团）被配属给弗兰克·梅瑟维（Frank W Messervy）少将的印度第4师。梅瑟维是一名典型的印度陆军军官，对坦克或机械化作战毫无经验，显然不适合指挥装甲旅。另一方面，第7装甲旅（含第2皇家坦克团和第6皇家坦克团）和戈特的师属支援群将继续留在第7装甲师建制内。

根据"战斧"行动最终计划，梅瑟维的师将负责主攻，其麾下的印度第11旅将和第4皇家坦克团夺取哈尔法亚山口。第22禁卫旅将在第7皇家坦克团配合下攻占卡普佐堡。至于第7装甲师"缩水"后的其余部队将攻占卡普佐堡以西的哈菲德山脊（Hafid Ridge），从而诱使德军装甲部队从附近倾巢出动。除了拆散第7装甲师，"战斧"行动还忽视了炮兵和工兵等支援部队——尽管他们是攻击坚固阵地时必不可少的。另一方面，"西部沙漠部队"确实拥有充足的火炮，仅在这次行动中，他们就投入了多达80门25磅炮和16门6英寸榴弹炮。

在贝雷斯福德-皮尔斯集结"西部沙漠部队"准备进攻期间，隆美尔也在行动。他在边境修建了许多关键阵地，而在设计时考虑了抵御多方向攻击的问题。为保护这些阵地，他计划进行纵深防御。其中掩护部队由第15装甲师[现任师长为瓦尔特·诺伊曼-西尔科（Walter Neumann-Silkow）少将]担任[104]，主防线核心由哈尔法亚山口、206地点（Point 206）和208地点（Point 208）等坚固支撑点组成，第33侦察营则部署在埃及沙漠最前沿，以便为友军提供预警。每个坚固支撑点内都配有步兵、反坦克炮和高射炮（包括2厘米高射炮，以及来自第33高炮团第1营的8.8厘米高射炮），其中哈尔法亚山口支撑点尤为坚固。德军工兵埋设了碟形地雷（Tellermine），并修建了8.8厘米高射炮掩体，以及能得到炮火覆盖的障碍物。作为加强举措，意军"特伦托"摩托化步兵师也提供了2个步兵营和炮兵，在卡拉拉（Qalala）、索卢姆和卡普佐堡附近修建了坚固阵地。为防止英军孤立和包抄上述前方阵地，德军在巴尔迪亚附近部署了第8装甲团，该团由汉斯·克雷默中校指挥，共有82辆坦克可用。[105]这种防御部署通过妥善运用各兵种资源，将障碍、火力支援和机动等要素整合在一起，使轴心国军队得以在1941年6月中旬构建起异常致命的交战区域。但美中不足的是，由于盟军多次拦截派往的黎波里的运输船队，第15装甲师正饱受燃油短缺之苦，德国装甲部队的作战机动性也因此大幅降低。

与此同时，德军第5轻装师重心仍是托布鲁克，但第5装甲团和第3侦察营已在相关阵地就位，可以在必要时出动支援第15装甲师。6月初，第5装甲团接收了一些补充坦克，如15辆三号和5辆四号中型坦克，使其在当月中旬的可用坦克达到了96辆（不含一号坦克和指挥坦克）。[106]但由于进攻托布鲁克失败，该团领导层发生了一些变动：奥尔布里希和霍曼均被撤职，恩斯特·博尔布林克少校成为代理团长。[107]另外，隆美尔还在5月下旬赶走了第5轻装师师长施特赖希，并用约翰·冯·拉文施泰因（Johann von Ravenstein）少将取而代之——后者是一位老资历普鲁士贵族军官，曾在一战中指挥过步兵营，并和隆美尔一样因为表现出色获得过"功绩勋章"（Pour le Merite）。但和前者不同，冯·拉文施泰因接受过总参谋部培训，陆军最高司令部对他评价很高。1939年至1940年，冯·拉文施泰因在波兰战役和法国战役中都指挥过1个摩托化步兵团，机动作战经验丰富，但他很难适应北非的酷热，身体一直被疾病折磨。

意军"公羊"装甲师在得到了第2个中型坦克营的补充后，可能拥有约50辆M13/40中型坦克，但隆美尔并不打算将其用于机动作战。从纸面上，德意志非洲军在"战斧"战役开始时一共有178辆坦克可用（不包括一号坦克和指挥坦克），约占过去3个月投入北非装甲力量总数的53%。

6月14日—15日夜间，英军进入攻击出发阵地，并前进了12千米。拂晓时分，印度第11旅和第4皇家坦克团一部开始向哈尔法亚山口的轴心国阵地扑去，"战斧"行动就此开启。按照最初设想，英军将兵分两路，在炮击结束后从山口南北两端同时进攻。然而，奉命支援的炮兵部队没有及时到位，导致英军只好直接发动攻击。5时45分，第4皇家坦克团A中队的两个排（共6辆"玛蒂尔达2"坦克）向山口脚下开进，2个印度步兵营紧随其后。但没过几分钟，4辆"玛蒂尔达"坦克便在海岸公路附近触雷瘫痪，步兵也遭遇强大防御火力而无法前进。在这里，德军布设了大量 35 型碟形地雷，其威力明显比意军 B2 反坦克地雷更大，它们给 4 辆"玛蒂尔达"坦克造成了严重损伤，并导致它们最终被德军彻底击毁。在南面 4500 米处的悬崖高处，迈尔斯少校和 12 辆第 4 皇家坦克团 C 中队的"玛蒂尔达"坦克停了下来，以便等待炮击。15 日 6 时，由于迟迟不见动静，迈尔斯决定继续前进，其坦克排成了双倍间距横队（double extended line formation），而女王直属卡梅伦高地团第 2 营的步兵则乘坐卡车和通用运输车跟在后方。此时德军早已有所戒备，由于"玛蒂尔达"坦克速度缓慢（只有每小时 12 千米），守军更是得到了充足反应时间。在山口附近，德军部署了 4 门 8.8 厘米高射炮，它们在 2000 米外开火，当场击毁 1 辆英军坦克，但可能由于能见度较差，它们随后便停止了射击。于是，迈尔斯根据第 2 号陆军训练指令继续前进，希望将敌军火炮纳入射程，但这些 8.8 厘米高射炮都位于隐蔽掩体中，很难被坦克发现。随着"玛蒂尔达"坦克进入 300 米处，8.8 厘米炮再次开火，摧毁了 C 中队 12 辆坦克中的 11 辆。在消灭英军坦克后，轴心国守军开始用火炮猛轰卡梅伦高地团第 2 营，步兵连预备队也发动反击，将多达 67 名英军俘虏带回己方阵地。[108]

在准备进攻时，英军没能有效开展空中和地面侦察，导致未能查明敌军在哈尔法亚山口的防御部署，这是一个巨大失误。尽管他们几乎可以实时破解德军"恩尼格玛"通信，进而享受显著情报优势，但与"罗盘"行动的辉煌时期相比，英军的战术情报收集工作退步已非常明显。虽然他们知道第 15 装甲师已抵达北非，但在 6 月 15 日当天，这条消息的价值却比不上敌军雷区和火炮的具体位置。他们也没有打赢侦察行动，面对德军第 33 侦察营的阻拦，第 11 轻骑兵团等部队均未能抵近德军阵地。这些部队不仅在车辆尺寸和装备上均不如德军，而且人员也不像 1940 年那样富有冒险精神。尽管英国皇家空军声称在 6 月 15 日掌握了空中优势，但他们从未轰炸过哈尔法亚山口守军——与之形成对比的是，在"简洁"行动中，他们还向当地派遣过"布伦海姆"轰炸机。在炮兵方面，由于哈尔法亚山口悬崖顶部乱石遍布，不利于挖掘工事，轴心国炮兵阵地必将在猛烈炮击之下遭受严重损失。但遗憾的是，梅瑟维并没有将多个炮兵营（其中包括 6 英寸榴弹炮）集中起来支援这个方向，而只是象征性地提供了少量火力。此外，它们与友军的协调也十分糟糕。他只为进攻部队配属了 1 个 25 磅炮连，但在越过出发线后，这些火炮便陷入了松软沙地，令整个火力支援计划遭到彻底破坏。而且在酿成大错前，指挥部也对此毫无觉察。同样，英军也曾试图派遣工兵部队清除地雷，但在战斗打响后，它们却被坦克远远甩在后面，根本无法提供协助。总之，哈尔法亚山口本应是一次教科书式的步坦协同攻击，但最终却被各种低级失误破坏。

在哈尔法亚山口，"西部沙漠部队"不仅对装甲部队运用不当，而且下属步兵也素养低下——这也是进攻失败的另一个主要原因。和"简洁"行动一样，英军步兵表现得颇为犹豫不决，只会被动等待坦克消灭敌人。如果坦克行动失利，他们就会不知所措，甚至主动撤退。作为一名职业步兵，梅瑟维本应认识到哈尔法亚山口毫无遮蔽，而且完全可以先派遣女王直属卡梅伦高地团第2营发动夜袭，削弱部分敌军防御，之后再投入装甲部队。但在1941年中期，英军总体仍对夜袭战术颇为抗拒，直到1942年年末才开始频繁使用。在随后2天，卡梅伦高地团第2营和1个印度营一直蛰伏在哈尔法亚山口附近，但并未再次发动大规模攻击。

在开局阶段，虽然对哈尔法亚山口的主攻宣告失败，但英军后来还是发起了其他一系列行动。9时10分至10时，第4皇家坦克团、第7皇家坦克团和第2皇家坦克团其余部队越过"边境围栏"进入利比亚，朝指定目标前进。10时20分，班克斯（I.A.D. Banks）少校开始率领第4皇家坦克团A中队的9辆"玛蒂尔达"坦克进攻206地点，后者位于哈尔法亚山口以西8.5千米处，是一处轴心国关键支撑点。当地由守备部队负责守备，兵力包括1个步兵连、1个装甲歼击分遣队（配有3门5厘米Pak 38反坦克炮和3门3.7厘米反坦克炮）和第33炮兵团第1营（配备8门10.5厘米榴弹炮）。虽然A中队规模不大，但班克斯仍将它拆分开来：彼得·洛布（Peter E. G. Lobb）中尉率领1个排直接攻击206地点，另2个排则前去攻击北面4千米处的敌军阵地。在此期间，班克斯得到了有力的炮火支援，但没有步兵随行。在随后的战斗中，北面的2个排大获全胜，将整个德军炮兵营压垮，缴获了其全部8门榴弹炮，并抓获100余名战俘。但在206地点，洛布排遭遇了掘壕据守的德军反坦克炮。随后的战斗证明，"玛蒂尔达"坦克根本无法与后者匹敌。在此期间，有2辆英军坦克被击毁，另有1辆中弹瘫痪。在前往206地点查看洛布的进展时，班克斯少校的座车也被5厘米炮弹击中引擎，无法动弹。班克斯随后试图集结整个中队，但途中又有1辆"玛蒂尔达"坦克完全失踪，与此同时，他们还遭遇了1队来自北方的德军装甲车辆，从而让局势更加混乱不堪。到下午，班克斯都没有夺取主要目标，而且9辆"玛蒂尔达"坦克只剩2辆还能使用。在这种情况下,他只好请求预备队——第4皇家坦克团B中队——提供帮助。不幸的是,梅瑟维拒不同意,并命令班克斯再次向206地点进攻。[109] 随着1个步兵连终于16时30分赶到,班克斯再次率领4辆坦克出击,德军反坦克炮向他们猛烈开火,打瘫了1辆"玛蒂尔达"坦克。即使如此,其他英军坦克仍碾过德军阵地,将反坦克炮扫荡一空。然而,由于没有步兵跟上,班克斯只好从当地撤退。带着沮丧,他向炮兵发出继续压制206地点剩余敌军的请求。最终,在当天20点45分,苏格兰禁卫团第2营终于占领了这处阵地,并抓获226名德军俘虏。[110] 另外值得一提的是,虽然很多"战斧"行动的报道都提到过8.8厘米 Flak 18 高射炮的强大火力,但在206地点,德军并没有这种火炮,事实上,班克斯麾下坦克的所有损失都与不太显眼的5厘米 Pak 38 反坦克炮有关。

英军曾为近距离支援型坦克倾注资源,并试图用这种坦克发射烟幕弹、掩护友军行动,但无论是攻击哈尔法亚山口还是206地点,该型坦克都没有参与行动。相反,它们似乎被各中队和坦克团留在了后方。对206地点的攻击非常有趣,因为它进一步展示了英军的诸兵种合成进攻是多么蹩脚。在哈尔法亚山口,坦克得到了大量步兵的支援,但几乎没有炮兵的。而在206地点,情况则截然相反——炮兵支援充足,但步兵支援极为稀少。同样有趣的是,英军步兵总是希望按照第2号陆军训练指令行事——等待坦克先攻占目标,之后自己再占领阵地。在"简洁"行动中,他们就试图遵循类似做法,但结果是:步兵还未到达目标,坦克就损失惨重。因此,在"战斧"行动首日,奥卡罗尔的第4皇家坦克团共损失了44辆"玛蒂尔达2"中的24辆,只有尚未参战的B中队还能执行任务。

在中路,巴西尔·格罗夫斯(Basil Groves)中校也在率领第7皇家坦克团前进,他们绕过战斗中的206地点,径直奔向卡普佐堡。13时30分,他们攻击了153人的意军守备部队。后者主要来自第61步兵团第3连,并加强有2门37毫米反坦克炮。[111] 在郊外,格罗夫斯将A中队和B中队一字排开,试图从正面平推过去。30辆"玛蒂尔达"坦克以12千米时速(约每分钟200米)前进,虽然意大利守军的防御火力很弱,但把英军打得很是狼狈。由于能见度差,英军还有几辆坦克在离目标不远处相撞。尽管如此,第7皇家坦克团仍奋力冲入阵地,并开始分头压制抵抗据点。但这些"特伦托"师的意大利步兵曾接受过专门训练,懂得如何用 L 型反坦克手榴弹、燃烧弹和其他简易爆炸装置与坦克搏斗（以 M13/40 中型坦克为练习对象）。[112] 他们隐藏在要塞废墟中，打得英军坦克措手不及。后者缺乏步兵支援，而且进退失据，随即被意军步兵从后方用手榴弹挨个摧毁。在这次行动中，意军炸毁了至少 5 辆"玛蒂尔达"坦克，并炸伤了其他几辆。[113] 无论以何种标准衡量，这次行动都堪称典范，并让英军坦克兵一时难以招架。格罗夫斯呼吁第 22 禁卫旅提供步兵支援，但后者过了近 1 小时才赶到。

在第 7 皇家坦克团进攻卡普佐堡时，第 7 装甲旅也正在向哈菲德山脊（即 208 地点）推进。当地位于卡普佐堡以西 5 千米，是一处不起眼的地标。一越过"边境围栏"，炮弹便从山脊方向飞来，落在第 2 皇家坦克团附近。9 时 40 分，丘特中校命令 B 中队（13 辆 Mk Ⅳ A 巡洋坦克）不待炮火支援立即发动攻击。其当面之敌是 1 个德军步兵连，还有齐默（Ziemer）中尉的第 33 高炮团第 1 营第 3 连（共 4 门 8.8 厘米高射炮），以及 1 门 5 厘米 Pak 38 反坦克炮和 3 门 3.7 厘米反坦克炮。B 中队排成方形队形，2 个排在前、2 个排在后，径直向德军扑去。但问题在于，哈菲德山脊包括 3 条山脊线，而不是只有 1 条。在第 1 次进攻中，B 中队刚爬上中央山脊就遭到猛烈炮击，导致其指挥官只能掉头撤退。第 2 次攻击于 11 时 45 分开始，这一次英军不仅额外投入了 A 中队，还得到了第 4 皇家骑炮团 1 个 25 磅炮连的支援。[114] 虽然德军 4 门 8.8 厘米高炮中有 3 门面向东方和南方，但英军巧妙利用死角和扬沙作为掩护，从西面悄然靠近目标。在这个方向，德军只有 1 门 8.8 厘米高炮，由于进入了隐蔽半埋式阵地，它无法放低炮管攻击英军，导致后者一度接近到数百米距离内。虽然这门高炮设法击毁了 1 辆由维克托·约克（Victor D.C. York）上尉指挥的 Mk Ⅳ A 巡洋坦克，但 B 中队其他车辆纷纷赶来，用同轴机枪打得炮组人员四散奔逃。击毁这门 8.8 厘米炮后，英军坦克迅速攻占了西侧阵地，顺带摧毁了 1 门 3.7 厘米反坦克炮和 1 门 2 厘米高射炮。但他们未能消灭所有炮手，使后者有机会躲进战壕。与此同时，在 1500 米外山脊东侧，德军守军迅速转移炮口轰击 B 中队。中队指挥官匆忙下令撤退，但不幸的是，之前被击毁的约克座车刚好是无线电指挥车，这导致 5 辆坦克根本没有收到命令：在被友军抛下之后，它们很快被全部摧毁了。

在哈菲德山脊之战中，戈特的师属支援群几乎没有发挥任何作用。虽然他们组建了 3 个"乔克纵队"（各包括第 4 皇家骑炮团的 1 个连和 1 个步兵连），但任务只是提供侧翼掩护。这种分工导致英军在攻击哈菲德山脊时没有得到任何步兵和炮兵支援。英军也没有向前线坦克部队派遣炮兵观测员，这意味着就算坦克能请求火力支援，全程也会有很长延迟，而且打击效果往往难尽人意。[115] 虽然戈特的 25 磅炮足够压制山脊上的 8.8 厘米高射炮，也有足够的步兵跟随坦克巩固战果，但他什么也没有做。一个不能及时提供支援的"支援群"实际没有任何价值——但很遗憾，英军直到"战斧"行动结束后才对此有所领悟。

当时，德军的机动预备队是第 8 装甲团。当德军支撑点遭到英军装甲部队强攻时，该团团长汉斯·克雷默中校和第 15 装甲师师长诺伊曼 - 西尔科少将都在努力查明情况。一般来说，在遭到装甲部队进攻时，如果前沿阵地与后方失去无线电联系，就表明事态相当严重。根据空中侦察和地面报告，到 11 时，诺伊曼 - 西尔科意识到 206 地点已被英军装甲部队攻克，"边境围栏"也遭到突破，但卡普佐堡和 208 地点仍在轴心国部队手中。与此同时，隆美尔做了一个不寻常的决定：他将不亲临前线，而是留在托布鲁克，通过无线电遥控战局[116]，以防英军同时从要塞内部出击、打破包围圈。但另一方面，他还是决定从第 5 装甲团抽出 1 个战斗群加强第 15 装甲师——只是这些部队要到当天晚些时候才能抵达。由于局势模糊不清，第 15 装甲师新师长诺伊曼 - 西尔科不想贸然投入装甲预备队，因此命令克雷默派遣一支小部队前去支援前线防御，并协助查明敌军装甲部队的主要矛头位于何处——因此它本质上实际是一次"接敌运动"（movement to contact）。于是，克雷默向 206 地点派出了 1 个装甲连。大约 11 时 30 分，该连与第 4 皇家坦克团 A 中队（由班克斯少校指挥）发生短暂交战。克雷默意识到英军坦克已出现在卡普佐堡附近，于是又向当地派出了 1 个连 [在以上 2 个连中，有 1 个是约翰内斯·库梅尔（Johannes Kummel）中尉指挥的第 1 连]。尽管德军条令要比英军更灵活，但仍然强调大规模使用装甲部队，而不是像克雷默在 6 月 15 日那样将部下零星投入战斗。

16 时 30 分左右，上述 2 个德军坦克连部分部队已抵达卡普佐堡附近，而第 7 皇家坦克团仍在对付顽固的意军步兵。德军坦克和"玛蒂尔达"坦克厮杀在一起，在战斗中，英军击毁了 2 辆三号坦克。其余德军坦克则由于弹药耗尽而选择撤退。这时，英军步兵（来自皇家东肯特团第 1 营和寒溪禁卫团第 3 营）才赶到战场，意大利步兵连见状被迫投降。17 时 30 分，卡普佐堡最终宣告失守。听到这条消息, 诺伊曼 - 西尔科终于命令克雷默发起全面反击, 并投入整个第 8 装甲团第 1 营。但由于德军坦克散布在各处, 它们用了近 2 小时才集结到一起。18 时 30 分左右, 克雷默的坦克从北面和西面发动进攻, 并显然得到了特奥多尔·施瓦巴赫 (Theodor Schwabach) 中尉麾下 8.8 厘米高炮连和部分远程火炮的支援。第 7 皇家坦克团顿时遭到重创, 有 5 辆 "玛蒂尔达" 坦克被当场击毁。在夜幕降临前, 德军一直用远程火力蹂躏着整片地区, 但他们的反击未能达到目的——夺回卡普佐堡。21 时 30 分左右, 第 7 皇家坦克团将卡普佐堡交给步兵, 自己则撤往当地南面的一处营地, 并在战场上丢下了至少 13 辆 "玛蒂尔达" 坦克。在这场战斗中, 他们为战术胜利付出了高昂代价——更与 1940 年 12 月在当地以极小代价歼灭意军 2 个团的辉煌形成了鲜明对比。

当克雷默率坦克在卡普佐堡周围与第 7 皇家坦克团厮杀时, 208 地点的战斗也在不断升级——当天中午之后, 双方都在增兵。稍晚时候, 第 5 装甲团第 1 营至少 1 个连在该据点以北出现, 并与哈兰 (Harland) 的第 6 皇家坦克团 (当时担任预备队) 短暂交火。一段时间后, 由于德军车辆和火炮似乎已从哈菲德山脊附近消失, 第 7 装甲旅判断敌人正在撤退。17 时 35 分, 旅长拉塞尔准将命令哈兰率领第 6 皇家坦克团从西南方向再次进攻山脊。该团一整天都在旅部调遣下来回奔波, 徒耗精力。最后, 当进攻命令传来时, 哈兰只能逼迫部下赶在天色变暗前发动坦克。旅长提议为哈兰提供炮火支援, 但被后者直接拒绝。哈兰左翼是米尔 (H.W.H. Mill) 少校的 A 中队, 右翼是威廉·米勒 (William I. Miller) 少校的 B 中队。但奇怪的是, 米尔中队呈横队前进, 而米勒中队则排成了宽大的楔形队。米勒中队越过一个小高地, 就立刻遭到 500 米外 8.8 厘米炮轰击。一开始就有 6 辆 "十字军" 坦克被击毁, 稍后又有 2 辆步其后尘。米勒少校阵亡, 其余英军坦克掉头撤退。哈菲德山脊上的德军继续用远程火力骚扰第 6 皇家坦克团, 直到夜幕降临。哈兰中校自 1918 年以来一直在坦克部队服役, 但这次进攻失败后, 他立刻遭到撤职。

到 6 月 15 日结束时, 双方都没有取得真正的胜利。英军未能拿下哈尔法亚山口, 而且坦克损失惨重 (大约 56 辆被击毁或重创), 但他们仍有兵力实现上述目标, 何况第 7 装甲师仍有约 85 辆坦克依然完好, 还消灭了相当一部分德军前沿防御力量。德军指挥官则忧心忡忡, 虽然其装甲预备队固然完好无损, 甚至还有第 5 装甲团第 1 营赶来增援, 但这并未阻止前沿阵地失守。在这一天大部分时间，克雷默都在零散地投入预备队，之后的营级反击也组织散乱，因此没有取得任何战果。

6月15日—16日夜间，双方都在修复受损坦克，准备在黎明时继续厮杀。根据隆美尔的新计划，第15装甲师应派遣其装甲群进攻卡普佐堡，以此牵制英军兵力，第5轻装师下属战斗群则将从哈菲德山脊西侧迂回，从侧翼打击英军。从纸面上看，这一计划相当精明，但事实是，德军兵力根本不足以完成任务。拂晓前，克雷默率领第8装甲团的约50辆坦克向卡普佐堡发动进攻，施瓦巴赫中尉指挥8.8厘米高炮群提供支援。他们的当面之敌是第22禁卫旅的2个步兵营和第65反坦克团（这是一支本土陆军单位），并由第7皇家坦克团提供支援，而且上述部队还在卡普佐堡周围挖掘了堑壕。但克雷默在没有密集炮兵或步兵支援的情况下发动了一次纯坦克攻击——这自然也与德军的条令相左。此外，克雷默还犯了一个错误：以纵队进攻，而不是楔形或横队——这导致部队更容易被敌军炮弹击中。第7皇家坦克团的"玛蒂尔达"坦克在半埋式阵地中首先开火，2磅反坦克炮和25磅炮紧随其后。克雷默所部顿时损失惨重。但德军并没有放弃，四号坦克试图用75毫米短身管主炮压制反坦克炮，同时，施瓦巴赫中尉也率领属下使用8.8厘米高射炮击中数辆"玛蒂尔达"坦克。只是这些行动并不能扭转战局，3门8.8厘米炮很快被25磅炮击毁。德军坦克也在旷野上继续遭到猛烈炮击，连克雷默的指挥坦克也被击毁，他本人身受重伤。[117] 最终，第33炮兵团的2个连赶到，为德军提供了一些火力支援，但由于战斗形势已极为混乱，上述增援已于事无补。最终，经过5个小时徒劳战斗，第8装甲团都未能重新占领卡普佐堡，只能主动离开战场。在这次战斗中，德军第15装甲师损失了大部分装甲车辆，至少有36辆坦克被击毁或丧失战斗力，只有15辆仍然可以参战（包括8辆二号坦克、1辆三号坦克和6辆四号坦克）。雪上加霜的是，当德国装甲部队在卡普佐堡忙得不可开交时，英军派出苏格兰禁卫团第2营消灭了穆赛德（Musaid）和索卢姆的意军阵地——对于哈尔法亚山口的德军守备部队来说，这意味着一件事：他们被彻底孤立了。

与此同时，在冯·拉文施泰因麾下，第5轻装师也试图派部队（包括第5装甲团的40—50辆坦克和第3侦察营）绕过哈菲德山脊，但在此期间，他们与第7装甲旅（当时还有49辆坦克）遭遇。9时10分左右，战斗在哈菲德山脊以南打响，局面似乎一度对德国坦克有利。与德军三号和四号坦克相比，英军巡洋坦克并不占优势，而且从一开始就被击毁 3 辆。另外，由于通信问题，在面对德军第 5 装甲团时，英军第 2 皇家坦克团和第 6 皇家坦克团也没有做好配合。中午时分，英军后撤至"边境围栏"处，试图补充燃料，但德军坦克紧随其后，并向他们再次发起攻击。傍晚时分，德军第 3 次来袭，第 2 皇家坦克团团长丘特中校受伤。虽然当天结束时，第 7 装甲旅仅剩 24 辆坦克可用，但德军也未能迂回到对手后方，自身也有十余辆坦克被击毁。总之，双方在"战斧"行动第 2 天依旧胜负未分——英军只完成了部分目标，而德军的企图则全部落空。

6 月 16 日—17 日夜，鉴于第 8 装甲团损失惨重，隆美尔命令诺伊曼 - 西尔科将该团撤出卡普佐堡地区，并将其调往西南方，即冯·拉文施泰因第 5 轻装师的侧翼。隆美尔打算利用这些部队齐头并进，攻击英军左翼，随后向西迪苏莱曼前进，威胁对方交通线。这次行动与德军装甲部队信奉的"包围战"（Kesselschlacht）式决战思路不同，而是更像 19 世纪约米尼（Jomini）的风格。[118] 6 月 17 日 6 时，第 5 轻装师开始向东挺进，直奔西迪苏莱曼而去，而第 15 装甲师则扑向 206 地点。经过短暂战斗，第 7 装甲旅和支援群（在整个"战斧"战役中几乎无所事事）开始向东且战且退。由于第 7 装甲旅前一晚没有补充 2 磅炮弹药，在这个关键时刻，其储量已下降到了危险水平。另外，第 2 皇家坦克团和第 6 皇家坦克团也被迫丢弃多达 28 辆受损坦克。但另一方面，第 4 皇家坦克团 B 中队依旧完好，在伊弗尔·克莱门特（Ivor T. Clement）少校指挥下，该中队在 206 地点附近做着殊死抵抗。到 9 时，德军第 5 装甲团已抵达西迪苏莱曼，一度距离印度第 4 师指挥所只剩 2 千米。情况十万火急，盖特豪斯亲自口头命令克莱门特：必须挡住德军坦克。第 4 皇家坦克团 B 中队的 12 辆"玛蒂尔达"坦克立即发动反击，虽然印度第 4 师指挥所幸免于难，但 B 中队却遭到重创，克莱门特少校也在战斗中阵亡。此外，约翰·霍尔登少校（John R. Holden）也指挥着第 7 皇家坦克团的 1 个混合中队投入战斗，让德军的速度进一步放缓。但由于担心下属步兵会被德军坦克包抄和切断，印度第 4 师师长梅瑟维最终下令撤退，而这恰恰中了隆美尔的下怀。不仅如此，当时英军通信还十分混乱："西部沙漠部队"司令贝雷斯福德 - 皮尔斯直到 10 时左右才得知消息，而此时印度第 4 师已经擅自开始行动了。在此期间，奥摩尔 - 克雷格向梅瑟维提议，应该把第 4 和第 7 装甲旅剩余坦克集中起来阻击德国装甲部队，但这一点也被梅瑟维断然拒绝。在后者看来，他急需第 4 皇家坦克团和第

7 皇家坦克团掩护步兵撤退。然而，到了 10 时 30 分，"西部沙漠部队"主力已开始大踏步后撤。

虽然隆美尔成功威胁了"西部沙漠部队"的侧翼，并迫使后者撤退，但德军装甲部队并未截住一支英军大部队，更不用说将其歼灭。在"战斧"行动最后几小时，德军也没有放手追击，而是一心试图和哈尔法亚山口守军会合。在英军缓慢向东南撤退的同时，德军装甲部队也因为燃料不足而并未全力追赶。但到当天 18 时，双方仍有坦克在相互厮杀。至于隆美尔则在 6 月 18 日晚些时候才赶到战场——此时战斗已彻底结束。事后，他还带着一贯的浮夸向陆军最高司令部表示，他们在战斗中摧毁了 200—250 辆英军坦克 [119]，并指责诺伊曼 - 西尔科和冯·拉文施泰因未能切断撤退中的第 22 禁卫旅的退路。然而，陆军最高司令部已对"战斧"行动失去了兴趣——因为入侵苏联的"巴巴罗萨"行动即将在 3 天后启动。

对于为期 3 天的"战斧"行动，经常有历史"标杆"著作将其视为英军的惨败，并认为德军最终赢得了战役胜利。此外，鉴于 8.8 厘米高炮展现出的巨大威力，它们还经常将其描述为"'玛蒂尔达 2'步兵坦克的谢幕演出"。但这些说法在事实面前站不住脚。在装备方面，英军投入了约 215 辆坦克，并损失了 98 辆，其中包括 65 辆"玛蒂尔达"、16 辆"十字军"、14 辆其他型号巡洋坦克和 3 辆轻型坦克——损失率高达 45%。但很少有资料注意到，英军也将很多受损坦克撤离战场，其中包括绝大部分负伤的"十字军"。另外同样需要记住，并非所有随"虎"船队抵达的坦克都投入了战斗（例如，该船队运来的 135 辆"玛蒂尔达"坦克只投入了 92 辆），而且第 5 皇家坦克团等单位并未卷入交战。因此，第 7 装甲师仍保留着很强的战斗力，何况其支援群也损失不大。在人员方面，该师有 3 名资深中队指挥官（克莱门特、迈尔斯和米勒）阵亡，这一结果无疑令人痛苦，但总体损失并不严重。受重创的第 4 皇家坦克团有 13 人阵亡，57 人受伤或失踪，约占坦克乘员的三分之一。[120] 第 6 皇家坦克团则损失了 53 人，其中 16 人阵亡。

大多数资料称，德军在"战斧"战役中仅有 12 辆坦克全损（Totalausfalle），其中包括 5 辆二号坦克、6 辆三号坦克和 1 辆四号坦克。但在德军记录中，坦克战损实际上分为三类：全损、受损但可在 2 周内修复，以及受损且无法在 2 周内修复（有些会被拆解为零件，进而彻底除籍）。[121] 德军 2 个师最初有 178 辆坦克，而在"战斧"行动结束后的第 2 天，他们报告还有 98 辆可用（不含一号坦克，也不含无武装的指挥坦克）。诚然，德军能够控制战场，进而回收受损车辆，如果有备件，还可以将它们修复，但其战损和故障比例仍然高达55%——因此完全可以说，德军装甲部队付出了惨重损失，而且难以弥补。在人员方面，德军有多名装甲指挥官在战斗中负伤（如克雷默和博尔布林克），其他乘员损失不明，只知道第5装甲团报告有4辆坦克全损、8名乘员阵亡。但即使如此，连同近600名意军伤亡在内，轴心国军队的人员损失仍比英联邦军队更高。[122]

重要的是比较战果和损失。不到两天时间，"西部沙漠部队"便消灭了大部分德意志非洲军掩护部队（相当于2个混编营），只有哈尔法亚山口和208地点仍在后者手中。此外，"战斧"行动还旨在创造条件，以便友军能开展后续行动，一举打破托布鲁克包围圈——这一点在战役最初两天也已接近达成。当时，在哈尔法亚山口，德军守备部队孤立无援，弹药和饮用水也即将用尽，局面对英军尚有可为，但印度第4师师长梅瑟维却擅自下令撤退，并导致第7装甲师被迫放弃大量受损坦克。不过，英军仍然达到了另一个目的，即削弱隆美尔的装甲预备队——第8装甲团的重大损失就是明证。

在德军方面，第8装甲团的大部分战斗表现都难尽人意。该团有两大主要任务：为掩护部队阵地提供支援；击败英国装甲部队进攻。在"战斧"行动中，很多坦克交战都不够坚决果断，不仅杀伤有限，也没有真正改变战术形势。另外，德军坦克在"战斧"行动中的炮术也相当糟糕——即弹药消耗快，但命中数量少。然而，第三帝国宣传部门却做了巧妙掩饰。他们把第8装甲团第1连连长约翰内斯·库梅尔中尉塑造为英雄模范，不仅将其称为"卡普佐之狮"（der Löwe von Capuzzo），还宣称他击毁了11辆"玛蒂尔达"坦克，从而掩盖了第8装甲团在卡普佐堡的平庸表现。虽然库梅尔这位装甲兵军官无疑能力出众，但在卡普佐堡地区被击毁的英军坦克中，德军坦克只包揽了一小部分，更不可能几乎被1名连长独占。总之，虽然第15装甲师在运用装甲预备队方面有多处违背条令，但得益于对库梅尔的报道，德国陆军最高司令部最终没有细究此事。

德军宣传部门还刻意夸大了"战斧"行动中8.8厘米高射炮的表现。直到今天，很多人都对相关说法深信不疑。但英军记录清楚显示，8.8厘米高射炮大部分战果都取得自300—600米外——在对第4皇家坦克团C中队和第6皇家坦克团B中队的20次"击杀"中尤其如此。战斗结束后，德军宣称第33高炮团第1

营的 3 个连共发射了 1680 发 8.8 厘米炮弹，击毁英军坦克 79 辆，即平均 21 发炮弹击毁一辆。[123] 而且德国空军炮手宣称他们包办了英军在"战斧"行动中损失坦克的 80%。但仔细研究英方记录可以发现，8.8 厘米炮的实际战果只占不到一半。而且毫无疑问，第 33 装甲歼击营的 5 厘米 Pak 38 反坦克炮也击毁了大量坦克，只是这一点依然少有人知。在 206 地点，情况尤其如此——因为当地根本没有 8.8 厘米炮。至于 8.8 厘米炮在 1000 米外击毁英军坦克也是例外情况。后来，隆美尔亲自挑选了两名在 208 地点担任高射炮手的士兵，即许布纳（Huebner）和海因策（Heintze），并推荐他们获得骑士十字勋章。这一举动更是凸显了 8.8 厘米高炮在挫败"战斧"行动中的作用。但 8.8 厘米高炮并没有让"玛蒂尔达 2"坦克彻底过时——由于大部分德军坦克只有 5 厘米短身管主炮，很难穿透其厚重装甲，德国坦克手仍然对"玛蒂尔达"坦克心存敬畏。

如果剔除宣传美化，不偏不倚地看去，我们不难发现"西部沙漠部队"并没有被隆美尔和德意志非洲军击败。相反，其失利完全是另有原因。从根本上说，"战斧"行动是一场为期 3 天的消耗战，双方都损失惨重，但英军最先动摇。最重要的是，梅瑟维对第 4 装甲旅运用不力，未能预先削弱哈尔法亚山口守军，对火力支援资产也处置失当，这直接导致英军坦克在进攻和撤退期间损失惨重。在整个战役中，英军战术通信问题频出，导致指挥和控制无法有效进行。不仅如此，"西部沙漠部队"司令贝雷斯福德 - 皮尔斯也缺乏主动精神，导致局势不断恶化。在他们对面，隆美尔始终根据德军理论不断督促指挥官发动反击，但贝雷斯福德 - 皮尔斯并没有这种雷霆气魄，也从未逼迫梅瑟维继续进攻哈尔法亚山口。另外，在攻击哈尔法亚山口失败后，由于某些不明原因，贝雷斯福德 - 皮尔斯还继续把第 4 装甲旅交给梅瑟维，而不是将其调回第 7 装甲师。这导致后者只有 1 个装甲旅，在战斗全程都无法与 2 个德军装甲师抗衡。在"战斧"行动中，"西部沙漠部队"也没有利用显著炮火支援优势：梅瑟维将下属炮兵分散投入战斗。乔克 - 坎贝尔也将第 4 皇家骑炮团拆为 4 个分队，导致第 7 装甲旅只能在哈菲德山脊获得极少火力支援。

"战斧"行动的发动颇为仓促，很难在战役层面取得胜利。但"西部沙漠部队"依旧资源充足，经验丰富，完全可以在战术层面取得成果。"战斧"行动之所以失败，并不是英国坦克手缺乏技巧或勇气，相反，他们打得很好：尽管敌人与其实力旗鼓相当，但他们依旧充满自信。相反，问题出在英军中层领导身上：他们缺乏主动性，而且犹豫不决，和1940年的奥康纳有天壤之别。而在隆美尔这边，尽管他们令英军遭受挫败，并"成功"抵挡了"战斧"行动，但并未掌握战略主动权，而且其后续处境仍在恶化：不仅坦克和燃料减少，对托布鲁克也久攻不下，实际已进退维谷。此外，其掩护部队也在埃及边境损失惨重，必须接受重建。可以说，除了缴获十几辆英国坦克，德意志非洲军几乎没有什么值得自夸之处。

在伦敦，"战斧"行动的失败让丘吉尔倍感愤怒。在攻势结束4天后，韦维尔被毫不客气地革去职务，[124]改由克劳德·奥金莱克（Claude Auchinleck）上将担任中东战区司令。奥金莱克是一名典型的英属印度陆军军官，其军事生涯几乎全部在当地度过。他骨子里是一名步兵，战斗经验全部来自对抗土耳其部队和印度西北边境部落，但从未与德军正规部队交手。在领导风格方面，他特立独行、冷酷无情，不适合在中东的各类英联邦部队中培养团队精神。他也没有参加过坦克和机械化作战，指挥过的部队规模也从未超过1个步兵旅（但在挪威战役中有过短暂经历）。[125]事实表明，因为缺乏此类经验，在为部队挑选卜属指挥官时，奥金莱克经常无法做出最佳决定，并导致他在随后1年多次撤换下属。

不过，对英军来说，"战斧"行动还有一个积极影响：陆军部加快了为新型"十字军"坦克研发6磅炮的进度，以求与德军的5厘米火炮抗衡。不过，由于"十字军"坦克炮塔采用了内倾式设计，为安装6磅炮，工程师们必须做出重大取舍，包括减少1名乘员（装填手）。陆军部预计，受这些研发挑战影响，装备6磅炮的坦克直到1942年中期才会问世。[126]

1941 年 2 月下旬，"非洲军团"的首批德国坦克抵达的黎波里，但主力部队直到 3 月才抵达。图中，1 辆配备 5 厘米 KwK 38 型 42 倍径短管主炮的三号坦克 H 型正在卸载。（作者收藏）

1 个三号坦克车组刚抵达北非，正展示着新式遮阳头盔。由于头盔笨拙不便，德军车组很少佩戴它们，并很快会用软帽取而代之。另外注意车上大量的外挂油箱，以及相对干净的车身。（《南德意志报》供图，图片编号 00333374）

1941 年 3 月 23 日左右，第 5 装甲团一支分队穿过"菲莱尼拱门"（Arco dei Fileni，又名"大理石拱门"）。他们之前从的黎波里出发，已在公路上行驶了 600 千米。尽管任务表面上只是防御，但隆美尔仍让坦克快速前进，把维护、乘员休整或适应战区严峻环境的时间压缩到了最低限度。

隆美尔向前方派出装甲侦察部队，在阿盖拉周围试探敌方弱点。本照片左侧是 1 辆 Sd.Kfz.263 八轮无线电通信车，中间是 1 辆 Sd.Kfz.223 装甲车。（作者收藏）

意大利的 B-2 反坦克地雷简单但有效，1940 年"西部沙漠部队"还没有电子探雷器时，情况尤其如此。但在北非战役初期，意军并未特别重视地雷战。（作者收藏）

1941 年 4 月 14 日，德军试图对托布鲁克实施突破，但以失败告终，图中这辆四号坦克被 25 磅炮摧毁。在短暂战斗中，"非洲军团"损失 17 辆坦克，其中大部分都无法回收。（作者收藏）

1 个战斗中的四号 D 型坦克排，来自第 5 装甲团第 8 连，1941 年 3 月 31 日摄于布雷加港附近。德军经常用 7.5 厘米 24 倍口径火炮发射高爆弹压制英军反坦克炮。(《南德意志报》供图，图片编号 00089822)

"非洲军团"还带来了 1 个配备一号坦克歼击车的反坦克营。1940 年，德军决定为一号坦克车体安装 1 门捷克制 4.7 厘米火炮，后者可以有效打击"玛蒂尔达"之外的所有英军坦克。另外值得注意的是，该车上涂有白十字的 20 升"德国桶"里装的是水。(《南德意志报》供图，图片编号 00333340)

"罗盘"行动结束后,所有"玛蒂尔达"坦克都被迫送回埃及后方基地接受大修。图中这辆"玛蒂尔达"有3处直击弹痕,但由于装甲厚重,并未形成穿透。不幸的是,由于意大利反坦克武器效果不佳,一些英国坦克指挥官开始认为"玛蒂尔达"几乎是无敌的,并开始采用更冒险的战术。(帝国战争博物馆供图,图片编号 E2598E)

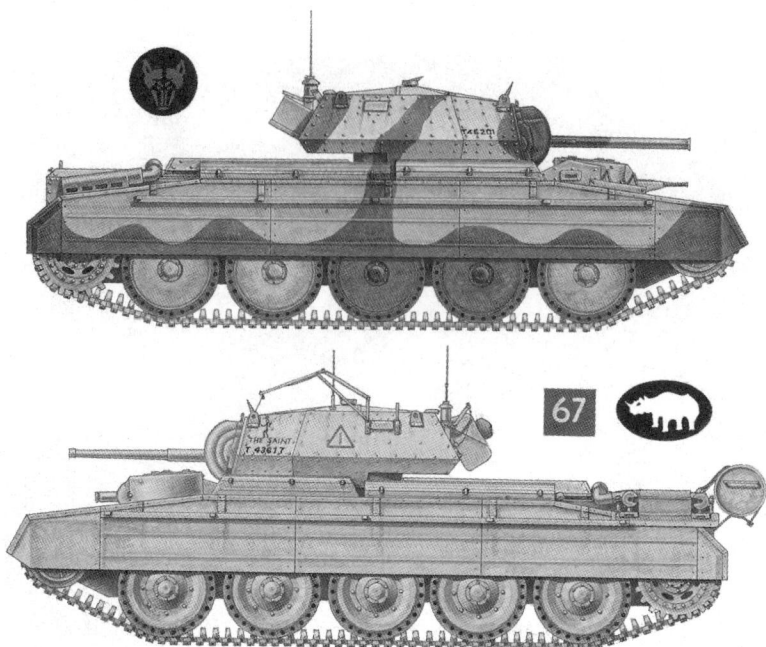

"十字军"Mk I 坦克，来自英军第 10 装甲师。其车首倾斜装甲上仍有 1 座机枪塔，这种无用设计后来在"十字军"Mk
II 坦克上取消。[鱼鹰出版社版权所有，作者：彼得·萨松（Peter Sarson）。摘自"新前卫"系列 NVG 14《"十
字军"和"盟约者"巡洋坦克，1939—1945》]

1941 年 4 月 7 日，1 辆三号指挥坦克带领着车辆纵队向梅奇利（Mechili）前进，沿途扬起一片尘土。该纵队来
自第 5 装甲团，而指挥坦克可能是博尔布林克少校的坐车。由于隆美尔的误判，德军装甲部队被迫穿越浩瀚沙漠，
这导致他们大多在数周内失去了战斗力。（《南德意志报》供图，图片编号 00333430）

德军 8.8 厘米 Flak 18 高射炮，牵引车是一辆 Sd.Kfz. 7 半履带车。[鱼鹰出版社版权所有，作者：伊恩·帕尔默(Ian Palmer)。摘自 "对决" 系列 DUEL 109《德军 88 毫米炮与盟军装甲部队：北非，1941—1943》]

德军 8.8 厘米 Flak 18 高平两用炮，北非盟军装甲车辆的克星。(鱼鹰出版社版权所有，作者：伊恩·帕尔默。摘自"对决" 系列 DUEL 109《德军 88 毫米炮与盟军装甲部队：北非，1941—1943》)

在德尔纳附近的 "巴尔博大道" 上，1 支意军卡车车队从英军 A–9 巡洋坦克残骸旁驶过。隆美尔的前进在很大程度上有赖于意军机动车辆——因为物资都是它们从的黎波里不断运来的。(作者收藏)

德军5厘米Pak 38型反坦克炮是"非洲军团"的标准反坦克炮。它极易隐藏，而且穿透力极大，尤其是在发射钨芯穿甲弹时。（鱼鹰出版社版权所有，作者：伊恩·帕尔默。摘自"对决"系列DUEL 46《德军坦克歼击车VS KV-1坦克：东线，1941—1943》）

为准备1941年6月的"战斧"行动，英军开始将装甲部队调往哈尔法亚山口附近。本照片摄于攻击开始之前2天，可见1辆"玛蒂尔达"坦克正蛰伏在隐蔽掩体中。（帝国战争博物馆供图，图片编号E3532）

英军在"战斧"行动中损失的 1 辆"玛蒂尔达",此战让该型坦克名声扫地。虽然"玛蒂尔达"正面装甲厚重,但仍经不起被 8.8 厘米穿甲弹直接命中。(作者收藏)

1941 年年初,在利比亚沙漠 1 座大沙丘顶部背后占据半埋式阵地的德军坦克歼击车分队,来自第 605(自行化)装甲歼击营。通常情况下,装甲车辆最好避开此类软沙陷阱。(作者收藏)

"战斧"行动期间，一队通用运输车正在观察卡普佐堡附近的活动。与德军半履带车相比，英军通用运输车既不适合作为指挥车，也不适合运输机械化步兵。（作者收藏）

德军机械化战争理论严重依赖战术空中支援，尤其是像 Ju-87 "斯图卡"这样的战机。（作者收藏）

1941 年 5 月—6 月胜利后，1 个德军三号坦克车组正在稍事休息。尽管在托布鲁克受挫，但"非洲军团"仍在凝聚战斗意志、激发战斗力量。（作者收藏）

注释

1. 马丁·吉尔伯特（Martin Gilbert，编辑），《丘吉尔战时文件：战争持续扩大，第 3 卷，1941 年》（*The Churchill War Papers: The ever-widening War, Volume 3, 1941*）[纽 约：W.W. 诺 顿 出 版 社（W W Norton & Company），2001 年出版]，第 212 页。

2. 参见希拉·劳勒（Sheila Lawlor），"希腊，1941 年 3 月：英国军事干涉背后的政治因素"（Greece, March 1941: The Politics of British Military Intervention），出自《历史杂志》第 44 卷第 4 期（1982 年出版），第 933 页—第 946 页。

3. 参见阿奇博尔德·韦维尔，《关于 1941 年 2 月 7 日至 1941 年 7 月 15 日中东行动的报告》（*Despatch on Operations in the Middle East From 7th February, 1941 to 15th July 1941*）（伦敦：英国陆军部，1946 年出版）。

4. 参见伊恩·普雷菲尔，《地中海和中东，第 2 卷：德军来援》（乌克菲尔德：海军与军事出版社，2004 年出版），第 3 页。

5. 参见 F.H. 辛斯利等人，《二战中的英国情报，第 1 卷》，第 386 页。

6. 参见巴顿·莫恩（Barton Maughan），《托布鲁克和阿拉曼：1939 年—1945 年战争中的澳大利亚，第 1 部（陆军），第 3 卷》[*Tobruk and El Alamein, Australia in the War of 1939-1945, Series One (Army), Volume Ⅲ*]（澳大利亚战争纪念馆，1966 年出版），第 4 页。

7. 参见安德里亚·雷博拉，《"公羊"装甲师坦克战：皮埃特罗·奥斯泰利诺中尉信件中的"公羊"装甲师征战记：北非，1941—1943》（罗马：视角出版社，2016 年出版），第 41 页。

8. 参见菲利波·卡佩拉诺，"第 7 中型坦克营"，出自《陆军评论》杂志 2015 年第 1 期，第 31 页—第 33 页。

9. 参见卡尔·贡德拉赫（Karl Gundelach），《德国空军在地中海，1940—1945》（*Die deutsche Luftwaffe im Mittelmeer 1940-1945*）[美茵河畔法兰克福（Frankfurt am Main）：朗格出版社（Lang），1981 年出版]，第 109 页—第 110 页。

10. 参见第 11 轻骑兵团作战日志，"1941 年 2 月 14 日"条目。

11. 参见马里奥·蒙塔纳利，《北非作战，第 2 卷，托布鲁克，1941 年 3 月—1942 年 6 月》（罗马：意大利陆军总参谋部历史办公室，1993 年出版），第 22 页—第 23 页，第 36 页—第 37 页。

12. 罗伯特·爱德华兹（Robert J. Edwards），《二战德军装甲侦察兵战史》（*Tip of the Spear: German Armored Reconnaissance in Action in World War Ⅱ*）（宾夕法尼亚州梅卡尼克斯堡：斯塔克波尔出版社，2015 年出版），第 193 页—第 194 页。

13. 同上。

14. 参见伊恩·普雷菲尔，《地中海和中东，第 2 卷：德军来援》，第 11 页。

15. 参见格哈德·施莱伯等人，《德国与第二次世界大战，第 3 卷：地中海、东南欧和北非，1939—1941》（牛津：牛津大学出版社，2015 年出版），第 673 页。

16. 参见格哈德·施莱伯等人，《德国与第二次世界大战，第 3 卷：地中海、东南欧和北非，1939—1941》，第 659 页。

17. 参见 "第 5 装甲团第 2 营约阿希姆·施罗姆中尉日记，1941 年 4 月 29 日—5 月 14 日"，出自澳大利亚第 9 师参谋部《第 72 号情报摘要》（1941 年 6 月 26 日发布）附录 A 和《第 73 号情报摘要》（1941 年 6 月 27 日发布）附录 A（澳大利亚战争纪念馆文件 AWM52 1/5/20/10）。

18. 参见托马斯·延茨，《北非坦克战：开局》，第 82 页。

19. 参见皮尔·巴蒂斯特利，《隆美尔的非洲军：从托布鲁克到阿拉曼》（牛津：鱼鹰出版社，2006 年出版），第 15 页。

20. 参见美国国家档案馆微缩胶卷文件 T-313 第 324 卷，文件编号 6279177-79。该文件起草者为德国陆军最高司令部，原标题为 "关于'向日葵'行动对'巴巴罗萨'行动影响的讲解注释"（Vortragnotiz uber Auswirkungen des Unternehmen Sonnenblume auf das Unternehmen Barbarossa），原编号为 "Genst.d.H/Gen.Qu No. 074/41 g.Kdos."（1941 年 2 月 11 日发布）。

21. 参见巴西尔·利德尔-哈特（编辑），《隆美尔文件》，第 103 页。

22. 在一些资料中，布雷加港也写作 "Marsa al Brega"。

23. 参见查尔斯·伯迪克和汉斯-阿道夫·雅各布森（编辑），《哈尔德战时日记，1939—1942》，第 339 页。

24. 参见丹尼尔·巴特勒，《元帅：埃尔温·隆美尔的生与死》，第 193 页—第 194 页、第 196 页。

25. 参见查尔斯·伯迪克和汉斯-阿道夫·雅各布森（编辑），《哈尔德战时日记，1939—1942》，第 331 页。

26. 参见托马斯·延茨，《北非坦克战：开局》，第 88 页。

27. 参见巴里·皮特，《战争熔炉，第 1 册：韦维尔领军》，第 274 页。

28. 参见"昔兰尼加防御政策"（Policy for Defence of Cyrenaica），出自澳大利亚第 9 师参谋部第 2840/G 号文件（1941 年 4 月）第 2 部分附录 B（澳大利亚战争纪念馆文件 AWM52 1/5/20）。

29. 参见《德意志每周新闻》（Die Deutsche Wochenschau）561 期（1941 年 5 月 7 日发布）。

30. 参见福尔克马尔·库恩（Volkmar Kuhn），《和隆美尔在沙漠：德意志非洲军的战斗和毁灭，1941—1943》（Mit Rommel in der Wüste : Kampf u. Untergang d. Dt. Afrika-Korps 1941 - 1943）（斯图加特：汽车图书出版社，1975 年出版），第 19 页—第 20 页。

31. 参见巴顿·莫恩，《托布鲁克和阿拉曼：1939 年—1945 年战争中的澳大利亚，第 1 部（陆军），第 3 卷》，第 50 页—第 51 页。

32. 参见马克·乌尔班，《坦克战》（伦敦：算盘出版社，2014 年出版），第 43 页—49 页。

33. 参见托马斯·延茨，《北非坦克战：开局》，第 92 页—第 94 页。

34. 参见查尔斯·伯迪克和汉斯-阿道夫·雅各布森（编辑），《哈尔德战时日记，1939—1942》，第 348 页。

35. 参见小哈罗德·劳，《韦维尔在中东，1939—1941：一份"用兵之道"研究》，第 192 页。

36. 参见伊恩·普雷菲尔，《地中海和中东，第 2 卷：德军来援》，第 22 页。

37. 参见"第 8 机枪营古斯塔夫·波纳特中校日记，1941 年 2 月 27 日—4 月 14 日"，出自澳大利亚第 9 师参谋部《第 40 号情报摘要》（1941 年 5 月 17 日发布）附录 A（澳大利亚战争纪念馆文件 AWM52 1/5/20/8）。

38. 参见巴顿·莫恩，《托布鲁克和阿拉曼：1939 年—1945 年战争中的澳大利亚，第 1 部（陆军），第 3 卷》，第 67 页。

39. 参见巴顿·莫恩，《托布鲁克和阿拉曼：1939 年—1945 年战争中的澳大利亚，第 1 部（陆军），第 3 卷》，第 69 页—第 76 页。

40. 参见福尔克马尔·库恩，《和隆美尔在沙漠：德意志非洲军的战斗和毁灭，1941—1943》，第 28—29 页。

41. 参见约翰·比尔曼和科林·史密斯，《无仇恨之战：1940 年—1943 年沙漠战役》（纽约：企鹅出版社，2004 年出版），第 67 页。

42. 参见戴维·欧文（David Irving），《狐狸的踪迹》（The Trail of the Fox）[纽约：亚芬出版社（Avon Books），1977 年出版]，第 93 页。

43. 参见托马斯·延茨，《北非坦克战：开局》，第 97 页。

44. 每架 Ju-52 可携带大约 400 升桶装燃料，因此 5 架运输机 1 次出动可运输 2000 升燃料。

45. 参见约翰·比尔曼和科林·史密斯，《无仇恨之战：1940 年—1943 年沙漠战役》，第 70 页。

46. 参见皮蒂·巴蒂斯特利，《意大利军队精锐单位和特种部队，1940—1943》（Italian Army Elite Units & Special Forces 1940-43）（牛津：鱼鹰出版社，2011 年出版），第 8 页。

47. 参见托马斯·延茨，《北非坦克战：开局》，第 98 页。

48. 参见澳军第 2/15 步兵营作战日志，"1941 年 2 月—4 月"部分（澳大利亚战争纪念馆文件 AWM52 1/5/20/8）。

49. 参见巴西尔·利德尔-哈特，《坦克：皇家坦克团史，第 2 卷》，第 72 页。

50. 参见乔治·福蒂（编辑），《杰克·沃德洛普日记：一位坦克团士官的故事》，第 30 页—第 31 页。

51. 参见伊恩·沃克，《身为钢，心似铁：墨索里尼精锐装甲师在北非》（兰姆斯伯里：克劳伍德出版社，2006 年出版），第 83 页。

52. 参见巴顿·莫恩，《托布鲁克和阿拉曼：1939 年—1945 年战争中的澳大利亚，第 1 部（陆军），第 3 卷》，第 104 页—第 108 页。

53. 参见巴顿·莫恩,《托布鲁克和阿拉曼:1939年—1945年战争中的澳大利亚,第1部(陆军),第3卷》,第119页—第120页。

54. 参见乔治·戴维,《第7团和他们的三个敌人:第7女王直属轻骑兵团的二战经历》,第94页—第97页。

55. 参见阿达尔伯特·冯·泰森,《托布鲁克1941:北非之战》(弗莱堡:罗姆巴赫出版社,1976年出版),第99页—第100页。

56. 参见巴顿·莫恩,《托布鲁克和阿拉曼:1939年—1945年战争中的澳大利亚,第1部(陆军),第3卷》,第133页。

57. 参见托马斯·延茨,《北非坦克战:开局》,第105页—第106页。

58. 参见"第8机枪营古斯塔夫·波纳特中校日记,1941年2月27日—4月14日",出自澳大利亚第9师参谋部《第40号情报摘要》(1941年5月17日发布)附录A(澳大利亚战争纪念馆文件AWM52 1/5/20/8)。

59. 参见巴顿·莫恩,《托布鲁克和阿拉曼:1939年—1945年战争中的澳大利亚,第1部(陆军),第3卷》,第151页—第152页。

60. 参见托马斯·延茨,《北非坦克战:开局》,第107页—第114页。

61. 参见巴西尔·利德尔-哈特(编辑),《隆美尔文件》,第125页。

62. 当地另一种拼法是"Ras el Medauuar"。澳大利亚人将其称为"运输车高地",意军则将其称为"209地点"。

63. 参见安德里亚·雷博拉,《"公羊"装甲师坦克战:皮埃特罗·奥斯利诺中尉信件中的"公羊"装甲师征战记:北非,1941—1943》,第65页—第66页。

64. 参见伊恩·沃克,《身为钢,心似铁:墨索里尼精锐装甲师在北非》,第87页—第88页。

65. 参见查尔斯·伯迪克和汉斯-阿道夫·雅各布森(编辑),《哈尔德战时日记,1939—1942》,第374页。

66. 1939年9月,德军第4装甲师在进攻华沙时损失了42—45辆坦克,约占其坦克总数的13%。

67. 1940年6月5日,第10装甲师约有100辆坦克被法军反坦克武器击毁,约占其坦克总数的50%。

68. 参见马丁·范克里维尔德(Martin van Creveld),《战争与后勤:从华伦斯坦到巴顿》(Supplying War: Logistics from Wallenstein to Patton)(剑桥:剑桥大学出版社,1977年出版),第186页。

69. 参见弗里茨·莫尔兹克(Fritz Morzik),《德国空军的空运行动》(German Air Force Airlift Operations)[檀香山:太平洋大学出版社(University Press of the Pacific),2002年],第122页—第123页。

70. 参见卢卡斯·弗里德里,《修复坦克:二战德国坦克维修,第2卷》(纽约州门罗:装甲残骸出版社,2011年出版),第104页。

71. 参见托马斯·延茨,《北非坦克战:开局》,第121页。

72. 参见巴顿·莫恩,《托布鲁克和阿拉曼:1939年—1945年战争中的澳大利亚,第1部(陆军),第3卷》,第190页—第191页。

73. 参见巴顿·莫恩,《托布鲁克和阿拉曼:1939年—1945年战争中的澳大利亚,第1部(陆军),第3卷》,第201页—第202页。

74. 参见巴顿·莫恩,《托布鲁克和阿拉曼:1939年—1945年战争中的澳大利亚,第1部(陆军),第3卷》,第207页。

75. 这个雷场是根据霍雷肖·比尔克斯上校的建议布设的。他从第7装甲师借调而来,负责针对反坦克措施向澳军提供建议。

76. 参见"第5装甲团第2营约阿希姆·施罗姆中尉日记,1941年4月29日—5月14日",出自澳大利亚第9师参谋部《第72号情报摘要》(1941年6月26日发布)附录A和《第73号情报摘要》(1941年6月27日发布)附录A(澳大利亚战争纪念馆文件AWM52 1/5/20/10)。

77. 参见托马斯·延茨,《北非坦克战:开局》,第120页—第123页。

78. 参见"坦克行动,5月1日下午"(Actions of Tanks, Afternoon 1 May),出自澳大利亚第9师参谋部《对澳军2/24营行动的记录,1941年4月29日—5月14日》(Account of Operations Against 2/24 Battalion, 30 April to 1 May, Actions of Tanks, Afternoon 1 May,1941年5月27日发布)附录B(澳大利亚战争纪念馆文件AWM52 1/5/20/8)。

79. 参见巴里·皮特,《战争熔炉,第1册:韦维尔领军》,第302页—第303页。

80. 参见第 2 号陆军训练指令，《陆军坦克与步兵的协同运用》（英国陆军部，1941 年 3 月出版），第 5 段。

81. "蒙泰穆罗"分遣队指挥官乌戈·蒙泰穆罗上校是意军"公羊"装甲师第 8 神射手团团长，曾参加过第一次世界大战，并于 1917 年 10 月在卡波雷托战役（Battle of Caporetto）中被隆美尔的营俘虏。

82. 参见巴西尔·利德尔-哈特，《坦克：皇家坦克团史，第 2 卷》，第 78 页。

83. 参见第 4 皇家坦克团作战日志，"1941 年 5 月 15 日"条目。

84. 参见伊恩·普雷菲尔，《地中海和中东，第 2 卷：德军来援》，第 160 页。

85. 参见托马斯·延茨，《北非坦克战：开局》，第 133 页。

86. 在 20 世纪 30 年代，克雷默大部分时间都在担任骑兵教官，之前对坦克指挥经验有限，指挥第 8 装甲团也仅有 7 周时间。

87. 参见托马斯·延茨，《北非坦克战：开局》，第 148 页。

88. 参见伊恩·普雷菲尔，《地中海和中东，第 2 卷：德军来援》，第 163 页。

89. 参见帕特里克·德拉福斯，《驯服德国坦克：蒙蒂的坦克营，战争中的第 1 皇家坦克团和第 2 皇家坦克团》，第 89 页。

90. 参见大卫·弗莱彻，《英伦战车：二战英制坦克》，第 66 页—第 83 页。

91. 参见陆军元帅艾伦布鲁克（Alanbrooke）勋爵，《战时日记，1939—1945》（War Diaries 1939-1945）[伦敦：凤凰出版社（Phoenix Press），2002 年出版]，第 165 页。

92. 参见伊恩·普雷菲尔，《地中海和中东，第 2 卷：德军来援》，第 114 页。

93. 参见乔纳森·丁布尔比（Jonathan Dimbleby），《沙漠中的命运：通往阿拉曼之路——转折之战》（Destiny in the Desert: The Road to El Alamein - The Battle that Turned the Tide）[伦敦：档案出版社（Profile Books Ltd），2012 年出版]，第 99 页—第 100 页。

94. 参见陆军元帅艾伦布鲁克勋爵，《战时日记，1939—1945》，第 152 页。

95. 参见阿奇·芒罗（Archie Munro），《温斯顿专列：途经好望角的运兵船，1940—1943》（The Winston Specials, Troopships via the Cape 1940-1943）[利斯卡德（Liskeard）：海事出版社（Maritime Books），2006 年出版]，第 138 页—第 139 页。

96. 参见小哈罗德·劳，《韦维尔在中东，1939—1941：一份"用兵之道"研究》，第 201 页。

97. 参见巴西尔·利德尔-哈特，《坦克：皇家坦克团史，第 2 卷》，第 84 页。

98. 参见乔纳森·丁布尔比（Jonathan Dimbleby），《沙漠中的命运：通往阿拉曼之路——转折之战》，第 102 页—第 103 页。

99. 参见科雷利·巴内特，《沙漠将军》，第 72 页—第 73 页。

100. 参见科林·史密斯（Colin Smith），《英格兰对法国的最后一次战争：1940 年—1942 年对维希法国的战斗》（England's Last War against France: Fighting Vichy France 1940-1942）（伦敦：凤凰出版社，2010 年出版），第 191 页—第 192 页。

101. 参见 J.R.M. 巴特勒（J. R. M. Butler），《大战略，第 2 卷，1939 年 9 月—1941 年 6 月》（Grand Strategy, Vol. LL, September 1939-June 1941）（伦敦：英国皇家文书局，1971 年出版），第 530 页—第 532 页。

102. 参见巴西尔·利德尔-哈特，《坦克：皇家坦克团史，第 2 卷》，第 81 页。

103. 参见雅努什·皮卡尔凯维奇（Janusz Piekalkiewicz），《隆美尔和北非秘密战争，1941—1943》（Rommel and the Secret War in North Africa, 1941-1943）（西切斯特：希弗出版社，1992 年出版），第 59 页。

104. 诺伊曼-西尔科是一名普鲁士骑兵军官，曾在法国战役期间指挥过第 8 装甲师的 1 个摩托化步兵旅。

105. 参见托马斯·延茨，《德国装甲部队，第 1 卷》，第 167 页。

106. 同上。

107. 参见戴维·欧文，《狐狸的踪迹》，第 124 页。

108. 参见托马斯·延茨，《北非坦克战：开局》，第 172 页。

109. 参见巴西尔·利德尔-哈特，《坦克：皇家坦克团史，第 2 卷》，第 85 页。

110. 参见英国国家档案馆文件 WO 169/1700，苏格兰禁卫团第2营作战日志，"1941年11月22日"条目。

111. 参见陆军总参谋部历史办公室档案馆（Archivio Uffici Storico Stato Maggiore Esercito）文件 N1-N11，第908号档案盒，"第61步兵团作战日志，1941年6月—9月"（61° Reggimento Fanteria, June—September 1941）。

112. 参见皮耶罗·克罗恰尼（Piero Crociani）和皮尔·巴蒂斯特利，《北非意大利士兵，1941—1943》（*Italian Soldier in North Africa 1941-43*）（牛津：鱼鹰出版社，2013年出版），第18页。

113. 参见巴西尔·利德尔-哈特，《坦克：皇家坦克团史，第2卷》，第86页。

114. 参见英国国家档案馆文件 WO 169/1429，第4皇家骑炮团作战日志，"1941年6月15日"条目。

115. 参见尼尔·丹多，《从托布鲁克到突尼斯：地形对英军在北非的行动和理论的影响，1940—1943》（索利哈尔：赫利昂出版公司，2016年出版），第90页—第91页。

116. 参见格哈德·施莱伯等人，《德国与第二次世界大战，第3卷：地中海、东南欧和北非，1939-1941》，第703页。

117. 参见弗朗茨·库洛夫斯基（Franz Kurowski），《装甲王牌3：二战德国坦克指挥官》（*Panzer Aces Ⅲ : German Tank Commanders in Combat in World War Ⅱ*）（宾夕法尼亚州梅卡尼克斯堡：斯塔克波尔出版社，2010年出版），第279页。

118. 安托万-亨利·约米尼男爵（1779年—1869年）是19世纪最有影响力的军事理论家之一，并撰写了大量后勤对军事行动作用的文章。约米尼的作战思路强调攻击敌方交通线，从而让敌人陷入不利局面。克劳塞维茨的思路则与之相反，更强调包围战，进而摧毁敌方主力部队。

119. 参见戴维·欧文，《狐狸的踪迹》，第128页。

120. 参见托马斯·延茨，《北非坦克战：开局》，第183页。

121. 参见美国陆军部历史研究文件第20-202号，"第二次世界大战中的德国坦克维修"（German Tank Maintenance in World War Ⅱ）[华盛顿：美国军事历史中心（Center of Military History），1954年出版]，第18页。

122. 参见格哈德·施莱伯等人，《德国与第二次世界大战，第3卷：地中海、东南欧和北非，1939—1941》，第703页。

123. 参见托马斯·延茨，《德国装甲部队，第1卷》，第167页。

124. 参见小哈罗德·劳，《韦维尔在中东，1939—1941：一份"用兵之道"研究》，第238页。

125. 参见科雷利·巴内特，《沙漠将军》，第77页。

126. 参见 P.M.奈特，《Mk Ⅵ "十字军"巡洋坦克（A15）：一部技术史》，第18页—第19页。

装甲搏杀

第五章

"非洲"装甲集群和第 8 集团军，1941 年 8 月—9 月

> 这里地形与东非大相径庭。在沙漠中，到处都一样，什么都没有，你需要像在海上一样依靠导航……[1]
>
> ——陆军中将艾伦·坎宁安（Alan Cunningham）爵士，1941 年 9 月

"战斧"行动结束后，双方都在恢复元气、重整旗鼓，以便准备未来行动。托布鲁克仍处在松散包围下，但隆美尔再也没有向这座要塞大举进攻。德国陆军最高司令部则把全部心思放在入侵苏联上，并将北非视为次要战场。虽然他们希望隆美尔能在 1941 年年末之前继续蚕食托布鲁克，但希望到 1942 年年初才在北非恢复大规模攻势。7 月，隆美尔正式晋升为装甲兵上将；8 月，德军开始筹建"非洲"装甲集群。该集群组织工作在 9 月 1 日正式完成。其中，阿尔弗雷德·高泽（Alfred Gause）少将被任命为装甲集群参谋长，下属人员包括作战参谋（Ia）的齐格弗里德·威斯特法尔（Siegfried Westphal）中校和情报参谋（Ic）弗里德里希·冯·梅伦廷（Friedrich von Mellenthin）少校，[2] 从而给隆美尔提供了一个经验丰富、高度专业的作战规划参谋团队。最初，该集群只包括德意志非洲军的 2 个德军机械化师、意大利"萨沃纳"步兵师和一些支援部队。尽管隆美尔希望再获得 1 个装甲师，但陆军最高司令部并未同意，并告诉他暂时不要期望得到大规模增援。[3]

随着隆美尔晋升为"非洲"装甲集群司令，路德维希·克吕维尔（Ludwig Crüwell）中将也飞抵北非，成为德意志非洲军指挥官。克吕维尔出身骑兵，接受过总参谋部培训，拥有丰富的装甲战指挥经验。1938 年，他开始担任装甲团团长，后来晋升为第 11 装甲师师长，并率领该部队参加了巴尔干战役，以及"巴巴罗萨"行动初期在乌克兰的战斗（在他的领导下，第 11 装甲师曾在 1941 年 6 月的布罗迪之战中发挥了关键作用）。因此，克吕维尔无疑是领导北非德军装甲部队的最佳人选。另外，在他抵达北非之前，德军还将第 5 轻装师改编为第 21 装甲师，并为此吸收了第 15 装甲师的 1 个步兵营和 2 个炮兵营——随后 1 年，德意志非洲军的主力装甲部队都将由这 2 个装甲师组成。隆美尔还请求增派步兵，以便在巴尔迪亚 - 索卢姆 - 哈尔法亚山口三角地带建立一支新掩护部队。陆军最高司令部

对此表示同意。新部队被命名为"'非洲'特别师级司令部"（Divisionskommando z.b.V.Afrika），但直到9月下旬才被派往北非。[4]

在装备方面，德意志非洲军的两个装甲师也在不断获得补充，实力已与利比亚战役开始时相当。但必须指出，德军坦克中仍有三分之一是装备2厘米主炮的二号轻型坦克和无武装的指挥坦克，根本无法与英军坦克抗衡。此外，虽然德军三号和四号中型坦克可以从容对抗英军巡洋坦克，但它们分别只装备有5厘米和7.5厘米短管主炮，不足以对抗大群英军坦克。三号坦克G型配备的5厘米40型钨芯穿甲弹也只能在500米以内击穿"玛蒂尔达"坦克，而且数量稀少。根据1941年8月的统计，该型号只占了三号坦克5厘米炮弹中的6%——在战斗中，每辆坦克通常只有5发。[5]为抵御英军2磅炮的标准穿甲弹，陆军武器局于1940年年底开始升级三号中型坦克，H型随之诞生。这种坦克拥有表面硬化附加装甲（face-hardened armour），厚度为30毫米，并用螺栓固定在车体正面和后部，使其最大装甲厚度上升到60毫米（但侧面装甲厚度仍为30毫米）。[6]与标准轧制均质装甲（rolled homogenous armour）相比，表面硬化装甲抗弹能力更强，使2磅穿甲弹几乎无法击穿H型正面和后部。但对英军来说幸运的是，德意志非洲军很多坦克都是三号坦克F型和G型，防护相对较差，H型仍比较少见。另外，德军还为四号坦克E型安装了20毫米附加装甲，它们同样使用螺栓固定，只是在正常战场射程内仍很容易被2磅炮击穿。

因此，在1941年，就算是全盛时期，隆美尔的装甲部队仍必须小心英军步兵坦克，否则就会蒙受重大损失。此外，德军还接收了更多5厘米Pak 38长管反坦克炮，但由于配套牵引车仍是一大战场弱点，因此它们仍很难从根本上改善局势。此外，德意志非洲军的2个8.8厘米空军高炮营也只适合投入防御。其步兵则缺乏半履带车（只有第15装甲师拥有1个连）或四轮驱动卡车，很难在沙漠地形开展大规模作战。德军师补给纵队的轮式运输车也不适合长途沙漠行军。总之，德意志非洲军严重缺乏适用的越野运输车辆，从而很难践行当时的诸兵种合成机动理论。

1941年夏，意大利人也在重组北非驻军，并为其提供增援。7月，加里波第不再担任战区最高司令，并被埃托雷·巴斯蒂科（Ettore Bastico，曾于1937年在西班牙领导过"志愿军团"）将军取代。虽然在1941年上半年，"公羊"装甲师都没有在利比亚经历过太多激战，但隆美尔却将他们拆分为多个分队，并派往不同地点，导致其成员疲惫不堪，装备耗损严重。但在意军最高统帅部努力下，该师仍在不断壮大，并接收了3个中型坦克营（共146辆M13/40中型坦克）和更多炮兵，而且随着补充人员抵达，其摩托化步兵也恢复了元气。此外，意军最高统帅部还调整了中型坦克营的结构，将其扩编为3个坦克连。每个坦克连拥有3个排，每排各5辆坦克（使全营的M13/40中型坦克总数上升到52辆，而不是1940年的37辆）。到1941年10月，"公羊"装甲师已有141辆M13/40中型坦克可用（另有50辆无法行动），并配备了950辆卡车（其中66%可用）。[7] 意大利陆军还在德尔纳建立了1个坦克后勤基地来作为维修和新车组培训中心，并在加扎拉和托布鲁克附近分别设立了1个前方维修车间。[8]

巴斯蒂科还为"公羊"装甲师提供了若干资源，以便让车组人员得到更好的培训。即使如此，由于弹药和燃料有限，每个车组只能在训练中发射5—8发47毫米炮弹。尽管按照德国或英国的标准，意军的驾驶员和炮手训练仍然很"粗糙"，但随着"战斧"行动结束，前线长期平静，意军坦克车组得以趁机补充人员、提高人员基本技能水平。此外，更多M13/40中型坦克开始安装RF1CA无线电台，每个坦克营也配备了2辆M13/40CR指挥坦克 [其中"CR"是意大利语"无线电中心"（Centro Radio）的首字母缩写]。这些改进使意军装甲部队能扩大行动规模，并与其他兵种加强合作。与1940年的相比，1941年年末的意军装甲营规模更大、训练更好、装备更精良，作战能力远胜于当年被奥康纳轻松击溃的乌合之众。此外，巴斯蒂科还设法提升了"的里雅斯特"摩托化步兵师的实力，并为其配备了近1200辆汽车（其中96%可用），使该师各营的机动性明显超过了北非的大多数步兵部队。在技术方面，意军超过德军的少数几个领域之一是各式越野卡车，如布雷达SPA 35"全地形"卡车（以及柴油动力改进型——布雷达SPA 41卡车），它们都根据北非环境进行了专门设计。相比之下，德意志非洲军的大多数机动车辆既没有柴油发动机，也未采用四轮驱动设计。在第15装甲师，只有不到5%的卡车能穿越沙漠地形，而在第21装甲师，这一比例约为18%。[9] 同样需要强调的是，在北非，德意志非洲军还严重依赖意军提供的后勤支援，后者拥有数千辆卡车，专门负责把燃料、水和弹药从的黎波里运往前线。

8月15日，巴斯蒂科成立了"机动军"（Corpo d'Armata di Manovra），其军

长是加斯通·甘巴拉（Gastone Gambara）将军。该部队由"公羊"装甲师和"的里雅斯特"师组成，总兵力近 24000 人。这项工作旨在打造一支特殊军级单位，使其能独立实施战役级机动作战。[10] 和以往不同，意军并没有把装甲部队与非摩托化步兵"绑定"。从许多方面看，机动军的建立都表明意军正在根据北非经验迅速转变装甲战思想。另一个证据是机动军成立了一支特别侦察集群，即"机动军侦察集群"（Raggruppamento Esplorante del Corpo d'Armata di Manovra）。后者是一支混合部队，由装甲车、坦克、超轻型坦克、摩托化步兵和摩托化炮兵组成，负责扮演机动掩护部队，为机动军充当"耳目"。[11] 此外，机动军侦察集群还配备了少量新型装甲战斗车辆，包括一个排的 L6/40 轻型坦克（装备 20 毫米炮）和数辆 AB41 装甲车（同样装备 20 毫米炮）。

对于北非意军，反坦克仍是一个难题，其标准武器是 47 毫米 32 倍径反坦克炮，但英军步兵坦克装甲厚重，令这种武器几乎无效。为部分弥补这一缺陷，德军提供了一些 8.8 厘米高射炮 [意军将其称为"88 毫米 55 倍径（高射炮）"] 和捷克制 75 毫米 50 倍径高射炮，不过它们太重了，难以由意制半履带车牵引。此外，意大利陆军还就地取材，将 7 门 1914 型 102 毫米 35 倍径舰炮安装在菲亚特 634 卡车上——虽然这些简易"坦克歼击车"体积庞大、笨拙不堪，但其所用的穿甲弹重达 15 千克（相较之下，8.8 厘米高炮发射的 39 型穿甲弹重 10 千克），可以在至少 1 千米外击毁"玛蒂尔达 2"坦克——其中 2 个装备该歼击车的连被配属给了机动军侦察集群。

在沙漠另一边，英联邦部队也在趁着休战重整旗鼓。"战斧"行动结束后，奥金莱克并未调整"西部沙漠部队"的指挥关系和结构，而是立刻开始恢复部队战斗力。这项工作要得益于 7 月初从英国运来的 120 多辆新坦克——其中包括首批 36 辆 Mk Ⅲ 步兵坦克。该坦克又名"瓦伦丁"（Valentine），全重 17 吨。该坦克只配备了 2 磅炮，机动性也不甚理想，炮塔内部异常狭窄，全车只能乘坐 3 名乘员，而不像"玛蒂尔达 2"可乘坐 4 人，其装甲防护能力也不如"玛蒂尔达"坦克，因此并没有实质性战术优势。但按照 1941 年的标准，该坦克在防护上仍然相当优秀，而且其车体高度更低，因此目标更小。"瓦伦丁"的主要亮点在于比"玛蒂尔达"坦克便宜 20%，其生产所需工时少 30%，因此更适合大规模生产。在实战中，"瓦伦丁"也被证明比故障频发的"玛蒂尔达"坦克更可靠（英军一直认为，对于"玛蒂尔达"坦克而言，沙粒有时比炮火更致命）。

7月19日，首批美制坦克搭乘商船抵达苏伊士，它们标志着一个重大形势变化。这批增援包括36辆M3轻型坦克和4辆M2A4轻型坦克，其中前者的挂胶履带板和强大发动机更是让英军倍感新奇。1941年8月1日，第8轻骑兵团率先开始接收M3轻型坦克，很快越野测试证明，它们可以快速转向，而且履带不会像Mk Ⅳ A巡洋坦克那样频繁脱落，引擎也比英制巡洋坦克上的纳菲尔德"自由"发动机更可靠。M3轻型坦克的另一个独特之处是它的37毫米主炮，该火炮配有M51曳光被帽穿甲弹，穿透力比英制2磅炮穿甲弹更强（直到一年后，英军才开始列装本国自产的被帽穿甲弹）。此外，该坦克的装甲防护能力也略好于英制"薄皮"巡洋坦克(尽管仍达不到1941年时的战场要求）。由于当时M3轻型坦克刚投产，英国陆军实际收到了多种型号，其中一小部分配有铆接炮塔，正面装甲厚25毫米。但大部分型号拥有新式焊接炮塔，正面装甲厚38毫米。该坦克最大问题是载油量只有英制巡洋坦克的三分之一，故作战半径非常有限，并导致相关部队在沙漠中每行驶90千米就需要补充燃料。但即使如此，英军车组还是很快适应了这种车型，并将它们称为"斯图亚特"或"甜心"。

与此同时，一个美国陆军4人小组也抵达战场，该小组由约瑟夫·科尔比少校（即M3中型坦克的设计者）领衔，负责指导英国乘员使用"斯图亚特"坦克——他们也是首批参与二战的美国军人（虽然当时美国仍在名义上保持中立）。[12] 随后，更多美国技术人员在英军进攻前抵达，并直接配属于第4装甲旅。该技术支援小组参与了"十字军"行动，其中一名成员——德尔默·帕克中士——于1941年11月25日阵亡。[13]

截至1941年8月底，第8轻骑兵团已拥有36辆"斯图亚特"坦克，并完成了初步换装训练。到9月，第4装甲旅另外2个坦克团也开始改用这种武器。不过，美国人只为"斯图亚特"提供了约43000发37毫米炮弹（相当于3个基数），远无法满足长期作战需求。除此之外，大量雪佛兰（Chevrolet）卡车也运抵埃及，使英军运输能力获得了极大提升。另一批喜人的增援是100多辆"亨伯"（Humber）装甲车和"澳洲野狗"（Dingo）侦察车。早期型"亨伯"装甲车配备了1挺15毫米贝莎重机枪，可发射普通穿甲弹和曳光穿甲弹，在机动性和装甲防护能力方面大致与德军Sd.Kfz.222和Sd.Kfz.232装甲车相当。夏末，第 11 轻骑兵团开始换装上述新车。此外，英军皇家陆军勤务部队也接收了 1 个坦克运输车连，后者对战场抢修颇有帮助，因此深受部队欢迎。

随着更多坦克和卡车运抵苏伊士，第 7 装甲师继续扩编。鉴于这支部队意义重大，奥金莱克决定更换其指挥官。虽然原师长奥摩尔 - 克雷格沙漠指挥经验丰富，而且没有犯下严重过错，但奥金莱克还是将他送回英国，以便给"扫射者"戈特让位。9 月，戈特正式接管第 7 装甲师。虽然戈特同样是个沙漠老手，但并非装甲兵出身，其坦克作战经验也更多来自耳闻目睹，而不是亲身实践。作为第 7 支援群指挥官，他在 1940 年对意作战中的表现可圈可点，但在 1941 年与德军作战时则逊色很多。无论是 5 月"简洁"行动的失败，还是"战斧"行动中支援群的拙劣表现，戈特都负有一定责任。他本是摩托化步兵旅旅长的不二人选，但奥金莱克却决定让他指挥第 7 装甲师——这无疑是一个重大失策。

当奥金莱克重组部队时，隆美尔决定向埃及发动一次装甲侦察，并将其命名为"仲夏夜之梦"行动（Unternehmen Sommernachtstraum）。9 月 14 日拂晓，冯·拉文施泰因率领第 21 装甲师越过边境，向索卢姆以南 30 千米处的比尔赫雷盖特（Bir Khirreiget）进军。按照德军情报，英军可能在当地建立了一个为后续进攻服务的补给基地。隆美尔也随军出征。但奥金莱克已将英国装甲部队撤出边境地区，只留下丹尼斯·牛顿 - 金（Dennis S. Newton-King）中校的南非第 4 装甲车团（4th South African Armoured Car Regiment）作为掩护部队。后者是于 6 月抵达埃及的两个南非装甲车团之一（另一个是南非第 6 装甲车团），这些团各装备有约 54 辆马蒙 - 赫林顿装甲车——只是其性能无法与体型更大、装备更精良的德国装甲车匹敌。尽管冯·拉文施泰因并没有在比尔赫雷盖特附近发现英军补给站，但他还是决定再向东推进 50 千米，把一个装甲战斗群 [即"施特凡"战斗群（Kampfgruppe Stephan）] 派往拉比亚（Rabia）。此时，牛顿 - 金仅损失了一辆装甲车，另有少量人员伤亡，其装甲车也只是暂且后退，并在继续观察德军。[14] 德军"施特凡"战斗群在沙漠中徒劳奔波，最终精疲力竭，只得停下加油。这时，南非人呼叫了 2 个南非马丁"马里兰"（Maryland）轻型轰炸机中队，打得德军措手不及："施特凡"战斗群有多辆坦克受损，另有 12 辆其他车辆被毁。[15] 见状，第 5 装甲团迅速越过边境撤退，并丢下 2 辆三号坦克残骸。在这次短暂行动中，第 5 装甲团浪费了大量燃料（至少 2 个基数），坦克也磨损严重。[16] 这也是隆美尔犯下的另一个错误——他将太多兵力用于侦察，但所得情报却与消耗资源不成正比。

"仲夏夜之梦"行动还暴露出德军另一个问题：很多坦克机械故障频发——在第21装甲师，情况尤其严重。过去6个月，第5装甲团的坦克被高强度使用，根本无暇停车维修。在沙漠野战环境下，沙尘会进入发动机和变速箱，导致清理极为困难，而且大多数维修都是权宜之计。虽然许多记录都承认燃料短缺妨碍了德意志非洲军实施机动行动，但它们并没有意识到，如备件匮乏也有负面影响，而且程度丝毫不亚于燃料短缺。例如，在炎热沙漠环境中，橡胶密封件和垫圈容易老化，导致漏油和漏液。在炎热环境中，坦克行进时间越长，摩擦就越有可能导致负重轮悬臂梁毂处的润滑液泄漏，一旦润滑液耗尽，负重轮就会卡死。换言之，如果缺乏轮轴润滑液，就算有燃料，坦克的机动性也会降低。

尽管"仲夏夜之梦"行动只是一次短暂出击，但第5装甲团仍有三分之一坦克因故障掉队。就算受损坦克能重返部队，状态也必然会因为旧伤而大不如前。即使如此，指挥官们仍会把它们留在前方——因为他们知道，这些坦克根本不可能被送回欧洲接受彻底维修，而且就算车况恶劣，它们也可以聊助声势。

9月中旬，奥金莱克终于开始大举调整组织结构——此时，几支新英联邦部队已经抵达战区，如南非第1师、新西兰第2师和更多英属印度陆军单位。9月18日，"西部沙漠部队"更名为第13军，但贝雷斯福德 - 皮尔斯仍担任指挥官。该军是一个"步兵密集型"单位，纳入了大部分新抵达的英联邦部队，但也配有不少步兵坦克。同时，英军还成立了一个新军级单位，即第30军，以管辖第7装甲师等大部分机动部队。该军军长是维维安·波普中将，他刚从英国飞抵北非，是当时英军最资深的装甲军官之一。这标志着英国首次有2支军级部队在北非共同行动。为管辖这2个军，英军还需要组建1个集团军级指挥部。作为结果，9月26日，第8集团军在埃及成立，指挥官由陆军中将艾伦·坎宁安爵士担任。坎宁安出身炮兵，没有机械化作战经验，甚至不理解现代无线电。[17] 但奥金莱克之所以如此任命，是因为坎宁安曾于1941年2月至4月间在东非作战，并指挥4个印度步兵旅迅速击败意军。但即使如此，坎宁安仍没有任何北非沙漠服役经验。事实上，他更像一把"钝刀"，虽然可以应付殖民地战争，但不适合与旗鼓相当的对手作战。

坎宁安接任后不久，第 30 军军长波普中将和第 7 装甲旅旅长休·拉塞尔准将在 10 月 5 日死于飞机失事。由于丘吉尔不断催促进攻，奥金莱克被迫匆忙为第 30 军寻找一位新军长，以便统帅下一次行动的"矛头"。在波普死后，北非的英军装甲兵高级军官所剩无几，奥金莱克只好将目光投向骑兵。他最终选择了查尔斯·诺里（Charles W. Norrie）中将——这是一位老派骑兵军官，曾在沙漠地区作战，并在两次世界大战之间担任过多种参谋和指挥职务，后来成为第 1 装甲师（驻扎于英国本土，正在陆续抵达埃及）师长。但事实很快证明，他的坦克指挥经验有限，能力远不能胜任军长一职。

在组建第 8 集团军期间，奥金莱克还将加强托布鲁克守军视为重要事项。8 月，英国皇家海军将波兰喀尔巴阡旅（Carpathian Brigade）运入托布鲁克；澳大利亚第 9 师则在 9 月下旬搭乘一系列快速船队离开。作为替代，英军向当地派遣了第 70 师（原第 6 师），还提供了新装备以便补充损失。同时，英军还部分重建了托布鲁克城内的坦克部队（即第 32 陆军坦克旅），使其实力上升 [超过 100 辆坦克（包括 68 辆"玛蒂尔达 2"）]。这使托布鲁克守军有能力发动强大反击，或是与解围部队会合。现在，英军的计划核心是让第 8 集团军发动一次有力的解围行动，并以装甲部队为先导，与托布鲁克守军会师。如果情况理想，他们还利用上述"铁锤"和"铁砧"，一举击溃隆美尔的装甲部队。

随着第 22 装甲旅和第 1 装甲师其余部队在 10 月抵达，奥金莱克的坦克数量已远在"非洲"装甲集群之上。如果包括托布鲁克守军，其坦克总数已达 750 余辆（共 17 个营级单位），而轴心国只有 425 辆（共 7 个营级单位）。但第 1 装甲师并未整体投入战斗，而是把下属单位用于加强戈特的第 7 装甲师。这使后者总兵力达到了 9 个装甲营、共 481 辆坦克，在规模上位居英军装甲部队之首。虽然奥金莱克并不了解坦克，但他确实认识到，英军之所以在"简洁"行动和"战斧"行动中表现不佳，一个原因是未能将步兵和炮兵纳入装甲作战。因此，他没有将这些兵种全部编入师支援群，而是分散提供给了 3 个装甲旅。在第 4 装甲旅，旅长盖特豪斯充分发扬上述思路，为 3 个坦克营各配备了 1 个步兵连和 1 个炮兵连。另外 2 个装甲旅虽然得到的支援部队较少，但至少使主攻力量得到了一些加强。然而，这些调整大多发生在 10 月或 11 月初，导致各部队几乎无暇开展训练、掌握新战术。其中，第 22 装甲旅来自本土陆军，他们花在沙漠训练和学习新战术的时间最短，这导致其战斗力大打折扣。

10月大部分时间，戈特的第7装甲师都在马特鲁港附近的沙漠中进行训练。10月12日，第4装甲旅进行了一次120千米的行军，由于必须穿越乱石地形，许多"斯图亚特"坦克的橡胶挂板都严重受损。为获得新履带，各部队拼命向开罗求援，直到10月29日，这些受损的履带才被更换完毕（但事实上，各部队都夸大了受损情况）。[18]与此同时，第7装甲旅的许多老部队则在设法提高炮术技能。其中第7轻骑兵团的实地测试表明，受多种因素影响，2磅炮几乎无法在1000米外命中目标。经过反复练习，这些部队的炮术水平有所改善，同时，他们还禁止进行"行进间射击"，因为事实证明，这种射击方式的命中率偏低，会浪费弹药。[19]

自沙漠战争开始以来，皇家空军为陆军提供的战场支援微乎其微。情况之所以如此，与空军在理论领域的忽视不无关系。到此时，沙漠空军（Desert Air Force）一直在重点执行两项任务：战斗机扫荡和战场遮断，其目标通常是机场和港口。皇家空军一直深信：对于分散在沙漠中的敌军车辆，其搜索和打击难度将非常大，而且纯粹是浪费资源。就算他们能发现和攻击敌方车辆，空军的250磅通用炸弹也对坦克威胁有限，而且也很少有战斗机装备20毫米航炮。另外，英国装甲部队缺乏通信设备、训练和规程，无法像德军一样让空中支援"招之即来"。1941年7月，阿瑟·特德（Arthur Tedder）中将成为沙漠空军司令，他决心改变几乎无用的传统空地合作模式，并向近距离支援模式转变。在他的授意下，英军成立了皇家空军空中支援控制分队（RAF Air Support Control unit），负责接收和协调陆军的空中支援请求。这样的分队在第13军和第30军各有1个，此外，各师部和旅部也配备有机动前方支援小组。[20]9月和10月，英军对上述安排进行了测试。但实际结果表明，从发出申请到飞机抵达，陆军部队可能需要等待2.5个小时。此外，皇家空军也只能抽出几个"布伦海姆"和"马里兰"轻型轰炸机中队和一个"飓风"战斗机中队（第80中队）执行此类任务。但在阿瑟·特德推动下，整个沙漠空军仍开始向战场空地协同转型，而且在1942年—1943年，这种合作关系将不断改善。

在这段时间，英军还做出了另一项明智之举：将铁路线延伸了130千米——其终点原先是马特鲁港，现在是米谢法（Misheifa），即西迪巴拉尼以南45千米处。

另外，英军还从马特鲁港修建了 250 多千米的战术输水管道，并增设了新泵站和蓄水池。[21] 这项投资可谓一劳永逸，让英军不必再像之前一样用大量运输车辆为前方补给基地运送弹药、燃料和水。据英军计算，在进攻期间，第 8 集团军每天共需要补给品 2972 吨，其中包括 1500 吨油品、480 吨弹药和 350 吨水。[22] 另外值得一提的是，虽然第 8 集团军没有任何加拿大部队，但后者仍提供了大量四驱卡车。在为"十字军"行动集结后勤物资时，这些卡车做出了重大贡献。

与之形成对比的是，北非轴心国军队几乎从未努力提升战区后勤能力。其军需官们从未想过从的黎波里铺设一条战术输油管道——哪怕这条管道只延伸到阿盖拉，都可以为托布鲁克前线减轻燃料运输压力。[23] 另外，隆美尔也从未考虑过扩大战区后勤部队——他手头资源有限，因此更需要战斗力量，而不是用后勤人员建设输油管道。虽然德国空军向他展示了英军新建铁路和管道的航拍照片，但他并没有认识到其重要价值。[24] 另外，轴心国军需官们只是在一味申请卡车和运输船，从没有像盟军和苏军一样认识到战术管道对机动作战的意义 [如 1944 年诺曼底登陆时修建的"水下运油管道"（Pipeline Underwater Transportation of Oil）]。但作为临时补救措施，德国空军仍从克里特岛运来了少量燃料，德国海军也投入了几艘海军渡驳，帮助"非洲军团"将物资从后方运往巴尔迪亚。

丘吉尔极力催促奥金莱克进攻。这导致"十字军"行动计划出台十分仓促。[25] 最初，奥金莱克提出了一些粗略指导方针，并明确指出，他不想像"简洁"行动和"战斧"行动一样发动正面突破。坎宁安到任后，进攻规划工作开始由他承担。但由于缺乏装甲作战的指挥经验，他表现得十分谨慎。在第 8 集团军中，直接领导所有规划工作的是亚历山大·加洛韦准将——他此前曾帮助奥康纳策划过"罗盘"行动。和大多数同一代英国高级参谋一样，加洛韦先是在坎伯利参谋学院接受过旧式培训，之后才于 20 世纪 30 年代开始接触"实验机械化部队"，或观摩了机械化训练，从而对机动作战有了粗略认识。这导致了一个问题，在规划"十字军"行动时，他们对相关理念仍然半生不熟，思路也很粗糙和业余。此外，他们还对一些关键细节（如战术通信规划，即机动作战的必备条件）缺乏重视。在进攻构想中，坎宁安颇为强调"形成规模"和"开展机动"原则，并将大部分装甲部队提供给第 30 军。根据设想，诺里将带领他们发动进攻，并在最初几天粉碎敌方装甲部队。但这一概念本身非常粗糙，本质思路仍然是与对手"拼数量"，并很可能导致陷入消耗战。此外，英军还错误地认为，制胜的关键不是打击敌军战区后勤，而是摧毁德军装甲部队。[26] 但事实上，就算损失了一半装甲力量，隆美尔仍将十分危险，只有剥夺其燃料或弹药，他才不会"张牙舞爪"。

"十字军"行动还建立在两个冒险假设之上。第一个假设是，德军必定会受到引诱，在坎宁安选择的时间和地点交战；第二个假设是，英国坦克兵必定会赢得这场生死较量。但事实上，此时英军坦克已没有明显技术优势，但他们却对此毫无察觉。之前，他们曾在托布鲁克缴获过 1 辆三号坦克 H 型，其装甲防护能力较以往型号更为强大，但前线车组对此一无所知。事实上，在 1941 年，第 8 集团军根本没有任何技术情报搜集分析能力，更毫不了解德军表面硬化装甲的价值。直到 1942 年 3 月，英国工程师才开始从技术角度分析缴获的坦克——而这种问题原本是可以避免的。[27] 在"十字军"行动之前，情报人员告诉英国坦克兵，德军三号坦克和意军 M13/40 中型坦克"不足为惧"，只有德制四号坦克"可能带来麻烦"，而且后者在北非只有 20 辆。[28] 此外，他们还假设意军不会构成严重威胁，只有 2 个德军装甲师需要提防。在"罗盘"行动和贝达富姆之战结束后，英军便对意军颇为轻蔑，这甚至对战役规划造成了不利影响。[29]

坎宁安和加洛韦推断，歼灭德军装甲部队之后，英军将轻易击溃意大利步兵，并与托布鲁克守军会师。他们把这场装甲决战的地点选在了加布里萨利赫（Gabr Saleh）——当地位于托布鲁克东南 85 千米处，是一片偏僻而开阔的沙漠地带。但作为装甲部队指挥官，诺里和戈特并不同意上述看法，并认为隆美尔不会把装甲力量投入这片荒原，还提议采取更直接的方案。坎宁安对反对声音不以为然，他坚持认为，如果其装甲力量可以在埃及边境包围轴心国掩护部队，隆美尔就一定会投入装甲部队，进而与第 30 军交战。从一开始，"十字军"行动就受到了这种僵化思维的影响。坎宁安甚至表示，除非形势所迫，不然他不会考虑任何其他方案。另外，坎宁安还希望让南非第 1 师充当摩托化步兵——但该师不久前才抵达埃及，也从未接受过机动作战训练。

该计划还有一个怪异之处，在行动初期，阿尔弗雷德·戈德温 - 奥斯丁（Alfred Godwin-Austen）中将的第 13 军几乎将按兵不动。尽管该军拥有 140 辆步兵坦克（也是当时英军步兵坦克的最大一次集结），但最初将只扮演"配角"，直到第 30 军歼灭轴心国装甲部队后才会倾巢出动、攻击敌方掩护部队。根据当时形势，英军本应该预先做周密准备，借助密集空军和炮火支援，让第13军先攻击轴心国掩护部队，并让第30军应对德意志非洲军反击。在这种情况下，这两个军可以紧密合作，从而集中战斗力量打击敌军既设阵地。事实上，在整个"十字军"行动中，英军唯一在战术上合理之处就是托布鲁克守军制定的突围计划——当时，第32陆军坦克旅旅长阿瑟·威利森（Arthur C. Willison）准将已让步兵和坦克做好准备，只要第8集团军逼近，就对轴心国外围阵地发起诸兵种合成突击。接下来，突围部队将继续前进，直到推进到托布鲁克东南16千米处的杜达山脊（Duda Ridge）。[30]另外，英军的步兵坦克战术条令也非常适合攻击坚固防线。

轴心国方面，隆美尔预计英军暂时不会大举进攻，但为防万一，他仍向在埃及边境的掩护部队大举增兵。他将这片区域划分为"东部地段"（Sektor Ost）和"西部地段"（Sektor West）。其中前者包括哈尔法亚山口，当地守军已得到了加强。而后者则由意军第55"萨沃纳"步兵师驻守，包括一系列边境据点，并向南延伸至西迪欧迈尔附近的箱型加固阵地。为防止英军利用"奴隶驼道"包抄其边境防线，隆美尔还命令冯·韦赫马尔中校组建1支团级战斗群，该部队包括2个装甲师直属侦察营和1个5厘米Pak 38反坦克炮分遣队，并部署在西迪欧迈尔（Sidi Omar）以西。隆美尔的2个装甲师均部署在托布鲁克以东，其中第15装甲师位于甘布特以西，第21装甲师位于"卡普佐驼道"（Trigh Capuzzo）沿线。虽然甘巴拉的机动军不受隆美尔指挥，但巴斯蒂科将军仍同意把"公羊"装甲师和"的里雅斯特"师部署在托布鲁克以南，以免英军实施纵深包围。尽管多方发出警告，但隆美尔并不认为奥金莱克会在11月发动进攻，而这很大程度上又是出于一厢情愿——他拒绝相信英军有可能重新掌握主动权。

当时，隆美尔还计划对托布鲁克环形防线东侧发动一次大规模进攻。这次进攻将在11月21日发动，并持续到25日。但由于轴心国后勤情况极端恶劣，这一设想最后胎死腹中。尤其是在11月8日—9日夜间，皇家海军歼灭了"杜伊斯堡"船队，严重扰乱了德意志非洲军的海上交通线。事实上，在"十字军"行动开始前，第15装甲师就已经因为燃料短缺丧失了部分行动能力。即使德国空军能运来少量燃油，也只够德军勉强使用。总之，隆美尔缺乏燃料和弹药，既无法攻击坚固阵地，也无法抵挡第8集团军进攻——由于后勤形势，他几乎无计可施。但问题在于，虽然家海军和皇家空军的绞杀使英军掌握了战役主动，但坎宁安真的知道如何运用吗？

"十字军"行动第一阶段，1941年11月18日—26日

坦克指挥官只需要把敌人纳入火炮射程，这样做准没错。

——乔治·戴维（George M. Davy）准将，1941年11月17日[31]

进攻开始前一天晚上，第4装甲旅派出小分队穿越"边境围栏"，并在前方10千米处安置燃料。为满足行动需要，他们还在铁丝网上制造出多个缺口。夜间，大雨于电闪雷鸣间倾盆而下，让沙漠化为一片泽国。对于准备在次日清晨发动进攻的坦克车组们来说，这种情况显然让他们很是不适。

11月18日5时40分，即太阳升起前不久，乔治·戴维准将率领第7装甲旅离开集结地，准备前往边境。[32]装甲车走在最前方，它们来自国王龙骑兵禁卫团和南非第4装甲车团，负责一路监视风吹草动。在右翼，盖特豪斯的第4装甲旅也开始向西进军。但约翰·斯科特-考克伯恩（John Scott-Cockburn）准将的第22装甲旅却屡被耽搁，直到约6时10分才离开集结地。[33]由于时值年末，战区白昼只有10个小时（日出时间为5时55分，日落时间为16时23分），令日照显得弥足珍贵。尽管有上述波折，所有3个装甲旅仍在8时至8时10分左右越过"边境围栏"，其中第4装甲旅在右侧，第7装甲旅和支援群在中央，第22装甲旅在左侧。当时，戈特的第7装甲师也是英军有史以来最壮观的机械化部队，其队形浩浩荡荡，让隐蔽工作根本无从说起。

在英军装甲车和坦克越过"边境围栏"后不久，其行踪便被冯·韦赫马尔的侦察部队发现，但德军最初在报告中认为，对方似乎规模有限。随后，英军各装甲旅停了下来，开始在西迪欧迈尔西南地区补充燃料。这一幕更是让德军大惑不解——难道这只是一次强行侦察吗？

第22装甲旅的战术加油一片混乱，导致第7装甲师直到11时30分才恢复前进。当天中午，冯·韦赫马尔才意识到当面之敌的规模远比自己庞大，于是命令装甲车后撤，并向冯·拉文施泰因的第21装甲师请求坦克支援。按照英军描述，各装甲单位在前进时几乎没有遭到抵抗。沿途只有零星交火，而且过程很短。

16 时 30 分，戈特的第 7 装甲师已抵达最初目标地点，其 3 个旅在加布里萨利赫周边展开：第 22 旅、第 7 旅和第 4 旅分别在西南部、北部和东部就位。值得注意的是，尽管行军路程长达 120 千米，但英军只有几辆坦克因故障受损。大约 16 时 55 分，即太阳落山前，德军第 3 侦察营的 1 个分队与第 4 装甲旅遭遇，该分队立刻发回报告，宣称"遭到 200 辆敌军坦克攻击"。冯·韦赫马尔立刻将情况上报至德意志非洲军司令部，但后者将信将疑。毕竟，在此之前，德军在北非看到的英军装甲部队最多只是中队或团级集群。克吕维尔试图调动装甲部队，为冯·韦赫马尔掩护部队提供支援。但隆美尔以"情况不明"为由拒绝批准。[34] 当时，隆美尔刚结束了在罗马的会议，随后乘飞机经雅典返回，因此有好几天都不能准确把握战术形势。

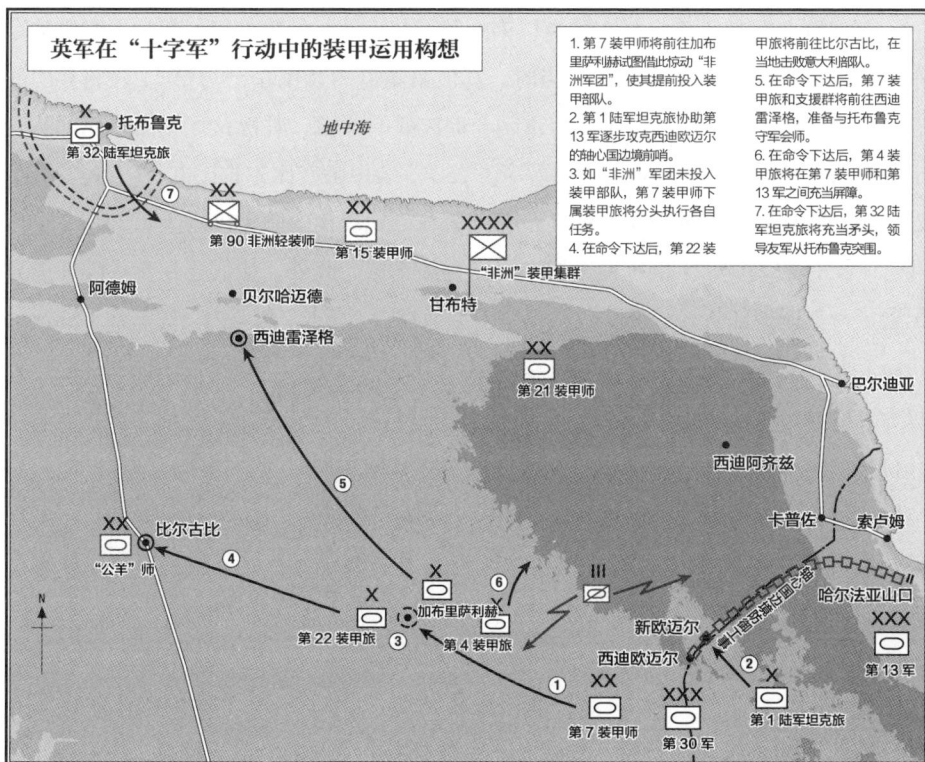

英军在"十字军"行动中的装甲运用构想，1941 年 11 月

有些记录 [如科雷利·巴内特（Correlli Barnett）的《沙漠将军》（*The Desert Generals*）] 指出，由于德军迟迟不在加布里萨利赫现身，坎宁安一度不知所措。但事实上，早在跨越边境前，英军便提出了一系列应对方针。因此，在抵达加布里萨利赫之后不到 2 个小时，戈特便对次日行动做出了指示。[35] 他要求第 22 装甲旅向西进发，击退比尔古比（Bir el Gubi）的意军"公羊"装甲师，还命令第 7 装甲旅和师支援群夺取西迪雷泽格（Sidi Rezegh）机场。与此同时，盖特豪斯则需要率领第 4 装甲旅留在加布里萨利赫附近——此举目的有两个：保护第 30 军右翼免遭德军装甲部队干扰；如果第 13 军向西迪欧迈尔前进，该旅也将在左翼提供装甲保护。如前所述，"形成规模"是保证任务成功的关键之一，但戈特拆分了第 7 装甲师，从而违背了这一原则，并有可能导致被敌人各个击破。但这一决定并非出自贸然，相反，它更像是一场深思熟虑的冒险——只不过事实将很快证明，其基础假设存在误区。

尽管隆美尔仍不确定托布鲁克以南的英军装甲部队规模如何，但意大利机动军军长甘巴拉将军并未心存侥幸。当时，其侦察集群的装甲车已与第 11 轻骑兵团的巡逻队遭遇。[36] 这一次，意军没有重蹈仓促应战的覆辙。甘巴拉立刻向下属部队发出警报，命令巴洛塔（Balotta）将军率领"公羊"装甲师在比尔古比准备防御。闻讯，巴洛塔立刻让第 8 神射手团的 3 个营部署在当地以南的防御阵地上，并用 2 个炮兵营（配有 75 毫米 27 倍口径火炮）提供直接支援。此外，他们还在步兵阵地前方配置了一支掩护部队。该部队包括第 7 中型坦克营 [营长：西莫内·乌尔索（Simone Urso）上尉] 第 3 连和 1 个 75 毫米 27 倍口径野战炮分队，其中前者由皮埃特罗·普拉卡（Pietro Pracca）中尉指挥，并拥有 16 辆 M13/40 中型坦克。[37] 由于英军通常会在行动前派遣装甲车搜集情报，上述部署无疑有助于挫败对方侦察。与此同时，巴洛塔还将大部分装甲部队留在后方，即比尔古比西北部，试图远离敌方视野。另外，意军还拥有 2 个装备 102 毫米 35 倍径舰炮的卡车炮连，其成员来自黑衫军岸炮部队（MILMART），其中 1 个连隐蔽在比尔古比附近，另 1 个连则跟随装甲预备队行动。大部分意大利步兵都掘壕据守，并埋设了一些地雷。

11 月 19 日 7 时，第 22 装甲旅离开集结地，开始朝 40 千米外的比尔古比开进。在此期间，旅长斯科特-考克伯恩准将采用了"两前一后"队形：其中第 4 伦敦郡义勇骑兵团 [4th County of London Yeomanry，团长为威廉·卡尔（William G.

Carr）中校]和第 2 皇家格洛斯特郡轻骑兵团 [2nd Royal Gloucestershire Hussars，团长为诺曼·伯利（Norman A. Birley）中校]分别位于左右两翼。第 3 伦敦郡义勇骑兵团 [3rd County of London Yeomanry，团长为理查德·贾戈（Richard K. Jago）中校]作为预备队紧随其后。但这些部队却异常分散，未能保持视觉接触，而且无线电通信也问题频出。与此同时，威廉·利瑟姆（William I. Leetham）中校则带领第 11 轻骑兵团在前方开路，该团装备着"亨伯"装甲车，负责搜索敌情。当时，第 22 装甲旅一共拥有 148 辆"十字军"坦克，阵容无疑极为壮观，但只有 1 个步兵连和 1 个炮兵连提供支援。

9 时 30 分左右，第 11 轻骑兵团 B 中队在 181 地点（位于比尔古比以东 17 千米处）西北方向发现了 1 个意军的连级坦克群，并立刻向第 2 皇家格洛斯特郡轻骑兵团 H 中队发出警报。作为 H 中队指挥官，道格拉斯·莱因霍尔德（Douglas M. Reinhold）少校立刻前去与敌人交战。事后证明，他们的当面之敌正是皮埃特罗·普拉卡中尉率领的意军掩护部队。这场连级对决持续了 10 分钟。莱因霍尔德声称击毁 6 辆 M13/40 中型坦克，但意军事实上有 3 辆坦克全损，另有 7 辆被 2 磅炮击伤。同时，意军坦克也至少击中了 3 辆"十字军"坦克，其中包括莱因霍尔德的座车。战斗结束后，莱因霍尔德设法带领残余坦克向比尔古比撤退。[38]

行动期间，戈特来到斯科特 - 考克伯恩的指挥所。由于在前哨战中旗开得胜，戈特备受鼓舞，命令该旅攻击比尔古比周围的意军"公羊"装甲师阵地——很可能是认为意军即将撤退。[39]10 时左右，斯科特 - 考克伯恩命令全旅排成横队前进，从左至右分别为第 4 伦敦郡义勇骑兵团、第 2 皇家格洛斯特郡轻骑兵团和第 3 伦敦郡义勇骑兵团。但和计划相反，第 2 皇家格洛斯特郡轻骑兵团已走在了其他部队前面，还擅自改变方向，穿过了第 3 伦敦郡义勇骑兵团的预定路线。这让第 22 装甲旅的推进很快变得杂乱无章。看到英军装甲部队的部署后，巴洛塔决定收拢步兵，将 2 个侧翼营向内转移，并让第 5 神射手营构成主要抵抗力量。

大约 10 时 30 分，在莱因霍尔德少校和威廉·特雷弗（William A. B. Trevor）少校带领下，第 2 皇家格洛斯特郡轻骑兵团 H 中队和 G 中队接近比尔古比东郊。由于有意军炮火袭击，英军坦克兵只好关闭舱盖前进。其中 G 中队在最前方，很快，他们就意识到了自己进入了一个遍布堑壕和作战阵地的地方，这里是第 8 神射手团支援武器营（即第 3 步兵炮营）的防区。面对这种情况，约翰·哈珀（John N.

Harper）少尉决定打开舱门、确定方位，但立刻因被一颗子弹击中头部而身亡。[40]
随后，意军的枪弹如雨点般打在英军坦克上，迫使他们只能关闭舱盖作战。

　　尽管视野不佳（车长只配有一部可旋转式单视角潜望镜），但特雷弗少校仍率领 G 中队继续前进。很快，他遇到了一小队卡车——这是一些迟到的支援武器营分队，正在奉师长巴洛塔之命转移重武器。当被英军发现时，他们的 47 毫米反坦克炮仍然固定在卡车货斗上。英军坦克手立刻用贝莎同轴机枪扫射过去，将几辆卡车打成残骸，一些意军炮手试图投降。但特雷弗少校根本没有理睬，而是驾驶坦克继续前进，沿途抛下不少完好的意军武器。与此同时，莱因霍尔德少校也在率领部队冲锋，但不断有坦克被其余据守的意军火炮击中——其中 1 辆"十字军"坦克被击穿 4 次，但仍能继续作战。此外，意军步兵还包围了至少 2 辆瘫痪的英军坦克，并俘虏 1 名乘员。许多坦克的无线电天线被摧毁，导致 2 个中队乱成一团。为重整旗鼓，他们只能暂时停止前进。阿蒂里奥·科利（Attilio Colli）少尉是第 9 中型坦克营的 1 名排长，看到英军坦克进入神射手部队阵地后，他当即决定率部反击。尽管这一举动相当勇敢，但他的 5 辆 M13/40 中型坦克还是迅速被 G 中队和 H 中队击毁。最终，虽然第 2 皇家格洛斯特郡轻骑兵团部分突破了意军步兵阵地左翼，但由于形势混乱、缺乏支援，整个进攻开始陷入僵局。

　　闻讯，伯利中校命令萨利比（J.W. Saleby）少校率领 F 中队前进，以便支援两个先头中队，但萨利比出乎意料地冲进了第 5 神射手营的坚固阵地，随后受阻于反坦克地雷和猛烈的防御火力。中午时分，看到 F 中队止步不前，意大利人调来了"秘密武器"——配有 102 毫米 35 倍口径舰炮的黑衫军卡车炮连。意军宣称这个连摧毁了 15 辆英国坦克，因为"十字军"坦克装甲防护能力不足，一旦被大口径炮弹命中，必定没有幸免的可能。至少有 1 辆"十字军"坦克炮塔被掀飞，更多坦克则因行走装置受损而瘫痪。根据第 2 皇家格洛斯特郡轻骑兵团的作战日志，萨利比少校也在座车损毁后被意军俘虏。

　　虽然有些说法认为，英军第 22 装甲旅在比尔古比发动了"自杀式冲锋"，但这种说法并不准确。[41] 很明显，在上午，该旅 3 个坦克团实际是被分散投入战斗，而且未能有效相互支援。贾戈的第 3 伦敦郡义勇骑兵团本应位于伯利侧翼，但不幸偏离战区，只有 1 个中队在 15 时加入战斗。[42] 至于指挥和控制则糟糕透顶，无线电通信也时断时续。更令人咋舌的是，尽管第 2 皇家格洛斯特郡轻骑兵团已经"捅了马蜂窝",但有很长一段时间,旅部对此都毫无察觉。直到中午,该旅才将炮兵(第4皇家骑炮团C连的8门25磅炮)投入战斗。13时,卡尔的第3伦敦郡义勇骑兵团也接到命令,前去支援第2皇家格洛斯特郡轻骑兵团。在试图绕过意军右翼期间,该团闯入雷区,行动随之受阻。总之,在当天的行动中,第22装甲旅与其说是在奋力冲锋,倒不如说是零敲碎打地参与战斗,而且行动速度十分迟缓。

在意军资料上,我们无法得知"公羊"装甲师师长巴洛塔在行动中采取了哪些指挥措施。但意大利炮兵和反坦克炮拼死向伯利的坦克开火,并击毁了其中一些。13时30分,守军开始变得更加积极主动。看到神射手营深陷重压,第132坦克团团长恩里科·马雷蒂(Enrico Maretti)中校决定遵循战术条令,投入大量坦克发起反击。第7和第8中型坦克营(约60辆坦克)奉命向南朝英军坦克进攻,第2个黑衫军卡车炮连也随之投入反击。至于第9中型坦克营则被留下担任预备队。

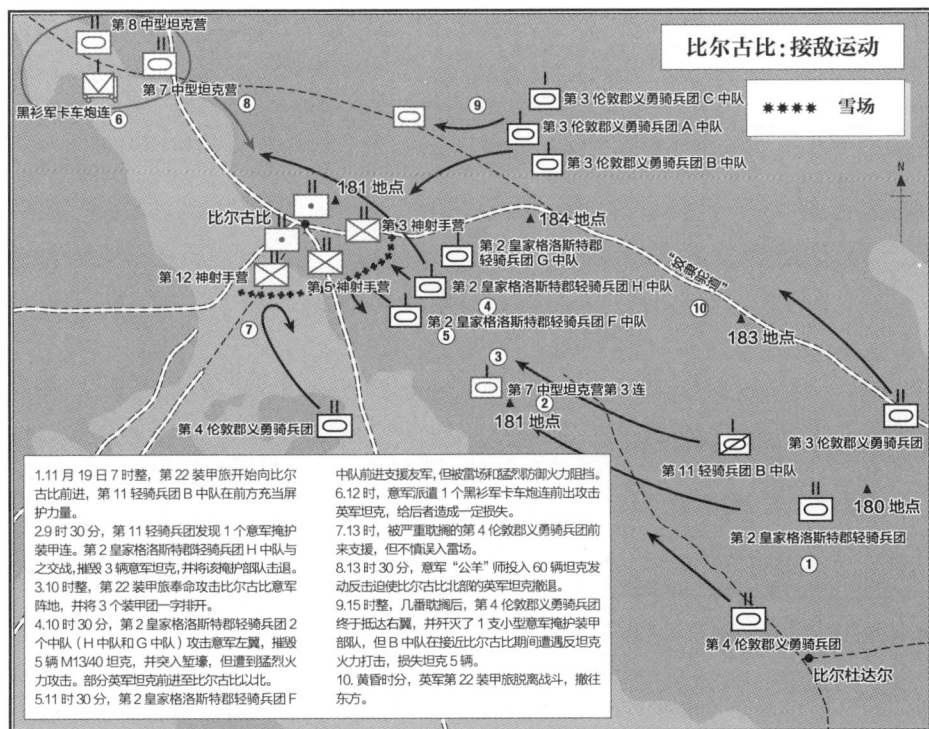

比尔古比:接敌运动,1941年11月19日

255

此时，第 2 皇家格洛斯特郡轻骑兵团仍有约 30 辆坦克还在作战，但在意军坦克的进攻地段，该团只有 F 中队和 G 中队参战。这让意大利人拥有了 2:1 的数量优势，在整个北非战场，这种情况可谓相当罕见。在与英军坦克相距 3 千米时，马雷蒂命令全团停止前进，并呼叫弹幕射击。随后，意大利坦克开始推进。H 中队的杰弗里·戈登 - 克里德（Geoffrey Gordon-Creed）少尉后来写道："炮弹在周围爆炸，金属碎片撞击着坦克。接着，我们看到敌人出现在前方。现在没有错了。我们根本无法计算敌人有多少。战场上有太多尘埃。"[43]

　　由于缺乏经验，第 2 皇家格洛斯特郡轻骑兵团没有遵循标准战术条令，也没有构建半埋式阵地。看到意大利坦克逼近，他们几乎直接一字排开，并以这种方式进行还击。但此时意军已今非昔比，他们不仅在数量上占优，还拥有随行火炮（包括至少 1 门 102 毫米卡车炮）和反坦克武器等火力支援。而且与贝达富姆之战不同，此时更多意军坦克安装了电台，这让其战斗力有了很大的改进。最初，意军试图在 1000 米外与英军交火，但随后逐渐推进到不足 800 米。[44] 而第 2 皇家格洛斯特郡轻骑兵团则停车迎战，只是炮术相对不够准确。在一番较量之后，双方损失几乎持平。众多损毁车辆中包括了伯利的团指挥坦克，他本人也不幸负伤，但另一方面，意军也有 2 名连长阵亡，另有 1 辆 M13/40 指挥坦克连同宝贵的无线电设备被击毁。

　　戈登 - 克里德少尉也被卷入激战。他写道："喧闹声听上去非常可怕，尘土到处飞扬。在尘埃散去的短暂瞬间，我们看到 400 码外有 1 辆 M13 坦克。麦克雷（McRae，即戈登 - 克里德的炮手）两次开火，将 M13 打得起火燃烧……然后有东西命中我们。"炮弹击中了戈登 - 克里德的座车履带，但他仍然坚持战斗。他后来回忆道："我不停摇动潜望镜。突然看到有片区域烟尘散尽。这是一辆 M13，在大约 40 码开外。我怒吼着下达开火命令——'炮手，右转，目标坦克，距离 50 码！'[45]……但刚说完，一发 50 毫米炮弹便'砰'地穿透炮塔，将炮手肩膀击穿，随后在 2 磅炮炮闩上弹开。当时，装填手正在扭身去拿另一枚炮弹，因此后背被撕开一道大口。一块 3 英寸长的钢制弹片深深扎进我的大腿，但直到几个小时之后我才察觉这一切。车内霎时一片混乱——坦克内部对讲系统也彻底失灵。"[46] 戈登 - 克里德在意军阵地附近受伤无法行动，但仍成功逃脱，最终被授予杰出服役勋章（Distinguished Service Order）。

坦克战持续了3个小时，直到夜幕降临。在战斗后期，第3伦敦郡义勇骑兵团的1个中队也投入到了战斗中，宣称击毁5辆坦克，但自身也有损失。在这场漫长的坦克战中，英军无线电通信完全中断，令各部队几乎无法协同。随着撤退命令传来，双方坦克纷纷脱离接触。当英军坦克从攻克的意军神射手阵地穿过时，意军炮手又部署好武器，并重新向英国人开火射击。最终。第22装甲旅不仅未能完成任务，自身也损失惨重。

在比尔古比之战中，意军显然取得了战术胜利：在英军装甲部队大举进攻之下，他们不仅成功坚守阵地，还令对手铩羽而归。但损失数据表明，这绝非一场一边倒的胜利。现有资料显示，英军第22装甲旅共损失了42辆"十字军"坦克，但其中有一些后来被回收。伯利的第2皇家格洛斯特郡轻骑兵团损失最大——46辆坦克中有30辆受损瘫痪（但有些在夜间修复履带后"自行归队"），人员损失共计50人，其中包括25人被俘。其他2个英军坦克团虽然参战次数有限，但有12辆坦克被击毁、32名官兵伤亡。英军在这次行动中表现欠佳主要源于3点：训练不足；缺乏作战经验；旅级指挥部门过于无能。

意军至少有29辆M13/40中型坦克被击毁，另有15辆受损，但由于守住了阵地，其中一些可能会被随后修复。第132坦克团共有132人伤亡，其中16人死亡，这表明所有中弹的中型坦克人员损失都十分惨重。意军也在描述中提到，有些坦克曾被2磅炮击中2—3次，车组全部非死即伤。同样令人惊讶的是，神射手团也损失了全部8门47毫米反坦克炮。毫无疑问，双方在比尔古比都表现英勇，但"英勇"并不等于"娴熟"。意军虽然有多个兵种相互配合，但并未充分利用这一优势——当第2皇家格洛斯特郡轻骑兵团遭到孤立时，他们原本可以一举将其歼灭，但最终后者还是抽身而退。另外，作为"公羊"装甲师的首次重大师级行动，虽然他们严格遵循了装甲作战条令，并得以守住阵地，但成果相当有限。事实上，戈特并没有太在意第22装甲旅在比尔古比的挫折，还认为"公羊"装甲师已被击败（另外，英军资料还一再声称当地有德军坦克和8.8厘米炮）。[47]

11月19日上午，当第22装甲旅在比尔古比交战时，乔治·戴维准将的第7装甲旅仍停留在加布里萨利赫附近，直到14时15分才开始向西迪雷泽格推进。戴维是一名炮兵军官，曾随骑兵部队在印度短暂服役，而且主要经历都是担任参谋——对于指挥1个装甲旅，这一人选显然有些古怪。虽然后来给他的杰出服役勋章表彰文件中提到，戴维"快速推进"到西迪雷泽格，但在 19 日当天，该旅实际把大部分时间浪费在了局部巡逻上，直到白天还剩 3 小时，他才下令向目标推进。

在驶向西迪雷泽格期间，英军没有遇到抵抗，当地机场的意大利空军也根本没有料到有英国装甲部队接近。这显然是冯·韦赫马尔侦察集群的失职。虽然他们多次试图侦察，但全部宣告失败。在阻击冯·韦赫马尔的部队中，一支是国王龙骑兵禁卫团，另一支则是第 4 装甲旅麾下的第 3 皇家坦克团。后者装备了"斯图亚特"坦克，这种车辆快速灵活，非常适合反侦察任务，令德军掩护部队未能完成关键任务——"接触敌人，予以保持，并上报动向"。德军另一个失败之处是，虽然德国空军曾在清晨发现第 7 装甲旅，而且后者也没有采取欺骗措施，而是排成横队径直向西迪雷泽格推进，但德方并未通知意军——这一点尤其诡异。无论如何，大约 16 时，第 7 装甲旅已抵达了俯瞰西迪雷泽格机场的峭壁——第 6 皇家坦克团奉命进攻，径直碾过意军阵地。在当地，英国人缴获了 19 架意大利飞机（包括 17 架战斗机和 2 架运输机），并俘虏了 60 名官兵。[48] 但令人咋舌的是，轴心国最初对此无动于衷。另外，第 7 装甲旅也未趁势扩大战果、夺取机场以北的陡坡制高点，而是开始构建营地、补充燃料、等待增援。

11 月 19 日上午，不管克吕维尔如何请求，隆美尔依然拒绝投入装甲部队。事实上，隆美尔仍在等待后续情报，以便确定形势。[49] 虽然德国空军发现英军装甲部队和运输车辆出现在加布里萨利赫附近，但冯·韦赫马尔的报告质量不佳，根本毫无帮助。最终，隆美尔还是在 12 时 10 分向冯·拉文施泰因下达指令：第 21 装甲师应派出 1 个战斗群，进攻报告所提到的英军装甲部队。[50] 该战斗群即"施特凡"战斗群（Kampfgruppe Stephan），由弗里德里希·施特凡（Friedrich Stephan）中校指挥。由于第 21 装甲师燃料储备不足，因此这支分队没有步兵配合，完全由装甲车辆组成。"施特凡"战斗群花了 2 个小时才在卡普佐驼道（Trigh Capuzzo）以南集结完毕，直到 14 时 20 分才真正开始行动，试图寻找英军装甲部队并与之交战。他们以第 5 装甲团第 2 营为先导，第 1 营则紧随其后。与此同时，英军已将盖特豪斯的第 4 装甲旅拆散，并派遣第 3 皇家坦克团主力支援国王龙骑兵禁卫团，以便后者能对抗冯·韦赫马尔的侦察集群。与此同时，第 4 装甲旅下属的第 5 皇家坦克团则偏离方向，较预定地点稍微靠东。只有第 8 轻骑兵团在迪克·克里普斯（Dick S. Cripps）中校的指挥下于泰卜埃塞姆（Taieb el Essem）附近据守。15 时 30 分左右，克里普斯注意到"施特凡"战斗群正在向南运动，于是立刻北上迎击。就在战斗打响前，几架德军战机突然出现，向克里普斯的团部发起扫射，给英军制造了一些混乱。

16 时刚过，"施特凡"战斗群也发现英军坦克，交锋随即展开。但奇怪的是，这一次，德军决定先从 1500 米的极限射程上炮击英军，并始终将交火距离保持在 700 米以上。在战斗中，德军投入了 85 辆装备火炮的中型坦克，而英军则有 52 辆"斯图亚特"，因此德军在数量方面稍占优势。虽然当时的许多战斗细节如今都已不甚详细，但可以确定的是，当时的双方几乎都放弃了机动，只是隔着战场彼此炮轰。整个过程颇为冗长，并且持续了 3 个钟头。德军调来的 8.8 厘米高射炮斩获甚微，只击毁了 2 辆"斯图亚特"。另外，盖特豪斯准将在聚拢整个第 4 装甲旅方面遇到了不少麻烦，只有第 5 皇家坦克团 1 个中队在战斗结束前夕赶到，并损失了 5 辆"斯图亚特"。[51] 随着夜幕开始降临，更多英军坦克抵达战场。施特凡中校不敢恋战，主动向西北后撤。在这次战斗中，第 8 轻骑兵团挡住了优势之敌，表现可谓相当出色。但除了 20 辆"斯图亚特"的损失外，人员伤亡也相当巨大——甚至有 1 名中队指挥官 [弗农 - 米勒（J.C. Vernon-Miller）少校] 被俘。这次行动的另一个结果是，第 4 装甲旅消耗了大量 37 毫米炮弹（有些坦克消耗量甚至高达 250 发），只能紧急请求开罗后勤仓库向前线运送其余美制弹药。另一方面，德军则承认损失了 1 辆二号坦克和 7 辆三号坦克，此外还有一些坦克受损。从第 21 装甲师的每日坦克状态报告来看，该师次日的可用坦克下降了 37 辆——这表明实际损失可能更为惨重。但如前所述，由于后勤问题严重，第 5 装甲团有许多坦克车况糟糕，很容易半途抛锚。[52] 虽然该团维修主管阿奇博尔德·麦克莱恩（Archibald MacLean，有趣的是，此人出生在苏格兰）少校全力工作，试图保证"施特凡"战斗群所属坦克正常运行，但一直受到零件短缺问题的困扰。[53]

无论如何，尽管坎宁安试图在加布里萨利赫附近打一场大规模坦克战，但当"十字军"行动第二天结束时，面对德军 2 个装甲营，戈特只投入了第 7 装甲师全部 9 个装甲团中的 2 个。另外，虽然英德装甲部队没有在加布里萨利赫附近决出胜负，但它最终让隆美尔相信，他正面对着英军装甲部队的大规模攻势。当时，隆美尔的指挥所位于甘布特（Gambut）附近，此地距西迪雷泽格仅 40 千米，但他仍然对敌情缺乏掌握。情报参谋冯·梅伦廷也告诉他，情况"还很不清楚"。[54]

在这种情况下，他决定把第 15 装甲师控制权下放给克吕维尔，同时只是粗略表示：克吕维尔应在第二天率领两个装甲师击败英军先头部队，至于进攻方向将由这位下属自行选择。从本质上，隆美尔仅仅是告诉克吕维尔"做点事情"，但并未给出实际指导——从"用兵之道"角度来看，这根本不是"任务指挥"，而是玩忽职守。此外，隆美尔还命令"非洲"特别师级司令部指挥官马克斯·萨默曼（Max Summermann）少将向贝尔哈迈德（Belhamed）派遣 1 个战斗群，以防止英军装甲部队从西迪雷泽格向托布鲁克突破。萨默曼所部完全来自拼凑，反坦克武器和远程火炮非常有限，对于他们来说，这项任务注定将非常艰难。[55]

11 月 19 日—20 日夜间，英军对形势甚至更加迷惑了。诺里几乎没有改弦更张，只是命令戈特派遣支援群前往西迪雷泽格，以此驰援第 7 装甲旅。与此同时，第 22 装甲旅继续在比尔古比单独行动，直到南非第 1 师赶来对付"公羊"装甲师。盖特豪斯的第 4 装甲旅则奉命集结，但任务仍然是为第 13 军掩护左翼，此外没有任何新任务。坎宁安则回到了在边境地区的前线指挥所，其地点在马达莱纳堡（Fort Maddalena）附近，当地距西迪雷泽格约 180 千米，而且由于无线电故障不断，他几乎对战局没有任何贡献。[56]

克吕维尔是一位装甲战能手，而且精明强干，但受制于情报和后勤问题，他很难打出"重拳"。根据冯·韦赫马尔的报告（该报告对第 3 皇家坦克团的活动判断有误），克吕维尔认为英军有 1 个装甲旅正在西迪阿齐兹附近活动，很可能是想孤立边境守备部队。因此，11 月 20 日上午，克吕维尔决定派遣诺伊曼 - 西尔科少将率领第 15 装甲师沿卡普佐驼道东进。后者最初一无所获，随后又转向西南，继续搜索沙漠。但在西迪欧迈尔西北 20 千米处，该师燃料终于用尽，并在当天其余时间都无法继续行动。[57]如果他们被英军第 7 装甲师发现，隆美尔一半的装甲部队或许将在一个下午灰飞烟灭，但最终"战争迷雾"搅乱了一切。与此同时，克吕维尔还命令冯·拉文施泰因率领第 21 装甲师与"施特凡"战斗群会合，联手打击前一天与之交战的英军装甲旅。这也意味着，克吕维尔并没有集中兵力进攻，而是同时进行了 2 次师级规模的接敌运动。

事实上，"施特凡"战斗群与第 8 轻骑兵团的过夜营地只相距不到 5 千米，双方很快在 11 月 20 日上午重新发现对方。但由于"施特凡"战斗群昨夜没有补充燃料（补给纵队由于夜暗而迷路），因此不愿率先行动。罗伯特·克里斯普（Robert

J. Crisp）少尉是第 3 皇家坦克团 C 中队的 1 名排长，他后来写道："在远处，我发现了一列正在补充汽油的车辆，但无法确定它们属于哪一方。其他人也不清楚。"[58] 这原本是空袭或炮击德军加油车队的绝佳时机，但盖特豪斯准将表现却异常消极。他似乎只是把全旅集结起来，并请求诺里提供更多支援，此外就是等待。同时，诺里则命令第 22 装甲旅离开比尔古比，向东与第 4 装甲旅会合。

出于不明原因，冯·拉文施泰因直到约 16 时才行动——也许是想做周全准备。进攻以炮击开始，"施特凡"战斗群随后冲向埃温（Ewin）中校的第 3 皇家坦克团。后者的 B 中队顿时不堪重压，受此影响，第 3 皇家坦克团其他部队也开始全线后撤。见状，盖特豪斯命令德鲁率领第 5 皇家坦克团前往左翼，以便为埃温提供支援。但当德鲁抵达时，战斗已经变成一场追逐混战。德鲁的坦克只能远远发射许多炮弹，随后掉头撤退。很多英方资料对这场战斗讳莫如深，但可以确定的是，第 4 装甲旅被打得溃败，并且被迫后撤约了 10 千米。第 3 皇家坦克团总共有 26 辆 "斯图亚特"失去战斗力，而德军第 5 装甲团只有 4 辆坦克损失。[59] 虽然此次行动成果有限，但冯·拉文施泰因似乎对击退英军第 4 装甲旅很是满意。黄昏时分，随着第 22 装甲旅赶到，双方各自收兵后撤。

当克吕维尔搜寻英军装甲部队主力，进而试图予以击溃时，萨默曼的步兵也正在西迪雷泽格牵制戴维的第 7 装甲旅。虽然英军轻松击退了数次德军营级攻势，从而守住了机场，但萨默曼的部分炮兵也已在北面陡坡上就位，开始居高临下对英军实施炮轰，在山谷中，第 6 皇家坦克团为此不胜其扰。同时，第 7 装甲旅旅部也遭到了 "斯图卡"的轰炸。此外，德军还调来一个 8.8 毫米高炮连和一些一号坦克歼击车，试图阻止英军坦克向西北方朝托布鲁克移动。坎贝尔的支援群于 12 时左右抵达，使英军得以巩固对西迪雷泽格的控制。戈特也赶到前线，他注意到在这个地区，敌军抵抗比预想更轻微，于是乐观地向诺里建议托布鲁克守军应尽快出击，以便在西迪雷泽格与友军会合。

诺里将这一建议转达给坎宁安，后者在 16 时匆忙做出决定，允许托布鲁克守军于次日拂晓出击。[60] 为支援上述行动，诺里不顾意军"公羊"装甲师和机动军其他部队存在，命令南非第 5 步兵旅向西迪雷泽格转移，同时还要求南非第 1 师其余部队提供掩护。上述举措彻底破坏了 "十字军"行动的主要思路——即先歼灭德国装甲部队，然后再打破托布鲁克之围。此外，诺里的第 30 军也散落在各地，很难在一场正面对决中击败德意志非洲军。不仅如此，戈特也只是命令第4装甲旅和第22装甲旅在次日击败各自地段的敌方装甲部队，并让第7装甲旅和支援群发动小规模攻击，协助托布鲁克守军出击——这些要求颇为模糊，并让兵力分散更加严重。[61] 而在甘布特，隆美尔终于意识到西迪雷泽格是战场上的关键，于是命令克吕维尔尽快率领2个装甲师向当地集结。11月20日—21日夜幕降临时，德国装甲师补充了燃料，准备在黎明时向西移动。[62]

在托布鲁克，守军于11月21日6时30分开始尝试打破包围。其投入兵力包括阿瑟·威利森准将的第32陆军坦克旅，以及第70步兵师的4个步兵营，而突破地段位于外围防线东南角，由意大利"博洛尼亚"师和德军"非洲"特别师级司令部的下属单位防守（但英军并不知道当地有德军）。在模式上，这次行动与1940年攻击巴尔迪亚相似：英军将先发动弹幕炮击，然后步兵在敌方障碍带上制造缺口，最后步兵坦克大举压上，向最终目标——埃德杜达（Ed Duda）——进发。这次行动环环相套，进攻部队事先准备充分，而且与装甲作战条令高度契合。突围部队的矛头是第4皇家坦克团，该团由奥卡罗尔中校指挥，麾下包括51辆"玛蒂尔达2"坦克。此外，英军还拥有第7皇家坦克团D中队［指挥官：哈珀（Harper）少校］的17辆"玛蒂尔达"坦克。

但在这片战场上，轴心国障碍带比想象的更厚，防御火力也更猛烈。许多"玛蒂尔达"坦克被地雷炸毁。为阻止英军突围，萨默曼还投入了第605（自行化）装甲歼击营的2个装甲歼击车连。虽然在9时，英军已打开一个较大突破口，并于10时15分在轴心国防线上取得纵深突破，但在意军炮火打击下，他们同样损失惨重，坦克和步兵也逐渐耗尽了前进动能。当地还有另一支装甲力量——第1皇家坦克团，该团装备着老式巡洋坦克，负责在团长布朗（Brown）带领下完成向埃德杜达的最后推进。但在执行这项任务时，由于没有步兵支援，其麾下坦克损失惨重。更糟糕的是，隆美尔也赶到战场，亲自指挥几门反坦克炮和一个8.8厘米高炮连（共4门）阻挡英军进攻。[63]

傍晚时分，英军突围部队已形成一个宽大突出部，其纵深达到5千米，但他们并未抵达埃德杜达，而是在目标前方止步。3个英军坦克团最初有68辆"玛蒂尔达"坦克和28辆巡洋坦克，此时已分别有43辆和20辆无法作战，可谓损失巨大（尽管很多后来都被回收和修复）——如果不将轻型坦克计算在内，威里森旅的可用坦克只剩下 33 辆。英军步兵同样损失惨重,黑卫团第 2 营伤亡高达 45%——这一切与巴尔迪亚之战已截然不同。轴心国同样损失惨重,有 3 个营被歼灭,超过 1000 人被俘,还损失了 13 辆一号坦克歼击车和超过 20 门火炮。[64] 即使如此,他们还是成功阻止了英军强大的步坦协同进攻。

为策应突围,戈特本打算在 11 月 21 日 8 时 30 分发起进攻,并投入第 7 装甲师支援群(指挥官:坎贝尔准将)和第 7 装甲旅(指挥官:戴维准将)的两个坦克团。但在 7 时 55 分,南非装甲车部队突然发现有大批德军装甲部队正从东南方逼近,目标直指西迪雷泽格。在这一关键时刻,戈特没有亲临战场,甚至没有与部队保持联络——相反,他回到了加布里萨利赫附近,而且电台也有故障。这导致坎贝尔和戴维被迫自行做出决定。坎贝尔下令继续进攻,与托布鲁克守军会师,但将第 2 皇家坦克团交还给戴维,以便与后者的两个坦克团阻止德军装甲部队逼近。总之,面对敌军装甲部队大举进攻,英军装甲师非但没有联合起来,反而将兵力进一步分散到各处。

利用国王皇家来复枪队第 1 营,以及来复枪旅第 2 营的 1 个步兵连,坎贝尔准将向西迪雷泽格机场以北陡坡发动强攻——这是一次传统式攻击,并有支援群麾下超过 30 门 25 磅炮提供支援。尽管 2 个德军和 1 个意大利步兵营负隅顽抗,但英军步兵还是占领了北部陡坡。为贯彻指挥官意图,在埃德杜达与托布鲁克守军会师,大约 10 点整,坎贝尔从陡坡派出了第 6 皇家坦克团团部和 B 中队 [中队指挥官:米勒(J. E Miller)少校],这支攻击部队由第 6 皇家坦克团团长李斯特(M.D.B. Lister)中校指挥,拥有 20—25 辆“十字军”坦克,沿小道向陡坡更高处前进。[65]“十字军”坦克装甲防护能力不足,不适合支援步兵,因此在西迪雷泽格,它们实际承担了一项蹩脚的任务。最初,李斯特所在的部队声称击毁了 5 辆德军二号轻型坦克和 1 门野战炮,但敌军在陡坡顶部的防御阵地仍然完好。随后,出于某种原因,这些坦克不待步兵支援,便独自向敌军发起攻击,这导致他们闯入了坦克猎杀地带,并在敌军打击下损失惨重。团长李斯特、副团长杰弗里·沃伦(Geoffrey M. Warren)少校和 B 中队指挥官米勒少校全部被俘,至少 15 辆“十字军”坦克被击毁,其余 6—7 辆坦克也几乎全部受损,只能仓皇撤退到陡坡下。当天下午,第 6 皇家坦克团其余部队也在战斗中不断消耗,最终只剩 12 辆“十字军”坦克可用。[66]

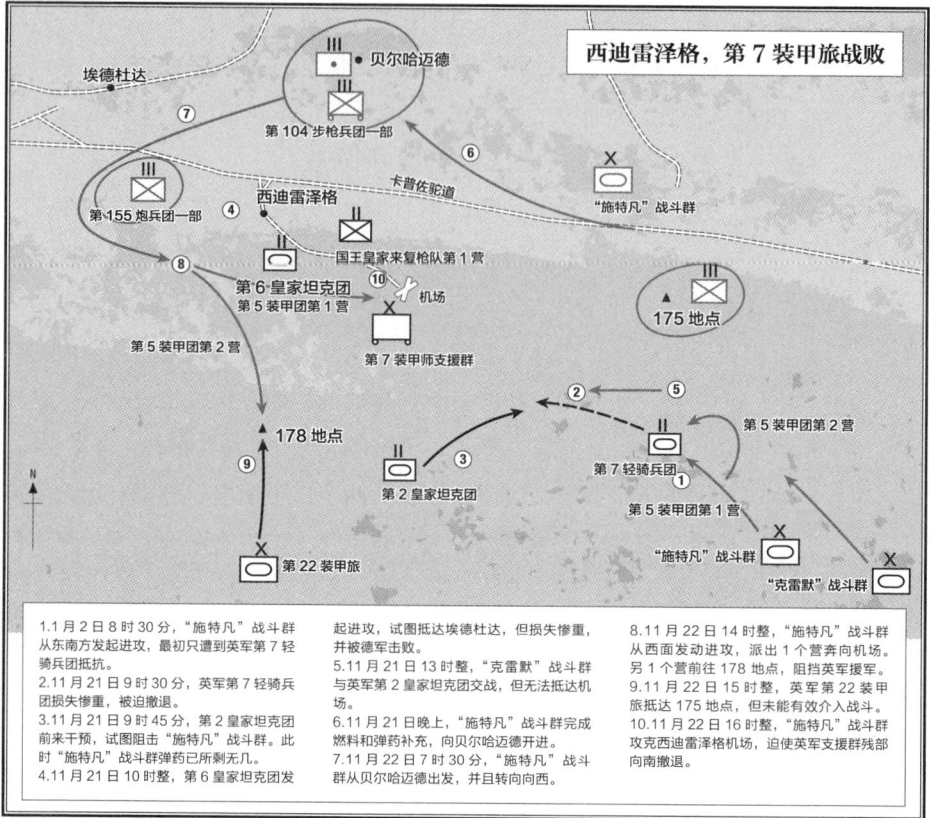

西迪雷泽格，第 7 装甲旅战败

埃德杜达

贝尔哈迈德

第 104 步枪兵团一部

卡普佐驼道

"施特凡"战斗群

第 155 炮兵团一部

西迪雷泽格

国王皇家来复枪队第 1 营

第 6 皇家坦克团
第 5 装甲团第 1 营

机场

第 5 装甲团第 2 营

第 7 装甲师支援群

175 地点

第 5 装甲团第 2 营

178 地点

第 7 轻骑兵团

第 2 皇家坦克团

第 5 装甲团第 1 营

第 22 装甲旅

"施特凡"战斗群

"克雷默"战斗群

N

1. 1 月 2 日 8 时 30 分，"施特凡"战斗群从东南方发起进攻，最初只遭到英军第 7 轻骑兵团抵抗。
2. 11 月 21 日 9 时 30 分，英军第 7 轻骑兵团损失惨重，被迫撤退。
3. 11 月 21 日 9 时 45 分，第 2 皇家坦克团前来干预，试图阻击"施特凡"战斗群。此时"施特凡"战斗群弹药已所剩无几。
4. 11 月 21 日 10 时整，第 6 皇家坦克团发

起进攻，试图抵达埃德杜达，但损失惨重，并被德军击败。
5. 11 月 21 日 13 时整，"克雷默"战斗群与英军第 2 皇家坦克团交战，但无法抵达机场。
6. 11 月 21 日晚上，"施特凡"战斗群完成燃料和弹药补充，向贝尔哈迈德开进。
7. 11 月 22 日 7 时 30 分，"施特凡"战斗群从贝尔哈迈德出发，并且转向向西。

8. 11 月 22 日 14 时整，"施特凡"战斗群从西面发动进攻，派出 1 个营奔向机场。另 1 个营前往 178 地点，阻挡英军援军。
9. 11 月 22 日 15 时整，英军第 22 装甲旅抵达 175 地点，但未能有效介入战斗。
10. 11 月 22 日 16 时整，"施特凡"战斗群攻克西迪雷泽格机场，迫使英军支援群残部向南撤退。

西迪雷泽格，第 7 装甲旅战败，1941 年 11 月 21 日－22 日

当坎贝尔向北方陡坡发起攻击时，戴维正在命令弗雷德里克·拜亚斯中校率领第 7 轻骑兵团向东迎击来犯之敌。拜亚斯拥有约 40 辆巡洋坦克，并有第 4 皇家骑炮团 F 连提供支援。与此同时，丘特中校正在率领第 2 皇家坦克团前去支援第 7 轻骑兵团，前者拥有 40 辆坦克，但无法立即到位。第 21 装甲师"施特凡"战斗群从正面向英军逼近。该战斗群拥有大约 82 辆坦克（包括 47 辆三号坦克和 13 辆四号坦克），前锋是第 5 装甲团第 1 营，由维尔纳·米尔德布拉特（Werner Mildebrath）少校指挥。同时，第 15 装甲师也在靠近，但要比第 21 装甲师晚 30 分钟才能赶到交战地点。

8 时 30 分左右，德军开始从大约 2000 米外炮击第 7 轻骑兵团。拜亚斯

将全团展开，其中 A 中队 [指挥官为德尔姆·西摩尔-埃文斯（Delme C.G. Seymour-Evans）少校，装备"十字军"坦克] 和 B 中队 [指挥官为拉尔夫·杨格尔（Ralph Younger）少校，装备 A-13/Mk Ⅳ A 巡洋坦克] 分别位于左右两翼，约翰·康格里夫（John Congreve）少校则率领 C 中队（装备 A-10 巡洋坦克）担任预备队。8 时 51 分，A 中队和 B 中队都已进入战斗状态，并开始与敌军交战。

虽然德军的远程炮击效果不佳，但他们仍然设法建立了一个"火力基地"。与此同时，德军坦克开始机动，试图占据有利开火位置。在此期间，第 18 高炮团第 3 连的 8.8 厘米炮也投入战斗，宣称用 35 发炮弹击毁 4 辆巡洋坦克击。[67] 在米尔德布拉特少校指挥下，第 5 装甲团第 1 营开始与第 7 轻骑兵团交手，与此同时，弗里德里希斯（Friedrichs）少校则率领第 5 装甲团第 2 营试图从北面包抄，并给第 7 轻骑兵团 A 中队带来了沉重压力。A 中队指挥官西摩尔-埃文斯及其副手的座车都被炮弹击中。鉴于左翼形势岌岌可危，拜亚斯中校立刻命令康格里夫少校率领 C 中队前去支援，但德军装甲部队很快冲上来，将大批英军坦克击毁。3 名英军中队长也全部受伤。虽然第 7 轻骑兵团设法击中了一些敌方坦克，但由于火力支援明显处于劣势，他们很快便陷入溃败边缘。拜亚斯试图稳住摇摇欲坠的部队，但在大约 9 时 30 分，一发 5 厘米炮弹命中了他的指挥坦克，导致他当场丧生。为避免全军覆没，第 7 轻骑兵团残余部队（约 14—15 辆坦克）只好带着创伤悻悻撤退。[68]

在第 7 轻骑兵团脱离战斗之后，丘特才率领第 2 皇家坦克团赶到，并被迫独自面对"施特凡"战斗群。丘特并没有依托固定阵地与敌人交火，而是命令 2 名中队长——迈克尔·伍尔科姆（Michael J. Woollcombe）少校和马克·鲁德金（Mark F.S. Rudkin）少校——分别率领 B 中队和 C 中队发动钳形攻势。在后续战斗中，该团有 2 辆巡洋坦克被击毁，另有多辆受损。但另一方面，经过 1 小时战斗，"施特凡"战斗群弹药即将告罄，因此决定在 10 时暂时退出，以求获得补充。然而，德军补给纵队直到下午才抵达，而且只携带着四分之一个基数的弹药，这导致"施特凡"战斗群根本无力投入后续的激战。[69]

当天午后，汉斯·克雷默中校也带领第 8 装甲团扑向西迪雷泽格机场，并期待着能消灭一些英军支援群的运输车辆。但他们遭到了第 2 皇家坦克团的阻击，虽然英军与对手相比实力悬殊，但仍然成功挡住了克雷默的坦克，使其未能占领机场。第2皇家坦克团在此期间又损失了12辆巡洋坦克，至于克雷默也付出了一定代价，但他的最大问题同样是弹药耗尽，只能暂时撤出战斗进行补给。当天结束时，第7装甲旅的3个团只有20辆坦克可用。[70] 虽然"A梯队"和"B梯队"可以彻夜辛勤工作修复一部分坦克，但相关人员的伤亡（包括2名团长、4名中队长和众多排长）却注定很难弥补。而他们的对手——2个德国装甲师——战斗力仍大致完好，而且没有遭受重大装备或人员损失。

另外有一点同样值得注意，当第7装甲旅在西迪雷泽格遭受重击时，第4和第22装甲旅并没有提供任何支援。坎宁安虽然命令这两个旅与第15装甲师保持接触，但借助黎明时分的一场阵雨，德国坦克却从英军眼前溜走。更令人咋舌的是，这两个旅像蜗牛一样展开追击，不仅没有追上第15装甲师，也没有抵达西迪雷泽格。戈特在当天大部分时间里的战斗指挥也差得惊人——他们不仅未能给分散的各旅提供指导，还格外关心南非第1师的动向，尽管后者并不是他的职责所在。尽管灾难正在笼罩西迪雷泽格，并即将降临到第7装甲师头上，但戈特仿佛对此熟视无睹，反倒是诺里命令南非第5旅开赴这个方向，以便为该师提供步兵支援。

到此时，隆美尔和克吕维尔都意识到，他们在西迪雷泽格的战术胜利已遥遥在望。隆美尔命令克吕维尔于次日上午投入2个装甲师再次进攻，作为增援，他还从萨默曼的"非洲"特别师级司令部抽出部分步兵（即"克纳贝"集群）和炮兵。11月22日7时30分，第21装甲师从贝尔哈迈德出击，向西南方发动进攻。"施特凡"战斗群带领45辆坦克绕到机场西侧，与此同时，第104步枪兵团也发起攻击，试图牵制坎贝尔的支援群。英军把阵地构建在机场上，周围到处是残骸在燃烧，形势不利于防御。尽管上述部署几乎如同自杀，但支援群指挥官"乔克"坎贝尔仍相信这才是正确选择。

当时，第2皇家坦克团残部（共12辆巡洋坦克）残部由马克·鲁德金少校指挥。看到"施特凡"战斗群的坦克逼近，坎贝尔立刻命令鲁德金发起攻击。[71] 随后，坎贝尔纵身跳上指挥车，挥舞着红色信号旗，决定亲自领导部队冲锋。"施特凡"战斗群也发现了鲁德金的"十字军"坦克，并在约1200米外开火射击。鲁德金中队随即停车还击，但坎贝尔却被这番景象激怒，并要求他们继续前进。鲁德金后来回忆说："我们有辆坦克的火炮受损，只得后退200码接受修理。坎贝尔准将朝它开去，下了车，神情怒不可遏，还向它投掷石块，大声呵斥它回去战斗。"
在经历了5分钟猛烈火力打击后，为避免全军覆没，鲁德金将中队后撤了200米。
尽管实力悬殊，坎贝尔仍然火冒三丈，命令鲁德金必须"不惜代价"坚守阵地，
并告诉他，如果坦克再后撤1码，自己的炮兵就会向他们开火。鲁德金当场表
示反对，但坎贝尔说："你们当兵就是为了去死。"[72] 鲁德金少校坚守了一段时间，
声称击毁6辆德军坦克，但自身也有11辆坦克损失。

虽然英军在西面暂时阻止了德军坦克，但德军步兵仍从北面向跑道逼近，德
军炮兵也在猛轰谷底平地。10时左右，戈特命令第4和第22装甲旅向北前进，
但目的地不是西迪雷泽格，而是机场以东约9千米的175地点。不仅如此，这两
个旅的行动也缓慢拖沓，并选择在前进期间加油。斯科特-考克伯恩准将一度迷路，
后来指挥车又陷入松软沙地无法脱困，导致第22装甲旅只能抛下指挥官前进。更
令人惊讶的是，戈特并没有直接前往西迪雷泽格指挥战斗，而隆美尔却始终在北
部陡坡观战，以便在必要时进行干预。

13时，冯·拉文施泰因已准备好对机场发动协同攻击。与此同时，英军则把
残余坦克部署在机场西侧，2个25磅炮团（皇家炮兵第60野战炮兵团和第4皇
家骑炮团）和反坦克炮（第3皇家骑炮团）则分别位于机场边缘和跑道东侧。他
们对面是德军"施特凡"战斗群：在1个8.8厘米高射炮连和1个10.5厘米野战
炮连的直接支援下，德军坦克开始隆隆前进，不仅如此，该战斗群还可以从1个
15厘米榴弹炮营呼唤火力支援。坎贝尔命令第2皇家坦克团和第6皇家坦克团残
部阻止敌军，在跑道周围，英军25磅炮和2磅炮也拼尽全力与德军坦克交战，但
这一次，德国坦克行动迅猛，英军防御很快土崩瓦解，仅皇家炮兵第60野战炮兵
团便损失了10门火炮。当德军坦克开进满是残骸的机场时，坎贝尔的支援群崩溃
了。随后，1个德军坦克连转向北方，从背后碾过国王皇家来复枪队第1营的阵
地。该营顿时惊慌失措，大部分被德军俘虏，只有55人回到了己方阵地。不仅如
此，在从西迪雷泽格机场仓促撤退期间，支援群和第7装甲旅还损失了大量运输
车辆和维修人员。

就在坎贝尔支援群遭到攻击时，第22装甲旅的先头部队出现在178地点附
近，即机场以南的一片陡坡上。尽管曾在比尔古比受创，但该旅仍有79辆坦克
可以作战。最早抵达178地点的是第3伦敦郡义勇骑兵团，当时德军甚至还没

有开始进攻，但随后 90 分钟，他们只是一边加油，一边在远方观战。该团作战日志写道："旅部命令我们不要参与第 7 装甲旅的行动"。[73] 在此期间，戴维两次向第 22 装甲旅派出联络官求援，但后者都毫无反应。直到英军车辆于 16 时左右从机场蜂拥向南逃出时，第 22 装甲旅才缓缓前进。为阻挡该旅，确保其他德军歼灭坎贝尔所部，"施特凡"战斗群派出了弗里德里希斯少校的第 5 装甲团第 2 营。英军第 2 皇家格洛斯特郡轻骑兵团和第 3 伦敦郡义勇骑兵团各 1 个中队与之远远交战，宣称击毁 7 辆德军坦克。[74] 而"施特凡"战斗群则用 8.8 厘米高射炮击毁了第 2 皇家格洛斯特郡轻骑兵团的 2 辆"十字军"，第 3 伦敦郡义勇骑兵团也有 7 辆坦克中弹。随着夜幕降临，战场被硝烟和风沙遮蔽，第 22 装甲旅退出战斗。与此同时，戴维的第 7 装甲旅也带着 11 辆剩余坦克，向南部陡坡上的南非第 5 旅阵地后撤。[75]

在西迪雷泽格，英军步兵、坦克兵和炮兵英勇作战，但指挥官们却辜负了这些努力。戴维基本上把坦克全部交给了坎贝尔，但后者却没有对此做合理使用。在战场上，坎贝尔的表现近乎愚蠢，他东奔西走，试图指挥每一部坦克和火炮，而且不愿使用无线电（尽管英军炮兵部队拥有良好的通信网络）。他没有积极请求空中支援，更没有向戈特、诺里和坎宁安如实汇报战况。在西迪雷泽格，英军各单位只有零星消息发回，而且宣称德军装甲部队损失近半，还几乎没有提到第 7 装甲旅和支援群几乎全军覆没的事实。在远离前线之地，坎宁安认为第 7 装甲师已经击败了德意志非洲军的装甲力量。后来，坎贝尔因为上述战斗被授予维多利亚十字勋章。但这一殊荣更应属于出色的指挥者、防御战的胜利者，而不是丧师失地的人。另外，维多利亚十字勋章通常极少授予准将级军官，在历史上，总共只有 3 名将官获得过这一殊荣（2 名在一战期间，1 名在二战期间），而坎贝尔就是其中之一。他是西部沙漠中老一代军官中的"宠儿"，而这一荣誉刚好可以掩盖英国军队在他麾下遭遇的灾难。

在这一天，戈特的表现依旧糟糕：高级军官应该努力减少战场混乱，而不是帮倒忙，但戈特却让事态持续恶化，最终使其彻底失控。同样，斯科特-考克伯恩准将也没有服从命令，更没有"向着炮声前进"，甚至置第 7 装甲旅的覆灭于不顾。作为第 7 装甲师经验最丰富的高层装甲指挥官，盖特豪斯准将表现也很差。在他麾下，第 4 装甲旅当天大部分时间都在加油，并与一支德军掩护部队厮杀，直到天黑后才到达西迪雷泽格战场以东。盖特豪斯不知道自身与敌我的位置关系，并因此做出决定：离开旅部，向戈特了解情况（他显然忘记了奥康纳被俘的教训，即如果有敌军在附近，高级军官就不应该驾驶指挥车在沙漠中乱跑）。

仿佛命运捉弄，第4装甲旅在夜间闯进了第15装甲师的过夜营地附近——当时，后者正奉克吕维尔之命扫荡西迪雷泽格以东地区。英军意识到有车辆在附近移动，只是敌我无法查明。于是，道格拉斯·斯特林（Douglas A. Stirling，时任第1装甲旅旅长）准将[①]在20时左右贸然下令发射3枚照明弹。事实上，这些不明车辆来自德军第8装甲团第1营。见状，德军营长京特·芬斯基（Gunther Fenski）少校立刻带领指挥坦克和1辆三号坦克大胆冲进英军营地，并命令该营其余部队和部分摩托车手迅速实施包围。当时这些英军车辆正挤作一团，看到德军坦克和部队突然出现在自己中间，所有人都大惊失色：一些试图抵抗，另一些只能投降或逃窜。最终，德军俘获了迪克·克里普斯（Dick S. Cripps）中校麾下第8轻骑兵团的大部，共计35辆"斯图亚特"坦克（其中3辆在最后一刻被英军设法点燃）——只有6辆坦克冒着炮火逃走，另有3名下车看押俘虏的德军装甲兵军士在抵抗停止前被打死。此外，德军还抓获了176名俘虏（其中包括第4装甲旅的大部分旅部人员）、19部其他车辆、4部远程电台和完整的密码本。很快，第30军的内部通信便被搅得天翻地覆。其下属单位不断接到自称发自第4装甲旅的奇怪信息，并要求他们上报位置和状态。[76]闻讯，盖特豪斯准将前往第3皇家坦克团指挥所，试图集合其余部下——此时，他的第4装甲旅只剩下77辆"斯图亚特"坦克可用。[77]

到夜幕降临时，英军第7装甲师已被德意志非洲军重创，而且相关指挥官也无法让几个装甲旅协同攻击同一个目标。第7和第22装甲旅坦克数量分别下降到10辆和34辆。[78]而在德军方面，虽然其2个装甲师燃料和弹药几近枯竭，但它们仍有一战之力：其中"施特凡"战斗群（第5装甲团）仍有39辆中型坦克（包括32辆三号坦克和7辆四号坦克），克雷默的第8装甲团则有多达84辆中型坦克（包括68辆三号坦克和16辆四号坦克）。11月22日，第5和第8装甲团分别损

[①] 译者注：让-保罗·帕卢（Jean Paul Pallud）在《沙漠战争：过去与现在》（*The Desert War: Then And Now*）一书中指出，斯特林当时军衔为上校，职务实际是第4装甲旅副旅长。

失了 12 辆和 19 辆坦克，但其中只有 10 辆全损（1 辆二号坦克、7 辆三号坦克和 2 辆四号坦克）。[79]

11 月 22 日，双方还在西迪欧迈尔以东爆发了另一场大规模装甲战。在 "十字军"行动打响后，第 13 军一直动作缓慢。如前所述，该军的任务是攻击轴心国边境防线。但直到行动开始第 6 天，他们才完成系统性准备，并派出新西兰第 2 师包抄敌方侧翼。截至 11 月 21 日晚，新西兰人已攻克西迪阿齐兹和卡普佐堡，令其他敌军边境防御工事陷入孤立。[80] 随后，第 13 军军长阿尔弗雷德·戈德温 - 奥斯丁中将命令印度第 4 师进攻西迪欧迈尔的箱型防御工事——如果当地被攻克，盟军部队就可以北上席卷轴心国防线。西迪欧迈尔的轴心国阵地包括 2 个独立据点，即"新欧迈尔"（Omar Nuovo）和"利比亚欧迈尔"（Omar Libyan），每一处都有意军"萨沃纳"师的 1 个加强步兵营、若干炮兵和 1 个德军 8.8 厘米高炮连（各 4 门火炮）。它们就像武装到牙齿的刺猬，可以抵御来自各个方向的攻击，还有大约 10 万枚地雷（包括 T 型反坦克地雷和 S 型人员杀伤地雷）保护。[81] 总之，在沙漠战争中，英军还从未攻击过设防如此严密的阵地。

根据安排，印度第 7 旅将投入 2 个步兵营负责强攻。作为支援，第 42 皇家坦克团 [团长：阿列克·马丁（Aleck R. Martin）中校] 和第 44 皇家坦克团分别派出了 2 个和 1 个"玛蒂尔达"坦克中队。11 月 22 日黎明前，英军步兵和坦克出动，绕过轴心国阵地敞开的侧翼，向其北方 5 千米处的冲击出发阵地推进。11 时 30 分左右，英国空军飞临上述 2 个据点上空，从近 2000 米高空投下 10 吨炸弹，但受强大防空火力干扰，他们损失了 6 架飞机，而且命中率极为有限。随后，在 12 时，印度第 4 师的炮兵（共 52 门 25 磅炮、8 门 6 英寸榴弹炮和 4 门 4.5 英寸加农炮）开始怒吼。其火力准备极为猛烈，有近 8000 发炮弹（包括烟幕弹）砸向轴心国阵地。[82] 当炮击仍未结束时，第 42 皇家坦克团 A 中队和 B 中队开始前进。在罗纳德·罗林斯（Ronald M. Rawlins）少校和劳伦斯·阿什顿（Laurence C. Ashton）少校带领下，这 2 个中队各排成 1 个横队，英军步兵则紧随其后，其中一些搭乘着"通用运输车"，但大多数都是徒步跟进，与坦克相距大约 75—100 米。起初一切都很顺利，就像演习一样。根据计划，他们将先拿下新欧迈尔，然后转向东方，在黄昏前拿下利比亚欧迈尔。

英军对西迪欧迈尔的步坦协同突击

1. 黎明前,英军装甲车辆和步兵进入新欧迈尔以北的冲击出发阵地。
2. 22 日 11 时 30 分—12 时整,皇家空军轰炸了 2 个目标,随后是师级规模炮击。
3. 12 时整,地面突击开始。第 42 皇家坦克团排成横队,分两波前进,皇家苏赛克斯团第 1 营跟进。
4. 12 时 30 分,第 42 皇家坦克团意外遭遇雷场,11 辆坦克瘫痪,其他一些坦克被反坦克炮击毁。
5. 剩余坦克和步兵发现雷场缺口,攻入新欧迈尔,经过 3 小时战斗攻克当地。
6. 16 时整,英军坦克预备队和另一步兵营投入战斗,向西朝利比亚欧迈尔进攻,但有大量坦克被德军 8.8 厘米炮击毁,整个进攻被迫取消。

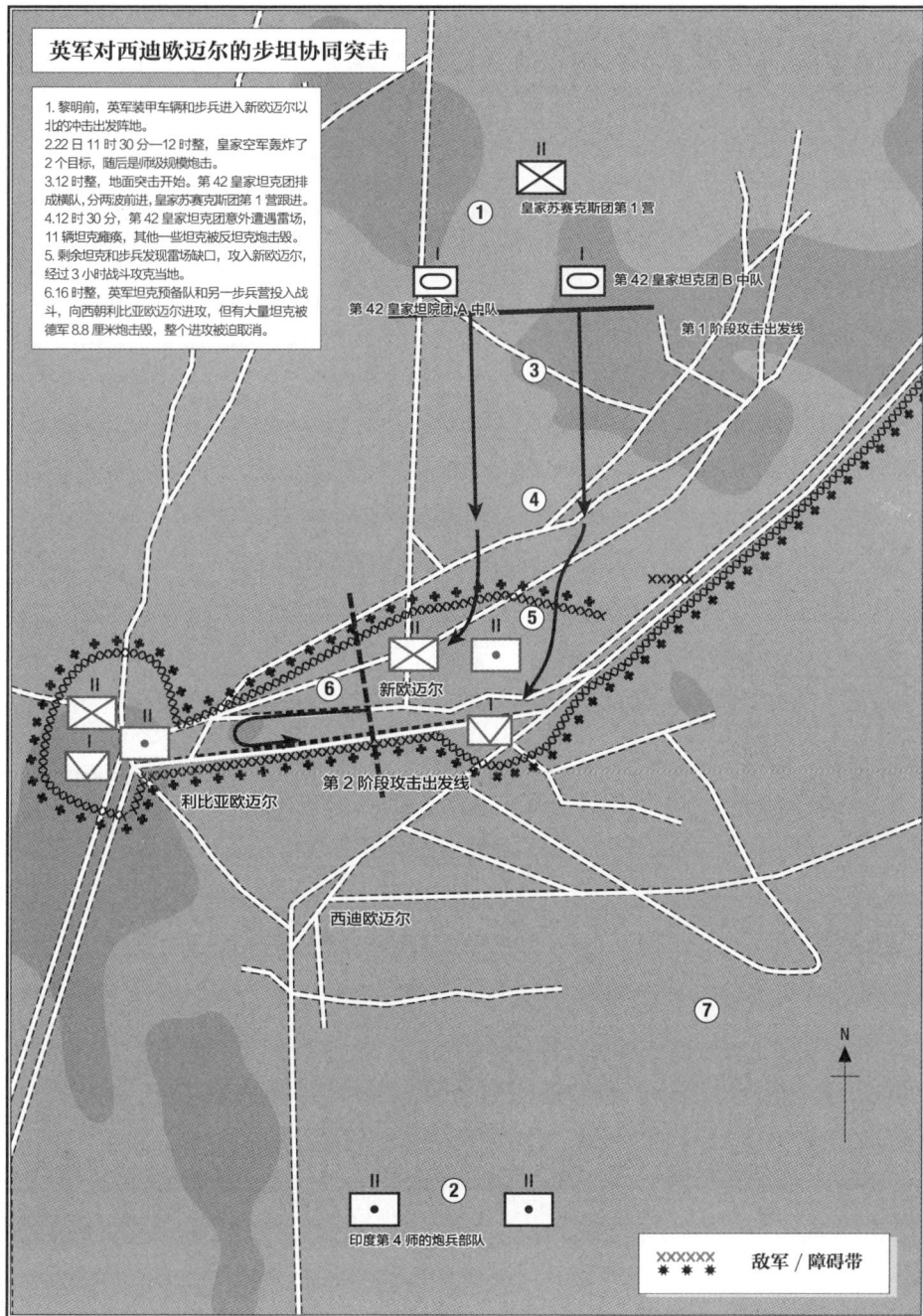

① 皇家苏赛克斯团第 1 营

第 42 皇家坦克团 A 中队   第 42 皇家坦克团 B 中队

第 1 阶段攻击出发线

③

④

⑤

新欧迈尔

⑥

利比亚欧迈尔

第 2 阶段攻击出发线

西迪欧迈尔

⑦

N

② 印度第 4 师的炮兵部队

xxxxxx ✱✱✱ 敌军 / 障碍带

英军对西迪欧迈尔的步坦协同突击,1941 年 11 月 22 日

271

不幸的是，英军认为只要能从背后进攻守军，就能重现尼贝瓦的胜利，但敌人早有预料，并在沿途布下雷场。共有 11 辆"玛蒂尔达"坦克触雷瘫痪，停在敌军阵地前约 300—400 米处，只能任凭 8.8 厘米高射炮群（未被炮火准备压制）宰割。看到坦克无法前进，甚至在雷区中四处乱窜，皇家苏塞克斯营（Royal Sussex Battalion）[①] 只能独自继续进攻。敌军机枪火力不断打来，令他们死伤枕藉。但最终，英军在雷区中发现了一个小缺口，使部分坦克得以通过。15 时 30 分，新欧迈尔大部分地区已被攻克。印度第 7 旅不顾损失，开始挥师进攻利比亚欧迈尔。由于行动紧急，工兵甚至没有时间清理或探明敌方地雷，这导致更多坦克闯进雷区，最终受伤瘫痪。随着这次短暂尝试宣告失败，英军只好将进攻推迟到次日。在此战中，他们共投入了第 42 和第 44 皇家坦克团的 3 个"玛蒂尔达"坦克中队，共计 48 辆坦克，其中有 37 辆损失。此外，这些中队还有 48 人阵亡，30 人受伤。[83] 直到次日，印度第 7 旅才成功占领利比亚欧迈尔，并抓获多达 3600 名俘虏，但这是一场昂贵的胜利。尽管火力支援充足、敌方孤立无援、进攻部队也完全按照英军步兵坦克作战条令行事，但坦克部队仍然蒙受了重大损失。运用烟幕弹一事表明，英军开始重视干扰敌方防御火力，但大量雷障仍让他们措手不及。此外，英军还没有电子探雷器（"十字军"行动结束后不久才由 1 名波兰军官开发完成），皇家工兵也装备很差，导致在应对雷场时颇为吃力。在战场上，英军坦克也难以有效请求炮火支援、压制 8.8 厘米高射炮——这也是一战后英军炮火反制能力退化的另一个体现。虽然前进观测员身在战场，但尘土和硝烟令他们很难校正火力。总之，受制于规程和技术问题，英军未能顺利开展诸兵种合成作战，尽管这些本来可以在"十字军"行动前就在训练中就发现和解决。

当坎宁安还仍在幻想战斗在西迪雷泽格进展顺利时，但隆美尔却在现场，并把一切看得更为清楚。11 月 22 日—23 日夜间，他发布命令，要求德意志非洲军在"公羊"装甲师的支援下，于次日上午发起向心攻击，包围并歼灭南部陡坡上的英军。为这次决定性行动，墨索里尼也亲自命令将甘巴拉的机动军交给隆美尔指挥。[84] "公羊"装甲师师长巴洛塔将军决定从副手伊斯梅尔·迪尼西奥（Ismaele

---

① 译者注：即皇家苏赛克斯团第1营。

di Nisio）少将麾下抽调 1 个战斗群支援德军行动。该部队又被称为"迪尼西奥纵队"，包括 4 个坦克连（共约 80 辆 M13/40 中型坦克）和 1 个搭乘卡车的神射手营，并有炮兵与反坦克分队协同作战。[85] 尽管隆美尔深知，"非洲"装甲集群无法承受重大损失，并且一直都不愿押上所有部队，但这一次，他不再迟疑，下令投入所有装甲力量和机动步兵，试图与英军一决胜败。克吕维尔命令"施特凡"战斗群加入第 15 装甲师（第 5 装甲团和第 8 装甲团仍分别有 39 辆和 84 辆中型坦克可用），并在 11 月 23 日拂晓前开始向南运动，向英军东面做大范围迂回。一旦坦克在英军东南方就位，第 21 装甲师其余部队将发动牵制攻击，同时，"公羊"装甲师也将从西南面进攻。

此时，坎贝尔准将的支援群已严重受创，但第 4 装甲旅麾下的苏格兰禁卫团第 2 营也及时赶来，从而提供了一些帮助。根据形势，军长诺里要求这些部队在南非第 5 旅支援下防守南部陡坡。其西部侧翼将由第 22 装甲旅（34 辆坦克）在新任旅长威廉·卡尔中校指挥下保卫。盖特豪斯的第 4 装甲旅（77 辆坦克）奉命保护东翼，但在旅部被消灭后，上级与该旅的通信一直时断时续。与此同时，戴维的第 7 装甲旅只剩下 10 辆伤痕累累的坦克，只能奉命向南撤退。[86] 虽然此时，戈特终于将全师大部分兵力集结在西迪雷泽格以南，但双方已攻守易势，而且英军也没有一份像样的战术计划。为支援诺里的第 30 军，新西兰第 2 师派出了第 6 旅和第 8 皇家坦克团。在向西朝 175 地点开进途中，部分新西兰士兵和第 8 皇家坦克团在 6 时 15 分左右抵达比尔奇耶塔（Bir el Chieta）附近的一处干谷，这里恰好是德意志非洲军指挥部所在地。经过战斗，新西兰人席卷了这片区域，令德国人也尝到了通信中断的苦痛。[87] 另外，随着指挥部失守，隆美尔再也无法亲自监督克吕维尔发动进攻。[88]

11 月 23 日上午，西迪雷泽格一带地面浓雾弥漫。雾气遮挡了视野，还让各种响声变得含混不清。第 5 装甲团原本应紧随第 8 装甲团左翼，但由于"施特凡"战斗群比计划稍晚出发，克雷默决定自己先率部动身。很快，南行的"克雷默"战斗群便被南非第 4 装甲车团的亚历山大·尼科雷克（Alexander A. van Niekerk）少尉首先发现，但他的报告内容遭到了后方人员怀疑。克雷默排成以两个宽大楔形队形（Breitkeil）前进，其中京特·芬斯基少校的第 8 装甲团第 1 营走在最前列。

8 时左右，芬斯基的坦克与大批英军车辆遭遇，后者数量超过 100 辆，而且有些正在驶出宿营地。这些英军来自第7装甲师支援群和南非军队，其中不少隶属于"B梯队"。由于大雾，德军先头坦克径直闯入了英军队列。一场混战随之展开。芬斯基少校被机枪击中头部，当场阵亡。克雷默中校的指挥坦克也被反坦克火力击中，但克雷默本人在坦克瘫痪前成功跳车逃离。约翰内斯·库梅尔（Johannes Kummel）上尉立刻接管了整个营，并命令所有坦克轰击英军车辆聚集地。在他的指挥下，英军支援部队被打得四散逃命。在交战地点附近，英军部署了第3皇家坦克团的10辆"斯图亚特"坦克。它们拼命冲向第8装甲团，并在近距离用37毫米炮弹至少击毁了1辆三号坦克。在近距离上，交战双方疯狂厮杀。但克吕维尔命令克雷默中断战斗，继续执行原有任务。第3皇家坦克团的干预拯救了支援群，但自身也有5辆"斯图亚特"坦克在行动中耗尽燃料——这也是旅部覆灭后第4装甲旅补给工作混乱的一个证明。[89]

第8装甲团花了一些时间与英军后勤部队脱离接触，并试图重整旗鼓。11时，随着第5装甲团赶来汇合，克吕维尔可支配的坦克已上升到100辆之多。12时35分，"公羊"装甲师的迪尼西奥纵队也赶到西迪雷泽格南部，并与克雷默上校的第8装甲团取得联络。根据上午的战斗结果，戈特命令坎贝尔准将和第7装甲旅残部向南撤退，在比尔雷格姆（Bir er Reghem）附近进行重组，同时还指示南非军队加强环形阵地防御。但他对敌军意图存在错误判断，给出的建议也自相矛盾。戈特告诉南非旅旅长，鉴于攻击支援群的德军坦克已经撤退，而且没有扩大战果，因此这可能是一次佯攻，预计德军主攻仍将来自北面，但在南面或东面也可能有辅助攻势。根据戈特模棱两可的指导，南非旅重新调整了火炮和反坦克炮阵地。当时，该旅共有35门2磅炮和48门野战炮，其中分别有21门和14门转向南面。由于地面乱石遍布，南非第5旅没有掘壕据守，但大部分步兵都朝向北面。14时左右，戈特离开南非部队阵地，准备去东面集结四散的第4装甲旅。

在上述阵地上，南非军队不断用25磅炮轰击德军，此外，一些湿软地面也妨碍了克吕维尔组织装甲部队发动决定性攻击。但到15时，克吕维尔已准备就绪：在左中右三个方向，"施特凡"战斗群、"克雷默"战斗群和意军迪尼西奥纵队已分别各就各位。此外，每个德军装甲团后方还跟随着2个步兵营（搭乘卡车），并有1个10.5厘米野战炮连和1个装甲歼击车分遣队提供支援。令人难以置信的是，南非人虽然看到有大批敌军装甲车辆在南面约6000米处展开，但由于补给不继，他们只能节约使用炮弹。此外，他们也没有请求战机空袭这些绝佳目标。在进攻发起前夕，克吕维尔命令 2 个炮兵连轰击南非军队阵地，而在北方，德军"博彻尔"集群（Gruppe Bottcher）也不断发射炮火作为配合。大约 15 时 15 分，德军装甲部队开始向南非第 5 旅扑去。

直到此时，南非军队的 25 磅炮才开始猛烈射击，随着距离拉近，2 磅反坦克炮也加入进来。虽然德军坦克可以安全穿越炮火，但搭乘卡车的步兵部队却伤亡惨重，第 115 步枪兵团（值得一提的是，该团第 2 连是德意志非洲军唯一装备 Sd.Kfz.250 半履带车的单位）的 2 名营长也全部损失。15 时 30 分，"克雷默"战斗群终于从正面楔入南非军队阵地。不顾十余辆坦克受创瘫痪，第 8 装甲团第 1 营营长约翰内斯·库梅尔上尉仍率领部下不断前进，并与敌军炮兵厮杀在一起。但这无法改变"克雷默"战斗群的危险形势：德军支援步兵仍被防御火力压制，坦克也遭到英军 25 磅炮近距离轰击。同时，"施特凡"战斗群则被拉到右侧，并在东面与部分英军坦克纠缠在一起，无法提供任何支持。令情况雪上加霜的是，由于战术无线电通信中断，克吕维尔也无法对进攻部队采取任何协调措施。

与此同时，英军也同样深受无线电通信不畅之苦，但第 22 装甲旅新旅长威廉·卡尔中校仍设法调来大约 20 辆坦克前来迎击。其中贾戈中校的第 3 伦敦郡义勇骑兵团投入 8 辆"十字军"攻击了沃尔夫冈·瓦尔（Wolfgang Wahl）上尉的第 8 装甲团第 2 营，第 2 皇家格洛斯特郡轻骑兵团和第 4 伦敦郡义勇骑兵团也参加了作战。但这些反击过于零星，最终未能阻挡大批德军坦克。卡尔损失了 30 辆坦克中的 10 辆，其中包括第 3 伦敦郡义勇骑兵团的 4 辆"十字军"，其余坦克也大多伤痕累累，只得暂时后撤。

当克雷默的坦克孤立无援、四面受敌时，英国人原本有一个绝好机会，可以一举歼灭德意志非洲军大部分装甲部队。但戈特的第 7 装甲师无法集结起足够战斗力量——在其麾下，只有盖特豪斯的第 4 装甲旅尚能一战，但它仍远在东方，而且位置分散。此外，令克雷默损失惨重的南非炮兵也已耗尽弹药，其 2 磅反坦克炮也大多安装在卡车上，无法像传统火炮一样进入半埋式阵地，因此很难抵御机枪火力。到 17 时，随着这些火炮被击毁或耗尽弹药，残余德军坦克终于攻入南非旅的指挥部。德军步兵也从北面逼近，"施特凡"战斗群则攻入环形防线东南角，给了南非守军致命一击。在防线崩溃后，盟军车辆和徒步部队试图向东或向南逃跑，但就算能逃过追击，他们也已四分五裂、溃不成军。

从表面上看，克吕维尔在西迪雷泽格取得了巨大的战术成功。但它同样是一场惨胜，尤其是在装甲车辆和人员损失上。克雷默的第8装甲团损失了近一半坦克，其中有19辆全损、36辆受损。施特凡的第5装甲团也损失惨重，有7辆坦克全损、14辆受损。换言之，为歼灭1个步兵旅，德意志非洲军分别有26辆和50辆坦克全损与受损，相当于参战坦克总数（174辆坦克）的43%。[90] 更糟的是，许多受损坦克将永远无法修复，德意志非洲军完好的中型坦克数量将下降到大约75辆。在左翼，意军"迪尼西奥"纵队只有轻微交战，导致2辆M13/40中型坦克被击毁，另有3辆受损。虽然德军对迪尼西奥的表现有严厉批评，但他还是以较小代价完成了任务。在英军方面，诺里的第30军还有约70辆坦克可用，但分散在5个集群中。[91]

英国第8集团军在西迪雷泽格犯了一些严重错误，但作为其对手，德军的表现远非典范——尤其是在11月23日。克吕维尔试图先发起包抄机动，然后实施诸兵种向心攻击。这一想法并没有错，但克雷默却执行得非常拙劣，几乎是直接用坦克冲击敌军防御阵地。南非炮兵很快将德军摩托化步兵和坦克分割开来，让后者陷入孤立，随后用反坦克炮给予了沉重打击。照片证据显示，许多德军坦克都在极近距离被击毁，而且大多是侧面中弹。此外，不顾对手早有警惕，德军还在光天化日之下用卡车搭载步兵强行发动进攻——这种做法不仅违背了战术条令，而且几乎与自杀无异。事实上，如果南非旅像比尔古比的意军那样掘壕固守，克雷默团几乎肯定会惨遭失败。

尽管南非第5旅已被歼灭，德意志非洲军还在当天结束前遭遇了另一场灾祸。新西兰第2师继续向西推进，进入德国装甲部队离开后留下的真空地带。几乎就在克吕维尔进攻的同时，新西兰第4旅和第44皇家坦克团的1个"玛蒂尔达"坦克中队也成功抵达甘布特机场，即德意志非洲军的主燃料库和第15装甲师维修连所在地，令这些重要设施顿时陷入危机。[92] 面对来袭之敌，格奥尔格·布里尔（Georg Briel）上尉组建了一支机动战斗群。该战斗群以上尉自己的高炮营为基础，不仅配备了一些半履带式2厘米自行高射炮（Sd.Kfz.10/4），还有从修理站调来的3辆坦克和2门5厘米Pak 38反坦克炮。通过积极防御，布里尔成功保住了德意志非洲军补给部队，使其免于被新西兰军队摧毁。而且幸运的是，新西兰人将这些自行高射炮误认为坦克，没有继续进攻，更没有注意到当地对隆美尔装甲部队的重要性。[93] 它也令这场战争出现了一个诡异景象：双方几乎在同一时间向敌方关键支援部队发起攻击。

与此同时，新西兰第6旅继续与第8皇家坦克团向西推进，打算援救南非第5旅。但在西迪雷泽格东部，德军已在175地点周围建起阻击阵地，并派遣了第361步兵团的2个营。新西兰军队最初并未预料到激烈抵抗，但随着情况查明，他们开始采取周密准备。这次行动在中午12时整打响，彼得·维尔（Peter N. Veale）少校的第8皇家坦克团C中队奉命提供支援。这次行动也是新式"瓦伦丁"坦克（即Mk Ⅲ步兵坦克）首次大规模参战，只是一切并不顺利。起初，新西兰人只投入了1个步兵营，面对德军机枪和迫击炮火力，该营顿时伤亡惨重。维尔少校率领16辆"瓦伦丁"坦克分两波推进，随着时间流逝，这些坦克陆续被守军用反坦克武器（具体型号不详）击伤和摧毁。就在新西兰步兵踟蹰不前时，3辆德军坦克（可能来自"施特凡"战斗群）从南面发起反击，令他们阵脚大乱。虽然经过拉锯战，新西兰人成功占领了部分175地点，但其步兵仍伤亡惨重，同时，第8皇家坦克团C中队的16辆"瓦伦丁"也有12辆损失，并有21名乘员伤亡（其中6人阵亡）。[94] 新西兰军队之所以在175地点表现拙劣，一个重要原因是缺乏步坦协同训练，此外，他们还严重低估了守军的防御能力。

对当天发生的种种事件，隆美尔几乎一无所知。当时，他正陷在175地点的战斗中无法脱身，也无法通过电台与克吕维尔取得联系。在德意志非洲军指挥所遭到第8皇家坦克团突袭后，许多无线电卡车被摧毁，造成通信连锁中断，对"十字军"行动的结果更是影响深远。11月23日—24日夜晚，隆美尔来到冯·拉文施泰因的指挥所，并大致得知南非第5旅已被击溃。根据这一零碎信息，他还进一步推断英国第8集团军已大部被歼，接下来只需要轻轻一击，其残部就会被赶回埃及。毕竟，他曾于1940年参与过法国战役，并亲眼见证了盟军的溃败，这种主观印象很可能影响了他的形势判断。11月24日4时左右，基于这种直觉，隆美尔不待征求参谋或下属意见，便做出了军事生涯中最重大的作战决定：要求施特凡中校尽快率领坦克向东进发，从"奴隶驼道"向西迪欧迈尔推进。[95] 此外，隆美尔还显然绕过了师长冯·拉文施泰因，并直接命令第21装甲师也跟随前进。隆美尔之所以如此心血来潮，显然是认为第8集团军交通线已极为脆弱，如果装甲部队能横扫过去，其士气自然会土崩瓦解。这一"冲向'边境围栏'"的举动来自约米尼在19世纪30年代的作战构想，并可以上溯到1805年拿破仑在乌尔姆战役中的机动——这种机动本身就可以决定战役成败，并让发起者无须通过一场大战奠定胜局。但无论是拿破仑还是约米尼都不需要每天为先头部队提供数千升燃料，或是为调动现代机械化军队提供大量必需品。换言之，在这个关键时刻，隆美尔的决定不仅脱胎于陈旧理念，还完全忽视了许多细节。

隆美尔也没有将这一意图告知克吕维尔。当6时左右，后者抵达第21装甲师师部时，他才突然得知这一新决定。隆美尔武断地向他表示，自己打算率领整个德意志非洲军和意大利机动军向东前进，一直抵达西迪欧迈尔，这让克吕维尔大为震惊。后者当即陈述了几点反对理由，试图让上司回归清醒：首先，德意志非洲军的交通线已被新西兰军队破坏，2个装甲师昨夜没有补充燃料，而且战场上还有80多辆战损坦克亟待回收修理；其次，虽然英军第7装甲师已经受创，但仍未被歼灭。他基于这些因素提出建议：一旦在恢复部分实力，德意志非洲军应首先歼灭第7装甲师，然后再转身前往甘布特，对抗当地的新西兰人。齐格弗里德·威斯特法尔（"非洲"装甲集群作战参谋）中校和冯·梅伦廷（情报参谋）也建议把非洲军留在托布鲁克附近，以防止新西兰人与托布鲁克守军会合。[96] 但隆美尔粗暴地反对这一建议，并斥责克吕维尔"思维僵化"。隆美尔是个雷厉风行之人，与参谋们截然不同。这导致他很少重视后者的意见。当参谋们指出装甲部队燃料不足这一重大问题时，隆美尔只是随口表示，他们可以缴获英军燃料，所以这个问题根本不足为虑（尽管隆美尔并不知道英军燃料库位于何处）。[97] 于是，他口头向威斯特法尔下达了几条简短指示，并要求意大利机动军与德军一起推进，随后就自顾自地动身了。临行前，他并没有向意军提供详细指示，还告诉威斯特法尔自己会在24小时后返回。出发不久，他的Kfz.17无线电通信车陷入松软沙地、无法动弹，但隆美尔不想等待，并且决定抛下它，径直向地平线驶去——哪怕身旁根本没有远程电台。

1917年，隆美尔曾率领1个轻步兵营拿下马塔尤尔山（Mount Matajur），那时候的他意气风发，但在1941年担任装甲集群指挥官时，其表现却不着边际。虽然战场指挥总是需要直觉，但直觉并不能代替深谋远虑。现代战争从本质上要求团队合作，何况德军一直在全力培养出色的专业参谋——在"德国式战争"中，他们就像支柱——而隆美尔却选择放弃这些，转而采用自己特有的"独行侠"式风格。他无视各种情报或后勤因素，十分刚愎自用——这是一个糟糕指挥官的标志。尽管他极力催促，但德意志非洲军仍无力在黎明时分大举行动起来。在冯·拉文施泰因方面，直到上午9时之后，第21装甲师才匆忙利用储备物资完成加油，并做好了出发准备。[98]上午10时，隆美尔乘坐缴获的英军指挥车，亲自率领"施特凡"战斗群前卫向东进发。但第15装甲师其余部队直到12时30分左右才开始行动，而意军"公羊"装甲师则要等到13时。[99]

与此同时，在11月24日上午，坎宁安终于得知其部队已在西迪雷泽格战败。而且诺里最初发来的粗略报告清楚显示，第30军装甲部队已大部被歼。坎宁安还明确得知，该军只剩下44辆坦克可用（实际数量为70辆），而德意志非洲军则据信拥有120辆坦克（实际数量为93辆）。[100]坎宁安不知道许多坦克可以在24小时内修复，从而部分恢复装甲力量。不仅如此，他还认为敌军坦克数量优势可能超过了2：1，并怀疑"十字军"行动已前途堪忧。

对坦克战，坎宁安采用了"拼数量"的思路，完全没有考虑自己在炮兵、步兵、空中支援和后勤方面的巨大优势。他还因此得出结论：击败隆美尔已不可能。在第30军的一次午间会议上，坎宁安公开提到，也许他们应该中断攻势、退回埃及，但军长诺里和参谋长都表示反对。按照一些资料，坎宁安坚持要求向埃及撤退，就差下达正式命令。[101]在这种情况下，他做了一个值得称道的决定：没有擅自拍板，而是请求奥金莱克到赶到他在马达莱纳堡的指挥所讨论局势。科雷利·巴内特是一位对奥金莱克有颇多追捧的作者，喜欢凸显其指挥才能，据他所述，当时坎宁安"已形同废人"，但这一结论毫无根据。事实表明，坎宁安绝没有像其他指挥官 [如保卢斯或珀西瓦尔（Percival）][①] 一样，在困境中呆若木鸡。[102]他的根本问题也绝不是斗志颓丧，而是和同期许多其他英国高级步兵军官一样，缺乏训练、经验和热情。他无法对装甲作战做出正确判断，因此只能向别人寻求建议。对于运用坦克，他显得非常笨拙，而且对自身指挥能力信心不足——即使在战后世界，这仍然是困扰轻步兵指挥官的"通病"。

---

① 译者注：保卢斯是斯大林格勒战役中的德国第6集团军司令，珀西瓦尔则是新加坡战役中的英军最高司令。

让坎宁安更加懊恼的是，中午过后，"施特凡"战斗群主力出现在诺里的第30军附近，让坎宁安、诺里和戈特只能分散躲避。[103]另外，随着德军坦克出现在加布里萨利赫附近，许多英军支援单位已陷入严重混乱之中，但隆美尔命令德军纵队绕过它们，以便继续向东前进。对第8集团军来说幸运的是，隆美尔绕了加布里萨利赫以南的一些重要补给站和维修设施——如果这些区域失陷，英军将无法重建第7装甲师。随着德军向埃及边境推进，其队形被逐渐拉开，并且绵延长达至少70千米，其战斗力和通信能力也急剧恶化。在英军方面，虽然其支援部队正在逃离战场，但在盖特豪斯麾下，第4装甲旅仍有部分部队仍在坚守阵地。不顾燃料和弹药不足，其第3皇家坦克团和第5皇家坦克团的零星部队已占据地形，一旦隆美尔的纵队路过，就准备给他们迎头痛击。下午晚些时候，一群英军坦克[包括第3皇家坦克团C中队（指挥官：罗伯特·克里斯普少尉）的7辆"斯图亚特"和第5皇家坦克团的5辆"斯图亚特"]注意到有一支德军大型摩托化纵队正沿"奴隶驼道"向东南行进。在半埋式阵地中，克里斯普观察着对手，有两件事情令他深感惊讶：这一纵队虽然规模庞大，但全部是步兵和炮兵，根本没有坦克或装甲车辆护卫。他立刻命令所有14辆[①]"斯图亚特"排成横队，直奔目标而去。"斯图亚特"仿佛专为这种任务而生，并用机枪横扫了整个摩托化纵队。德军见状四下奔逃，不仅有许多卡车被击毁，还有2门8.8厘米高射炮落入英军手中。随后，"斯图亚特"也四散开来，试图追击逃散的德军车辆。[104]根据记录，仅第5皇家坦克团就在此战中击毁了大量卡车，并抓获40名俘虏。[105]随着其余大多数英军坦克燃料耗尽，他们最终停止了追击。[106]克里斯普后来对这场战斗留下了生动记录，不过，他并未提到的一点是：仍有3辆"斯图亚特"被德军反坦克炮击毁。

在第7装甲旅方面，尽管许多记录都宣称他们已被"歼灭"，但事实上，第2皇家坦克团仍有1个混合中队正在战斗——该中队包括15辆巡洋坦克，并由乔治·尤尔（George F Yule）少校指挥。第15装甲师一经过，尤尔便展开骚扰，以自损3辆坦克为代价给德军造成了一定损失。有趣的是，在德意志非洲军穿越其

---

① 译者注：原文如此，但似乎应为12辆。

作战区域时，戈特及其下属旅长们似乎都没有采取行动，相反，上述所有骚扰都来自中队和排一级的命令。

隆美尔没有意识到其后续纵队正在遭受英军攻击。16 时左右，他抵达了比尔谢弗岑（Bir Sheferzen）——埃及边境已近在咫尺。当"施特凡"战斗群赶到边境时，其可用坦克已下降至 21 辆（包括 15 辆三号坦克和 1 辆四号坦克），沿途则有 7 辆坦克因机械故障或战斗而掉队。在 6 个小时内，该纵队行进了近 100 千米，这给原本就不堪重负的车辆和乘员带来了更大的压力。不仅如此，这些坦克油箱也几乎见底，而且无法就近补充。英国皇家空军也多次飞临上空，低空扫射德军纵队。与此同时，克吕维尔和第 15 装甲师也在奋力追赶隆美尔，但被迫在抵达比尔谢弗岑之前停止前进。在此期间，第 8 装甲团又损失了 7 辆坦克，第 33 侦察营的全部装甲车也宣告瘫痪，令部队侦察能力大打折扣。[107]隆美尔拒绝了部分装甲部队军官派人回收受损装甲车辆的想法，并要求装甲维修连提供车辆，充当伴攻部队，还拒绝允许装甲兵稍事休息，对车辆进行保养。相反，他命令第 21 装甲师尽快越境进入埃及——俨然在重演 9 月"仲夏夜之梦"行动中的徒劳。

11 月 24 日，甘巴拉指挥的机动军同样鲜有建树。当天，隆美尔只为他们提供了最基本的指导，仿佛对其视若无睹。在此期间，巴洛塔率领"公羊"装甲师沿"奴隶驼道"向西南方向缓慢推进，但在泰卜埃塞姆附近与南非第 1 旅遭遇，随后止步不前。"的里雅斯特"摩托化步兵师则根本没有行动，而是停留在托布鲁克附近。

在英军方面，在隆美尔"冲向'边境围栏'"后，奥金莱克和坎宁安一时不知如何应对，但他们并未像隆美尔期待的那样张皇失措。相反，奥金莱克命令坎宁安继续进攻，并在必要时为胜利投入"最后一辆坦克"。虽然这不是什么具体作战指导，但很明显，英军主攻方向已从第 30 军转为第 13 军。和拥有大量装甲车辆的第 30 军不同，第 13 军以步兵为主力。现在，伯纳德·弗雷贝格（Bernard Freyberg）少将指挥的新西兰第 2 师已成为主攻力量，并且正向西迪雷泽格前进。

作为指挥官，隆美尔在 11 月 24 日太阳落山后的行为愈发反常和古怪。他对非洲军"昏昏欲睡"的行动感到沮丧，还因补给问题而痛苦不堪。不顾天色已黑，他带领参谋长阿尔弗雷德·高泽少将、一名副官和几名士兵乘坐轿车进入埃及"亲自侦察"。不久，这辆轿车抛锚，把隆美尔一行人困在沙漠里。幸运的是，克吕维尔及其参谋长弗里茨·拜尔莱因（Fritz Bayerlein）中校驾着一辆缴获的英军装甲指挥车从旁驶过，这才让他脱离困境。然而，这一行人没能在夜里找到一处穿越"边境围栏"的缺口。隆美尔恼羞成怒，亲自抢过方向盘，不断试图驾车冲过铁丝网，但没有任何作用。这次失败后，15 名德军在星空下度过了余下的夜晚，其间不断有英军车辆从旁边驶过，但都没有注意到这些德国人。直到日出后，该小组才在铁丝网上找到一个缺口，并在 7 时左右返回了第 21 装甲师师部。[108] 至此，隆美尔已失联超过 12 个小时，还在没有护卫的情况下陷入敌后区域，险些重蹈奥康纳的覆辙。

如果高泽和拜尔莱因能守在无线电旁，而不是被隆美尔带着在沙漠中狂奔，他们就可以协调补给，为装甲部队缓解燃料短缺。但事实上，当隆美尔在 11 月 25 日黎明返回时，冯·拉文施泰因的第 21 装甲师仍在等待补给。随着少量燃料抵达，克吕维尔命令"施特凡"战斗群穿过"边境围栏"进入埃及。在 8 时左右，施特凡发起首次尝试，并直奔比尔谢弗岑附近的缺口而去。然而，英军第 13 军已从其少量装甲力量中抽出一部分，试图阻击德军—— 该部队是一个混合坦克群，由来自第 42 皇家坦克团和第 44 皇家坦克团的 12 辆"玛蒂尔达"坦克组成，指挥官是罗纳德·罗林斯少校。当时，施特凡麾下只有不到 16 辆中型坦克可用，虽然在他们短暂战斗中打死了罗林斯少校，但未能冲破上述英军中队。[109] 随后，施特凡决定从南面穿过"边境围栏"，对上述英军坦克实施迂回，但在进入埃及后不久，德军坦克就遭到英军战斗轰炸机的低空扫射。施特凡中校受了致命伤，其职务被维尔纳·米尔德布拉特少校接替。[110] 更糟的是，由于燃料短缺，冯·拉文施泰因的第 21 装甲师只能分成小群进入埃及。尽管如此，隆美尔还是命令他们向西迪欧迈尔进攻，支援孤立的意军"萨沃纳"师，此外还要消灭印度第 4 师（据信该师十分脆弱）。

随后，在西迪欧迈尔附近，冯·拉文施泰因带领第 21 装甲师对印度第 7 旅阵地发动进攻。但这次进攻非常凌乱。9 时左右，1 个德军 10.5 厘米炮兵营开始轰击印军阵地，但直到 11 时，德军才发起地面进攻。米尔德布拉特少校负责率领大约 15 辆坦克进攻新欧迈尔，但身后没有任何炮兵或步兵支援。他们对面是皇家炮兵第 1 野战炮兵团，该团部署在依然完整的雷障之后，冷静等待着德军坦克逼近。待到对手逼近至不足 800 米时，他们把炮管放平，开始迅速倾泻弹药。10 辆德军坦克被击中，其中 2 辆炮塔被炸飞。[111] 即使如此，英军也有 6 门 25 磅炮被德军还击火力摧毁。米尔德布拉特驾驶着其余 7 辆中型坦克（其中 4 辆受损）一瘸一拐地离开了战场。虽然冯·拉文施泰因在下午晚些时候发动了一次步兵与炮兵的联合进攻，攻克了利比亚欧迈尔，但这并不能弥补第 5 装甲团的损失。

当冯·拉文施泰因与印度第 7 旅缠斗时，诺伊曼-西尔科正奉命指挥第 15 装甲师向西迪阿齐兹前进。当时，克雷默的第 8 装甲团共有 40 辆中型坦克可用（包括 34 辆三号坦克和 6 辆四号坦克）。在前进途中，他们偶然在西迪欧迈尔以西 10 千米处发现了 1 支皇家陆军军械部队轻型修理分队（Light Repair Section）。该分队正在修理第 42 皇家坦克团的 16 辆战损"玛蒂尔达"坦克（大多处于拆解状态，只有少数可以发动），对这场遭遇措手不及。克雷默立即命令第 1 营以横队展开，并让第 2 营从右侧包抄，同时部署了 1 个 8.8 厘米高射炮连支援进攻。在惊慌失措中，有些第 42 皇家坦克团的乘员匆忙登上坦克，试图与拥有绝对优势的敌人对抗，而军械部队的人员则乘坐"软皮"车辆慌忙逃离。令人惊讶的是，英国坦克手坚持了 90 分钟，并击毁了 2 辆三号坦克。最终，这 16 辆"玛蒂尔达"坦克被全数击毁，40 多名英国车组人员被克雷默装甲团俘虏。这次行动耗尽了第 42 皇家坦克团的元气，但他们也消耗了对手的时间、弹药和燃料——对于德意志非洲军而言，这些都是难以承受的。

当"十字军"行动在第 8 天结束时，双方装甲部队都已山穷水尽。非洲军的 2 个装甲师只剩下大约 45 辆中型坦克可用，仅为其初始兵力的四分之一。此外，它们还损失了大量的运输车辆、步兵和支援武器。第 21 装甲师已基本瘫痪，急需休整一段时间以恢复战斗力。但意军"公羊"装甲师仍有大约 80—90 辆 M13/40 中型坦克，而且大部分运输车辆依旧完好。另一方面，在隆美尔"冲向'边境围栏'"后，诺里的第 30 军几乎未受影响，这使得他们得以修复部分受损车辆，到 11 月 25 日结束时，该军已有近 100 辆坦克可用。即使如此，由于第 7 装甲旅已被重创、只能将人员送回埃及，戈特的第 7 装甲师依旧实力大减。第 13 军则得到了第 42 皇家坦克团 C 中队（16 辆"玛蒂尔达"坦克）作为增援，第 8 皇家坦克团也仍有 2 个"瓦伦丁"坦克中队，使全军仍有约 50 辆步兵坦克。然而，双方的坦克和支援部队都分散在茫茫大漠中，无法让装甲兵"形成规模"。由于之前的"坦克大战"，双方装甲部队事实上已两败俱伤。

自"十字军"行动开始，双方都在战术和战役层面做出过错误决策，而且程度不相上下，这让他们在战场上付出了高昂代价。在西迪雷泽格，克吕维尔击败了第7装甲师和南非第5旅，但隆美尔随后下令"冲向'边境围栏'"，此举不仅毫无成果，还给了英军弥补错误的机会。虽然有些历史学家也许会说，"冲向'边境围栏'"确实可能如隆美尔所愿，吓得第8集团军撤退，但这一任务并不需要投入所有轴心国机械化部队。比尔古比之战证明，意大利机动军完全可以胜任机动防御行动，而且该军更应该留在托布鲁克附近，从而阻止守军突围、阻击新西兰步兵。但隆美尔却强迫"公羊"装甲师加入"冲刺"，从而浪费了最后一支完整的装甲预备队。此外，隆美尔还违反了德国装甲部队的基本运用原则，他不仅没有在战场关键地点制造"重心"（Schwerpunkt），反而将装甲力量分散开来，试图带着一丝赌博心态，试图在盟军后方地区寻找战机。

当隆美尔在埃及边境附近游荡时，新西兰第2师师长弗雷贝格正在向贝尔哈迈德和西迪雷泽格挺进，同时，他还抽出第5旅，试图确保交通线安全。如果隆美尔在11月24日命令意大利机动军赶赴西迪雷泽格，那么毫无疑问，后者麾下2个师肯定能阻止新西兰人推进，直到德意志非洲军返回。相反，他却不断催促"公羊"装甲师向"边境围栏"前进，从而让问题更加严峻。11月25日晚些时候，托布鲁克守军开始在埃德杜达附近发起新一轮进攻。此处轴心国防御阵地由"非洲"特别师级司令部和意军"博洛尼亚"师下属部队把守。英军用2个"玛蒂尔达"坦克中队打头阵，但未能克服地雷和猛烈防御火力。不过，新西兰第4旅仍在11月26日1时占领了贝尔哈迈德山脊，而新西兰第6旅则抵达了西迪雷泽格机场。[112]12时10分，第32陆军坦克旅旅长威利森准将再次发起进攻。在炮兵和步兵支援下，第4皇家坦克团和第7皇家坦克团投入约30辆"玛蒂尔达"坦克，一举将意大利步兵赶出关键阵地——埃德杜达。[113]此时，他们与新西兰人相距不到3千米，会师条件已经具备——战役的关键时刻也随之降临。

此时，隆美尔却不知去向，而且也未能与装甲集群总部取得联系。在阿代姆（El Adem）附近，装甲集群作战参谋威斯特法尔拼命试图联系这位长官，但在所有努力失败后，鉴于局势危急，威斯特法尔只能自行做出决定，要求第21装甲师返回托布鲁克地区（但因为燃料匮乏，这一调动经历了颇多波折）。[114]作为该师返回前的应急之举，"非洲"装甲集群还指示意大利"的里雅斯特"师开往西迪雷泽格阻击新西兰第6旅。11月26日上午，第9神射手团抵达，3辆德军坦克（很可能是刚维修完毕的受损车辆）也随之一同赶到。10时30分左右，这些意军神射手和德军坦克击溃了新西兰第6旅的部分步兵，但英军第8皇家坦克团B中队随即赶来救援，坦克战在11时整爆发。斯图尔特·汉密尔顿（Stuart Hamilton）中尉当时在B中队担任排长，对他来说，这次行动也是他第一次经历战火洗礼：

我们以约每小时4—5英里的时速冲上山顶，突然炮塔左侧传来剧烈撞击，我双腿顿时被一团火焰包围，并随着爆炸暂时昏迷过去。有东西飞溅到眼睛和脸上，让我什么都看不见。当我摇晃着脑袋，用双手擦去脸上血迹和污渍时，我发现炮塔内部正在冒烟，而且旁边的电台烧得很厉害。炮塔左侧有2个被烟熏黑的洞，炮手斜靠在火炮上，左脸和头顶被炸掉大半，他的鲜血和脑浆也将我全身溅满。[115]

但在此后不久，英军击毁了全部3辆德军坦克，并在机场之外挫败了意军神射手的反击。与此同时，弗雷贝格还决定在夜间突袭埃德杜达，并为此投入1个步兵营和第44皇家坦克团的1个中队（共计17辆"玛蒂尔达"坦克）——这种行动在第8集团军之中可谓相当罕见（尽管第44皇家坦克团曾进行过一些夜间野战训练）。21时30分，英军先头分队开始推进，该分队由埃里克·吉本（Eric H. Gibbon）少校指挥，包括10辆"玛蒂尔达"坦克，但没有步兵或炮兵支援。不久之后，第2批7辆"玛蒂尔达"坦克与1个新西兰步兵营（部分徒步,部分乘坐"通用运输车"）也开始跟随前进。当地德军炮兵对此全无防备，因此2个连的人员被俘虏，手里的8门榴弹炮也被英军缴获。随后，吉本率领坦克在21时45分抵达埃德杜达，与托布鲁克守军会合，而且没有遭受后续损失（这一点尤其令人惊讶）。[116]虽然这条走廊狭窄却脆弱，但第8集团军一个主要战役目标已经达成。

尽管与托布鲁克守军会师在望，但奥金莱克已决心撤换坎宁安。在他看来，这位下属太缺乏进取心，根本无法带领部队赢得胜利。11月26日下午，坎宁安被正式解职，并被尼尔·里奇（Neil Ritchie）少将取代。里奇是奥金莱克最资深的幕僚之一，参谋资历丰富，但指挥经验非常有限（仅于和平时期在巴勒斯坦指挥过1个步兵营），更没有直接指挥过现代诸兵种合成作战。鉴于里奇并非久历战阵，奥金莱克决定留在前线监督行动。与此同时，隆美尔直到大约11月26日10

时 30 分才了解到危机正在西迪雷泽格附近扩大，即便如此，他未认识到威斯特法尔报告（其中称局势"非常危险"）的重要性——虽然第 8 集团军并没有溃散，但隆美尔仍想继续赌博，攻击英军后方地区。直到下午，当他得知冯·拉文施泰因已经带领第 21 装甲师离开埃及、前往巴尔迪亚时，他才最终心甘情愿地下令放弃。在此之后，他一方面命令"克雷默"战斗群沿卡普佐驮道向西返回西迪雷泽格，但依旧要求第 15 装甲师在索卢姆 - 巴尔迪亚附近逗留一段时间，以便搜索和扫荡敌人。[117] 换言之，出于一厢情愿，而不是理性判断，隆美尔仍在对"冲向'边境围栏'"计划有所迷恋。

11 月 26 日结束时，双方都开始接受战役未能按计划展开的事实。根据最初安排，英军试图在"十字军"行动中让装甲部队"形成规模"和"开展机动"——这符合利德尔 - 哈特的设想，也和战前"实验机械化部队"在蒂德沃思的演习如出一辙。但随着包抄机动进行，其部队却愈发分散，逐渐失去了决定战局的能力。第 7 装甲师没有与敌军进行"坦克大战"，而是因为种种微小战术失误逐渐分散开来，不再是一支富有凝聚力的诸兵种合成部队。同样，隆美尔则希望运用德意志非洲军包围和击溃英军装甲部队，但这一计划也没有像 1940 年法国战役那样完美。其问题来自两点：首先是在战争中，计划永远赶不上变化；其次，隆美尔还经常与主要下级爆发争执。虽然在战术上，德意志非洲军给第 7 装甲师造成了沉重打击，但未能趁势消灭残敌，甚至给了对手恢复元气的宝贵机会。总之，经过 9 天时间的战斗，战役形势仍有可能向任何一方倾斜，但在后勤和增援方面，形势正在愈发对英国第 8 集团军有利。

"十字军"行动：尾声，1941 年 12 月

> 经历两年训练，航海绕地球半圈。仅过半个小时，我们全军覆灭。[118]
>
> ——某被俘英国装甲兵军官

第 7 装甲师的聚拢和重组并不容易，在西迪雷泽格之战失败后，英军为此花费了好几天时间。事实上，如果隆美尔真的做了干预，英军将永远没有完成这项工作的机会。但到 11 月 27 日，该师已部分恢复元气。在此期间，除了约 70 辆

受损坦克被英军从战场上回收，还有40辆全新的"斯图亚特"坦克也从开罗运抵[119]，使第4装甲旅（含第3皇家坦克团、第5皇家坦克团和第8轻骑兵团）和第22装甲旅（第2皇家坦克团、第3伦敦郡义勇骑兵团、第4伦敦郡义勇骑兵团和第2皇家格洛斯特郡轻骑兵团）的可用坦克分别上升至77辆和42辆。虽然坎贝尔支援群损失了1个摩托化步兵营和约三分之一的炮兵，但实力仍相当于1个步兵营和2个炮兵营。总之，即便第7装甲师规模已大不如前，但其战斗力依旧有所恢复，而且补充很快就会到来。

11月27日清晨，"克雷默"战斗群从威斯特法尔和隆美尔处接到了两份彼此矛盾的命令：前者要求其立即返回西迪雷泽格，而后者则命令其攻击西迪阿齐兹的新西兰第5旅。克雷默决定按隆美尔之命行事，并在黎明前将所剩40辆坦克部署在西迪阿齐兹东南。尽管缺乏燃油和弹药，但克雷默团设法从缴获物资中搜罗了一些燃油，从而能继续勉强前进。

在西迪阿齐兹，英军守军由詹姆斯·哈格斯特（James Hargest）准将指挥，包括1个加强步兵营，并配有1个25磅炮连、4辆2磅炮搭载车、3门40毫米博福斯高炮和3门过时的18磅炮。随着德军第33炮兵团第2营的弹幕射击停止，克雷默在7时过后不久率部来袭。当时，哈格斯特把部队布置成环形，大部分火炮朝西，完全没有料到敌军坦克会从东面进攻。2磅炮搭载车英勇地冲出环形防御阵地，当克雷默麾下坦克接近至1200米时，这些车辆纷纷开火，但其中3辆很快被击毁。英军火炮接二连三瘫痪，只有40毫米博福斯火炮在300米外混合发射的穿甲弹和高爆弹给德军制造了一些损失。德军坦克抵达环形阵地后，尽管新西兰步兵试图使用简易"粘弹"抵抗，但这是没有用的。为防止部下被屠杀，哈格斯特亲自向克雷默投降。共有696名新西兰军队被俘，44人阵亡。[120]而德军损失则微乎其微。

在重创新西兰第5旅后，隆美尔允许克雷默脱离接触，沿着卡普佐驼道向西前进，但他也留下了"门尼"战斗群（Kampfgruppe Menny）的步兵，以便在当天其余时间继续在巴尔迪亚周围扫荡敌军。在沿卡普佐驼道行进时，"克雷默"战斗群数次遭到"战斧"战斗机的低空扫射，造成4死8伤。直到二战这个阶段，德军都没有为行军纵队提供大量轻型高射炮保护，但北非战役将让他们记住这一教训。

11 时 30 分左右，国王龙骑兵禁卫团有装甲车发现"克雷默"战斗群正在沿卡普佐驼道向西移动，并向第 30 军报告了上述情况。戈特命令第 22 装甲旅（现由卡尔中校指挥）在西迪雷泽格以东约 22 千米处的阿立德屯垦点（Gasr el Arid）附近占领阻击阵地，并要求盖特豪斯从南面率领第 4 装甲旅赶来，攻击德军纵队左翼。从纸面上看，在接下来的战斗中，尽管英军炮兵支援有限，但与对手相比仍享有 3:1 的坦克优势。如果戈特思路开阔一些，还可以命令工兵在卡普佐驼道布设雷障，阻碍德军前进，但他没有想到这一点。

13 时，卡尔将坦克部署在高地上。他向西眺望，刚好看到德军纵队先导正在驶来。卡尔部下完全是拼凑而来，分别来自 4 个装甲团，其中规模最大的是乔治·尤尔少校的第 2 皇家坦克团混合中队，共有 14 辆坦克。特雷弗少校的第 2 皇家格洛斯特郡轻骑兵团混合中队只有 8 辆坦克，而第 3 和第 4 伦敦郡义勇骑兵团则各有 10 辆。在大约 800 米外，尤尔率先与德军纵队交战，宣称击毁 4 辆坦克。但"克雷默"战斗群迅速调集坦克和大炮，用远程火力猛轰英军阻击阵地，击毁了尤尔的 2 辆坦克。与此同时，第 2 皇家格洛斯特郡轻骑兵团和第 3 伦敦郡义勇骑兵团也相继加入战斗，以损失 3 辆坦克为代价取得了一些战果。[121] 由于卡尔在战斗中负伤，其旅长职务随即由理查德·贾戈中校接过。战斗持续了一整个下午，英军调来 2 个 25 磅炮连，轰击受阻的德军纵队。当德军纵队前方全面陷入交火时，第 4 装甲旅正在向其侧翼和后部袭来，从而给了英军一个大开杀戒的绝佳机会。此时，罗伯特·克里斯普中尉已成为第 3 皇家坦克团 C 中队指挥官，麾下拥有 10 辆"斯图亚特"坦克。他注意到："我前方是密密麻麻的运输车辆。黝黑的驼道非常宽阔，上面行驶着装满物资的卡车和货车……但眼前看不到哪怕一辆坦克。"[122]

第 3 皇家坦克团团长埃温中校命令 2 个中队发起进攻。最初，德军完全措手不及。克里斯普率领"斯图亚特"坦克径直杀向德军纵队，给他们的摩托化运输车辆造成了沉重损失。然而，德军很快恢复镇定，并开始部署第 33 炮兵团第 2 营第 6 连的 10.5 厘米榴弹炮，同时，第 33 装甲歼击营的反坦克炮也开始还击。显然，第 3 皇家坦克团和第 5 皇家坦克团的其余部队没有向敌军纵队靠拢，这使得克里斯普的 10 辆"斯图亚特"坦克顿时陷入险境（当然，也有可能是克里斯普的进攻时间太早——他在回忆录中经常避讳这些不利细节）。德军炮手开始按部就班地攻击"斯图亚特"坦克。在克里斯普转动炮塔时，他看到"不到50码外有1门5厘米反坦克炮直指'甜心'（即"斯图亚特"坦克）"，于是命令炮手用机枪开火，但就在此时，其炮塔后部突然中弹：

"我看见反坦克炮腾起一股烟雾，并听到声响传来，感觉有炮弹击中了装甲板。我迅速向炮塔下方看去。在我身下一两英尺（1英尺约0.3米）处，炮手正盯着自己的手，上面的暗红色血污正在慢慢扩散。然后他发出一声尖叫，瘫倒在地板上。炮塔右上角有一个丑陋的大洞。"[123]

然而，"斯图亚特"坦克尚未瘫痪，克里斯普立即用同轴机枪还击，迫使德军反坦克炮手寻找掩护。趁此机会，驾驶员设法驾车找到了1个隐蔽处，最终让全车逃过一劫。但在回望战场时，克里斯普却发现"我手下的4辆坦克陷入火海，另外3辆坦克停在那里，被凄惨地遗弃。"战斗持续到黄昏，在此期间，英军共损失了19辆坦克。随着夜幕降临，第22装甲旅向西后撤8千米，试图构建营地过夜，但没有在卡普佐驼道上留下任何掩护部队——这在战术上是一种巨大的失误，而且这种问题在英军中存在已久。随着英军坦克撤出驼道，"克雷默"战斗群重新开始前进，并几乎抵达175地点。但德意志非洲军其他部队则一路延伸到西迪阿齐兹，这使得德军无法在次日清晨发动大规模装甲攻击。

受此影响，在11月28日大部分时间，第15装甲师和第21装甲师都没有参加大规模战斗，而是只能在175地点以东集结。而且由于损失，第21装甲师的战斗力已几乎枯竭。至于第15装甲师则与第4装甲旅进行了一些小规模战斗，自身损失3辆坦克，但击毁了第3皇家坦克团的4辆"斯图亚特"。[124] 同时，抵达埃及边境附近的"公羊"装甲师也奉命西撤，并在卡普佐驼道以南与坎贝尔麾下的部分"乔克纵队"遭遇。另一方面，英军第8集团军则试图在西迪雷泽格周围加固阵地，但问题在于，新西兰第2师在当地战线太长，但可用部队只有6个步兵营和若干步兵坦克中队。为支援该师，诺里一心试图从南非第1师抽调援军，但后者已经损失了第5旅，因此不愿再承担风险。他们告诉诺里，希望能在增援途中得到装甲部队的护送。这导致英军被迫从西迪雷泽格调出第4装甲旅大部分兵力，而且最终南非部队也未能抵达目的地。[125] 虽然在东南方向，英军还有第7装甲师其余部队，理论上可以支援新西兰第2师，但其麾下只有几个中队能迅速介入战斗，而且各自兵力都捉襟见肘。在埃德杜达（即新西兰第 2 师防区以西），英军有第 70 步兵师一部和第 32 陆军坦克旅——这些部队的后备力量同样有限。事实上，虽然英军建立起了连接托布鲁克的"走廊"，但在当地周围，其兵力仍相当分散，很容易被各个击破。克吕维尔也计划利用这些弱点，一举歼灭英军解围部队。

德意志非洲军在 11 月 29 日上午可谓开局不顺：在 175 地点附近，新西兰第 21 营俘虏了 1 辆德军轿车，上面有第 21 装甲师师长冯·拉文施泰因少将与 2 名随行人员。由于他们携带着地图箱和作战文件，这对盟军情报部门无疑是个意外惊喜。[126] 受此影响，第 21 装甲师当天几乎没有任何建树，只是对新西兰第 4 旅进行了一次小规模牵制攻击。但另一方面，第 15 装甲师和意军"公羊"装甲师却攻势猛烈，令第 8 集团军措手不及。"克雷默"战斗群（共 39 辆坦克，包括 25 辆三号坦克和 3 辆四号坦克）于 7 时开始向西推进，绕过 175 地点的新西兰营，并于 4 小时后在西迪雷泽格以南与"博彻尔"集群（由步兵和炮兵混编而成）会师。由于这些行动是在第 7 装甲师眼皮底下完成的，而且后者几乎毫无反应。克吕维尔于是决定抓住机会，让克雷默率部掉转方向，从西南方朝埃德杜达发动攻击。英军在当地只部署有埃塞克斯团第 1 营（1st Essex）和几辆"玛蒂尔达"坦克（来自第 44 皇家坦克团），对这次行动几乎毫无防备。14 时左右，克雷默在步兵和炮兵支援下开始进攻。第 32 陆军坦克旅旅长威里森准将闻讯立刻下令投入预备队（即第 1 皇家坦克团的 9 辆巡洋坦克）。得益于铁丝网障碍和地雷，以及第 1 皇家骑炮团的支援，上述英军一度挡住了克雷默的进攻。但 16 时 40 分，克雷默在第 115 步枪兵团 1 个营和博彻尔的重炮支援下再次来袭。尽管埃德杜达守军拼死抵抗，但最终被第 8 装甲团第 2 营（营长：沃尔夫冈·瓦尔上尉）击溃，5 辆"玛蒂尔达"坦克（其中几辆在之前已失去行动能力）也在战斗中被击毁。17 时 15 分，德军步兵控制了大部分埃德杜达地区，但阵地内仍有英军正在继续抵抗。事实上，埃塞克斯团第 1 营营部仍坚守在高地上，与德军步兵相距仅 200 米。[127] 在进攻中，克雷默有 4 辆坦克损失（包括 1 辆三号坦克和 2 辆四号坦克，损失原因全部是触雷），弹药也消耗了 20%。在战斗结束后，克雷默撤回了下属部队，以便补充物资，只有第 115 步枪兵团的大约 150 名步兵和 2 门 3.7 厘米反坦克炮留下占领阵地。

在第 21 装甲师方面，第 5 装甲团可用坦克只有不到 20 辆。他们向扎夫兰

（Zaafran）以南的新西兰第 4 旅阵地发动了一次仓促进攻，但随着第 8 皇家坦克团残余坦克及时赶到，德军只能悻悻后退。在此期间，第 8 皇家坦克团 A 中队指挥官约翰·奥尼尔（John A. O'Neill）少校在率部进攻时阵亡，该团也只剩下 1 辆"瓦伦丁"坦克可以参战。[128]

与此同时，"公羊"装甲师则转向北方，试图攻击 175 地点。这一据点仍然掌握在新西兰第 21 营手中，并有 3 辆坦克和若干反坦克炮提供防御支援。但在白天，这些重装备逐渐被德军用炮火击毁。17 时 30 分左右，1 支意军混合纵队开始向目标接近，该纵队由坦克和机动车辆组成，但不知何故，新西兰人错把它们当成了南非第 1 师的迷路部队，因此根本没有开火射击。结果意大利坦克俘虏了 2 个新西兰步兵连，并迫使该营其他部队在夜间撤退。[129] 这一次，命运眷顾了意大利坦克兵，让他们没有多少损失就占领了一处重要阵地。

虽然在"十字军"行动中，英联邦部队在战术上经常颇为死板，但埃德杜达周围的战斗却是一个例外。虽然在 11 月 29 日下午，这一重要阵地一度失守，但在 6 小时后，托布鲁克守军便投入 2 个澳军步兵连，并在第 4 皇家坦克团 11 辆"玛蒂尔达"坦克支持下发起了一次精彩夜袭，一举将上述阵地夺回。[130] 在埃德杜达地区，英军埃塞克斯团第 1 营营部依然完好，在他们的指引下，澳军没有使用任何炮火支援，就将德军打得猝不及防，"玛蒂尔达"坦克迅速摧毁了 2 门 3.7 厘米反坦克炮，并俘获了 167 名德军步兵。由于德军战术预备队没有反应，上述盟军小部队还巩固了对目标阵地的控制。

虽然埃德杜达宣告失守，隆美尔还是命令克吕维尔率领 2 个装甲师和意军"公羊"装甲师立刻行动，击溃新西兰第 2 师。作为第一步，克吕维尔和诺伊曼-西尔科将首先打击西迪雷泽格的新西兰第 6 旅。这一次，他们没有像昨日在埃德杜达一样勿忙行事，而是事先做了妥善准备，并试图让各个兵种在攻击时相互配合。10 时 30 分，"博彻尔"集群 [该部队此时已更名为"米克尔"集群（Gruppe Mickl），并由约翰·米克尔（Johann Mickl）上校指挥][1] 重炮开始轰鸣。经过漫长炮击，新西兰旅有许多支援武器被击毁。14 时 30 分，德军装甲部队和摩托化

---

① 译者注：该战斗群原指挥官博彻尔已晋升为第 21 装甲师师长。

步兵相继开赴前线，只是进攻仍未发起。此时，新西兰第6旅有2个步兵营（第24营、第26营）部署在西迪雷泽格，1个营（第25营）位于机场东面，但炮火支援非常有限，导致德军可以在其阵地南方公然集结。看到新西兰旅防御遭到炮兵削弱，克雷默非常满意，于是在16时30分命令坦克前进。他让一个营迂回前往北方，让另一个开赴南面，试图发动钳形攻势。新西兰军队并没有让残余2磅反坦克炮进入掩体，而是把它们架在卡车上、试图前出攻击德军，这导致它们很快被全部击毁。在消灭敌军反坦克炮后，克雷默的坦克迅速出击，击溃了第24营和第26营。[131] 这些部队有600多人被俘，只有少数人得以逃离，整个第6旅也随之四分五裂。

当德意志非洲军击溃新西兰第6旅时，戈特的第7装甲师却在东南方10千米处徘徊，几乎对形势毫无贡献。当时，诺里仍把心思放在调动南非第1旅上。为满足这支"矫情"的部队（南非人很害怕半路遭到德军坦克进攻），他被迫将第4装甲旅一部调离西迪雷泽格，以便提供护卫。为此，盖特豪斯派出了第3皇家坦克团（14辆坦克），只留下德鲁少校的第5皇家坦克团（26辆"斯图亚特"）和彼得·桑德巴奇（Peter D. Sandbach）少校的第8轻骑兵团[①]混合中队监视175地点，以提防意军"公羊"装甲师。[132] 此外，戈特还决定将第22装甲旅派往南方，以便在比尔古比休整，导致第7装甲师几乎没有与敌人接触。然而，克吕维尔没有意识到第7装甲师在附近只有有限兵力，于是指示"公羊"装甲师在175地点以南构建警戒屏障，以防止第4装甲旅前来干扰。11月30日清晨，巴洛塔投入1个营级装甲集群攻击第4装甲旅，其麾下坦克很快与第5皇家坦克团B中队[指挥官：帕迪·多伊尔（Paddy Doyle）少校]和第8轻骑兵团一部爆发交战。在这场战斗中，英军摧毁了13辆M13/40中型坦克和5辆超轻型坦克。桑德巴奇的第8轻骑兵团混合中队有3辆"斯图亚特"坦克中弹瘫痪，但全部被回收。很明显，"斯图亚特"坦克与M13/40中型坦克相比并无重大技术优势，而且两者的火力和装甲防护能力也几乎相当。此外，英军在坦克数量方面也没有明显优势。但在这场战术行动中，他们仍然轻松击败了规模更庞大的意军，而且自身损失轻微，让

---

① 译者注：此处原文为"第8皇家坦克团"，有误，实际应为"第8轻骑兵团"，下同。

人回想起 1940 年的沙漠战役（具体原因仍有待考证）。不过即使如此，意军坦克还是实现了既定任务目标：阻止第 4 装甲旅干扰德军对西迪雷泽格的攻击。

12 月 1 日，随着新西兰第 2 师被孤立，隆美尔试图将其彻底击溃。这一次，德军将重点转向了贝尔哈迈德的新西兰第 4 旅。6 时 15 分，第 33 炮兵团又一次发起猛烈弹幕射击，为整个进攻揭开帷幕。炮火摧毁了新西兰人的大部分机动运输车辆，令整个地区尘土飞扬、硝烟弥漫。过去几天，德意志非洲军掌握了许多攻击敌人堑壕阵地的经验。在强攻贝尔哈迈德期间，第 15 装甲师更是展示了一套有效的全新诸兵种合成战术。在炮火压制敌方防御后，克雷默率领大约 40 辆坦克出动，但他并没有正面进攻，而是开始从大约 2000 米外从西向东斜切进敌军阵地。由于敌人已有戒备，这项行动的风险极大，但恶劣的能见度帮助了克雷默，让新西兰人只能勉强看到德军坦克的轮廓。

新西兰炮兵指挥官雷金纳德·迈尔斯（Reginald Miles）准将一直渴望用 25 磅炮对抗坦克，立刻命令皇家炮兵第 6 野战炮兵团的 16 门 25 磅炮放平炮管。但德军早有预料，25 磅炮阵地一暴露，他们就用多辆坦克集火压制。尽管新西兰炮手可能击毁了 6 辆德军坦克，但到 7 时，第 6 野战炮兵团的火炮已损失殆尽。守军残存的几辆 2 磅炮搭载车也全部被击毁（其中大部分毁于四号坦克发射的 7.5 厘米高爆弹）。随着新西兰远程火炮和反坦克炮陷入沉默，约翰内斯·库梅尔上尉开始率领第 8 装甲团第 1 营逼近，准备大开杀戒。这些德军坦克排采用了交替掩护战术——1 个排（包括 2—3 辆坦克）前进，其他坦克则向周围其他敌军开火。在到达新西兰军队堑壕之前，德军坦克首先施放烟雾弹，然后从烟雾中冲出，令对手措手不及。有些德军坦克还在发动机舱盖上搭载着数名步兵，他们迅速下车，扫荡惊魂未定的守军。到 7 时 45 分，新西兰第 20 营已大部分被歼灭，只有少数人仍在勇敢抵抗。有人这样回忆一名用 14 毫米博伊斯反坦克步枪攻击德军四号坦克的新西兰士兵：

显然，坦克被他惹怒了——我两次看到它转动炮塔，向士兵所在方向发射了大量子弹。每次炮塔旋转时，这名士兵都俯下身去，直到炮塔转向别处，他才会探出头来，并在坦克专心攻击其他目标时重新开火。他的弹药用完了，大喊着需要补充，于是我们把弹药扔过去。莱基（Leckie）继续射击，由于距离非常近，我们甚至可以看见子弹被坦克装甲弹飞。突然，坦克炮塔开始急速旋转，75毫米炮随即发射。莱基被炮弹直接击中，博伊斯反坦克步枪也被击毁，部分胸墙被炸塌——当时坦克距离他也不过40多米。[133]

歼灭第20营后，德军装甲部队继续前进，消灭了附近的第18营。弗雷贝格呼叫诺里提供坦克支援，于是，戈特立刻命令第4装甲旅尽量支援新西兰军队。但当第一批英国坦克于大约9时从南面接近贝尔哈迈德时，新西兰第4旅残部已开始撤离阵地。彼得·桑德巴奇少校率领第8轻骑兵团混合中队最先抵达。发现该阵地仍处在猛烈炮火覆盖之下。这些"斯图亚特"坦克随即误闯入德军第8装甲团第2营（指挥官为沃尔夫冈·瓦尔上尉）之中，一场短促战斗随之爆发。桑德巴奇很快阵亡，第8轻骑兵团也有3辆"斯图亚特"受损瘫痪。得知新西兰人正在撤退，英军坦克也撤往南方。由于尘土、硝烟和敌军炮火，贝尔哈迈德山脊看上去极为混乱，但即使如此，第7装甲师指挥层对新西兰师的遭遇却冷漠得令人咋舌——不仅只派出了微弱增援，而且这些增援险些没有及时赶到。在这种情况下，弗雷贝格只得率部退出战斗，在黄昏前退守扎夫兰。12月1日夜间，弗雷贝格决定继续撤退，一直退到埃及边境。[134] 就这样，第8集团军通往托布鲁克的脆弱通道被再次切断，隆美尔似乎已胜券在握。

德意志非洲军看似高奏凯歌，实则山穷水尽——其部队早已精疲力竭，弹药、燃料和备件也几乎告罄。早在贝尔哈迈德，新西兰军队便注意到克雷默坦克的负重轮上已几乎没有橡胶，而且车况看起来非常糟糕。[135] 此外，上述战术胜利也令克雷默损失了20辆坦克，使整个第8装甲团只剩下16辆坦克可用（包括4辆二号坦克、10辆三号坦克和2辆四号坦克）。第5装甲团的情况也类似，只有21辆坦克。"公羊"装甲师则约有56辆M13/40中型坦克可用。[136] 隆美尔的装甲部队亟需休整，何况此举也将有助于应付对手后续行动。但隆美尔只是给了装甲部队一整晚休息时间，随即命令克吕维尔立刻追击撤退的新西兰人。2个小型摩托化战斗群被集结起来，每个战斗群的骨干都是1个步兵营，并配有其他支援武器。它们将分别沿海岸公路和卡普佐驼道前进，最终抵达巴尔迪亚推进和西迪阿齐兹。这些部队没有德制坦克随行，但其中之一——"克纳贝"战斗群——拥有3辆缴获的英军坦克。上述2支部队于12月2日启程，随后便被皇家空军发现。第8集团军收到警报。在巴尔迪亚以西,新西兰第 28(毛利)营在梅纳斯提尔(Menastir)构设了一处绝佳的"杀戮地带"。12 月 3 日上午,"盖斯勒"战斗群(Kampfgruppe Geissler)大摇大摆地闯入了陷阱,随后被打得"体无完肤",共有 260 人阵亡,120 人被俘。毛利人则只有 1 死 9 伤。一辆被缴获的"玛蒂尔达"坦克也被夺回。同样,德军南部纵队也在西迪阿齐兹附近遭到印度军队伏击,共有 100 人阵亡,100 人被俘。[137]

但隆美尔犯下的错误远不止于此。尽管南部纵队已被彻底击败,他还是命令克吕维尔派出第 8 装甲团支援西迪阿齐兹方向的纵队。克雷默率领该团于 12 月 4 日动身,但抵达之后,又奉命返回托布鲁克。在 16 个小时内,该团共行军 190 千米,令坦克车况雪上加霜。意军"公羊"装甲师也奉命向东朝索卢姆前进,只留下侦察集群守卫比尔古比附近的补给站。[138]与此同时,坚守在埃德杜达的英军第 70 师始终让隆美尔如芒在背,在他命令下,德军在 12 月 1 日—4 日轮番进攻,但最终无甚收获,只是平白增加了部队伤亡。在攻击埃德杜达时,德军步兵只有少量装甲支援,包括第 21 装甲师刚修复的几辆三号坦克,以及少数一号坦克歼击车,而英军步兵则拥有第 4 皇家坦克团的 27 辆"玛蒂尔达"坦克——这让失败几乎必然发生。

就在隆美尔为这些问题烦恼时,戈特于 12 月 3 日派出了印度第 11 旅。该旅奉命向比尔古比进军,试图威胁轴心国交通线,并拥有 16 辆坦克(来自第 8 皇家坦克团)和 2 个炮兵团提供支援。不久,隆美尔便从梅伦廷处收到报告,称英军装甲车正在阿代姆附近活动。[139]戈特之所以能把部队投入这一"真空地带",完全是因为隆美尔把甘巴拉的机动军调离了包围圈,并命令他们向埃及边境冲锋。由于兵力耗尽,隆美尔认为自己无力对抗戈特的出击。换言之,印军 1 个旅和 1 个步兵坦克中队的进攻已让他如同惊弓之鸟,和几天前试图"冲向'边境围栏'"、吓倒英国人的举动形成了鲜明对比——这一点尤其令人诧异。事实上,"非洲"装甲集群还有其他选择:如果隆美尔能将"公羊"装甲师迅速撤回比尔古比,他们仍有希望阻止印度部队推进,然而,隆美尔却选择了放弃。12 月 4 日 15 时,隆美尔要求克吕维尔将德意志非洲军撤往阿代姆。在这次仓皇撤退途中,德军丢弃了大量支援武器、车辆、伤兵,以及主要装甲车辆维修基地,并有约 30 辆受损坦克(其中包括 20 辆宝贵的中型坦克)只能被销毁。

但出乎所有人意料，随后 4 天，在机动军侦察集群支援下，一个意军步兵团守住了比尔古比。克吕维尔决定增援意大利守军，并在 12 月 6 日从第 15 装甲师抽调了一个纵队。然而，在前往当地期间，该纵队遭到比尔古比周边英军炮兵轰击，第 15 装甲师师长诺伊曼 - 西尔科少将也在炮击中受了致命伤——导致德军在短短 8 天内有 2 个装甲师都失去了师长。12 月 7 日，轴心国被迫放弃比尔古比，隆美尔也告知了罗马和柏林，他打算在加扎拉坚守——这种说法不过是在掩饰失败。另外，在 12 月 5 日，隆美尔还从意军最高统帅部获悉，至少到 1942 年 1 月，他都不会得到大规模增援。鉴于上述情况，隆美尔决定放弃继续进攻。[140]

里奇随即率领第 8 集团军转入追击，但和隆美尔的撤退一样，此举完全是仓促为之。参战部队来自第 30 军、第 13 军和托布鲁克守军，但由于通信问题，里奇难以协调这几支部队。另外，由于英军在托布鲁克周边地区没有前方补给仓库，因此补给也成了一个重大挑战。里奇命令第 13 军担任追击的先头部队，并命令诺里率领第 30 军前往埃及边境一带，扫荡残存的轴心国守军。盖特豪斯的第 4 装甲旅在得到了几批全新的"斯图亚特"坦克后，兵力增至 136 辆坦克。此外，第 13 军还拥有印度第 4 步兵师（未全面实现摩托化）、2 个步兵旅（即新西兰第 5 旅和第 22 禁卫旅）和一些步兵坦克。

在德意志非洲军撤退到加扎拉期间，双方装甲部队多次发生零星交锋，但直到 12 月 15 日，英国第 13 军才开始发动大规模进攻。这次行动发生在阿拉姆哈姆扎（Alam Hamza）附近，参与作战的单位包括印度第 5 旅和 9 辆"瓦伦丁"坦克，他们成功击退了备受削弱的"公羊"装甲师，但意军迅速投入 16 辆 M13/40 中型坦克发起反击，使局势得以恢复。[141] 与此同时，英军第 4 装甲旅（包括第 2 皇家格洛斯特郡轻骑兵团、第 3 皇家坦克团和第 5 皇家坦克团，共 90 辆"斯图亚特"坦克）开始向南做大范围包抄机动，试图威胁德意志非洲军交通线。在其中一次小规模战斗中，第 2 皇家格洛斯特郡轻骑兵团（已换装"斯图亚特"坦克）损失了 9 辆坦克。[142] 虽然该旅有几辆装甲车一直推进到特米米，但大部队却因燃料问题而行进迟缓，更何况"斯图亚特"是一种"短腿"坦克。而且令人费解的是，戈特从未尝试切断德意志非洲军的撤退路线，甚至没有任何骚扰。[143] 得益于此，隆美尔于 12 月 16 日—17 日夜间开始撤出加扎拉阵地，向布雷加港方向后撤。至于里奇的追击也十分谨慎。

当印度第4师缓缓通过绿山地区时，一支名为"班加西"纵队（Benghazi Column）的摩托化增援部队也集结完毕，准备穿越沙漠向贝达富姆挺进。"班加西"纵队核心来自第22禁卫旅，但也配属有"斯图亚特"坦克（来自第3皇家坦克团）、装甲车（来自第11轻骑兵团和第12皇家枪骑兵团，其中后者刚刚抵达）、远程火炮和反坦克炮。尽管该纵队规模很大，拥有2000多辆卡车，但兵力组成仍相当均衡。至于戈特的第7装甲师在追击战中只出动了一个旅和师属支援群。

在罗马，轴心国领导层不满于隆美尔的决定，并希望他能尽力坚守班加西。1941年12月中旬，轴心国拼命向北非增派装甲部队，但其中许多被英国海军和空军拦截，并且损失惨重。12月13日上午，英军潜艇"直立"号（HMS Upright）在塔兰托外海击沉了M.41船队的2艘意大利商船，将第12中型坦克营的全部52辆M13/40中型坦克送入海底。不过，在12月19日，下一支意军护航船队——M.42——成功向的黎波里和班加西运送了2个连（共45辆）德军坦克。然而，为挽救"非洲"装甲集群，隆美尔还是在5天后放弃了班加西。同时，他还对残余装甲部队做了部署，以防止英国人切断"巴尔博大道"，避免德军重蹈2月时意军的覆辙。此时，英军追击部队已分散为5个独立集群，随着他们不断向西运动，其空中支援力度也大幅减弱。隆美尔审时度势，于12月23日命令第15装甲师在安特拉特反击"班加西"纵队一部。在战斗中，德军击毁了第3皇家坦克团的6辆"斯图亚特"，随后主动撤出战场。[144] 之后，德意志非洲军退往艾季达比亚，但偶尔会掉头向英军追击部队发动攻击。圣诞节前夕，盖特豪斯的第4装甲旅后撤整编，第22装甲旅（包括第2皇家格洛斯特郡轻骑兵团、第3伦敦郡义勇骑兵团和第4伦敦郡义勇骑兵团）接了追击任务。

在艾季达比亚，克吕维尔留下意大利部队防守当地，并设法集结起来自2个装甲师的41辆坦克（包括28辆三号坦克和2辆四号坦克）。当新旅长贾戈率领第22装甲旅（包括35辆"斯图亚特"和55辆"十字军"坦克）试图绕到德军后方时，克吕维尔率领"非洲军团"猝然发起进攻。随后双方都损失了一些坦克。另外，第22装甲旅还备受燃料短缺和机械故障困扰，而克吕维尔则接收了2个连的新式三号坦克，而且离补给站更近。此外，他们还能获得在11月仍属于奢求的战术空中支援。在12月28日的一场后续小规模战斗中，英军第22装甲旅新旅长贾戈中校受伤，此外，由于人员伤亡和坦克车况不佳，该旅出现组织涣散迹象，因此只能被迫转入防御。12月30日上午，克吕维尔在艾季达比亚以南50千米处的哈塞伊阿特（El Haseiat）附近再次对该旅发动大规模进攻。这一次，德军装甲部队并未像以前一样试图保持距离，而是选择了快速冲锋，同时，他们还有5厘米反坦克炮随行，从而获得了火力优势。第4伦敦郡义勇骑兵团受创尤其严重，共有12辆坦克被击毁，到当天结束时只剩5辆坦克可用。同样，第2皇家格洛斯特郡轻骑兵团也遭受了重大损失。[145] 经过4天战斗，第22装甲旅共损失了60辆坦克，而德意志非洲军仅损失14辆。在此期间，英军缴获了1辆三号坦克，发现其里程表读数仅为400千米，这无疑是德意志非洲军接收新坦克的又一证据。[146]

由于托布鲁克后勤吞吐量有限，英国皇家陆军勤务部队在姆苏斯建立了一个燃料库。但因为18升"薄皮桶"经常泄漏，有40%燃料损失在了运输途中。这导致在12月下旬，姆苏斯只收到了燃料申请量的一半，而且当地距离前线还有100千米路程。[147] 至于弹药、食品和水的供应问题则更加严重。

因为在哈塞伊阿特遭遇战术失利，加上后勤形势愈发严峻，里奇决定命令第8集团军暂停追击。虽然隆美尔率领"非洲军团"进行了一次巧妙撤退，但在1941年临近尾声时，其麾下兵力已大不如前，前景也颇为悲观。1941年年初，德军共有314辆坦克派往北非，但如今已损失殆尽，其中40辆四号坦克损失了38辆。此外，德意志非洲军还有超过11000人阵亡或失踪，占其初始兵力的17%，其中包括3名装甲师师长、1名装甲团团长、2名营长和多名连长，[148] 在托布鲁克和西迪雷泽格附近还有25辆装甲车、83门火炮（包括8门8.8厘米高射炮和34门反坦克炮）和390辆卡车等大量装备战损。[149] 考虑到德军还正在苏联进行一场规模更大、更令人绝望的战役，很难再抽调坦克和人员重建隆美尔的败军，上述损失无疑更加令人痛心。意军同样损失惨重，当"公羊"装甲师到达艾季达比亚时，只有约20辆坦克还能使用。

第8集团军同样在"十字军"行动中付出了巨大代价，约有800辆坦克被击毁或需要长期维修。但由于英军控制着战场，其中大约有一半将有望回收修复，而且只有278辆属于永久损失。[150] 机动运输车辆、火炮和反坦克炮同样损失很大。然而，奥金莱克却即将得到更多增援，甚至在"十字军"行动结束前，高层就已经开始计划代号为"杂技演员"（Acrobat）的后续行动。按照丘吉尔的设想，英军将在昔兰尼加稍作停顿，然后全力进攻的黎波里，一举消灭"非洲军团"。此外，丘吉尔还极力呼吁在此之后不久发起另一场行动——"体操运动员"行动（Operation Gymnast），即派遣英美联军在法属北非登陆。英国情报部门根据形势认为，非洲军团已元气大伤，只要再狠狠一击，就可以将其彻底歼灭。然而，由于日本在远东宣战，英国在缅甸和新加坡的殖民地正面临威胁，这立即影响了奥金莱克，使其难以再在北非发动攻势。为驰援东亚前线，奥金莱克不仅失去了一些预定的增援部队，还奉命交出人员、坦克、飞机和大炮。尤其是第7装甲旅，该旅将带领2个"老手"单位——第7轻骑兵团和第2皇家坦克团——前往缅甸，并带走100辆新交付的"斯图亚特"坦克。[151] 到1941年12月底，英军已被迫搁置消灭隆美尔的设想。

对于"十字军"行动的结果，笔者认为隆美尔显然在1941年11月犯了3个战役层面的严重错误：没有保护好空军基地；没有保护好后勤支援基地；让装甲部队徒劳奔波，严重削弱了其战备完好性。由于在战斗之初丢失了西迪雷泽格机场和甘布特机场，"非洲"装甲集群的战术空中支援急剧减少。而德军运用装甲作战理论的基础是：在行动中，必须有空中支援随时听候召唤——但随着机场失守，德国空军的战斗支援能力被大幅削弱，令非洲军各纵队愈发备受轰炸和扫射折磨。隆美尔的另一个重大失误是放弃了补给站和维修部队，使非洲军装甲部队难以迅速恢复实力。作为指挥官，隆美尔一向漠视后勤，边境守备部队遭到孤立后，他不顾支援部队力量不足，一心试图提供支援。最后，隆美尔"冲向'边境围栏'"的离奇举动平白加剧了坦克损耗，并让乘员更加疲惫，但没有获得任何实际收获。如果说隆美尔在"十字军"行动中的指挥表现证明了什么，那就是他对装甲战的技术和后勤限制仍然一无所知，而且态度傲慢，拒绝向更有经验的下属学习。

意军在"十字军"行动中的表现经常被忽视，但甘巴拉的机动军实际上完成了大部分指定任务，而且表现也可圈可点。机动军的主要问题是：隆美尔和克吕维尔将其视为"点缀"，而且认为仅给予模糊指导便已足够。但他们没有认识到，在意大利陆军，命令下达流程和德军截然不同——意军指挥官希望获得详细的作战命令，而不是"任务指挥"式的简短口授。在战前制定条令时，德军也从未考虑过与轴心国盟友协同行动，也未能修改方法，从而提高联合作战效率。事实上，隆美尔虽然试图把意大利机动军纳入麾下，但其装甲集群指挥所内并没有意大利高级参谋——这一点尤其令人费解。而且在整个北非战役中，轴心国几乎没有纠正这一盲点。

在"十字军"行动中，英国高层指挥官表现普遍糟糕——尤其是没有在机动战中妥善运用坦克。其中第7装甲师师长戈特不仅分散了战斗力量，而且未能确保各旅协同作战。在战斗的关键时刻，他似乎总是出现在错误的地方，做着错误的事情，而在其他时候，他又呆若木鸡，任由局势向失控发展。简而言之，"十字军"行动证明，戈特并不适合带领装甲师执行挑战性任务。同样，诺里似乎也极为怠惰，其思维不够敏捷，难以指挥军级机动作战。此外，英军之所以在"十字军"行动中表现不佳，还与蒂德沃思和坎伯利参谋学院的演习和教育不无关系。在这些工作中，英军低估了未来的对手，他们从没有预料到对方将与自己旗鼓相当，富有进攻性，而且装备着现代化坦克和反坦克炮。尽管第8集团军投入了多达15个坦克营，但在任何一天，他们都未能围绕任何一个目标集结起超过3个坦克营。其集团军、军和师一级通信也纰漏百出，从而令上述问题更加严峻。

在战术层面，随着战役推进，德意志非洲军大幅改进了装甲战术，使其能够迅速击溃孤立之敌。然而，德军也认识到，在坦克对抗中，面对装备2磅炮的英军坦克，他们无法取得显著优势，甚至配备5厘米42倍口径火炮的三号坦克也不例外。为避免高昂损失，他们很少与英军装甲部队正面对抗，并致力于实施诸兵种合成攻击，这让5厘米Pak 38反坦克炮因为轮廓低矮、炮弹初速高可以大显身手。此外，德意志非洲军还拥有少量钨芯穿甲弹，有时能从远距离击杀敌军——这一能力也是英军所缺乏的。德意志非洲军还拥有重炮优势，它们在西迪雷泽格附近的胜利中发挥了重要作用。

在"十字军"行动中，意军装甲战术偏向保守。由于M13/40中型坦克存在技术缺陷，加上乘员训练不足，因此他们出现了很多不必要伤亡。不过，在1941年年末，其装甲部队战术总体是行之有效的，而且能力较年初进步迅速。与德军不同，意大利机动军并没有高质量火炮或反坦克炮弥补M13/40中型坦克的不足，这导致他们在装甲部队遭遇战中经常损失较大。另一个重要问题是，机动军存在"分散作战"倾向——其侦察集群、"公羊"装甲师和"的里雅斯特"师从未共同战斗。如果甘巴拉能坚持为整个机动军指派一个任务，并将部队集结在一起，那么在战场上，意军战斗力就会大幅增强。

"十字军"行动结束后，英国陆军（以及后来的历史学家）花了大量时间哀叹 2 磅炮和"十字军"坦克的问题，同时断定第 7 装甲师的失利根源是德军坦克和火炮拥有技术优势。奥金莱克尤其认为德国坦克火力远在英军坦克之上，并批评"斯图亚特"坦克作战价值有限。[152] 作为皇家装甲部队的最高负责人之一，马特尔中将也断定，在"十字军"行动中，英军坦克"火力不如对手"。然而，就 1941 年 11 月—12 月的坦克对抗论，这些批评根本站不住脚。就算 2 磅炮没有被帽穿甲弹，也完全能在 600—800 米外（有时甚至更远）击败大部分敌方装甲车辆。另外，虽然"十字军"坦克的英制 30 号瞄准镜和"斯图亚特"坦克的 M40 瞄准镜倍率不如三号坦克 J 型的 Tzf 5e 瞄准镜 [分别为 1.9 倍、1.5 倍和 2.5 倍，其中 Tzf 是德语"炮塔瞄准镜"（"Turmzielfernrohr"）的缩写]，视野也较狭窄（前两者为 21 度，后者为 25 度），但这不会带来重大战术劣势。另外，在"十字军"行动中，许多坦克战都是遭遇战——无论观瞄设备倍率或视野如何，其效果都会因烟尘遮挡而受限。同样，虽然德军坦克观瞄系统有利于炮手修正落点，但"十字军"坦克炮塔传动系统比德制三号坦克更优秀，这将为其在近距离作战中提供战术优势。事实上，在对"十字军"行动做技术评估时，大多数人经常忽略一个重要问题：在整个行动中，英国坦克兵的战斗能力和勇气都相当出色，并且经常让敌人付出明显代价：这种情况和东线截然不同，在 1941 年，德军坦克手在大多数行动中都会对苏军造成单方面碾压。虽然 2 磅炮缺乏高爆弹是个问题（当时穿甲高爆弹已停产，导致整个第 8 集团军只有实心弹可用），但为打击敌军软目标，所有英军装甲旅都至少配有 1—2 个 25 磅炮连。该战术系统在"十字军"行动中总体运转良好，并使德军 8.8 厘米高射炮没有主宰战场。

此外，英军还经常使用安装在卡车上的 2 磅炮对抗敌军坦克，但在西迪雷泽格附近，这种做法令他们遭受了不必要损失。在卸到地面后，2 磅炮高度仅为 1.4 米（德军 5 厘米 Pak 38 反坦克炮高度甚至更低，仅为 1.05 米），如果隐藏得当，它们将很难被发现。但如果安装在卡车后部，其高度甚至会超过德制 8.8 厘米高射炮，而且很难在反制火力下生存。如果英军把 2 磅炮卸载部署，并只用卡车进行牵引，那么其战斗生存能力可能将有显著提升，并给敌人造成更大损失。

"十字军"行动结束后，还有一个问题引发了关注。有人声称英国坦克在中弹后比德制坦克更容易燃烧。但事实上，在大多数二战坦克战中，坦克一旦被穿甲弹命中，燃烧概率将达到四分之一。一些英军指挥官（如第2皇家坦克团团长罗兰·丘特中校）更是声称，英军坦克之所以容易起火爆炸，是因为德军坦克使用了"铝热弹"或燃烧弹，而且上述说法也得到了很多谣言的"呼应"。战斗结束后，第8集团军分析了西迪雷泽格战场上31辆烧毁的英军坦克。但令人诧异的是，其研究结论颇为含糊，而且并未统计英军坦克中弹焚毁的比例，他们只是检查了每辆坦克起火的原因。调查官员们指出，起火问题与2磅炮弹的安放方式有关：它们环绕在炮塔内部，如果被炽热弹片击中，其线状无烟发射药（cordite propellant）很容易被点燃。他们还提到，"十字军"坦克炮塔内许多材料都是易燃物，而德军三号坦克的大部分弹药则存放在金属储藏格中，因此起火概率更低。[153] 因此，这份"尸检报告"不仅无法确定英国坦克是否更容易起火，还只根据有限案例对起火原因做了部分推断。该报告还提到，许多部队下令在车辆内外额外搭载燃料和弹药，这也提高了起火概率。事实上，第8皇家坦克团的斯图尔特·汉密尔顿中尉就指出，他麾下一名军士的坦克之所以燃烧，是因为"这个蠢货忘记扔掉车外的备用柴油罐，导致一中弹就被点燃"。[154]

虽然英国军官颇为赞赏美制"斯图亚特"坦克的机械可靠性，但也指出了许多问题：如M40瞄准镜难尽人意（美军为此不久推出了改进型，即M54瞄准镜）、缺少炮塔吊篮和作战半径有限等。同样，他们还指出英制坦克的机械问题严重，并导致了坦克的大量损失。但在"十字军"行动中，英军的战术挫折并不是因为装备存在技术缺陷，而是指挥官们犯了错误。简单地说，英军战术指挥人员不了解如何创造"协同效应"，即通过协调，实现"1＋1＞2"。相反，他们只是简单地认为，只要把各个军种交由一名指挥官管辖，他们就会自行相互配合。

在"简洁"行动和"战斧"行动结束后，第8集团军在诸兵种合成战术方面有所改进，但总体而言仍很不完善。在第13军和托布鲁克守军之中，各步兵坦克营在步兵和炮兵支援下表现良好，但第7装甲师却经常进行纯坦克作战，或只与少量其他兵种协同行动。由于通信问题，加上在"十字军"行动前大规模训练有限，英军2个装甲旅似乎都在自行其是，从未在战场上有效合作。英国和南非装甲侦察部队也明显不如前几次战役那样高效，它们宁愿靠近友军装甲旅，而不是深入敌后。英军战术空中支援则有明显改善，并开始给"非洲军团"带来麻烦，但一个大问题仍然存在：由于战场情况不断变化，飞机无法识别有价值目标。此外，第 30 军也未能在行动中妥善规划空中支援，导致很多出击架次未得到有效使用。

在"十字军"行动中，双方都犯了严重错误。在西迪雷泽格附近，有好几天，胜券在两军之间来回易手。最终，第 8 集团军克服不利战术形势，凭借后勤保障和顽强精神取得了胜利，而美制"斯图亚特"坦克和卡车则为其机动性发挥了重大作用。对于"非洲"装甲集群而言，胜利一度近在咫尺，但由于指挥官的自负和反复无常，他们最终仍然功败垂成。

沙漠战争：中期盘点

1940 年—1941 年，意军向北非战场派遣了一个集团军。但该集团军机械化水平有限，并在 3 个月内全军覆没。虽然意军 M13/40 中型坦克配有 47 毫米 32 倍口径火炮，最大装甲厚度达到 30 毫米，在当时完全可以与对手放手一搏，意军坦克手也英勇作战、不怕牺牲，但由于其他缺陷，意军并没有取得重大战果。不过，在条件有利时，意军坦克兵仍然可以击败英军巡洋坦克部队，尤其是在后者缺乏经验、领导不力时。比尔古比之战就是证明。此外，意大利 M 系列中型坦克产能不足，更无力开发出优秀型号，只能勉强为受创的北非部队提供补充。因此，直到沙漠战争开始一年多之后，意大利陆军才拥有一个装备齐全、训练有素的装甲师，而装甲军则要等到 1942 年中期以后。

1941 年年初，德国向北非战场投入了 2 个几乎满员的装甲师，共 300 多辆坦克。在刚投入沙漠战争时，德军拥有许多优势，例如：诸兵种合成作战理论完备，经历过实战检验；坦克强大耐用，技术改良潜力丰富；指挥官和车组训练有素——这些都可以促成胜利。但当德军于 1940 年—1941 年冬设想组建"非洲军团"时，他们却并不想投入太多兵力，目的也只是为意军"救场"而已。这支远征军是利用冗余资源匆忙组建的，无论从哪个方面（选拔、训练或战斗经验）来看都不是精锐部队。从战略角度，德国始终把苏联视为主要战场，并派遣了 21 个装甲师中的 19 个，而"非洲军团"只是一支阻击部队。而且按照德军的设想，只有在击败苏联后，他们才会增援北非前线。

从一开始，隆美尔和陆军最高司令部就在奔走游说，试图上层向北非"加大赌注"。这导致德军投入的装甲车辆大幅超过了"牵制"所需，而且在数量和质量上都是如此。其背后原因很多：首先是在二战初期，德国掌握着战略主动权；其次，德军高层也认为防御只是一种权宜之计，被动防守也不符合冯·塞克特"夺取战役主动权"的教诲。此外，隆美尔（出于个人原因）和陆军最高司令部也都渴望大胜英军。由于未能在法国消灭英国远征军，以及1940年入侵英国计划破产，他们都把中东视为击败英军的理想战场。因此，随着隆美尔取得战术胜利，他也获得了从装甲武库中任意挑选装备的权利。与同期德国装甲师不同，德意志非洲军从未凑合使用过捷克设计的35（t）或38（t）坦克（在东线，这些坦克装备着6个装甲师），而且相对于大多数东线装甲师，非洲军获得的坦克数量更多，性能也更优秀。在整个1941年—1942年，隆美尔仅拥有21个国防军装甲师中的2个（即60个装甲营中的4个），但获得了超过15%的新生产坦克。

尽管"非洲军团"享有装备、理论和战术领导优势，但在投入沙漠战役的最初9个月，除了班加西，他们未能夺回任何重要目标，而到1941年年末，他们又被赶回了阿盖拉，即战役出发点，300辆坦克也所剩无几。不过宣传机器如何炒作，隆美尔在1941年的战役显然与格拉齐亚尼在1940年的战役一样，几乎是灾难性的。其原因如前文所述，主要是隆美尔不适合独立指挥，其次是德国机械化战争理论要求快节奏行动，但轴心国战区后勤能力有限，无法满足作战所需。而且最重要的是，隆美尔漠视战区后勤，对装甲部队的实际技术能力一无所知，从而使失败几乎成为必然。1941年年底，德国陆军最高司令部和意大利最高统帅部本应重新考虑对北非的投入。毕竟在当时，苏联战役已陷入泥潭，德军需要将资源倾注到东线，而不是为"夺取沙漠"空耗精力。但隆美尔巧妙地说服了指挥系统，使他们向北非加倍下注——再提供300辆坦克，以便隆美尔能在1942年重新进攻托布鲁克。由于隆美尔曾在1941年立下汗马功劳，德国最高统帅部显然不可能拒绝这一请求，更不会承认在北非的失败。

虽然英军在沙漠中多次遭遇战术失败，但他们可以自豪地表示，当1940年和1941年的战役结束时，他们已几乎稳操胜券。在沙漠战争中，英军有2种装甲部队运用思路：作为快速独立机动部队使用；紧随步兵提供支援。在战役最初6个月，上述两种思路在对付意大利陆军时都很有效，但面对"非洲军团"，它们却经常失灵。根据在蒂德沃思进行的小规模实验，英军曾试图利用机械化部队进行大规模包围，但受制于各种琐碎原因（如通信问题），其成效始终非常有限。和德军不同，英军旅级和师级装甲指挥官并不知道战术通信需要冗余，也不知道如何使用战场保密通信手段。在战前演习中，他们也没有发现通信网络可能在紧要关头失灵，更没有发现哪怕只损失几辆指挥车，装甲师也会在沙漠中陷入"聋哑"状态。

总之，尽管有机械故障和 2 磅炮局限性等问题，在沙漠战争最初 18 个月，英军坦克和装甲战理论总体符合要求。由于新武器（美制"格兰特"坦克和英制 6 磅反坦克炮）在 1942 年年初抵达，加上战区后勤正在迅速改善，第 8 集团军将在这场拉锯战中获得巨大优势。笼罩在英军装甲作战上空的唯一阴霾是高层领导缺乏恒心。在运用装甲部队时，他们经常在极端激进和消极之间摇摆不定。在排、中队和营一级，英军坦克兵与大多数对手不相上下，但在旅一级存在极大惰性，而在师 / 军一级，不称职行为更是成为常态。遗憾的是，在回顾"战斧"和"十字军"行动，试图从中汲取经验教训时，英军却想当然地更关注坦克技术缺陷，而没有发现作战指挥问题。

作为一种武器系统，坦克有效运转需要多种因素，比如熟练的乘员、强大的后勤，以及精通装甲战理论和运用的指挥人员等。如果缺少一个，沙漠中就会遍布着燃烧的坦克残骸和乘员尸体。经过 18 个月的装甲对决，双方显然都暴露出了一些问题，但他们并没有急于改正。相反，"非洲"装甲集群和第 8 集团军都在重整旗鼓，试图在 1942 年重启战役，并期待着在新一回合大获全胜。

1941 年 7 月,英军第 8 集团军接收了首辆"瓦伦丁"坦克（即 Mk III 步兵坦克）。"瓦伦丁"本质上是一种比"玛蒂尔达"更小、更便宜的坦克,但两者的装甲防护水平大致相当,并且同样配有 2 磅炮。"瓦伦丁"的主要优点是机械性能更加可靠,并且可以大批量生产。（帝国战争博物馆供图,图片编号 KID863）

早些时候,英军第 8 集团军经常把 2 磅反坦克炮安装在轻型卡车后方。虽然这种车辆可以快速行动,赶到敌方装甲部队突破地点,但事实证明它们很容易被还击火力摧毁。（作者收藏）

隆美尔在托布鲁克附近，摄于 1941 年中期。他不仅低估了英军坚守要塞的意愿，还不顾一切地将装甲部队投入到仓促进攻中，几乎没有考虑地形或防御。(作者收藏)

意军 AB41 装甲车：该车于 1941 年年初开始服役。（鱼鹰出版社版权所有，作者：亨利·莫斯海德。摘自"新前卫"系列 NVG 261，《意大利装甲车和侦察车，1911—1945》）

英军"斯图亚特"轻型坦克，1941 年 11 月。该坦克来自第 7 装甲师的第 8 国王皇家爱尔兰轻骑兵团，车上有"十字军"行动特有的战术标志。[鱼鹰出版社版权所有，作者：吉姆·劳瑞尔（Jim Laurier）。摘自"新前卫"系列 NVG 33，《M3 和 M5"斯图亚特"轻型坦克，1940—1945》]

1941年，1个英军"玛蒂尔达"坦克中队列队前进。"西部沙漠部队"高层将"玛蒂尔达"坦克视为"战场女王"，并认定敌人将无法在正面交战中抵挡这种武器。（作者收藏）

在哈尔法亚山口，德军正在等待战斗。其8.8厘米高炮正在掘壕据守，并拥有雷场保护。（《南德意志报》供图，图片编号00089212）

1941年8月28日，第8轻骑兵团正在训练使用新式M3轻型坦克。其先头排正在一字排开前进，另一个排则紧随其后。从该照片中也可以看到，在沙漠装甲作战中，中队指挥官实际上视野有限。（帝国战争博物馆供图，图片编号 E 3467E）

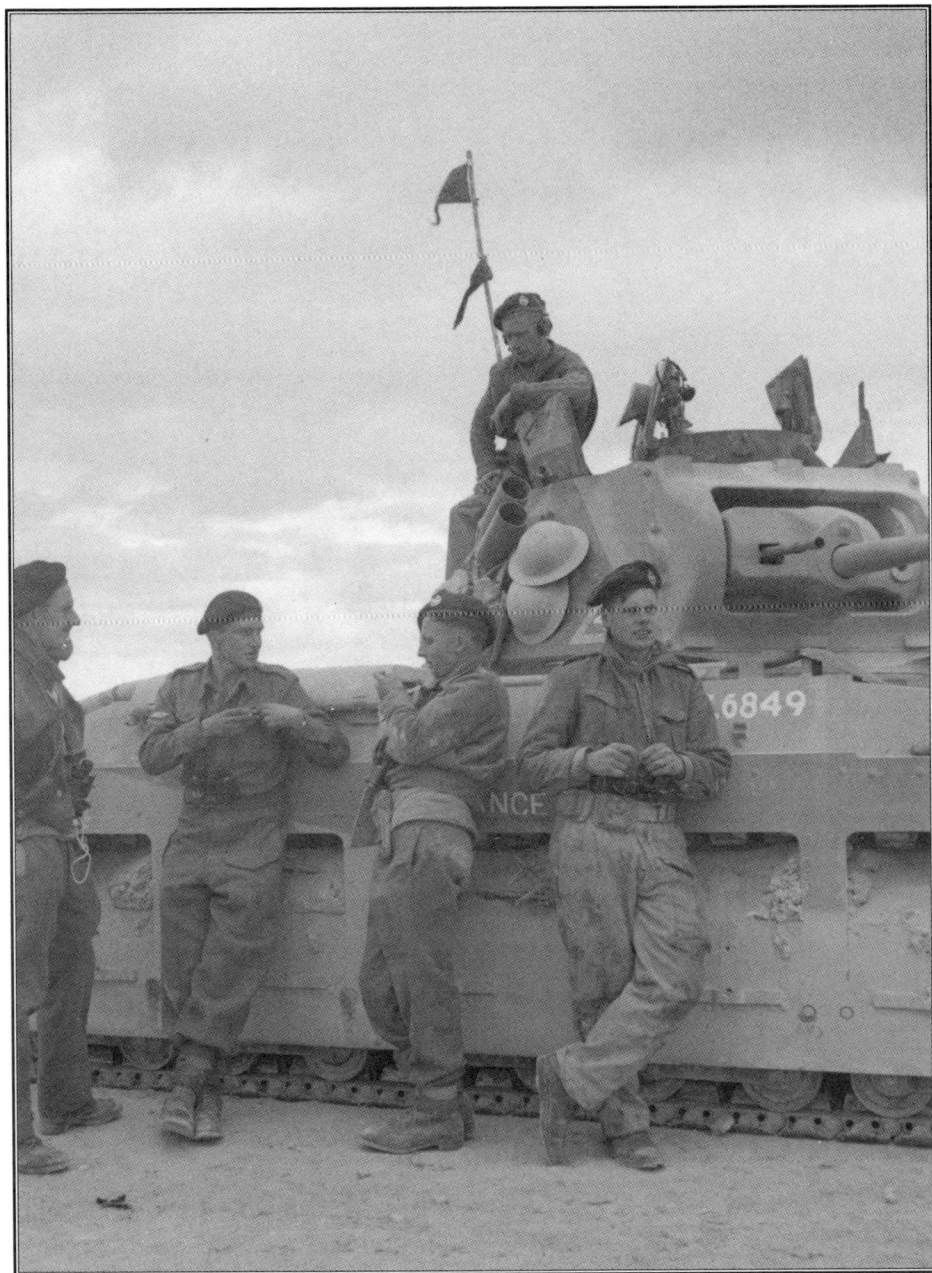

"十字军"行动开始前的 1 个英军"玛蒂尔达"坦克车组。令人惊讶的是，其中没有一个人正在进行履带维护、武器清洁或其他保养工作，甚至是做个样子，尽管这些是维持坦克在沙漠中正常运转所必需的。（帝国战争博物馆供图，图片编号 E 6804）

德军缴获并使用过一些战场遗弃的"玛蒂尔达"。在整个沙漠战役中，双方对缴获车辆的利用程度都相当之高。（作者收藏）

1941 年夏末，北非意军终于拥有了军级规模的机械化部队。在本照片中，几辆 M13/40 坦克正在等待出动，这些坦克均来自"公羊"师的第 7 中型坦克营。注意炮塔上的白色对空识别标志。（菲利波·卡佩拉诺供图）

"非洲军团"拥有少量坦克运输车，可用于搬运受损和瘫痪车辆。有时，这些运输车也被用来从班加西或的黎波里运送新坦克。（作者收藏）

1941 年 7 月，首批美制 M3 轻型坦克抵达埃及。美国当时还不是参战国，但一小队陆军军械人员也随同抵达，以协助开展保障工作。(帝国战争博物馆供图，图片编号 E 4312)

M3"斯图亚特"坦克驾驶员的战场视角。从中可以清楚看到驾驶员在战斗中位置有多么危险,而且由于整天待在狭小战位上,他们很容易感到疲劳。(帝国战争博物馆供图,图片编号 E 3445E)

1名德军三号坦克车组的乘员正借着车身的荫凉读书。坦克手非常在乎舒适性，并经常发挥创意，例如使用后主动轮安装吊床。（作者收藏）

俯瞰1个意大利M13/40坦克排，该排由5辆坦克组成，排成楔形队形。各坦克间距不到10米，对于楔形队形而言，可谓是相当近了。（作者收藏）

为了部分弥补反坦克能力缺陷，意军开始在一些大型卡车上安装重型火炮。其中"公羊"师拥有 2 个连，并配备着搭载 102 毫米 35 倍径舰炮的菲亚特 634N 卡车。（作者收藏）

德意志非洲军侦察小组正在监视盟军进攻迹象。尽管情况显示，英军第 8 集团军计划大举行动，打破托布鲁克包围圈，但隆美尔并未将其放在心上。（作者收藏）

1941 年 11 月下旬，一辆"十字军"坦克从燃烧的德军四号坦克旁驶过。英军能不断补充战斗损失，但"非洲军团"却在不断遭到消耗。（作者收藏）

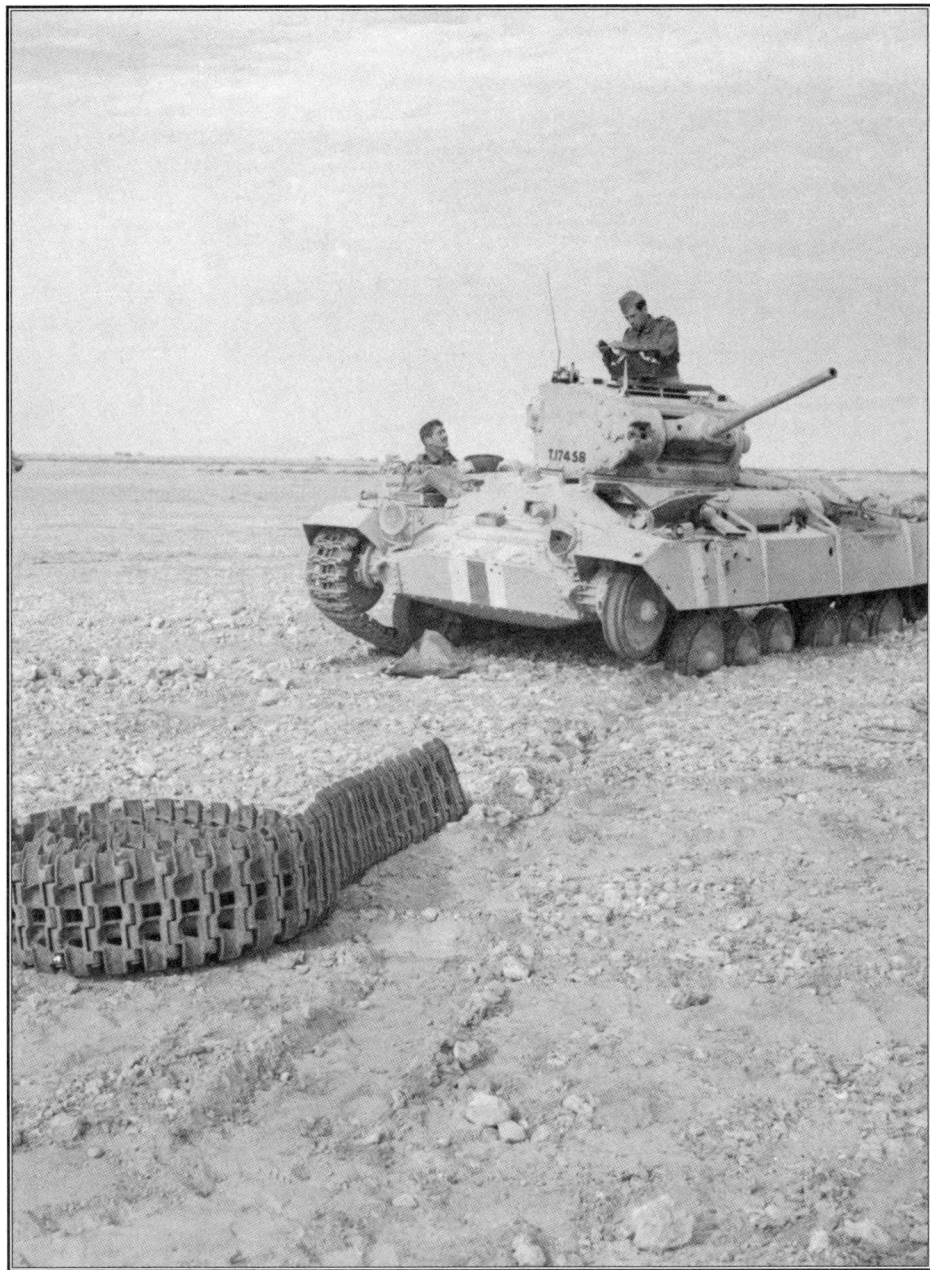

1941 年 11 月 23 日，"瓦伦丁"坦克在"175 地点"首次接受战火洗礼。在一场急促的战斗中，第 8 皇家坦克团的 16 辆"瓦伦丁"有 12 辆被击毁。其他坦克则像本照片的这辆坦克一样被击中瘫痪，但后来被友军回收。（帝国战争博物馆供图，图片编号 E7002）

1941年11月，利比亚降下大雨，导致干谷被水淹没，地面松软泥泞，使得机械化作战难以开展。天气会影响战斗，甚至在沙漠中都是如此，但这一点经常被指挥官们忽略。（作者收藏）

1941年11月21日，德国装甲部队悉数向西迪雷泽格集结，试图歼灭英军第7装甲师一部。（作者收藏）

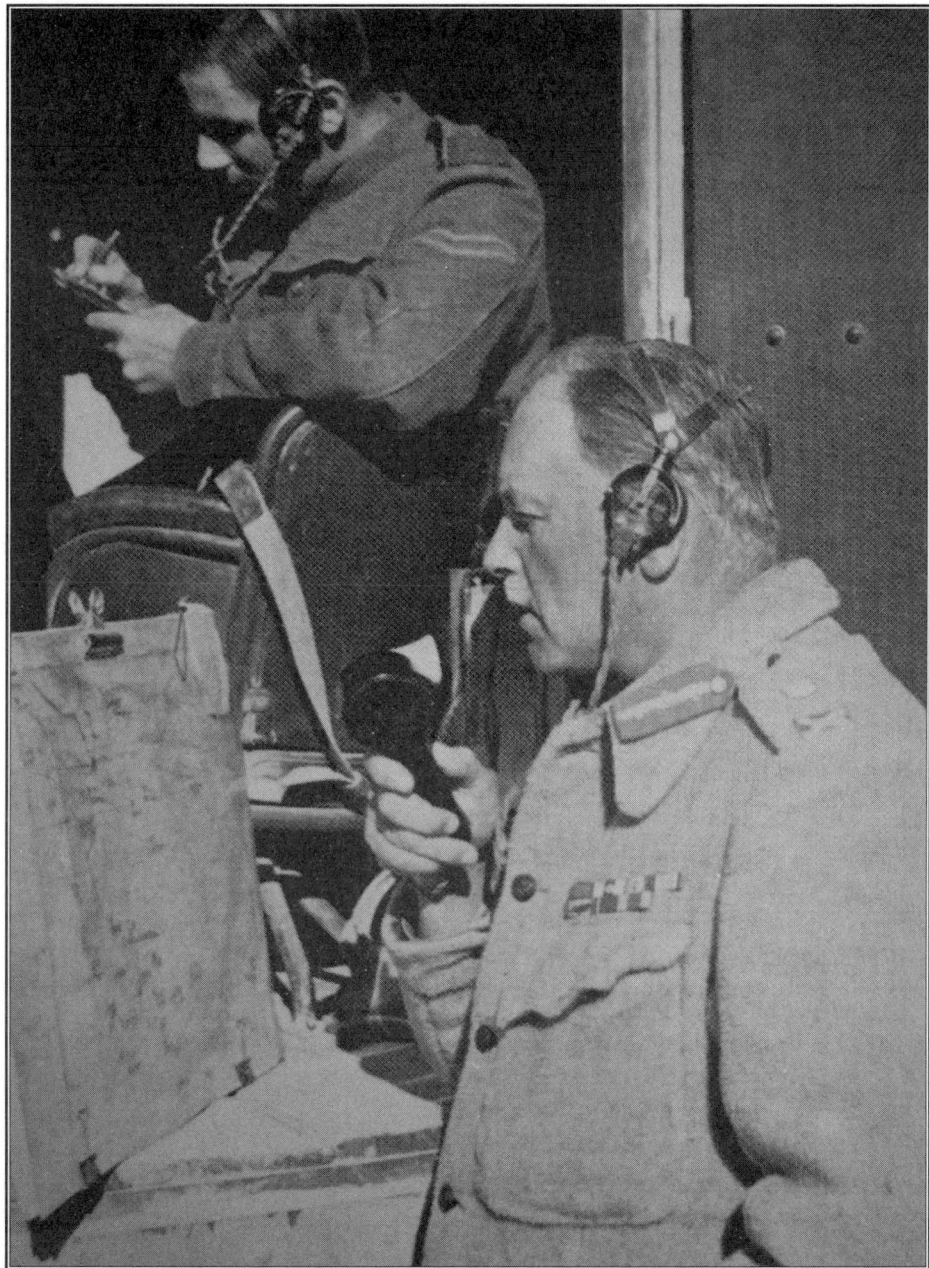

诺里将军在前方指挥所。在"十字军"行动中,诺里担任第 30 军军长。在进攻初期,他把强大的装甲力量拆分开来,导致行动惨遭失败。图中可以看到,他似乎是在参考一个小地图板,并直接通过无线电发布命令——但这种方法并不适合军级作战。(作者收藏)

2辆"十字军"Mk I坦克，1941年11月。大多数新型"十字军"Mk I坦克都由第22装甲旅使用，只是该旅仍缺乏经验。（帝国战争博物馆供图，图片编号 E 6724）

隆美尔在"狮鹫"半履带指挥车上。隆美尔经常与部队并肩行动，进而与"非洲军团"的主要指挥所失去联络，甚至令战斗陷入危机，但此举也能鼓舞士气，并深受一线部队欢迎。（作者收藏）

1 辆 M13/40 坦克向目标开火——11 月 19 日，在比尔古比，为攻击英国"十字军"坦克，2 个意大利坦克营甚至逼近到距目标不足 400 米的地方。（菲利波·卡佩拉诺供图）

英军进攻初期被击毁的"十字军"MkI坦克，该坦克来自第22装甲旅。1名意军士兵正在检查车辆。(作者收藏)

在比尔古比取得战术胜利后，"公羊"师的意大利坦克手兴奋异常。这次战斗证明意军机械化理论和装备足以完成任务。(作者收藏)

1941 年 11 月 21 日，来自第 32 陆军坦克旅（第 7 皇家坦克团）的"玛蒂尔达"坦克列队准备从托布鲁克突围。在行动第一天，有三分之二的"玛蒂尔达"被敌方高射炮和反坦克炮击毁，但他们给轴心国阵地造成了严重破坏。（作者收藏）

12 月 4 日，"非洲军团"被迫放弃阿德姆（El Adem）的主要装甲修理站，大量车辆也随之遭到遗弃，其中包括 20 辆坦克。（作者收藏）

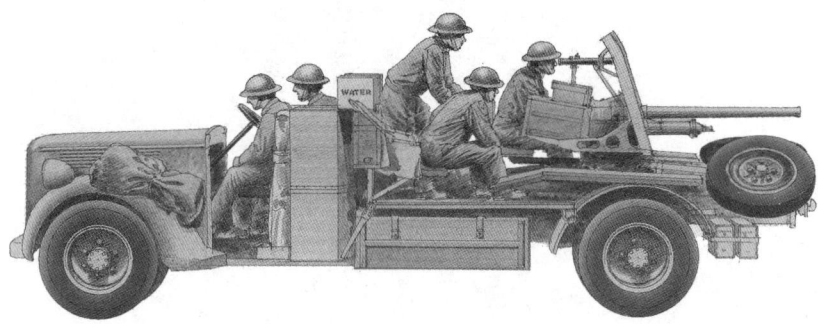

1941 年英军使用 2 磅反坦克炮卡车的战术经验表明,这种车辆虽然机动性强,但牺牲了战场生存能力。1942 年—1943 年,美国陆军在突尼斯使用的坦克歼击车也存在同样问题。(鱼鹰出版社版权所有,作者:布莱恩·德尔夫著。摘自"新前卫"系列 NVG 98《英国反坦克炮,1939—1945》)

德军 5 厘米 Pak 38 反坦克炮是英军坦克的主要威胁：它外形低矮，不易被发现，而且可以发射钨芯穿甲弹。（作者收藏）

在西迪雷泽格附近的战斗中，德军第 5 装甲团团长弗里德里希·施特凡中校（左）与诺伊曼 – 希尔科少将正在交谈。这两名指挥官都在"十字军"行动中阵亡。（作者收藏）

这辆 2 磅炮搭载卡车在与德国坦克对决时落败，只剩下一地残骸。德军很快就学会了集中高爆弹和机枪火力打击这些"软皮"车辆。（作者收藏）

在托布鲁克附近作战的英军 25 磅野战炮。该火炮可在 2 磅炮射程之外与敌方坦克交战，但在开阔地直射时经常掀起大量尘土。（作者收藏）

1941 年 12 月 15 日，新西兰军队在托布鲁克附近检查 1 辆被德军遗弃的四号坦克。因为撤退，隆美尔的四号中型坦克只有 2 辆幸存。"非洲军团"还遗弃了大量该型坦克的 7.5 厘米炮弹，这些炮弹将在 1942 年被英军回收。(帝国战争博物馆供图，图片编号 E 7062)

在西迪雷泽格附近，德军坦克和步兵正在肃清仓促修建的盟军阵地。背景中的二号坦克指挥官手持一把 MP40 冲锋枪，似乎对周围的盟军部队非常警惕。（作者收藏）

1 辆被击毁的"十字军"Mk I 坦克。英军很快就发现车体正面倾斜装甲左前方的机枪塔是一个失败设计，并在随后的改型中将其拆除。（作者收藏）

"公羊"师也有 1 个装甲战斗群参加了在西迪雷泽格的反击。注意背景中的峭壁。(菲利波·卡佩拉诺供图)

"扫射者"戈特 1939 年还是步兵营营长,但 1941 年 9 月已升任第 7 装甲师师长。1941 年,他在战场上犯下过许多失误,但仍不断获得擢升,最终成为第 8 集团军司令。戈特也是沙漠战役中最被高估的指挥官。(帝国战争博物馆供图,图片编号 E2623)

1 支德国装甲部队在沙漠宿营地准备过夜。其中"软皮"轮式车辆集中在阵型中央,坦克则朝外部署,大致组成圆形。(《南德意志报》供图,图片编号 02898896)

意大利坦克兵正在修理 M13/40 坦克的履带。有趣的是,这项工作是由乘员完成的,而不是机械维修人员,而且他们似乎还懂得如何使用随车携带的撬棍——这表明其训练水准已有所提高。(菲利波·卡佩拉诺供图)

1辆在贝尔哈迈德附近被遗弃的三号中型坦克。该车的主传动装置已被维修连的机修人员拆走,这是一项大工程。另外需注意,他们还遗弃了不少工具。在战场上,这些物资的补充同样至关重要。(作者收藏)

1辆"斯图亚特"坦克在德尔纳附近的追击战中被击毁,摄于 1941 年 12 月中旬。由于作战半径短,这种坦克并不适合追击行动。(帝国战争博物馆供图,图片编号 E7284)

注释

1. 参见科雷利·巴内特,《沙漠将军》,第 85 页。

2. 参见弗里德里希·冯·梅伦廷,《坦克战:第二次世界大战装甲运用研究》(纽约:巴兰坦出版社,1971 年出版),第 52 页—第 53 页。

3. 参见格哈德·施莱伯等人,《德国与第二次世界大战,第 3 卷:地中海、东南欧和北非,1939—1941》,第 705 页—第 706 页。

4. 番号中带"特别"(zur besonderen Verwendung, z.b.V.)字样的部队都是德军为执行专门任务组建的。从本质上,"非洲"特别师级司令部只是一个由拼凑部队组成的临时师级单位,并组织起来派往北非。最初,该部队并不是一个整师,但最终被改编为第 90 轻装师。

5. 参见美国国家档案馆微缩胶卷文件 T-78 第 143 卷,"弹药 - 陆军:1941 年 8 月产量"(Munition - Heer: August 1941),出自德国陆军最高司令部编纂的《武器弹药生产数据,1942—1941》(Armaments & Munitions Production Data 1932-41)。

6. 参见希拉里·多伊尔(Hillary L. Doyle)和托马斯·延茨,《装甲簿册,第 3-2 卷:三号坦克 E 型、F 型、G 型和 H 型,1938 年至 1941 年的发展和生产》(Panzer Tracts, Volume 3-2, Panzerkampfwagen III Ausf.E, F, G, and H Development and Production from 1938 to 1941)[马里兰州博伊兹(Boyds):装甲簿册出版社(Panzer Tracts),2007 年出版]。

7. 参见皮耶罗·克罗恰尼和皮尔·巴蒂斯特利,《北非意大利士兵,1941—1943》,第 9 页。

8. 参见皮耶罗·克罗恰尼和皮尔·巴蒂斯特利,《北非意大利士兵,1941—1943》,第 22 页。

9. 参见皮尔·巴蒂斯特利,《隆美尔的非洲军:从托布鲁克到阿拉曼》,第 72 页—第 73 页。

10. 参见马里奥·蒙塔纳利,《北非作战,第 2 卷,托布鲁克,1941 年 3 月—1942 年 6 月》,第 349 页和第 426 页。

11. 参见伊恩·沃克,《身为钢,心似铁:墨索里尼精锐装甲师在北非》,第 93 页。

12. 参见尼尔·巴尔,《"美国佬"与"英国佬":二战联盟作战》,第 149 页。

13. 帕克来自美国第 2 装甲师第 142 装甲通信连。

14. 参见伊恩·普雷菲尔,《地中海和中东,第 3 卷:英军重挫》(乌克菲尔德:海军与军事出版社,2004 年出版),第 9 页。

15. 参见乔治·戴维,《第 7 团和他们的三个敌人:第 7 女王直属轻骑兵团的二战经历》,第 128 页。

16. 参见托马斯·延茨,《德国装甲部队,第 1 卷》,第 168 页。

17. 参见科雷利·巴内特,《沙漠将军》,第 85 页。

18. 参见罗伯特·克里斯普,《喧嚣战车》(纽约:W.W. 诺顿出版社,1959 年出版),第 23 页—第 24 页。

19. 参见乔治·戴维,《第 7 团和他们的三个敌人:第 7 女王直属轻骑兵团的二战经历》,第 132 页—第 33 页。

20. 参见丹尼斯·理查兹(Denis Richards)和希拉里·桑德斯(Hillary S. G. Saunders),《英国皇家空军,1939—1945,第 2 卷:渐入佳境》(The Royal Air Force 1939 to 1945, Vol. II , The Right Avails)(伦敦:英国皇家文书局,1954 年出版),第 161 页。

21. 参见伊恩·普雷菲尔,《地中海和中东,第 3 卷:英军重挫》,第 11 页。

22. 参见吉姆·亨德森(Jim Henderson),《第 4 和第 6 预备役机械运输连,新西兰官方历史》(4th and 6th Reserve Mechanical Transport Companies, New Zealand Official History)[惠灵顿:历史出版局(Historical Publications Branch),1954 年出版],第 107 页。

23. 参见 C.N. 唐纳利(C. N. Donnelly),"苏联战术管道"(Soviet Tactical Pipelines),出自《RUSI 杂志》(The RUSI Journal)第 119 卷第 2 期(1974 年出版),第 56 页—第 59 页。

24. 参见戴维·欧文,《狐狸的踪迹》,第 149 页。

25. 参见威廉·曼彻斯特和保罗·里德(Paul Reid),《最后的雄狮:温斯顿·丘吉尔:保卫国土,1940—1965》(The

Last Lion: Winston Spencer Churchill: Defender of the Realm, 1940-1965)（纽约：班坦出版社，2013 年出版），第 374 页。

26. 参见伊恩·普雷菲尔，《地中海和中东，第 3 卷：英军重挫》，第 5 页—第 7 页。

27. 参见 F.H. 辛斯利等人，《二战中的英国情报，第 2 卷》（*British Intelligence in the Second World War, Volume II*）（剑桥：剑桥大学出版社，1981 年出版）"附录 14：北非坦克和反坦克武器技术情报"（*Appendix 14: Technical Intelligence on Tank and Anti-Tank Weapons in North Africa*），第 705 页—第 718 页。

28. 参见斯图尔特·皮特曼，《第 2 皇家格洛斯特轻骑兵团，利比亚—埃及，1942 年》（乌克菲尔德：海军与军事出版社，2014 年出版），第 11 页。

29. 1973 年"赎罪日战争"也出现了非常类似的现象：虽然埃及步兵在 1967 年战争中表现很差，但在 1973 年，他们已取得了巨大进步，而以色列坦克手却对此一无所知。

30. 参见尼尔·丹多，《从托布鲁克到突尼斯：地形对英军在北非的行动和理论的影响，1940—1943》，第 99 页。

31. 参见乔治·戴维，《第 7 团和他们的三个敌人：第 7 女王直属轻骑兵团的二战经历》，第 144 页。

32. 参见乔治·戴维，《第 7 团和他们的三个敌人：第 7 女王直属轻骑兵团的二战经历》，第 145 页。

33. 参见第 3 伦敦郡义勇骑兵团作战日志，"1941 年 11 月 18 日"条目。

34. 参见弗里德里希·冯·梅伦廷，《坦克战：第二次世界大战装甲运用研究》，第 72 页—第 74 页。

35. 参见科雷利·巴内特，《沙漠将军》，第 95 页。

36. 参见伊恩·沃克，《身为钢，心似铁：墨索里尼精锐装甲师在北非》，第 94 页。

37. 参见罗伯托·波利尼（Roberto Polini），"'公羊'装甲师的比尔古比之战"（L'Ariete si batte a Bir El Gobi），出自《意大利坦克兵》（*Il Carrista d'Italia*）杂志第 54 卷，第 7/8/9 期（2013 年 9 月出版），第 14 页。

38. 参见伊恩·沃克，《身为钢，心似铁：墨索里尼精锐装甲师在北非》，第 97 页。

39. 参见罗伯托·波利尼，"'公羊'装甲师的比尔古比之战"，出自《意大利坦克兵》杂志第 54 卷，第 7/8/9 期（2013 年 9 月出版），第 14 页。

40. 参见斯图尔特·皮特曼，《第 2 皇家格洛斯特轻骑兵团，利比亚—埃及，1942 年》，第 11 页—第 12 页。

41. 参见杰弗里·戈登 - 克里德和罗杰·菲尔德（Roger Field），《草莽男人：与杰弗少校在敌军战线后方经历死亡与美色诱惑》（*Rogue Male: Death and Seduction Behind Enemy Lines with Mister Major Geoff*）[伦敦：冠冕出版社（Coronet），2011 年出版]，第 48 页。

42. 参见第 3 伦敦郡义勇骑兵团作战日志，"1941 年 11 月 18 日"条目。

43. 参见斯图尔特·皮特曼，《第 2 皇家格洛斯特轻骑兵团，利比亚—埃及，1942 年》，第 18 页。

44. 参见斯图尔特·皮特曼，《第 2 皇家格洛斯特轻骑兵团，利比亚—埃及，1942 年》，第 13 页—第 14 页。

45. 参见斯图尔特·皮特曼，《第 2 皇家格洛斯特轻骑兵团，利比亚—埃及，1942 年》，第 20 页—第 21 页。

46. 参见杰弗里·戈登 - 克里德和罗杰·菲尔德，《草莽男人：与杰弗少校在敌军战线后方经历死亡与美色诱惑》，第 49 页。

47. 参见斯图尔特·皮特曼，《第 2 皇家格洛斯特轻骑兵团，利比亚—埃及，1942 年》，第 13 页。

48. 参见第 6 皇家坦克团作战日志，"1941 年 11 月 19 日"条目。

49. 讽刺的是，当 3 年后，盟军在诺曼底登陆时，希特勒由于情况不明未能立刻投入装甲预备队。这让隆美尔颇为不满，俨然忘记了他当年以同样理由阻止下属投入预备队的事实。

50. 参见弗里德里希·冯·梅伦廷，《坦克战：第二次世界大战装甲运用研究》，第 74 页。

51. 参见马克·乌尔班，《坦克战》，第 79 页。

52. 参见安德里亚斯·比尔曼（Andreas Biermann），"1941 年 11 月 19 日北非'十字军'行动中英军第 4 装甲旅与德军第 5 装甲团坦克战的再评估"（A Reassessment of the Tank Battle between 4th Armoured Brigade and Panzer-Regiment 5 during Operation Crusader in North Africa on 19 November 1941），出自《军事科学：南非军事研究杂志》（*Scienta Militaria: South African Journal of Military Studies*），第 49 卷第 1 期（2021 年 6 月出版），第 91 页—第 114 页。

53. 参见贝恩德·哈特曼,《沙漠中的装甲:第5装甲团战史,1942—1945,第2卷》(宾夕法尼亚州梅卡尼克斯堡:斯塔克波尔出版社,2011年出版),第68页。

54. 参见弗里德里希·冯·梅伦廷,《坦克战:第二次世界大战装甲运用研究》,第74页。

55. 参见赫尔曼·布施莱布,《"十字军"行动:托布鲁克沙漠坦克战,1941》(费城:炮台出版社,2019年出版),第31页。

56. 参见科雷利·巴内特,《沙漠将军》,第97页—第98页。

57. 参见赫尔曼·布施莱布,《"十字军"行动:托布鲁克沙漠坦克战,1941》,第32页。

58. 参见罗伯特·克里斯普,《喧嚣战车》,第41页—第42页。

59. 参见伊恩·普雷菲尔,《地中海和中东,第3卷:英军重挫》,第43页。

60. 参见伊恩·普雷菲尔,《地中海和中东,第3卷:英军重挫》,第42页。

61. 参见乔治·戴维,《第7团和他们的三个敌人:第7女王直属轻骑兵团的二战经历》,第152页。

62. 参见弗里德里希·冯·梅伦廷,《坦克战:第二次世界大战装甲运用研究》,第78页—第79页。

63. 参见巴西尔·利德尔-哈特,《坦克:皇家坦克团史,第2卷》,第113页—第114页。

64. 参见美国国家档案馆微缩胶卷文件T-313第1155卷,"第90装甲掷弹兵师作战日志,1941年6月26日—1942年3月31日"(师作战参谋部门编写)。

65. 参见J.A.I.阿加尔-汉密尔顿(J. A. I. Agar-Hamilton)和L.C.F.特纳(L. C. F. Turner),《第二次世界大战中的南非武装部队:西迪雷泽格之战,1941》(The Sidi Rezegh Battles 1941, South African Armed Forces in the Second World War)(开普敦:牛津大学出版社,1957年出版),第175页—第177页。

66. 参见第6皇家坦克团作战日志,"1941年11月21日"条目。

67. 参见托马斯·延茨,《装甲簿册:致命威胁——承担反坦克任务的8.8厘米Flak 18 /36/37高炮》(Panzer Tracts, Dreaded Threat - The 8.8 cm Flak 18 /36/37 in the Anti-Tank Role)(马里兰州博伊兹:装甲簿册出版社,2001年出版),第39页。

68. 参见乔治·戴维,《第7团和他们的三个敌人:第7女王直属轻骑兵团的二战经历》,第155页—第156页。

69. 参见托马斯·延茨,《德国装甲部队,第1卷》,第170页。

70. 参见巴西尔·利德尔-哈特,《坦克:皇家坦克团史,第2卷》,第112页。

71. 参见理查德·多赫蒂,《英国装甲师及其指挥官,1939—1945》(巴恩斯利:笔与剑出版社,2013年出版),第119页。

72. 参见巴西尔·利德尔-哈特,《坦克:皇家坦克团史,第2卷》,第117页。

73. 参见第3伦敦郡义勇骑兵团作战日志,"1941年11月22日"条目。

74. 参见斯图尔特·皮特曼,《第2皇家格洛斯特轻骑兵团,利比亚—埃及,1942年》,第24页。

75. 参见乔治·戴维,《第7团和他们的三个敌人:第7女王直属轻骑兵团的二战经历》,第159页。

76. 参见英国国家档案馆文件WO 169/1700,苏格兰禁卫团第2营作战日志,"1941年11月22日"条目。

77. 参见帕特里克·德拉福斯,《驯服德国坦克:蒙蒂的坦克营,战争中的第1皇家坦克团和第2皇家坦克团》,第83页。

78. 参见伊恩·普雷菲尔,《地中海和中东,第3卷:英军重挫》,第48页。

79. 参见托马斯·延茨,《德国装甲部队,第1卷》,第170页、第174页。

80. 参见伊恩·普雷菲尔,《地中海和中东,第3卷:英军重挫》,第48页。

81. 参见"欧迈尔之战"(The Battle of the Omars),出自"第11号情报公告"(Information Bulletin No. 11,美国陆军情报局编写,1942年4月15日发布),第34页—第35页、第41页。

82. 参见"欧迈尔之战",出自"第11号情报公告",第39页。

83. 参见巴西尔·利德尔-哈特,《坦克:皇家坦克团史,第2卷》,第114页—第115页。

84. 参见赫尔曼·布施莱布,《"十字军"行动:托布鲁克沙漠坦克战,1941》,第42页。

85. 参见伊恩·沃克,《身为钢,心似铁:墨索里尼精锐装甲师在北非》,第104页。

86. 参见乔治·戴维，《第7团和他们的三个敌人：第7女王直属轻骑兵团的二战经历》，第167页。

87. 参见 W.E. 墨菲（W. E. Murphy），《新西兰官方二战史，1939—1945，插曲和研究报告，第 2 卷：175 地点——"亡者星期天"之战》（*Official History of New Zealand in the Second World War 1939—1945, Episodes and Studies Volume 2: Point 175 — The Battle of Sunday of the Dead*）（惠灵顿：历史出版局，1950 年出版），第 151 页。

88. 参见弗里德里希·冯·梅伦廷，《坦克战：第二次世界大战装甲运用研究》，第 86 页—第 87 页。

89. 参见罗伯特·克里斯普，《喧嚣战车》，第 68 页—第 70 页、第 73 页。

90. 参见托马斯·延茨，《德国装甲部队，第 1 卷》，第 174 页。

91. 参见巴西尔·利德尔-哈特，《坦克：皇家坦克团史，第 2 卷》，第 126 页。

92. 参见 W.E. 墨菲，《新西兰官方二战史，1939—1945，插曲和研究报告，第 2 卷：175 地点——"亡者星期天"之战》，第 148 页。

93. 参见 W.E. 墨菲，《新西兰官方二战史，1939—1945，插曲和研究报告，第 2 卷：175 地点——"亡者星期天"之战》，第 147 页。

94. 参见 W.E. 墨菲，《新西兰官方二战史，1939—1945，插曲和研究报告，第 2 卷：175 地点——"亡者星期天"之战》，第 152 页。

95. 参见罗纳德·勒温，《隆美尔作为军事指挥官》（*Rommel as Military Commander*）（巴恩斯利：笔与剑出版社，2004 年出版），第 73 页。

96. 参见弗里德里希·冯·梅伦廷，《坦克战：第二次世界大战装甲运用研究》，第 89 页。

97. 参见巴里·皮特，《战争熔炉，第 2 册：奥金莱克领军》（夏普出版社，2019 年出版），第 155 页。

98. 每个装甲师纸面上都有 3 个燃料运输纵队，可运载 15 万升燃料，但不知道有多少燃料在前一天被消耗掉，以及被敌军摧毁的车辆数量。

99. 参见赫尔曼·布施莱布，《"十字军"行动：托布鲁克沙漠坦克战，1941》，第 48 页—第 50 页。

100. 参见伊恩·普雷菲尔，《地中海和中东，第 3 卷：英军重挫》，第 52 页。

101. 参见巴里·皮特，《战争熔炉，第 2 册：奥金莱克领军》，第 166 页。

102. 参见科雷利·巴内特，《沙漠将军》，第 112 页。

103. 参见迈克尔·卡弗，《沙漠僵局：利比亚战役，1940—1942》（*Dilemmas of the Desert War: The Libyan Campaign 1940-42*）[斯台普赫斯特（Staplehurst）:斯佩尔蒙特出版社（Spellmount），1986 年出版]，第 42 页。

104. 参见罗伯特·克里斯普，《喧嚣战车》，第 95 页—第 96 页。

105. 参见马克·乌尔班，《坦克战》，第 89 页。

106. 参见帕特里克·德拉福斯，《驯服德国坦克：蒙蒂的坦克营，战争中的第 1 皇家坦克团和第 2 皇家坦克团》，第 86 页—第 88 页。

107. 参见赫尔曼·布施莱布，《"十字军"行动：托布鲁克沙漠坦克战，1941》，第 54 页。

108. 参见戴维·欧文，《狐狸的踪迹》，第 165 页—第 166 页。

109. 参见巴西尔·利德尔-哈特，《坦克：皇家坦克团史，第 2 卷》，第 129 页—第 130 页。

110. 参见 J.A.I. 阿加尔-汉密尔顿和 L.C.F. 特纳，《第二次世界大战中的南非武装部队：西迪雷泽格之战，1941》，第 319 页。

111. 参见 "欧迈尔之战"，出自 "第 11 号情报公告"，第 33 页。

112. 参见巴西尔·利德尔-哈特，《坦克：皇家坦克团史，第 2 卷》，第 132 页。

113. 参见 W.E. 墨菲，《新西兰官方二战史，1939-1945，解围托布鲁克》（*Official History of New Zealand in the Second World War 1939—1945, The Relief of Tobruk*）（惠灵顿：战争历史局，1950 年出版），第 271 页—第 272 页。

114. 参见弗里德里希·冯·梅伦廷，《坦克战：第二次世界大战装甲运用研究》，第 93 页。

115. 参见斯图尔特·汉密尔顿，《装甲奥德赛：第 8 装甲坦克团在西部沙漠（1941 年—1942 年）、巴勒斯坦、叙利亚、埃及（1943 年—1944 年）和意大利（1944 年—1945 年）》（伦敦：汤姆·多诺万出版社，1995 年出版），第 13 页—第 15 页。

116. 参见 W.E. 墨菲，《新西兰官方二战史，1939—1945，解围托布鲁克》，第 283 页—第 285 页。

117. 参见赫尔曼·布施莱布，《"十字军"行动：托布鲁克沙漠坦克战，1941》，第 66 页。

118. 参见约翰·比尔曼和科林·史密斯，《无仇恨之战：1940 年—1943 年沙漠战役》，第 208 页。

119. 参见巴西尔·利德尔 - 哈特，《坦克：皇家坦克团史，第 2 卷》，第 135 页。

120. 参见 W.E. 墨菲，《新西兰官方二战史，1939—1945，解围托布鲁克》，第 336 页—第 341 页。

121. 参见斯图尔特·皮特曼，《第 2 皇家格洛斯特轻骑兵团，利比亚—埃及，1942 年》，第 32 页—第 33 页。

122. 参见罗伯特·克里斯普，《喧嚣战车》，第 121 页。

123. 参见罗伯特·克里斯普，《喧嚣战车》，第 124 页—第 127 页。

124. 参见帕特里克·德拉福斯，《驯服德国坦克：蒙蒂的坦克营，战争中的第 1 皇家坦克团和第 2 皇家坦克团》，第 89 页。

125. 参见罗伯特·克里斯普，《喧嚣战车》，第 143 页。

126. 参见 J.F. 科迪（J. F. Cody），《新西兰官方二战史，1939—1945，第 21 营》（*21 Battalion, Official History of New Zealand in the Second World War 1939-1945*）（惠灵顿：战争历史局，1953 年出版），第 443 页—第 446 页。

127. 参见 T.A. 马丁（T. A. Martin），《埃塞克斯团，1929—1950》（*The Essex Regiment, 1929-1950*）（乌克菲尔德：海军与军事出版社，2016 年出版），第 635 页—第 636 页。

128. 参见巴西尔·利德尔 - 哈特，《坦克：皇家坦克团史，第 2 卷》，第 137 页。

129. 参见 J.F. 科迪，《新西兰官方二战史，1939—1945，第 21 营》，第 137 页—第 138 页。

130. 参见伊恩·普雷菲尔，《地中海和中东，第 3 卷：英军重挫》，第 65 页。

131. 参见兰德尔·伯登（Randal M. Burdon），《新西兰官方二战史，1939—1945，第 24 营》（*24 Battalion, Official History of New Zealand in the Second World War 1939-1945*）（惠灵顿：战争历史局，1953 年出版），第 86 页—第 87 页。

132. 参见马克·乌尔班，《坦克战》，第 90 页。

133. 参见 W.A. 格鲁（W. A. Glue）和 D.J.C. 普林格尔（D. J. C. Pringle），《新西兰官方二战史，1939—1945，第 20 营和第 20 装甲团》（*20 Battalion and Armoured Regiment, Official History of New Zealand in the Second World War 1939-1945*）（惠灵顿：战争历史局，1957 年出版），第 197 页—第 205 页。

134. 参见伊恩·普雷菲尔，《地中海和中东，第 3 卷：英军重挫》，第 69 页。

135. 参见 W.A. 格鲁和 D.J.C. 普林格尔，《新西兰官方二战史，1939—1945，第 20 营和第 20 装甲团》，第 205 页。

136. 参见赫尔曼·布施莱布，《"十字军"行动：托布鲁克沙漠坦克战，1941》，第 74 页。

137. 参见吉姆·亨德森（Jim Henderson），《新西兰官方二战史，1939—1945，第 22 营》（*22 Battalion, Official istory of New Zealand in the Second World War 1939-1945*）（惠灵顿：战争历史局，1957 年出版），第 121 页—第 122 页。

138. 参见伊恩·沃克，《身为钢，心似铁：墨索里尼精锐装甲师在北非》，第 120 页。

139. 参见弗里德里希·冯·梅伦廷，《坦克战：第二次世界大战装甲运用研究》，第 97 页—第 98 页。

140. 参见格哈德·施莱伯等人，《德国与第二次世界大战，第 3 卷：地中海、东南欧和北非，1939—1941》，第 746 页。

141. 参见伊恩·沃克，《身为钢，心似铁：墨索里尼精锐装甲师在北非》，第 122 页。

142. 参见斯图尔特·皮特曼，《第 2 皇家格洛斯特轻骑兵团，利比亚—埃及，1942 年》，第 37 页。

143. 参见伊恩·普雷菲尔，《地中海和中东，第 3 卷：英军重挫》，第 80 页—第 81 页。

144. 参见巴西尔·利德尔 - 哈特，《坦克：皇家坦克团史，第 2 卷》，第 143 页。

145. 参见斯图尔特·皮特曼，《第 2 皇家格洛斯特轻骑兵团，利比亚—埃及，1942 年》，第 42 页—第 45 页。

146. 参见雅努什·皮卡尔凯维奇，《隆美尔和北非秘密战争，1941—1943》，第 106 页。

147. 参见伊恩·普雷菲尔，《地中海和中东，第 3 卷：英军重挫》，第 91 页。

148. 参见格哈德·施莱伯等人,《德国与第二次世界大战,第 3 卷:地中海、东南欧和北非,1939-1941》,第 750 页—第 751 页。

149. 参见巴里·皮特,《战争熔炉,第 2 册:奥金莱克领军》,第 203 页。

150. 参见伊恩·普雷菲尔,《地中海和中东,第 3 卷:英军重挫》,第 100 页。

151. 参见乔治·戴维,《第 7 团和他们的三个敌人:第 7 女王直属轻骑兵团的二战经历》,第 206 页—第 207 页。

152. 参见巴里·皮特,《战争熔炉,第 2 册:奥金莱克领军》,第 223 页—第 224 页。

153. 参见 P.M. 奈特,《Mk Ⅵ "十字军" 巡洋坦克(A15):一部技术史》,第 25—26 页、第 31—33 页。

154. 参见斯图尔特·汉密尔顿,《装甲奥德赛:第 8 装甲坦克团在西部沙漠(1941 年—1942 年)、巴勒斯坦、叙利亚、埃及(1943 年—1944 年)和意大利(1944 年—1945 年)》,第 15 页。

术语表

通用术语

缩略语	全称	中文译名
AFV	Armoured Fighting Vehicle	装甲战斗车辆
AP	Armour Piercing	穿甲弹
APBC	Armour Piercing Ballistic Cap	被帽穿甲弹
APHE	Armour Piercing High Explosive	穿甲高爆弹
C2	Command & Control	指挥和控制
cbm	cubic metre of fuel	立方米燃料
FHA	Face Hardened Armour	表面硬化装甲
HEAT	High Explosive Anti-tank	破甲弹
RHA	Rolled Homogenous Armour	轧制均质装甲

英联邦军队术语

缩略语	全称	中文译名
2L&BH	2nd Lothians and Border Horse	第2洛锡安与边民骑兵团
CIGS	Chief of the Imperial General Staff	帝国总参谋长
CLY	County of London Yeomanry	伦敦郡义勇骑兵团
cwt	hundredweight	英担（1英担约合50.8千克）
DMI	Director of Military Intelligence	军事情报局局长
EMF	Experimental Mechanized Force	实验机械化部队
FSD	Field Supply Depot	野战补给基地
GSO	General Staff Officer	参谋军官
HAC	Honourable Artillery Company	荣誉炮兵队
KDG	King's Dragoon Guards	第1国王龙骑兵禁卫团
KRRC	King's Royal Rifle Corp	国王皇家来复枪队
MWEE	Mechanical Warfare Experimental Establishment	机械化战争实验所
NIH	North Irish Horse	北爱尔兰骑兵团
RAOC	Royal Army Ordnance Corps	皇家陆军军械部队
RAC	Royal Armoured Corps	皇家装甲部队
RAF	Royal Air Force	皇家空军

缩略语	全称	中文译名
RASC	Royal Armoured Service Corps	皇家陆军勤务部队
RB	Rifle Brigade	来复枪旅
RE	Royal Engineers	皇家工兵
RGH	Royal Gloucestershire Hussars	皇家格洛斯特郡轻骑兵团
RHA	Royal Horse Artillery	皇家骑炮团
RSG	Royal Scots Greys	皇家苏格兰灰骑兵团
RTR	Royal Tank Regiment	皇家坦克团
RWY	Royal Wiltshire Yeomanry	皇家威尔特郡义勇骑兵团
SAACR	South African Armoured Car Regiment	南非装甲车团
TA	Territorial Army	本土陆军

德军术语

缩略语	全称	中文译名
A.A.	Aufklarungs-Abteilung (Reconnaissance Battalion)	侦察营
AOK	Armeeoberkommando (Army)	集团军 / 集团军司令部
DAK	Deutsches Afrika Korps (Africa Corps)	德意志非洲军
FJR	Fallschirmjager-Regiment	伞兵团
Flak	Flugabwehrkanone (anti-aircraft gun)	高射炮
	Gefechtstross (Combat trains)	战斗辎重队（含弹药车队）
Gep.	Gepanzert (armoured)	装甲化
	Gepacktross Baggage train	行李辎重队（含野战厨房）
gi.	Gelandegangig (cross country)	越野
HKL	Hauptkampflinie (main line of esistance)	主战线
I-gruppe	Instandsetzungsgruppe (Repair Group)	修理分队
Kfz.	Kraftfahrzeug (motor vehicle)	机动车辆
	Kradschutzen (motorcycle infantry)	摩托车步兵
LKW	Lastkraftwagen (truck)	卡车
MFP	Marinefahrprahm (motorized barges)	海军渡驳
M.G. Btl.	Maschinengewehr-Bataillon (machine-gun Battalion)	机枪营
OKH	Oberkommando des Heeres (German Army High Command)	德国陆军最高司令部
OKW	Oberkommando der Wehrmacht (High Command of Armed Forces)	德国国防军最高统帅部

缩略语	全称	中文译名
Pak	Panzerabwehrkanone (anti-tank gun)	反坦克炮
PKW	Personenkraftwagen (motor car)	人员运输车 / 轿车
Pz.Abt.	Panzer-Abteilung	装甲营
Pz.Regt.	Panzer-Regiment	装甲团
PZAOK	Panzerarmee	装甲集团军
Pzgr	Panzergranate (armour-piercing round)	穿甲弹
Pz.jg.-Abt.	Panzerjager-Abteilung	装甲歼击营
Pzkw.	Panzerkampfwagen (armoured fighting ehicle or tank)	装甲战斗车辆，即坦克
Sd.Kfz.	Sonderkraftfahrzeug (special military vehicle)	特种车辆
Sfl.	Selbstfahrlafette (self-propelled gun)	自行化
SPW	Schutzenpanzerwagen (armoured infantry vehicle)	装甲运兵车
SR	Schutzen-Regiment (motorized infantry)	步枪兵团（即摩托化步兵团）
TP	Tropisch (tropical)	热带
V.A.	Vorausabteilung (advanced guard battalion)	先遣营
V.S. =	Verbrauchssatz (unit of issue, logistics)	（后勤）物资基数
Zgkw.	Zugkraftwagen (half-track pulling vehicles)	牵引车

意军术语

缩略语	全称	中文译名
ACIT	Armata Corazzata Italo-Tedesca (Italian-German Tank Army)	意大利—德国坦克集团军
A.S.	Africa Settentrionale (Northern Africa)	北非
Btgl. Carri L.	Battaglione Carri Leggeri (light tank battalion)	轻型坦克营
Btgl. Carri M.	Battaglione Carri Medi (medium tank battalion)	中型坦克营
CC.NN	Camicie Nere (Blackshirts, Fascist militia units)	国家安全志愿军 / 黑衫军（法西斯民兵部队）
E.P.	Effetto ronto (HEAT-type projectiles)	破甲弹
SIM	Servizio Informazioni Militari (Military Intelligence)	军事情报局
	Superasi Comando Superiore Africa Settentrionale (Commander-in-chief North Africa)	北非意军总司令

美军术语

缩略语	全称	中文译名
AFAB	Armored Field Artillery Battalion	装甲野战炮兵营
AIB	Armored Infantry Battalion (mechanized infantry)	装甲步兵营（机械化步兵营）
AR	Armor (Battalion)	装甲营
CC(A, B, C)	Combat Command A, B or C	A、B 或 C 战斗指挥部
FAB	Field Artillery Battalion	野战炮兵营
GMC	Gun Motor Carriage	机动火炮载车
RCT	Regimental Combat Team	团级战斗队

军衔对照表

意大利陆军

军衔原文	军衔译名
Maresciallo d'Italia	元帅
Generale d'Armata	大将
Generale di Corpo d'Armata	上将
Generale di Divisione	中将
Generale di Brigata	少将
Colonnello Comandante	资深上校
Colonnello	上校
Tenente Colonnello	中校
Maggiore	少校
Primo Capitano	资深上尉
Capitano	上尉
Primo Tenente	资深中尉
Tenente	中尉
Sottotenente	少尉

德国陆军

军衔原文	军衔译名
Generalfeldmarschall	元帅
Generaloberst	大将
General der (Panzertruppe)	兵种上将（如装甲兵上将）
Generalleutnant	中将

军衔原文	军衔译名
Generalmajor	少将
Oberst	上校
Oberstleutnant	中校
Major	少校
Hauptmann	上尉
Oberleutnant	中尉
Leutnant	少尉

英国陆军

军衔原文	军衔译名
Field Marshall	元帅
General	上将
Lieutenant General	中将
Major General	少将
Brigadier	准将
Colonel	上校
Lieutenant Colonel	中校
Major	少校
Captain	上尉
First Lieutenant	中尉
Second Lieutenant	少尉

美国陆军

军衔原文	军衔译名
General of the Army	五星上将
General	上将
Lieutenant General	中将
Majar General	少将
Brigadier General	准将
Colonel	上校
Lieutenant Colonel	中校
Major	少校
Captain	上尉
First Lieutenant	中尉
Second Lieutenant	少尉

附　　录

附录 1　1940 年—1941 年各国向北非交付的主要坦克

轴心国

抵达日期	抵达港口	装备详情	所属单位
1940 年 7 月 8 日	班加西	72 辆 M11/39 坦克	第 1 中型坦克营、第 2 中型坦克营（意大利，隶属于"公羊"装甲师）
1940 年 10 月 12 日	的黎波里	37 辆 M13/40 中型坦克	第 3 中型坦克营（意）
1940 年 12 月 12 日	班加西	37 辆 M13/40 中型坦克	第 5 中型坦克营（意）
1941 年 1 月 22 日	班加西	37 辆 M13/40 中型坦克，外加 36 辆补充坦克	第 6 中型坦克营（意）
1941 年 2 月 25 日—28 日	的黎波里	2 辆二号坦克、2 辆三号坦克、2 辆四号坦克	第 5 装甲团（德国）
1941 年 3 月 4 日—7 日	的黎波里	25 辆一号坦克、36 辆二号坦克、60 辆三号坦克、16 辆四号坦克	第 5 装甲团（德）
1941 年 3 月 11 日	的黎波里	46 辆 M13/40 中型坦克	第 7 中型坦克营（意）
1941 年 3 月 11 日	的黎波里	5 辆一号坦克，5 辆二号坦克、2 辆三号坦克	第 5 装甲团（德）
1941 年 3 月 15 日	的黎波里	27 辆一号坦克歼击车	第 605（自行化）装甲歼击营（德）
1941 年 4 月 17 日—19 日	的黎波里	11 辆二号坦克、19 辆三号坦克	第 8 装甲团团部和第 1 连（德）
1941 年 4 月 24 日	的黎波里	20 辆二号坦克、37 辆三号坦克、8 辆四号坦克	第 8 装甲团第 2 连、第 3 连和第 5 连（德）
1941 年 4 月 29 日	的黎波里	15 辆二号坦克、21 辆三号坦克、10 辆四号坦克	第 8 装甲团第 6 连和第 7 连（德）
1941 年 4 月下旬	的黎波里	46 辆 M13/40 中型坦克	第 8 中型坦克营（意）
1941 年 6 月初	的黎波里	15 辆三号坦克、5 辆四号坦克	第 5 装甲团(德,用于补充)
1941 年 8 月 25 日	的黎波里	46 辆 M13/40 中型坦克	第 9 中型坦克营（意）
1941 年 11 月 23 日	的黎波里	10 辆 M13/40 中型坦克	
1941 年 12 月 1 日	的黎波里	14 辆 M13/40 中型坦克	
1941 年 12 月 19 日	班加西（M.42 船队）	5 辆二号坦克、17 辆三号坦克 J 型	第 8 装甲团第 3 连（德）
1941 年 12 月 19 日	的黎波里（M.42 船队）	6 辆二号坦克、17 辆三号坦克	第 8 装甲团第 7 连（德）

同盟国

抵达日期	抵达港口	装备详情	所属单位
1940 年 9 月 15 日	亚历山大港（RS 5 船队）	10 辆 A9 坦克	
1940 年 9 月 23 日	苏伊士（AP.1 船队）	50 辆 "玛蒂尔达 2" 坦克、18 辆 A13 坦克、28 辆 A10 坦克、6 辆 A9 坦克近距离支援型、63 辆 Mk Ⅵ b 轻型坦克	第 2 皇家坦克团、第 7 皇家坦克团、第 3 轻骑兵团
1940 年 11 月		18 辆 A10 坦克	
1940 年 12 月 22 日	苏伊士（WS.4A 船队）	58 辆 A13 坦克、32 辆 A10 坦克、12 辆 A10 坦克近距离支援型、52 辆 Mk Ⅵ b 轻型坦克	第 3 皇家坦克团、第 5 皇家坦克团
1940 年 12 月 28 日	苏伊士（WS.4B 船队）		第 1 装甲师师部、第 1 装甲旅旅部、第 4 轻骑兵团、第 1 国王龙骑兵禁卫团
1941 年 2 月 16 日	WS.5A 船队	38 辆 "玛蒂尔达 2" 坦克、8 辆 Mk Ⅳ A 巡洋坦克、6 辆 Mk VIc 轻型坦克	第 4 皇家坦克团（欠 1 个中队）
1941 年 5 月 12 日	亚历山大港（"虎" 船队 / WS.8A 船队）	135 辆 "玛蒂尔达 2" 坦克、15 辆 Mk Ⅳ A 巡洋坦克、67 辆 Mk Ⅵ 巡洋坦克、21 辆 Mk VIc 轻型坦克	第 1 陆军坦克旅（第 8 皇家坦克团、第 42 皇家坦克团、第 44 皇家坦克团）＋后备坦克
1941 年 7 月 4 日	WS.8B 船队	12 辆 "玛蒂尔达" 坦克 Ⅱ 坦克、14 辆巡洋坦克	
1941 年 7 月 15 日	WS.8X 船队	14 辆 "玛蒂尔达" 坦克 Ⅱ 坦克、36 辆 "瓦伦丁" 坦克、44 辆 Mk Ⅳ A 巡洋坦克、6 辆 Mk Ⅵ 巡洋坦克、1 辆轻型坦克	外加 15 辆侦察车
1941 年 7 月 19 日		36 辆 M3 "斯图亚特" 坦克、4 辆 M2A4 坦克	
1941 年 7 月	WS.9 船队	20 辆步兵坦克、20 辆巡洋坦克	外加 25 辆戴姆勒 / 亨伯装甲车
1941 年 8 月		69 辆 M3 "斯图亚特" 坦克	第 8 轻骑兵团
1941 年 9 月 23 日	WS.10 船队	30 辆步兵坦克、21 辆巡洋坦克	外加 25 辆戴姆勒 / 亨伯装甲车
1941 年 9 月		53 辆 M3 "斯图亚特" 坦克	
1941 年 10 月 2 日	苏伊士（WS.10X 船队）	166 辆巡洋坦克	第 22 装甲旅（皇家格洛斯特郡轻骑兵团、第 3 伦敦郡义勇骑兵团、第 4 伦敦郡义勇骑兵团）
1941 年 10 月	WS.11 船队	60 辆步兵坦克、	

抵达日期	抵达港口	装备详情	所属单位
20 辆"十字军"坦克			第 1 装甲师一部、第 12 枪骑兵团,外加 50 辆戴姆勒 / 亨伯装甲车
1941 年 10 月		150 辆 M3 "斯图亚特"坦克、2 辆 M3 "格兰特"坦克	
1941 年 11 月 28 日	WS.12 船队	52 辆步兵坦克、124 辆巡洋坦克、60 辆 M3 "斯图亚特"坦克	第 2 装甲旅 [第 9 枪骑兵团、第 10 轻骑兵团、第 2 龙骑兵禁卫团(女王海湾团)]、第 12 皇家枪骑兵团(83 辆戴姆勒 / 亨伯装甲车)
1941 年 11 月		8 辆 M3 "斯图亚特"坦克、1 辆"格兰特"坦克	
1941 年 12 月		86 辆 M3 "斯图亚特"坦克、11 辆"格兰特"坦克	

注:1941 年 5 月 9 日,"帝国歌曲"号在马耳他外海被 2 枚水雷炸沉,第 8 皇家坦克团的全部坦克(共 50 辆"玛蒂尔达 2"、7 辆 Mk VIc 轻型坦克和 5 辆 Mk IV A 巡洋坦克)全部随该船沉没。

附录 2 北非战场各国坦克性能一览

轴心国坦克

	二号坦克 B 型	三号坦克 G 型	三号坦克 J 型	四号坦克 E 型	M11/39 坦克	M13/40 中型坦克
服役时间	1937 年 2 月	1940 年 4 月	1941 年 3 月	1940 年 10 月	1939 年 7 月	1940 年 7 月
重量	8.9 吨	19.8 吨	21.6 吨	22.0 吨	11.1 吨	14 吨
乘员人数	3 人	5 人	5 人	5 人	3 人	4 人
发动机	迈巴赫 HL 62 TR 发动机	迈巴赫 HL 120 TR 发动机	迈巴赫 HL 120 TRM 发动机	迈巴赫 HL 120 TRM 发动机	菲亚特 SPA 8T 发动机	菲亚特 SPA 8T 发动机
马力	140 匹	265 匹	265 匹	265 匹	125 匹	125 匹
马力与车重比	15.7	13.3	12.2	12	11.1	8.9
悬挂系统	板簧悬挂	扭杆悬挂	扭杆悬挂	板簧悬挂	板簧悬挂	板簧悬挂
最高速度(公路)	40 千米 / 时	40 千米 / 时	40 千米 / 时	42 千米 / 时	32 千米 / 时	31 千米 / 时
平均速度(越野)	12—15 千米 / 时	12—15 千米 / 时	12—15 千米 / 时	20 千米 / 时	12 千米 / 时	15 千米 / 时

	二号坦克B型	三号坦克G型	三号坦克J型	四号坦克E型	M11/39坦克	M13/40中型坦克
燃料类型	汽油	汽油	汽油	汽油	柴油	柴油
燃料携带量	170升	320升	320升	470升	145升	210升
续航里程	190千米（公路）126千米（越野）	155千米（公路）95千米（越野）	145千米（公路）85千米（越野）	210千米（公路）130千米（越野）	210千米（公路）120千米（越野）	200千米（公路）120千米（越野）
履带宽度	30厘米	38厘米	40厘米	40厘米	26厘米	26厘米
主炮型号	2厘米30型（55倍口径）坦克炮	5厘米38型（42倍口径）坦克炮	5厘米38型（42倍口径）坦克炮	7.5厘米（24倍口径）坦克炮	37毫米40倍口径坦克炮	47毫米32倍口径坦克炮
其他武器	1挺MG34机枪	2挺MG34机枪	2挺MG34机枪	2挺MG34机枪	2挺8毫米布雷达机枪	3挺8毫米布雷达机枪
弹药类型	穿甲弹/高爆弹	高爆弹/被帽风帽穿甲弹	高爆弹/被帽风帽穿甲弹	被帽穿甲弹/高爆弹	穿甲弹/高爆弹	风帽穿甲弹/高爆弹
备弹量	180发	99发	99发	80发	84发	85发
正面装甲	20毫米—14.5毫米	30毫米	50毫米	30毫米—30毫米	30毫米	30毫米—40毫米
侧面装甲	14.5毫米	30毫米	30毫米	20毫米-20毫米	15毫米	25毫米
后部装甲	14.5毫米	21毫米—30毫米	30毫米	20毫米	8毫米	25毫米
电台	Fu 2/5电台	Fu 2/5电台	Fu 5电台	Fu 5电台	无	无*

备注：
"+"表示可能有螺栓附加装甲。
"*"表示从1941年中期开始加装马雷利（Marelli）RF 1 CA电台。

盟军坦克

	A-9（Mk I）巡洋坦克	A-10（Mk II）巡洋坦克	A-13（Mk IV）巡洋坦克	"玛蒂尔达"坦克Mk II	"瓦伦丁"Mk III坦克	M3"斯图亚特"Mk I坦克
服役时间	1939年1月	1939年12月	1939年4月	1939年9月	1940年6月	1941年3月
重量	12.75吨	14.3吨	14.75吨	25吨	17.0吨	13.0吨
乘员人数	6人	5人	4人	4人	3人	4人

	A-9（Mk I）巡洋坦克	A-10（Mk II）巡洋坦克	A-13（Mk IV）巡洋坦克	"玛蒂尔达"坦克 Mk II	"瓦伦丁"Mk III坦克	M3"斯图亚特"Mk I坦克
发动机	AEC A179发动机	AEC A179发动机	纳菲尔德"自由2"发动机	2部AEC/利兰发动机	AEC A189发动机 AEC A190发动机	大陆W-670发动机或吉伯森T1020发动机
马力	150匹	150匹	340匹	188匹	135匹	250匹
马力与车重比	11.7	10.5	23.0	7.52	7.9	19.2
悬挂系统	螺旋弹簧悬挂	螺旋弹簧悬挂	克里斯蒂悬挂	螺旋弹簧悬挂	螺旋弹簧悬挂	涡卷弹簧悬挂
最高速度（公路）	40千米/时	40千米/时	49千米/时	24千米/时	24千米/时	58千米/时
平均速度（越野）	16千米/时	16千米/时	16千米/时	8千米/时	9千米/时	29千米/时
燃料类型	汽油	汽油	汽油	柴油	汽油/柴油	汽油/柴油
燃料携带量	327升	445升	454升	211升	234升	151升
续航里程	200千米（公路）116千米（越野）	225千米（公路）129千米（越野）	160千米（公路）110千米（越野）	113千米（公路）69千米（越野）	164千米（公路）116千米（越野）	120千米（公路）80千米（越野）
履带宽度	26.6厘米	26.6厘米	24.6厘米	35.5厘米	36.5厘米	29.5厘米
主炮	2磅炮（40毫米）					37毫米（56倍口径）坦克炮
其他武器	3挺7.7毫米机枪	2挺7.7毫米机枪	1挺7.92毫米共轴机枪（贝莎机枪）			3挺7.62毫米机枪
弹药类型	曳光穿甲弹	曳光穿甲弹	曳光穿甲弹	曳光穿甲弹	曳光穿甲弹	曳光穿甲弹
备弹量	100发	100发	87发	93发	53发	83发
正面装甲	10毫米—14毫米	11毫米—30毫米	20毫米—30毫米	47毫米—78毫米	30毫米—65毫米	38毫米
侧面装甲	10毫米—12毫米	11毫米—13毫米	14毫米	25毫米—75毫米	60毫米	25毫米
后部装甲	10毫米—14毫米	12毫米—15毫米	14毫米	55毫米—75毫米	17毫米—60毫米	25毫米
无线电	9号无线电台			11号无线电台		

注：1940年6月3日，英军对巡洋坦克的标准化命名如下：A9坦克——Mk I巡洋坦克；A10坦克——Mk II和Mk II A巡洋坦克；A13坦克的四个型号——Mk III、Mk IV、Mk IV A和Mk V巡洋坦克；A15坦克——Mk VI巡洋坦克。

附录 2B 坦克炮和反坦克炮穿甲能力一览，1940 年—1943 年

轴心国武器

武器名称	炮弹型号	弹头重量	炮口初速	距离与穿透力			
				100 米	500 米	1000 米	1500 米
47 毫米 32 倍口径坦克炮	35 型穿甲弹（常规穿甲弹）	1.42 千克	630 米 / 秒	55 毫米	43 毫米	31 毫米	23 毫米
	39 型穿甲弹（被帽穿甲高爆弹）	1.44 千克	630 米 / 秒	39 毫米	35 毫米	30 毫米	25 毫米
3.7 厘米 45 倍口径反坦克炮	基本型穿甲弹（曳光穿甲弹）	0.68 千克	762 米 / 秒	35 毫米	29 毫米	22 毫米	20 毫米
	39 型穿甲弹（被帽风帽穿甲高爆弹）			41 毫米	35 毫米	29 毫米	24 毫米
	40 型穿甲弹（曳光硬芯穿甲弹）	0.35 千克		64 毫米	34 毫米		
4.7 厘米 50 倍口径反坦克炮	基本型穿甲弹（常规穿甲弹）	1.65 千克	775 米 / 秒	52 毫米	47 毫米	40 毫米	35 毫米
5 厘米 42 倍口径坦克炮	基本型穿甲弹（曳光穿甲弹）	2.06 千克	685 米 / 秒	53 毫米	43 毫米	32 毫米	24 毫米
	39 型穿甲弹（被帽风帽穿甲高爆弹）			54 毫米	46 毫米	36 毫米	28 毫米
	40 型穿甲弹（曳光硬芯穿甲弹）	0.925 千克	1050 米 / 秒	94 毫米	55 毫米	21 毫米	
5 厘米 60 倍口径坦克炮	基本型穿甲弹（曳光穿甲弹）	2.06 千克	835 米 / 秒	67 毫米	57 毫米	44 毫米	34 毫米
	39 型穿甲弹（被帽风帽穿甲高爆弹）			69 毫米	59 毫米	47 毫米	37 毫米
	40 型穿甲弹（曳光硬芯穿甲弹）	0.925 千克	1180 米 / 秒	130 毫米	72 毫米	38 毫米	
7.5 厘米 24 倍口径坦克炮	红色弹带坦克炮穿甲弹（K.Gr.rot.Pz.，被帽穿甲弹）	6.8 千克	385 米 / 秒	41 毫米	38 毫米	35 毫米	32 毫米
	38 型空心装药弹 A 型（Gr. 38 HI/A，破甲弹）	4.4 千克	450 米 / 秒	70 毫米			
7.5 厘米 43 倍口径坦克炮	39 型穿甲弹（被帽风帽穿甲高爆弹）	6.8 千克	740 米 / 秒	99 毫米	91 毫米	81 毫米	72 毫米
	40 型穿甲弹（曳光硬芯穿甲弹）	4.1 千克	990 米 / 秒	126 毫米	108 毫米	87 毫米	

武器名称	炮弹型号	弹头重量	炮口初速	距离与穿透力			
				100 米	500 米	1000 米	1500 米
8.8 厘米 56 倍径高射炮	39 型穿甲弹（被帽风帽穿甲高爆弹）	10.2 千克	820 米 / 秒	120 毫米	110 毫米	100 毫米	91 毫米
	40 型穿甲弹（曳光硬芯穿甲弹）	7.5 千克	935 米 / 秒	171 毫米	156 毫米	138 毫米	123 毫米

注：1940 年 9 月，德军开始列装钨芯坦克炮弹和反坦克炮弹。其中 3.7 厘米 40 型穿甲弹列装最早，与传统炮弹相比，其穿透力有大幅提升。1941 年 3 月，德国又推出了 5 厘米 40 型穿甲弹。但由于钨金属稀缺，在 1941 年 6 月，只有约 5%—6% 的 3.7 厘米和 5 厘米炮弹属于这种类型。

39 型穿甲弹为标准的钢芯穿甲弹；40 型穿甲弹为硬芯穿甲弹，弹芯材料为钨，其弹种标识中的"HK"字样是德语"Hartkern"（硬芯）的缩写。

盟军武器

武器名称	炮弹型号	弹头重量	炮口初速	距离与穿透力（轧制均质装甲）			
				100 米	500 米	1000 米	1500 米
2 磅炮	曳光穿甲弹	1.08 千克	792 米 / 秒	50 毫米	42 毫米	36 毫米	17 毫米
	曳光高速穿甲弹	1.08 千克	853 米 / 秒	57 毫米	51 毫米	41 毫米	28 毫米
37 毫米 53 倍径坦克炮	曳光穿甲弹（M74 穿甲弹）	0.87 千克	884 米 / 秒	85 毫米	65 毫米	45 毫米	24 毫米
	曳光被帽穿甲弹（M51 穿甲弹）	0.87 千克	853 米 / 秒	66 毫米	44 毫米	26 毫米	15 毫米
6 磅 43 倍径坦克炮	常规穿甲弹	2.86 千克	853 米 / 秒	97 毫米	82 毫米	66 毫米	53 毫米
	被帽穿甲弹		846 米 / 秒	106 毫米	89 毫米	72 毫米	59 毫米
75 毫米 31 倍径坦克炮	曳光穿甲弹（M72 穿甲弹）	6.32 千克	563 米 / 秒	95 毫米	81 毫米	66 毫米	54 毫米
	曳光被帽穿甲弹（M61 穿甲弹）	6.63 千克		78 毫米	72 毫米	65 毫米	58 毫米
75 毫米 40 倍径坦克炮	曳光穿甲弹（M72 穿甲弹）	6.32 千克	618 米 / 秒	109 毫米	92 毫米	76 毫米	62 毫米
	曳光被帽穿甲弹（M61 穿甲弹）	6.63 千克		102 毫米	95 毫米	86 毫米	79 毫米

注：在美军中，"高速穿甲弹"的缩写为"HVAP"，其本质与硬芯穿甲弹相同。1941 年—1943 年，M51 穿甲弹推出了几种不同型号，其差异在于弹壳材质（钢和黄铜）、弹道帽外形（圆形和尖形），以及发射药成分等，这导致其性能略有差异。

附录 3 北非装甲部队作战序列，1940 年—1941 年

1941 年 2 月 5 日—7 日，贝达富姆之战

轴心国部队

北非意军总司令：鲁道夫·格拉齐亚尼元帅

第 10 集团军（指挥官：伊塔洛·加里波第大将）

第 21 军 [指挥官：卡洛·斯帕托科（Carlo Spatocco）上将]

第 63 "锡兰尼" 步兵师、第 64 "卡坦扎罗" 步兵师

第 20、第 63 轻型坦克营（各 46 辆 CV-33/35 超轻型坦克）

第 23 军（指挥官：安尼巴莱·贝贡佐利上将）

第 4 "1 月 3 日" 黑衫师、第 62 "下利比亚" 步兵师

第 61、第 62 轻型坦克营（各 46 辆 CV-33/35 超轻型坦克）

"利比亚" 集群（指挥官：塞巴斯蒂亚诺·加利纳上将[1]）

第 2 利比亚师

第 9 轻型坦克营（29 辆 CV-33/35 超轻型坦克）

"马莱蒂" 集群（指挥官：皮埃特罗·马莱蒂将军[2]）

第 2 中型坦克营（22 辆 M11/39 坦克）

集团军直辖：

特别装甲旅（指挥官：瓦伦丁·巴比尼少将）

第 1 中型坦克营（40 辆 M11/39 坦克）

第 3 中型坦克营（37 辆 M13/40 中型坦克）

第 21 轻型坦克营（40 余辆 CV-33/35 超轻型坦克）

第 60 轻型坦克营（28 辆 CV-33/35 超轻型坦克）

同盟国部队

中东司令部（指挥官：阿奇博尔德·韦维尔上将）

---

① 1940 年 12 月 10 日被俘。

② 1940 年 12 月 9 日阵亡。

西部沙漠部队（指挥官：理查德·奥康纳中将）

直属单位：

第7皇家坦克团（指挥官：罗伊·杰拉姆中校，47辆"玛蒂尔达2"坦克）

第7装甲师（指挥官：约翰·考恩特准将①）

第4装甲旅（指挥官：霍雷肖·比尔克斯上校）

第2皇家坦克团（指挥官：亚历山大·哈考特中校，38辆巡洋坦克，16辆轻型坦克）

第6皇家坦克团 [指挥官：伦纳德·哈兰（Leonard S. Harland）中校，32辆巡洋坦克，16辆轻型坦克]

第7女王直属轻骑兵团（指挥官：弗雷德里克·拜亚斯中校，16辆巡洋坦克，32辆轻型坦克）

第7装甲旅（指挥官：休·拉塞尔准将；参谋长：亚历山大·盖特豪斯上校）

第1皇家坦克团（指挥官：乔治·卡尔弗韦尔中校，23辆巡洋坦克，26辆轻型坦克）

第3国王直属轻骑兵团（指挥官：乔治·杨赫斯本中校，16辆巡洋坦克，36辆轻型坦克）

第8国王皇家爱尔兰轻骑兵团（指挥官：沃森中校，14辆巡洋坦克，35辆轻型坦克）

第11轻骑兵团（指挥官：约翰·康贝中校，约30辆装甲车）

皇家空军第2装甲车连

1941年2月5日—7日，贝达富姆之战

轴心国部队

第10集团军（指挥官：朱塞佩·泰勒拉上将②）

第20军 [指挥官：费迪南多·科纳（Ferdinando Cona）上将]

特别装甲旅（指挥官：瓦伦丁·巴比尼少将③）

第3中型坦克营（指挥官：卡洛·乔尔迪中校，12辆M13/40中型坦克）

---

① "罗盘"行动开始时，第7装甲师师长迈克尔·奥摩尔-克雷格少将因病离职，并由考恩特暂时代替。

② 1941年2月6日阵亡。

③ 1941年2月7日被俘。

第 5 中型坦克营（指挥官：艾米利奥·伊齐中校，24 辆 M13/40 中型坦克）

第 6 中型坦克营 [指挥官：奥兰诺（Ornano）少校，28 辆 M13/40 中型坦克]

第 60 轻型坦克营（11 辆 CV-33/35 超轻型坦克）

"比格纳米"集群（指挥官：马里奥·比格纳米少将[1]）

第 21 中型坦克营 [指挥官：朱塞佩·西亚奇亚诺[2]（Giuseppe Sciacchitano）

上尉，37 辆 M13/40 中型坦克]

同盟国部队

中东司令部（指挥官：阿奇博尔德·韦维尔上将）

第 13 军（指挥官：理查德·奥康纳中将）

第 7 装甲师（指挥官：迈克尔·奥摩尔-克雷格少将）

第 4 装甲旅（指挥官：约翰·考恩特准将）

第 2 皇家坦克团（指挥官：亚历山大·哈考特中校，12 辆巡洋坦克，7 辆轻型坦克）

第 3 国王直属轻骑兵团（指挥官：乔治·杨赫斯本中校，7 辆巡洋坦克，6 辆轻型坦克）

第 7 女王直属轻骑兵团（指挥官：弗雷德里克·拜亚斯中校，1 辆巡洋坦克，29 辆轻型坦克）

"康贝部队"（指挥官：约翰·康贝中校）

第 11 轻骑兵团 G 中队（12 辆劳斯莱斯 /CS9 装甲车）

第 1 国王龙骑兵禁卫团 B 中队（12 辆马蒙-赫林顿装甲车）

支援力量：来复枪旅第 2 营、第 4 皇家骑炮团 C 连（8 门 25 磅炮）、第 106 皇家骑炮团（9 辆 37 毫米反坦克炮搭载车）

第 7 装甲旅（指挥官：休·拉塞尔准将）

第 1 皇家坦克团（指挥官：乔治·卡尔弗韦尔中校，10 辆巡洋坦克，8 辆轻型坦克）

师属支援群（指挥官：威廉·戈特中校）

第 11 轻骑兵团 A 中队（12 辆劳斯莱斯 /CS9 装甲车）

支援力量：国王皇家来复枪队第 1 营、第 4 皇家骑炮团 F 连（8 门 25 磅炮）

---

[1] 1941 年 2 月 7 日被俘。

[2] 1941 年 2 月 6 日阵亡。

1941年3月31日，布雷加港之战

轴心国部队

北非意军总司令:伊塔洛·加里波第大将

德意志非洲军（指挥官:埃尔温·隆美尔中将）

第5轻装师（指挥官:约翰内斯·施特赖希少将）

第3侦察营（指挥官:陆军中校冯·韦赫马尔男爵）

第5装甲团（指挥官:赫伯特·奥尔布里希上校）

团部（1辆三号坦克，7辆二号坦克，9辆一号坦克，3辆指挥坦克）

第5装甲团第1营（指挥官：恩斯特·博尔布林克少校，10辆四号坦克，35辆三号坦克，19辆二号坦克，7辆一号坦克，2辆指挥坦克）

第5装甲团第2营（指挥官：埃瓦尔德·霍曼少校，10辆四号坦克、35辆三号坦克、19辆二号坦克、9辆一号坦克、2辆指挥坦克）

第200特别团级指挥部（指挥官:陆军中校格哈德·冯·施韦林伯爵）

第2机枪营（指挥官:海因里希·沃伊茨贝格尔少校）

第8机枪营（指挥官:古斯塔夫·波纳特中校[①]）

第605（自行式）装甲歼击营（指挥官:劳少校，27辆一号坦克歼击车）

第132"公羊"装甲师（指挥官:埃托雷·巴尔达萨雷中将）

第7中型坦克营（指挥官：阿尔伯托·安德里亚尼少校，46辆M13/40中型坦克）

第1轻型坦克营 [指挥官：安德里亚·里斯波利（Andrea Rispoli）中校，CV-35坦克]

第2轻型坦克营 [指挥官:恩里科·马雷蒂中校，CV-35坦克]

第3轻型坦克营 [指挥官：朱塞佩·曼加诺（Giuseppe Mangano）少校，CV-35坦克]

第8神射手团（指挥官:乌戈·蒙泰穆罗上校）

第132炮兵团

---

① 1941年4月13日阵亡。

同盟国部队

中东司令部（指挥官：阿奇博尔德·韦维尔上将）

昔兰尼加司令部（指挥官：陆军中将菲利普·尼姆爵士 [①]）

第 2 装甲师（指挥官：迈克尔·甘比尔 - 帕里少将 [②]）

第 3 装甲旅（指挥官：雷金纳德·里明顿准将 [③]）

第 3 国王直属轻骑兵团（指挥官：乔治·杨赫斯本中校 [④]，26 辆 Mk Ⅵ b 轻型坦克、12 辆意制 M13/40 中型坦克）

第 5 皇家坦克团（指挥官：亨利·德鲁中校，25 辆 Mk Ⅳ A 巡洋坦克）

第 6 皇家坦克团（指挥官：伦纳德·哈兰中校，36 辆意制 M13/40 中型坦克）

师属支援群（指挥官：亨利·莱瑟姆准将 [⑤]）

陶尔哈姆莱茨来复枪团第 1 营

自由法国第 1 海军步兵营（1er Batallion d'Infanterie de Marine）

第 104 皇家骑炮团（16 门 25 磅炮）

第 3 皇家骑炮团 J 连（9 门 2 磅炮，3 门 37 毫米炮）

第 1 国王龙骑兵禁卫团 [指挥官：唐纳德·麦科克戴尔（Donald McCorquodale）中校]

1941 年 5 月 15 日，"简洁"行动

轴心国部队

德意志非洲军（指挥官：埃尔温·隆美尔中将）

"冯·赫夫"战斗群（指挥官：马克西米利安·冯·赫夫上校）

第 3 侦察营（指挥官：陆军中校冯·韦赫马尔男爵）

"霍曼"装甲营（指挥官：埃瓦尔德·霍曼少校，27 辆坦克）

"克雷默"战斗群（指挥官：汉斯·克雷默中校）

第 8 装甲团第 1 营（指挥官：克罗恩少校）

---

① 1941 年 4 月 7 日—8 日夜间被俘。
② 被俘。
③ 1941 年 4 月 6 日被俘，4 月 9 日伤重不治。
④ 1941 年 4 月 23 日（一说 4 月 30 日）被俘。
⑤ 4 月 8 日被解职，由戈特准将接替。

"冯·埃泽贝克"战斗群

第 5 装甲团第 1 营的 1 个中型坦克连

同盟国部队

中东司令部（指挥官：阿奇博尔德·韦维尔上将）

西部沙漠部队（指挥官：诺埃尔·贝雷斯福德 - 皮尔斯中将）

第 22 禁卫旅（指挥官：伊恩·厄斯金准将）

第 4 皇家坦克团（指挥官：瓦尔特·奥卡罗尔中校，26 辆"玛蒂尔达 2"坦克、4 辆 Mk Ⅵ b 轻型坦克）

第 7 装甲旅集群（指挥官：休·拉塞尔准将）

第 2 皇家坦克团（指挥官：丘特中校，8 辆 Mk Ⅳ A 巡洋坦克、7 辆 A9 巡洋坦克、21 辆 A10 巡洋坦克）

澳大利亚第 6 骑兵团（28 辆 Mk Ⅵ b 轻型坦克）

第 3 轻骑兵团 D 中队（15 辆 Mk Ⅵ b 轻型坦克）

第 11 轻骑兵团（指挥官：利瑟姆中校）

1941 年 6 月 15 日，"战斧"行动

轴心国部队

北非意军总司令：伊塔洛·加里波第大将

德意志非洲军（指挥官：埃尔温·隆美尔中将）

第 15 装甲师（指挥官：瓦尔特·诺伊曼 - 西尔科少将）

第 8 装甲团（指挥官：汉斯·克雷默中校 [①]）

第 8 装甲团第 1 营（指挥官：克罗恩少校、13 辆二号坦克、18 辆三号坦克、8 辆四号坦克）

第 8 装甲团第 2 营（指挥官：拉姆绍尔中校）

第 104 步枪兵团第 1 营 [指挥官：威廉·巴赫（Wilhelm Bach）上尉]

第 15 摩托车营 [指挥官：古斯塔夫 - 格奥尔格·克纳佩（Gustav-Georg Knabe）中校]

第 33 侦察营

[①] 1941 年 6 月 16 日在战斗中受伤，随后被拉姆绍尔（Ramsauer）中校接替。

支援力量：第33装甲歼击营、第33炮兵团第1营（10.5厘米炮）、第33高炮团（8.8厘米高射炮）

第5轻装师（指挥官：约翰·冯·拉文施泰因少将）

第5装甲团（指挥官：恩斯特·博尔布林克少校[1]）

第3侦察营（指挥官：陆军中校冯·韦赫马尔男爵）

第102"特伦托"步兵师 [指挥官：路易吉·努沃罗尼（Luigi Nuvoloni）中将]

同盟国部队

中东司令部（指挥官：阿奇博尔德·韦维尔上将）

西部沙漠部队（指挥官：诺埃尔·贝雷斯福德 - 皮尔斯中将）

第4印度师（指挥官：弗兰克·梅瑟维少将）

第4装甲旅（指挥官：亚历山大·盖特豪斯准将）

第4皇家坦克团（指挥官：沃尔特·奥卡罗尔中校，26辆"玛蒂尔达2"坦克、2辆Mk Ⅳ A巡洋坦克、4辆Mk VIc轻型坦克）

第7皇家坦克团（指挥官：巴西尔·格罗夫斯中校，48辆"玛蒂尔达2"坦克、6辆Mk VIc轻型坦克）

第3轻骑兵团D中队（16辆Mk Ⅵ b轻型坦克）

来复枪旅第2营1个连

第22禁卫旅集群（指挥官：伊恩·厄斯金准将）

3个步兵营、1个反坦克团

第11印度旅（指挥官：雷金纳德·萨沃里准将）

第4皇家坦克团A中队（6辆"玛蒂尔达2"坦克）

第4皇家坦克团C中队（指挥官：塞西尔·迈尔斯少校[2]，12辆"玛蒂尔达2"坦克）

女王直属卡梅伦高地团第2营

2个印度步兵营、1个摩托化骑兵营

皇家炮兵第25野战炮兵团（25磅炮）

炮兵群

皇家炮兵第8野战炮兵团（25磅炮）

---

[1] 1941年6月16日受伤。

[2] 1941年6月15日阵亡。

皇家炮兵第 31 野战炮兵团（25 磅炮）

皇家炮兵第 6 野战炮兵团（6 英寸榴弹炮）

皇家炮兵第 212 中型炮兵连（6 英寸榴弹炮）

阿尔伯特·维克托亲王直属骑兵团（摩托化骑兵）

第 7 装甲师（指挥官：迈克尔·奥摩尔 - 克雷格少将）

第 7 装甲旅集群（指挥官：休·拉塞尔准将 ①）

第 2 皇家坦克团（指挥官：丘特中校，21 辆 Mk Ⅳ A 巡洋坦克、10 辆 A9 坦克、11 辆 A10 坦克）

第 6 皇家坦克团（指挥官：伦纳德·哈兰中校 ②，52 辆"十字军战士"坦克）

第 11 轻骑兵团（指挥官：威廉·利瑟姆中校）

师属支援群（指挥官：威廉·戈特准将）

国王皇家来复枪队第 1 营

来复枪旅第 2 营

第 4 皇家骑炮团（25 磅炮）

皇家工兵第 4 野战中队

1941 年 11 月 18 日，"十字军"行动
轴心国部队

北非意军总司令：埃托雷·巴斯蒂科上将

"非洲"装甲集群（指挥官：埃尔温·隆美尔装甲兵上将）

德意志非洲军（指挥官：路德维希·克吕维尔中将）

第 15 装甲师（指挥官：瓦尔特·诺伊曼 - 西尔科少将 ③）

"克雷默"战斗群

第 8 装甲团（指挥官：汉斯·克雷默中校）

第 8 装甲团第 1 营（指挥官：京特·芬斯基少校 ④）

---

① 1941 年 10 月 5 日死于飞机失事。
② 哈兰后来被撤职，并被李斯特中校取代。
③ 1941 年 12 月 9 日伤重不治。
④ 1941 年 11 月 23 日阵亡，由约翰内斯·库梅尔上尉接替。

第 8 装甲团第 2 营（指挥官：沃尔夫冈·瓦尔上尉）

总兵力：42 辆二号坦克、77 辆三号坦克、21 辆四号坦克、10 辆指挥坦克、5 辆"玛蒂尔达 2"坦克

支援力量：第 33 炮兵团第 1 营（8 门 10.5 厘米炮）

"门尼"战斗群 [指挥官：埃尔文·门尼（Erwin Menny）上校]

第 115 步枪兵团 [1]（2 个步兵营）

支援力量：1 个摩托化工兵营、第 33 装甲歼击营（18 门 5 厘米 Pak 38 反坦克炮）、第 33 炮兵团第 2 营（若干 10.5 厘米炮）

"盖斯勒"战斗群 [指挥官：埃里希·盖斯勒（Erich Geissler）中校]

第 15 摩托车营

第 2 机枪营

第 33 炮兵团第 3 营（8 门 10.5 厘米炮）

支援力量：第 33 炮兵团（4 门 10 厘米 sK18 加农炮、8 门 15 厘米重型榴弹炮）、第 33 高炮团第 3 连（4 门 8.8 厘米高射炮）

第 21 装甲师（指挥官：约翰·冯·拉文施泰因少将 [2]）

"施特凡"战斗群

第 5 装甲团（指挥官：弗里德里希·施特凡中校 [3]）

第 5 装甲团第 1 营（指挥官：维尔纳·米尔德布拉特少校）

第 5 装甲团第 2 营（指挥官：弗里德里希斯少校）

总兵力：35 辆二号坦克、68 辆三号坦克、17 辆四号坦克、4 辆指挥坦克

第 104 步枪兵团（3 个步兵营）

支援力量：第 39 装甲歼击营（15 门 5 厘米 Pak 38 反坦克炮）、1 个摩托化工兵营、第 155 炮兵团（36 门 10.5 厘米 le.FH18 轻型榴弹炮、4 门 10 厘米 sK18 加农炮、8 门 15 厘米重型榴弹炮）、第 18 高炮团第 3 连（4 门 8.8 厘米高射炮）

"韦赫马尔"侦察集群（指挥官：陆军中校冯·韦赫马尔男爵）

---

[1] 该团有1个配备Sd.Kfz. 251/1半履带车的连，即第115步枪兵团第2连，其指挥官是格罗曼（Grolman）少校。

[2] 1941年11月29日被俘。

[3] 1941年11月25日阵亡，由维尔纳·米尔德布拉特少校接替。

第 3（摩托化）侦察营

第 33（摩托化）侦察营

第 18 高炮团第 2 连（4 门 8.8 厘米高射炮）

"非洲"特别师级司令部（指挥官：马克斯·萨默曼少将[1]）

第 605（自行化）装甲歼击营（27 辆一号坦克歼击车）

支援力量：7 个步兵营

第 55"萨沃纳"步兵师 [指挥官：费代莱·德乔吉斯(Fedele de Giorgis)中将]

第 4 轻型坦克营的 1 个轻型坦克连

步兵支援力量：6 个步兵营，外加 2 个高炮连（8 门 8.8 厘米高射炮）

军直属部队：

第 33 高炮团第 1 连、第 2 连 [指挥官：弗洛姆（Fromm）上尉，共
8 门 8.8 厘米高射炮]

第 18 高炮团第 1 连（4 门 8.8 厘米高射炮）

"博彻尔"集群 [指挥官：卡尔·博彻尔（Karl Bottcher）少将，即第
104 炮兵司令部（Arko 104），共 5 个炮兵营，9 门 21 厘米炮、38
门 15 厘米炮和 12 门 10.5 厘米炮]

意大利机动军（指挥官：加斯通·甘巴拉上将）

第 132"公羊"装甲师（指挥官：马里奥·巴洛塔中将）

第 132 坦克团（指挥官：恩里科·马雷蒂中校）

第 7 中型坦克营（指挥官：西莫内·乌尔索上尉[2]，50 辆
M13/40 中型坦克）

第 8 中型坦克营 [指挥官：科拉多·卡萨莱德布斯蒂斯 -
费加罗亚（Corrado Casale de Bustis y Figaroa）上尉，
50 辆 M13/40 中型坦克]

第 9 中型坦克营（50 辆 M13/40 中型坦克）

第 8 神射手团（指挥官：乌戈·蒙泰穆罗上校，下辖 2 个步兵
营和 1 个支援武器营）

支援力量：第 132 炮兵团（24 门 75 毫米 27 倍径火炮、10 门
105 毫米 28 倍径火炮）、第 3 黑衫军岸炮集群（III Gruppo

---

① 1941年11月26日改编为第90非洲轻装师。

② 1941年11月30日阵亡。

Milizia Artiglieria Marittima，下辖 2 个炮兵连，共 7 辆 102 毫米 35 倍径卡车炮）、1 个摩托化工兵营

第 101 "的里雅斯特" 摩托化步兵师 [指挥官：亚历山德罗·皮亚佐尼（Alessandro Piazzoni）中将]

步兵支援力量：6 个摩托化步兵营

炮兵支援力量：20 门 75 毫米 27 倍径火炮、12 门 105 毫米 17 倍径火炮、12 门 105 毫米 28 倍径火炮

工兵支援力量：1 个摩托化营

军直属单位：

机动军侦察集群 [指挥官：德梅奥（De Meo）上校]

第 32 坦克团第 3 营（轻型坦克营，装备 CV-35 超轻型坦克）

第 52 轻型坦克营下属的 1 个连（9 辆 M13/40 中型坦克）

意大利非洲警察营（10 辆 AB40 装甲车）

"尼扎骑兵" 试验连（Compagnia Sperimentale del 'Nizza Cavalleria'，4 辆 L6/40 坦克，外加部分 AB41 装甲车）

支援力量：2 个步兵营

第 9 神射手团

意大利第 21 军

第 102 "特伦托" 摩托化步兵师

3 个步兵师："帕维亚"步兵师、"博洛尼亚"步兵师、"布雷西亚"步兵师

同盟国部队

中东司令部（指挥官：克劳德·奥金莱克上将）

第 8 集团军（指挥官：陆军中将艾伦·坎宁安爵士）

第 13 军（指挥官：阿尔弗雷德·戈德温-奥斯丁中将）

印度第 4 师

新西兰第 2 师（指挥官：伯纳德·弗雷贝格少将）

第 1 陆军坦克旅 [指挥官：哈里·沃特金斯（Harry R.B. Watkins）准将]

第 8 皇家坦克团 [指挥官：布鲁克（F. K. Brooke）中校，52 辆 "瓦伦丁" 坦克、6 辆 "玛蒂尔达" 坦克近距离支援型]

第 42 皇家坦克团 [1]（指挥官：阿列克·马丁中校，33 辆"玛蒂尔达"坦克、6 辆 Mk VIc 轻型坦克）

第 44 皇家坦克团 [指挥官：赫伯特·约欧（Herbert C. J. Yeo）中校，50 辆"玛蒂尔达"坦克、7 辆 Mk VIc 轻型坦克]

支援力量：皇家炮兵第 8 野战炮兵团（16 门 25 磅炮）

第 30 军（指挥官：查尔斯·诺里中将）

第 7 装甲师（指挥官：威廉·戈特少将）

师部（2 辆"十字军"坦克，15 辆其他型号巡洋坦克）

第 4 装甲旅（指挥官：亚历山大·盖特豪斯准将）

旅部（10 辆"斯图亚特"坦克）

第 8 轻骑兵团（指挥官：迪克·克里普斯中校 [2]，52 辆"斯图亚特"坦克）

第 3 皇家坦克团（指挥官：A.A.H. 埃温中校，52 辆"斯图亚特"坦克）

第 5 皇家坦克团（指挥官：亨利·德鲁中校，52 辆"斯图亚特"坦克）

南非第 4 装甲车团（指挥官：丹尼斯·牛顿 - 金中校，52 辆马蒙 - 赫林顿装甲车）

支援力量：苏格兰禁卫团第 2 营（每个坦克团各配属 1 个连）、第 2 皇家骑炮团 L 连和 N 连（各 8 门 25 磅炮）、第 102 反坦克团（2 个连，每个连各 12 门 2 磅炮）

第 7 装甲旅（指挥官：乔治·戴维准将）

旅部：（5 辆 A10 巡洋坦克、5 辆 A9 坦克近距离支援型）

第 7 轻骑兵团（指挥官：弗雷德里克·拜亚斯中校 [3]，21 辆 A10 巡洋坦克、16 辆 Mk Ⅳ A 巡洋坦克、20 辆"十字军"巡洋坦克）

第 2 皇家坦克团（指挥官：罗兰·丘特中校，52 辆 Mk Ⅳ A 巡洋坦克）

第 6 皇家坦克团（指挥官：李斯特中校 [4]，49 辆"十字军"巡洋坦克）

---

[1] 1941年11月25日，该团C连携带16辆"玛蒂尔达"坦克和2辆Mk Ⅵ轻型坦克加入主力。
[2] 1941年11月22日被俘。
[3] 1941年11月21日阵亡。
[4] 1941年11月21日被俘。

第 1 国王龙骑兵禁卫团 A 中队和 B 中队（40 辆马蒙 -
赫林顿装甲车）

支援力量：来复枪旅第 2 营 A 连、第 4 皇家骑炮团 1 个连（8
门 25 磅炮）、第 102 反坦克团 D 连第 3 排（4 辆 2 磅炮搭载车）

第 22 装甲旅（指挥官：约翰·斯科特 - 考克伯恩准将[1]）

第 2 皇家格洛斯特郡轻骑兵团（指挥官：诺曼·伯利中校[2]，52
辆"十字军"巡洋坦克）

第 3 伦敦郡义勇骑兵团（指挥官：贾戈中校，48 辆"十字军"
巡洋坦克，4 辆 A9/A10 坦克近距离支援型）

第 4 伦敦郡义勇骑兵团（指挥官：威廉·卡尔中校，48 辆"十
字军"巡洋坦克）

第 11 轻骑兵团（指挥官：威廉·利瑟姆中校，装备"亨伯"装甲车）

支援力量：国王皇家来复枪队第 1 营 B 连、第 4 皇家骑炮团 C
连（8 门 25 磅炮）、第 102 反坦克团 D 连第 2 排（4 辆 4 辆 2
磅炮搭载车）、第 3 皇家骑炮团 M 连（12 门 2 磅炮）

第 7 支援群（指挥官：约翰·坎贝尔准将）

支援力量：国王皇家来复枪队第 1 营、来复枪旅第 2 营、第 3
皇家骑炮团 D 连和 J 连（装备反坦克炮）、第 2 皇家骑炮团（12
门 25 磅炮）、第 4 皇家骑炮团（12 门 25 磅炮）、皇家炮兵第
60 野战炮兵团（24 门 25 磅炮）

南非第 1 师 [指挥官：乔治·布林克（George E. Brink）少将]

第 22 禁卫旅

军直属部队：

第 6 南非装甲车团

托布鲁克守军 [指挥官：罗纳德·斯科比（Ronald Scobie）少将]

第 70 步兵师

波兰独立喀尔巴阡步兵旅

第 32 陆军坦克旅（指挥官：阿瑟·威利森准将）

第 1 皇家坦克团 [指挥官：弗兰克·布朗（Frank Brown）中校，28
艘各型号巡洋坦克、21 辆 Mk Ⅵ轻型坦克]

---

① 1941 年 11 月 20 日被解职，并被威廉·卡尔中校代替。
② 1941 年 11 月 19 日受伤，团长职务由威廉·特雷弗暂时取代，后来伯利和特雷弗都于 1942 年 6 月 6 日在遭到德军包围后阵亡。

第 4 皇家坦克团（指挥官：沃尔特·奥卡罗尔中校，51 辆"玛蒂尔达"坦克、6 辆 Mk Ⅵ 轻型坦克）

第 7 皇家坦克团 D 中队（指挥官：约翰·霍尔登少校，17 辆"玛蒂尔达"坦克，2 辆 Mk Ⅵ 轻型坦克）

第 1 国王龙骑兵禁卫团 C 中队（29 辆马蒙 - 赫灵顿装甲车）

参考文献

原始文献

德意志非洲军作战参谋，《德意志非洲军作战日志，1941 年 2 月 6 日—1942 年 11 月 22 日》（美国国家档案馆微缩胶卷文件 T-314，第 1 卷、第 2 卷、第 9 卷、第 10 卷和第 21 卷）。

"非洲"装甲集群作战参谋，《"非洲"装甲集群作战日志，1941 年 8 月 15 日—11 月 18 日》（美国国家档案馆微缩胶卷文件 T-313，第 423 卷）。

"非洲"装甲集团军作战参谋，《"非洲"装甲集团军作战报告（带地图），1941 年 11 月 18 日—1942 年 2 月 6 日》（美国国家档案馆微缩胶卷文件 T-313，第 430 卷）。

"非洲"装甲集团军作战参谋，《关于"非洲"装甲集团军的战斗报告，1942 年 5 月 26 日—1942 年 7 月 27 日》（美国国家档案馆微缩胶卷文件 T-313，第 469 卷）。

"非洲"装甲集团军作战参谋，《关于"非洲"装甲集团军的战斗报告，1942 年 10 月 23 日—10 月 31 日，以及 1942 年 11 月 1 日—1943 年 2 月 23 日》（美国国家档案馆微缩胶卷文件 T-313，第 470 卷—第 471 卷）。

第 22 号军事训练单行本，《陆军坦克营的战术处置，第三部分》（*Tactical Handling of Army Tank Battalions, Part III*）（英国陆军部，1939 年 9 月出版），第 5 节、第 6 节、第 8 节、第 9 节。

第 2 号陆军训练指令，《陆军坦克与步兵的协同运用》（*The Employment of Army Tanks in Co-operation with Infantry*）（英国陆军部，1941 年 3 月出版），第 5 段。

"第 8 机枪营古斯塔夫·波纳特中校日记，1941 年 2 月 27 日—4 月 14 日"，出自澳大利亚第 9 师参谋部《第 40 号情报摘要》（1941 年 5 月 17 日发布）附录 A（澳大利亚战争纪念馆文件 AWM52 1/5/20/8）。

"第 5 装甲团第 2 营约阿希姆·施罗姆中尉日记，1941 年 4 月 29 日—5 月 14 日"，出自澳大利亚第 9 师参谋部《第 72 号情报摘要》（1941 年 6 月 26 日发布）附录 A 和《第 73 号情报摘要》（1941 年 6 月 27 日发布）附录 A（澳大利亚战争纪念馆文件 AWM52 1/5/20/10）。

澳大利亚战争纪念馆文件 AWM52 包含的各种澳军部队作战日志（www.awm.gov.au/collection/C1359733）。

回忆录

比尔·克洛斯（Bill Close），《坦克指挥官：从法国沦陷到击败德国》（*Tank Commander: From the Fall of France to the Defeat of Germany*）[巴恩斯利（Barnsley）：笔与剑出版社（Pen & Sword Books Ltd），2013 年出版]。

罗伯特·克里斯普，《喧嚣战车》（Brazen Chariots）[纽约：W.W. 诺顿出版社（W.W. Norton & Company），1959 年出版]。

基思·道格拉斯（Keith Douglas），《从阿拉曼到泽姆泽姆》（*Alamein To Zem Zem*）[伦敦：班坦出版社（Bantam Books），1985 年出版]。

亨利·加德纳（Henry E. Gardiner），《从军 1271 天：装甲兵军官 H.E. 加德纳上校的二战日记和信件》（*The Diaries and Letters of Colonel H. E. Gardiner as an Armored Officer in World War Ⅱ*）[达洛尼加（Dahlonega）：北乔治亚大学出版社（*University of North Georgia Press*），2021 年出版]。

斯图尔特·汉密尔顿（Stuart Hamilton），《装甲奥德赛：第 8 装甲坦克团在西部沙漠（1941 年—1942 年）、巴勒斯坦、叙利亚、埃及（1943 年—1944 年）和意大利（1944 年—1945 年）》（*Armoured Odyssey: 8th Royal Tank Regiment in the Western Desert, 1941-42, Palestine, Syria, Egypt, 1943-44, Italy, 1944-45*）[伦敦：汤姆·多诺万出版社（Tom Donovan），1995 年出版]。

弗里德里希·冯·梅伦廷，《坦克战：第二次世界大战装甲运用研究》（*Panzer Battles: A Study of the Employment of Armour in the Second World War*）[纽约：巴兰坦出版社（Ballantine Books），1971 年出版]。

菲利普·罗伯茨（Philip Roberts），《从沙漠到波罗的海》（*From the Desert to the Baltic*）[伦敦：威廉·金伯出版社（William Kimber & Co. Ltd.），1987 年出版]。

保罗·罗宾内特，《装甲指挥：第 13 装甲团（第 1 装甲师 B 战斗指挥部）团长和装甲学校指挥官的二战亲历记》（*The Personal Story of a Commander of the 13th Armored Regiment: of CCB, 1st Armored Division, and of the Armored School during World War Ⅱ*）[华盛顿：麦克格雷格和维尔纳出版社（McGregor & Werner），1958 年出版]。

伊塔洛·瓦利亚（Italo Vaglia），《跟随"公羊"装甲师弟 9 装甲营从托布鲁克到阿拉曼》（*Da Tobruk ad El Alamein: col IX Btg. dell'Ariete*）[布雷西亚（Brescia）：杰罗尔迪兄弟出版社（Stamperia Fratelli Geroldi），1994 年出版]。

其他公开出版文献

海因茨-迪特里希·阿贝格尔（Heinz-Dietrich Aberger），《第 5 轻装师 / 第 21 装甲师在北非，1941—1943》（*Die 5.(lei.)/21.Panzer-Division in Nordafrika 1941-1943*）[罗伊特林根（Reutlingen）：普鲁士军事出版社（Preussischer Militar-Verlag），1994 年出版]。

西里尔·巴克利（Cyril N. Barclay），《第 16/5 女王皇家枪骑兵团团史，1925—1961》（*History of the 16th/5th The Queen's Royal Lancers, 1925 to 1961*）[奥尔德肖特（Aldershot）：盖尔和波尔登出版社（Gale and Polden），1963 年出版]。

科雷利·巴内特，《沙漠将军》[伦敦：卡塞尔出版社（Cassel & Co.），1983 年出版]。

奈尔·巴尔（Niall Barr），《战争钟摆：阿拉曼的三次战斗》（*The Three Battles of El Alamein*）[纽约州伍德斯托克（Woodstock）：眺望出版社（The Overlook Press），2004 年出版]。

皮尔·巴蒂斯特利，《隆美尔的非洲军：从托布鲁克到阿拉曼》（*Rommel's Afrika Korps : Tobruk to El Alamein*）（牛津：鱼鹰出版社，2006 年出版）。

彼得·比尔（Peter Beale），《先天不足：第二次世界大战中的英国坦克发展》（*British Tank Development in the Second World War*）[斯特劳德（Stroud）：历史出版社（The History Press），1998年出版]。

约翰·比尔曼（John Bierman）和科林·史密斯（Colin Smith），《无仇恨之战：1940年—1943年沙漠战役》（*War Without Hate : The Desert Campaign of 1940-1943*）[纽约：企鹅出版社（Penguin Books），2004年出版]。

布莱恩·邦德（Brian Bond），《两次世界大战间的英国军事政策》（*British Military Policy Between the Two World Wars*）[牛津（Oxford）：牛津大学出版社（Oxford University Press），1980年出版]。

霍斯特·博格（Oxford Oxford）等，《德国与第二次世界大战，第6卷：全球战争》（牛津：牛津大学出版社，2015年出版）。

查尔斯·伯迪克（Charles B. Burdick），《"向日葵"行动：非洲战场揭幕战》（*Unternehmen Sonnenblume: Der Entschluss zum Afrika-Feldzug*），即"战斗中的国防军"（Die Wehrmacht inm Kampf）丛书第48卷[内卡尔格明德（Neckargemund）：库尔特·沃温克尔出版社（Kurt Vowinckel），1972年出版]。

赫尔曼·布施莱布（Hermann Buschleb），《"十字军"行动：托布鲁克沙漠坦克战，1941》（*Operation Crusader: Tank Warfare in the Desert, Tobruk 1941*）[费城：炮台出版社（Casemate Publishers），2019年出版]。

罗伯特·卡梅伦（Robert S. Cameron），《机动性、冲击力和火力：美国陆军装甲兵的兴起，1917—1945》[华盛顿特区：美国陆军军事历史中心（Center of Military History, US Army），2008年出版]。

菲利波·卡佩拉诺和皮尔·巴蒂斯特利，《意大利轻型坦克，1919—1945》（牛津：鱼鹰出版社，2012年出版）。

菲利波·卡佩拉诺和皮尔·巴蒂斯特利，《意大利中型坦克，1939—1945》（牛津：鱼鹰出版社，2012年出版）。

迈克尔·卡弗，《阿拉曼》（El Alamein）[韦尔（Ware）：华兹华斯出版社（Wordsworth Editions Ltd），2007年出版]。

罗伯特·辛特诺（Robert M. Citino），《通向"闪电战"之路：德国陆军理论和训练，1920—1939》（*The Path to Blitzkrieg: Doctrine and Training in the German Army, 1920-39*）[宾夕法尼亚州梅卡尼克斯堡（Mechanicsburg）：斯塔克波尔出版社（Stackpole Books），1999年出版]。

杜德利·克拉克（Clarke, Dudley），《战争中的"第十一"：第11（阿尔伯特亲王直属）轻骑兵团的战争经历，1934—1945》（*The Eleventh at War: Being the Story of the XIth Hussars (Prince Albert's Own) Through the Years 1934-1945*）[伦敦：迈克尔·约瑟夫出版社（Michael Joseph），1952年出版]。

本杰明·康布斯（Benjamin Coombs），《英国坦克生产与战争经济，1934—1945》（*British Tank Production and the War Economy, 1934-1945*）[伦敦：布鲁姆斯伯里出版社（Bloomsbury Publishing），2013年出版]。

詹姆斯·克鲁姆（James S. Corum），《"闪电战"之源：汉斯·冯·塞克特与德国军事改革》（*The Roots of Blitzkrieg: Hans von Seeckt and German Military Reform*）[劳伦斯（Lawrence）：堪萨斯大学出版社（University Press of Kansas），1992 年出版]。

马丁·范·克里维尔德（Martin van Creveld），《供应战争：从华伦斯坦到巴顿的后勤演变》（*Supplying War: Logistics from Wallenstein to Patton*）（剑桥：剑桥大学出版社，1977 年出版）。

尼尔·丹多（Neal Dando），《从托布鲁克到突尼斯：地形对英军在北非的行动和理论的影响，1940—1943》（*From Tobruk to Tunis: The Impact of Terrain on British Operations and Doctrine in North Africa, 1940-1943*）[索利哈尔：赫利昂出版公司（Helion and Company），2016 年出版]。

乔治·戴维（George M. O. Davy），《第 7 团和他们的三个敌人：第 7 女王直属轻骑兵团的二战经历》（*The Seventh and Three Enemies: The Story of World War Ⅱ and the 7th Queen's Own Hussars*）[乌克菲尔德（Uckfield）：海军与军事出版社（The Naval & Military Press, Ltd.），2014 年出版]。

理查德·多赫蒂（Richard Doherty），《英国装甲师及其指挥官，1939—1945》（*British Armoured Divisions and their Commanders, 1939-1945*）（巴恩斯利：笔与剑出版社，2013 年出版）。

汉斯-格特·冯·埃泽贝克（Hanns-Gert von Esebeck），《德意志非洲军：胜利与毁灭》（*Das Deutsche Afrika-Korps : Sieg und Niederlage*）[威斯巴登：界墙出版社（Limes-Verlag），1975 年出版]。

大卫·弗莱彻（David Fletcher），《英伦战车：二战英制坦克》（*British Battle Tanks: British Made Tanks of World War Ⅱ*）（牛津：鱼鹰出版社，2017 年出版）。

大卫·弗莱彻，《坦克大丑闻：二战英国装甲部队，第 1 部分》（*The Great Tank Scandal: British Armour in the Second World War, Part 1*）[伦敦：英国皇家文书局（HMSO），1999 年出版]。

乔治·福蒂（George Forty，编辑），《杰克·沃德洛普日记：一位坦克团士官的故事》[斯特劳德（Stroud）：安伯利出版社（Amberley Publishing），2009 年出版]。

乔治·福蒂：《初次胜利：奥康纳的沙漠大捷》（*The First Victory: O'Connor's Desert Triumph*）[坦布里奇威尔斯（Tunbridge Wells）：果壳出版社（The Nutshell Publishing Co. Ltd），1990 年出版]。

戴维·法兰奇（David French），"英国陆军条令与组织，1919—1932"（Doctrine and Organization in the British Army, 1919-1932），出自《历史杂志》（*The Historical Journal*）第 44 卷第 2 期（2001 年 6 月号），第 497 页—第 515 页。

卢卡斯·弗里德里（Lukas Friedli），《修复坦克：二战德国坦克维修，第 2 卷》（*Repairing the Panzers: German Tank Maintenance in World War 2, Volume 2*）[纽约州门罗（Monroe）：装甲残骸出版社（Panzerwrecks），2011 年出版]。

约翰·古奇（John Gooch），《墨索里尼的战争：法西斯意大利从胜利到毁灭，1935—1943》（*Mussolini's War : Fascist Italy from Triumph to Collapse，1935-1943*）[纽约：飞马出版社（Pegasus Books），2020 年出版]。

玛丽·哈贝克（Mary R. Habeck），《钢铁风暴：德国和苏联装甲作战理论发展，1919—1939》（*Storm of Steel: The Development of Armor Doctrine in Germany and the Soviet Union, 1919-1939*）[伊萨卡

（Ithaca）：康奈尔大学出版社（Cornell University Press），2003 年出版]。

J.P. 哈里斯（J. P. Harris），《人，灵感，坦克：英国军事思想和装甲部队，1903—1939》（*Men, Ideas, and Tanks: British Military Thought and Armoured Forces, 1903-1939*）[曼彻斯特：曼彻斯特大学出版社（Manchester University Press），1995 年出版]。

贝恩德·哈特曼（Bernd Hartmann），《沙漠中的装甲：第 5 装甲团战史，1935—1941，第 1 卷》（宾夕法尼亚州梅卡尼克斯堡：斯塔克波尔出版社，2010 年出版）。

贝恩德·哈特曼，《沙漠中的装甲：第 5 装甲团战史，1942—1945，第 2 卷》（宾夕法尼亚州梅卡尼克斯堡：斯塔克波尔出版社，2011 年出版）。

乔治·豪（George F. Howe），《西北非洲：从西部夺取主动权》（*North-west Africa: Seizing the Initiative in the West*），出自"二战美国陆军：地中海战区"（United States Army in World War Ⅱ，Mediterranean Theater of Operations）系列书籍（华盛顿：美国陆军部，1957 年出版）。

理查德·亨内卡特（Richard P. Hunnicutt），《谢尔曼：美国中型坦克史》（*Sherman: A History of the American Medium Tank*）[加利福尼亚州诺瓦托（Novato）：普雷西迪奥出版社（Presidio Press），1976 年出版]。

托马斯·延茨（Thomas L. Jentz），《德国装甲部队，第 1 卷》（*Panzertruppen, Volume 1*）[宾夕法尼亚州阿特格伦（Atglen）：希弗军事历史出版社（Schiffer Military History），1996 年出版]。

托马斯·延茨，《北非坦克战：开局》（*Tank Combat in North Africa: The Opening Rounds*）（宾夕法尼亚州阿特格伦：希弗军事历史出版社，1998 年出版）。

P.M. 奈特（P. M. Knight），《A13 Mk Ⅰ和 Mk Ⅱ巡洋坦克：一部技术史》（*A13 Mk. I & Mk. II Cruiser Tanks: A Technical History*）[南卡罗莱纳州哥伦比亚（Columbia）：黑王子出版社（Black Prince Publications），2019 年出版]。

P.M. 奈特，《Mk VI "十字军"巡洋坦克（A15）：一部技术史》（*A15 Cruiser Mk. VI Crusader Tank: A Technical History*）（南卡罗莱纳州哥伦比亚：黑王子出版社，2019 年出版）。

罗伯特·拉森（Robert H. Larson），《英国陆军与装甲作战理论，1918—1940》（*The British Army and the Theory of Armored Warfare 1918-1940*）[纽瓦克（Newark）：特拉华大学出版社（University of Delaware Press），1984 年出版]。

巴西尔·利德尔-哈特，《坦克：皇家坦克团史，第 2 卷》（*The Tanks: The History of the Royal Tank Regiment, Volume Ⅱ*）[伦敦：卡塞尔出版社（Cassell & Co Ltd），1959 年出版]。

菲利普·卢卡斯（Phillips, C. E. Lucas），《阿拉曼》（*Alamein*）[伦敦：海涅曼出版社（Heinemann），1962 年出版]。

肯尼斯·马克西（Kenneth Macksey），《贝达富姆：胜利典范》（*Beda Fomm: The Classic Victory*）（纽约：巴兰坦出版社，1971 年出版）。

马里奥·蒙塔纳利（Mario Montanari），《北非作战，第 1 卷，西迪巴拉尼，1940 年 6 月—1941 年 2 月》[*Le operazioni in Africa Settentrionale. Vol. I - Sidi el Barrani (Giugno 1940-Febbraio 1941)*)][罗马：意大利陆军总参谋部历史办公室（Stato maggiore dell'esercito, ufficio storico），1990 年出版]。

马里奥·蒙塔纳利，《北非作战，第 2 卷，托布鲁克，1941 年 3 月—1942 年 6 月》[*Le operazioni in Africa Settentrionale. Vol. II - Tobruk (Marzo 1941-Gennaio 1942)*]（罗马：意大利陆军总参谋部历史办公室，1993 年出版 ）。

马里奥·蒙塔纳利，《北非作战，第 3 卷，阿拉曼，1942 年 6 月—11 月》[*Le operazioni in Africa Settentrionale. Vol. III - El Alamein (Gennaio-Novembre 1942)*]（罗马：意大利陆军总参谋部历史办公室，1989 年出版 ）。

马里奥·蒙塔纳利，《北非作战，第 4 卷，恩菲达维尔，1942 年 11 月—1943 年 3 月》[*Le operazioni in Africa Settentrionale. Vol. IV - Enfidaville (Novembre 1942-Maggio 1943)*]（罗马：意大利陆军总参谋部历史办公室，1993 年出版 ）。

瓦尔特·内林，《德国装甲部队史，1916—1945》（*Die Geschichte der deutschen Panzerwaffe 1916-1945*）[斯图加特：汽车图书出版社（Motorbuch Verlag），2019 年出版]。

尼尔·奥尔彭（Neil Orpen），《沙漠战争：二战中的南非部队，第 3 卷》（*War in the Desert, South African Forces in World War II , Vol. III*）[开普敦（Capetown）：珀内尔（Purnell），1971 年出版]。

毛里齐奥·帕里（Maurizio Parri），《第 32 坦克团的历史》（*Storia dei Carristi e del 32° reggimento carri*）。

尼古拉·皮亚托（Nicola Pignato）和菲利波·卡佩拉诺，《意大利陆军战斗车辆，第 1 卷：从起源到 1939 年》（*Gli autoveicoli da combattimento dell'esercito italiano, Volume 1: Dalle origini fino al 1939*）（罗马：意大利陆军总参谋部历史办公室，2002 年出版 ）。

尼古拉·皮尼亚托和菲利波·卡佩拉诺，《意大利陆军战斗车辆，第 2 卷：从 1940 年到 1945 年》（Gli autoveicoli da combattimento dell'esercito italiano, Volume 2: 1940-1945）（罗马：意大利陆军总参谋部历史办公室，2002 年出版 ）。

斯图尔特·皮特曼（Stuart Pitman），《第 2 皇家格洛斯特轻骑兵团，利比亚—埃及，1942 年》（*Second Royal Gloucestershire Hussars Libya-Egypt-1942*）（乌克菲尔德：海军与军事出版社，2014 年出版 ）。

巴里·皮特（Barrie Pitt），《战争熔炉，第 2 册：奥金莱克领军》（*Auchinleck's Command: The Crucible of War Book 2*）[夏普出版社（Sharpe Books Ltd），2019 年出版]。

巴里·皮特，《战争熔炉，第 3 册：蒙哥马利与阿拉曼》（*Montgomery and Alamein: The Crucible of War Book 3*）（夏普出版社，2020 年出版 ）。

巴里·皮特，《战争熔炉，第 1 册：韦维尔领军》（*Wavell's Command: The Crucible of War Book 1*）（夏普出版社，2019 年出版 ）。

蒂莫西·普雷斯（Timothy Harrison Place），《英国军队的军事训练，1940—1944》[伦敦：劳特利奇出版社（Routledge），2000 年出版]。

伊恩·普雷菲尔（Ian S.O. Playfair），《地中海和中东，第 1 卷：对意大利的早期胜利》（*The Mediterranean and Middle East Volume Ⅰ: The Early Successes Against Italy*）（乌克菲尔德：海军与军事出版社，2004 年出版）。

伊恩·普雷菲尔，《地中海和中东，第 2 卷：德军来援》（*The Mediterranean and Middle East Volume Ⅱ: The Germans Come to the Help of their Ally*）（乌克菲尔德：海军与军事出版社，2004 年出版）。

伊恩·普雷菲尔，《地中海和中东，第 3 卷：英军重挫》（*The Mediterranean and Middle East Volume Ⅲ: British Fortunes Reach Their Lowest Ebb*）（乌克菲尔德：海军与军事出版社，2004 年出版）。

伊恩·普雷菲尔，《地中海和中东，第 4 卷：轴心国在非洲覆灭》（*The Mediterranean and Middle East Volume Ⅳ: The Destruction of the Axis Forces in Africa*）（乌克菲尔德：海军与军事出版社，2004 年出版）。

安德里亚·雷博拉（Andrea Rebora），《"公羊"装甲师坦克战：皮埃特罗·奥斯泰利诺中尉信件中的"公羊"装甲师征战记：北非，1941—1943》（*Carri Ariete' combattono: Le vicende della divisione corazzata Ariete' nelle lettere del tenente Pietro Ostellino, Africa settentrionale 1941-1943*）[罗马：视角出版社（Prospettivaeditrice），2016 年出版]。

科林·罗宾斯（Colin Robins），出自"英国坦克部队战斗序列，以及西部沙漠地区 1940 年—1942 年关键日期的参战坦克型号"（Orders of Battle of British Tank Forces, and Tank Types at Key Dates in the Western Desert, 1940-42），出自《英国陆军历史研究学会期刊》（*Journal of the Society for Army Historical Research*）第 93 卷第 373 期（2015 年春季号），第 48 页—第 59 页。

沃尔夫冈·施耐德（Wolfgang Schneider），《装甲战术：二战德国小分队装甲战术》（*Panzer Tactics: German Small-Unit Armor Tactics in World War Ⅱ*）（宾夕法尼亚州梅卡尼克斯堡：斯塔克波尔出版社，2005 年出版）。

格哈德·施莱伯（Gerhard Schreiber）等人，《德国与第二次世界大战，第 3 卷：地中海、东南欧和北非，1939—1941》（*Germany and the Second World War, Vol. III, The Mediterranean, South-East Europe, and North Africa, 1939-1941*）（牛津：牛津大学出版社，2015 年出版）。

凯文·香农（Kevin Shannon），《死亡或胜利：第 17/21 枪骑兵团，1922—1993》（*The 17th/21st Lancers 1922-1993*）[斯特劳德：方特希尔出版社（Fonthill Media），2021 年出版]。

约翰·斯威特（John Joseph Timothy Sweet），《铁臂：墨索里尼陆军的机械化，1920—1940》（宾夕法尼亚州梅卡尼克斯堡：斯塔克波尔出版社，2006 年出版）。

阿达尔伯特·冯·泰森（Adalbert von Taysen），《托布鲁克 1941：北非之战》（*Tobruk 1941: Der Kampf in Nordafika*）[弗莱堡（Freiburg）：罗姆巴赫出版社（Rombach），1976 年出版]。

阿尔弗雷德·托普（Alfred Toppe），《沙漠战争：二战德军经验》（*Desert Warfare: The German Experience in World War Ⅱ*）[堪萨斯州莱文沃思堡（Fort Leavenworth）：战斗研究所（Combat Studies Institute），1991 年出版]。

莱克斯·泰尔（Rex Trye），《墨索里尼的非洲军团：意大利陆军在北非，1940—1943》（*Mussolini's*

Afrika Korps: The Italian Army in North Africa, 1940-1943）[纽约州贝赛德（Bayside）：轴心国欧罗巴出版社，1999 年出版]。

马克·乌尔班（Mark Urban），《坦克战》（*The Tank War*）[伦敦：算盘出版社（Abacus），2014 年出版]。

伊恩·沃克（Ian Walker），《身为钢，心似铁：墨索里尼精锐装甲师在北非》（*Iron Hulls Iron Hearts: Mussolini's Elite Armoured Divisions in North Africa*）[兰姆斯伯里（Ramsbury）：克劳伍德出版社（The Crowood Press），2006 年出版]。

哈罗德·温顿（Harold R. Winton），《变革军队：约翰·伯内特 - 斯图亚特将军与英国装甲作战理论，1927—1938》（*To Change an Army：General Sir Jock Burnett-Stuart and British Armoured Doctrine, 1927-1938*）（劳伦斯：堪萨斯大学出版社，1988 年出版）。